複数の沖縄

ディアスポラから希望へ

西成彦／原毅彦＝編

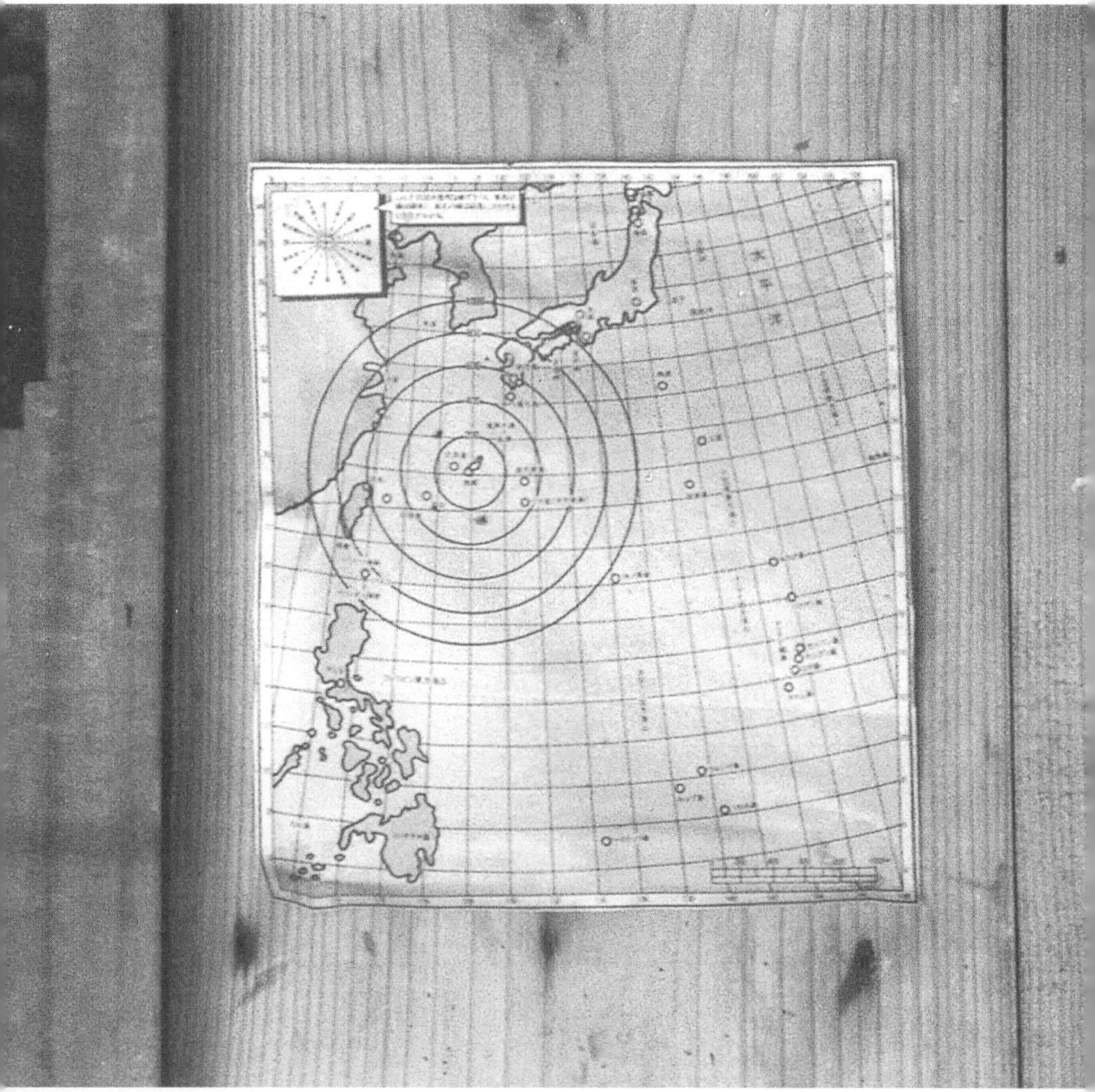

人文書院

複数の沖縄

ディアスポラから希望へ

目次

Ⅱ 海と人の動線

暴れるテラピアの筋肉に触れる

西成彦

一　台湾チンナマー

「戦災で焦土の中に残るサツマイモを食べつくし、ソテツの実や茎にデンプンを求め、家畜皆無の状況で食脂の代用にモービル（エンジンオイル）をてんぷら油にして食べた時代にタンパク資源だけは豊富にあった」――『沖縄の帰化動物』を見るとこんなふうにある。「アフリカマイマイは沖縄住民を餓死から救った」というのである。

同書に従えば、アフリカマイマイは「一九三二年一月台湾総督府技師の下条馬一博士がシンガポールから台湾に移入したものをもとに田沢震吾が食用かたつむり白藤種として販売し台湾全土に普及した一九三二年以降に、台湾経由で沖縄に入った」という。現地で「台湾チンナマー」の名が一般的なのもこういった移入経路によると考えられる。

そもそも「最長一八〇㎜をこす」というこの大型カタツムリの「原産地は東アフリカで、食用、薬用として一八〇〇年頃モーリシャス島に持ち込まれたのに始まり、一八四七年にはカルカッタ、一九〇〇年にはセイロン、一九一一年にはシンガポール、一九二〇年代にはジャワ、ボルネオまで広まり、一九三〇年代にはグァム島、ハワイ、台湾諸島、沖縄、小笠原などの熱帯太平洋地域の殆どの島で繁殖するようになった」という。

沖縄の世界経済への接合は、日本の他府県や旧植民地地域に限らず、後にアジア太平洋戦争で戦場となる東南アジアや太平洋島嶼地域への出稼ぎや、南北アメリカ大陸への移民・「殖民」など、労働力としての人口流出を促したが、逆に外からの派遣・駐留要員の受け入れや資本投下、物資や食材の流入をもそれが意味したことは言うまでもない。とりわけ、食糧欠乏時代の非常食として移入されたアフリカマイマイは、植民地主義経済がもたらした地球規模での飢餓と貧困のシンボルであった。沖縄史に限定するなら、それはいわゆる「ソテツ地獄」時代を想起させるシンボルのひとつだったと言い換えられる。

しかし、アフリカマイマイが沖縄住民を飢餓から救った背景には、さらに複雑な推移があった――「移入後の一〇年（一九四四）までは飼育下にあって山野に逃逸し帰化している状況は見られなかった」のが、「沖縄戦（一九四五）を境に、逃げ出したアフリカマイマイはわずか五～六年のあいだに爆発的増殖をなし」たという。つまり食用として養殖されていたアフリカマイマイが、沖縄戦のあいだにいつしか養殖場の柵を破り、野生化していった。そして食糧難の時代にひとびとを餓死から救った後も帰化種としてたくましく生き延びたアフリカマイマイは、こんど食糧事情が安定してくると、しだいに「害虫」として疎んじられることになる――「アフリカマイマイは農作物（…）への被害が大きな問題になり、駆除を目的に市町村役場が住民から買い上げ」さえしたという。おまけに「好酸性脳脊髄膜炎の病原体の寄主である広東住血線虫が（…）に寄生すること」が判明して以降は、単なる「害虫」の域を超えて「病害虫」の指定を受けるのである。

ニンゲン社会のグローバル化は、ニンゲンの移動ばかりか、動植物に対してもディアスポラを強いた。海底を遅々として這うしかなかったナマコが食材として中国の市場をにぎわせるべく、広範な交易ネットワークの上を移動していった経路については、『ナマコの眼』（鶴見良行）という古典的な名著があるが、ナマコは自然状態を生きながら、いきなり捕獲され、はらわたを抜かれ、茹でられ燻され、ホシナマコに加工されて、結局は商品の形をとって旅に出たのである。しかし、アフリカマイマイは商品ではなく食用動物として、文字通りディアスポラ（生活圏の移動）を強いられたのだ。しかも当初は養殖動物として隔離され、家畜のように飼われていたのが、野生化したとたん、こんどは撲滅・駆除の対象とされる。ニンゲンの歴史に翻弄され、ほとんどニンゲンの歴史とより合わさるような歴史経験を強いられたアフリカマイマイは、「ソテツ地獄」時代のシンボルであるばかりか、奴隷売買や奴隷搾取、あるいは奴隷解放後の人種主義的差別といった「汚辱の世界史」全体の写像であるかのように見える。アフリカマイマイはグローバルな食卓経済の一隅を担うことによって、ニンゲンとのあいだで同じひとつの歴史を分有することになったのである。

人権思想の定着と動物愛護運動の高揚が歴史的に平行現象であったように、ニンゲンによるニンゲンの搾取と動物の使役とは人類史の中で軌を一にしている。擬人法とは階級分化と動物の家畜化とが同一現象の表と裏であることに対するニンゲン的な洞察の産物であった。それは決して過剰な想像力の行使ではない。想像力がはたらくまえに、ニンゲンはアフリカマイマイのように扱われ、アフリカマイマイはニンゲンのようにすでに扱われていたのだ。生態系保全の名の下に外来種の根絶を叫ぶ環境主義と移民排斥的なナショナリズムとが結託する現代神話を準備してきたのも、要するに太古以来のニンゲンの擬人法なのである。

二　沖縄女工哀史

「群蝶の木」（初出二〇〇〇年）は、沖縄戦で日本軍の慰安婦として徴用され、戦後も米兵の慰安に従事を余儀なくされた沖縄女性の晩年を描く多声的な小説だ。これは『水滴』『魂込め《まぶいぐみ》』につづく目取真俊の第三作品集（二〇〇一）の表題作でもある。

アジア太平洋戦争の末期、那覇の遊廓から沖縄本島北部の部落に連れてこられたゴゼイは日本人将校を客に取らされた。同じ旅館で朝鮮人の慰安婦は下級兵の性欲処理をまかされていた。そんななか、ゴゼイは旅館で小間使いをしていた男（昭正）と恋をした。沖縄戦末期に男は行方不明となったが、将校に付き添う形で洞窟《がま》から洞窟《がま》へと敗走していったゴゼイは、戦争を生き延び、米軍占領初期にはこんどは収容所で米兵相手の慰安婦業に駆り出された。その後、空瓶や残飯の回収をしながら食いつないできた彼女は、結局は「どれだけ住もうと、自分のような女が部落の一員として認められるはずなどない」と思い知る。

「群蝶の木」では、さらに劇中劇のようにして「沖縄女工哀史」という沖縄芝居のあらすじが紹介される。神奈川の紡績工場に出稼ぎにいった少女が同じ工場で働く「地元の男」にだまされて妊娠するのだが、それが理由で会社を解雇され、沖縄に舞い戻ってきた。ところが親兄弟から門前払いを受けた女性チルーは、赤ん坊を寺の前に捨て、とうとう「遊女に身を落とす」のだが、この母と子が沖縄戦末期、同じ壕で一夜を明かすことになった。なのに二人はたがいの血の繋がりに気づかない。翌朝、息子は「寝ているチルーの髪を撫で、一度そう口にしてみたかった「おっかあ」という言葉をつぶやいて、米軍の戦車に体当たりするために手榴弾を手にして壕を出ていく」。一方、チルーは夜を共にした青年が我が子だとは考えもせず、「自分が捨てた息子の名前を呼びながら剃刀で首を切って自害してしまう」。

じつは豊年祭の催しの一環で、この芝居が上演されている最中、老いさらばえたゴゼイが悪臭を放つ半裸の格好で客席に乱入し、観客からとりおさえられるのだが、チルーとゴゼイ、二人の沖縄女性の人生のあいだで共振する部分は少なくなかっただろう。

目取真俊の徹底した倫理性は、外からも内からも犠牲者として表象されがちな沖縄人の戦争体験・戦後体験をあらためて蒸し返す中で、彼ら彼女ら自身の加害者性・差別者性をことさらに問いつめようとするところに顕著である。ゴゼイもチルーも地域社会の中では被差別者の位置にある。しかし、そんなゴゼイですらが森の中を将校ともに逃げ惑う中では、民衆を見殺しにする傍観者性＝黙殺者性から逃れられなかった。チルーは子捨ての過去から救われることがなかった。しかもそうした慚愧の念が彼女らの心を蝕めば蝕んだだけ、彼女らは地域の共同性から落ちこぼれてゆくのである。

「友軍」として外からやってきた日本兵士や解放者としてあらわれた米兵、そうした外来者にはやすやすとくみしかれ、しっぽをふってしまう民衆が、「慰安婦」や「出戻り」としてやってきた女たちには血も涙もない差別者としてふるまう。この沖縄人の二重性を目取真俊は徹底して問題化するのである。

じつは一九六〇年代、沖縄本島の北部にパイン工場が林立した時代に、季節労働者として台湾から移入された「女工」を本格的に問題化してみせたのも目取真俊だった。

「魚群記」（初出一九八四）の主人公は、沖縄本島を流れる川の河口でテラピア釣りに熱中している小学生の中の一人だ。川べりには父と兄が経営に関わっているパイン工場があり、少年はそこへ出稼ぎに来ていた台湾人女工の一人に恋心を抱くのだが、その欲望が行き場もなく鬱屈していくという話である。

テラピアの原産地はアフリカ大陸東北部だが、今日では東南アジアや台湾にも移植されて広く分布しており、沖縄には「一九五四年に台湾から移入され（…）食用魚として各地に放流された」。しかし「増えはじめた頃は、釣って食べることもあったが、生活排水や畜舎排水などが流れ込むところに多いので、汚いところに住む魚というイメージが強く、ほとんどが利用されていない」のが現状だという（前掲『沖縄の帰化動物』）。

アフリカマイマイが戦中戦後の沖縄を象徴する帰化動物であったとすれば、テラピアは要するに戦後沖縄の復興（＝振興）期、そして「日本復帰」前後を象徴する帰化動物のひとつであったと言えそうだ。目取真俊は「魚群記」ではこのテラピアをパイン工場の台湾人女工の記憶と並置した。

東アジア地域でパイン産業が最初に定着したのは日本統治下の台湾で、南西諸島には一九三〇年代に八重山地域で試験的な栽培や缶詰生産が始まったに過ぎなかった。しかもそれは台湾系の実業家や技術者の尽力によるところが大きく、沖縄本島にパイン産業が根づくのは「パインアップル振興法」（一九六〇）以降であった。しかし、パイン工場に働く現地女性労働者が未熟であった上に、人件費がかさむという理由から、この方面ですでに実績がある上に低賃金で使える台湾人女工を迎えるようになるのがちょうど一九六〇年代半ばであった。そして沖縄の「日本復帰」と「日中国交回復」（一九七二）を機に彼女たちの姿は忽然として消える。

パインアップル振興法に希望を託した沖縄の事業者たち。林立するパイン工場から熱湯や裁断屑が流れ出す排水孔の周囲にたむろするテラピア。そのテラピアをめあてにやってくる少年たち。一方、パイン工場に季節労働者としてやってくる台湾人女工の群れ。その女性たちを「台湾女《タイワンイナグ》」と呼んで見下しながら、植民地主義時代の台湾人差別の遺制をかって、女子寮のまわりを徘徊し、女の気を買おうとする沖縄の男たち。「魚群記」の設定は、こうしたパイン工場の設置がひきおこした連鎖反応的状況であり、目取真が「魚群」の名で呼ぶのは、工場の排水管の周りに集まるテラピアにかぎらない。台湾人女性や、沖縄の少年や男たちのすべてがここでは「魚群」である。

米軍基地の周囲にたむろする沖縄の男女に光を当てる風俗小説の系譜は、大城立裕や東峰夫ら、戦後沖縄文学の主流を構成してきた。しかし、「魚群記」の目取真は基地から慎重に距離を取りつづけ、沖縄の男たちや少年が構造上加害者や差別者や搾取者の位置に立つパイン工場の方を風俗小説の舞台に選んだ。少年時代に植えつけられた「台湾女《タイワンイナグ》」に対する軽蔑的感情を思い起こす過程こそが、彼には「沖縄が被害者や被差別者一辺倒ではなく、加害者や差別者でもあることを気づかせるきっかけ」になったと、後に目取真俊はふりかえることになる。

台湾や中国、朝鮮をはじめ、アジア諸国に対する日本の植民地支配や侵略戦争の責任について論議になるとき、戦後生まれの私たちに何の責任があるのか、という意見が出てくる。しかし、直接的な加害責任がないからといって、日本が行なった植民地支配と侵略戦争の歴史、その責任について考えなくてもいい、ということにはならない。なぜなら、歴史は過去から現在へと脈々とつながっているのであり、植民地支配の時代に作られたアジア諸国への差別意識は、今も私たちのなかに生々しく受け継がれているからだ（『琉球新報』二〇〇〇年九月二日）。

「台湾への旅」と題された記事は、「魚群記」に関する十六年目の補注といった形をとっている。琉球処分以前の「非武思想」に依りかかりながら、近現代の沖縄民衆をひたすら「被害者」として表象することによって、日本政府やアメリカ政府に対して異議申立てを行うという大田昌秀らの平和主義路線に対抗する、目取真俊によるこれはオールタナティヴの提示だとも理解できる。加害者性から目を逸らすのではなく、加害者性を見つめ直すことを回路の中に組み込んだ全面的糾弾という方法の模索と言ってもいい。「魚群記」から「群蝶の木」まで、目取真俊の姿勢はこの路線で首尾一貫している。

こうした加害者性の様態は沖縄民衆固有のものでは無論ない。戦争責任として、軍規の枠組においてすら、問われ裁かれるべき加害者性は、武装して外から沖縄に到来した外来者たちによってまずは引き受けられるべきものであるはずだ。しかし、目取真俊は、外来者たちの加害者性をあくまで後景においやりながら、依怙地なまでに沖縄人の加害者性を前景化する。

三　筋肉の反駁

一九九九年六月の『朝日新聞』夕刊に掲載された「希望」という一文で、目取真俊は「米兵の幼児」を誘拐殺人した上で自決するという attack and suicide を「いまここ」での選択肢のひとつとして提示したかにみえる。しかし、「魚群記」の作者が擬人法の悪夢を断つための方策として構想したのが、この奇襲策、たったひとつであったはずはない。

僕が放つ矢の鋭い針先がその標的を貫く。しなやかに跳ねまわる魚の眼球から僕は針を抜きとって、ぽつりと空いた傷口の上に小さな指先をあてる。冷たい感触と抵抗する生命の確かな弾力が、僕の指先に集中した神経繊毛の戦きと興奮を一挙に駆き立て、やがて静かな陶酔に変えてゆく。／（…）そして、指先の円運動がしだいに速度を増し、やがて一つの点に収斂されて傷口の中へ消える時、白い陽の照りつける川辺に立ちつくしている僕は既にもうそこには居ないのだ。ただ焼けつくような指先の感覚だけがそこに取り残され、僕が再びそこに戻った時に何か啓示的な残光を放っている。

（「魚群記」）

テラピアの眼球に指先を埋めこませていくニンゲンの筋肉は、テラピアの筋肉の反駁を掻き出しては、それをテラピアの体内におしかえし、次第、筋肉の陶酔の中に「僕《ワレ》」を見失っていく。ニンゲンが動物化され、動物がニンゲン化されていく状況の中で、ひたすら他者の筋肉から何かを学ぼうとすること。

目取真俊は「魚群記」以降もテラピアをたびたび小説の中に登場させている。時代が下るとともに、沖縄本島河川部のテラピアは工場排水に冒され、「背びれや胸びれが溶けて血がにじみ、背骨がSの字に曲ったり、体の一部が膨れたり」して、不吉さを漂わせるようになる。そんな「公害魚」そのものと化しているテラピアを、それでも少年はつかまえないではおれない。「魚の暴れる感触を腕に感じてみたい」という衝動からどうしても逃れられないというのである（「ブラジルおじいの酒」）。

かつて、野良猫を捕えてきては解体作業にふけり、「次第にあらわになってゆく猫の内皮の、半透明な真珠母の美しさには、いやらしさがみじんもなかった」との述懐をもらす一三歳の少年を造形した『午後の曳航』の三島由紀夫は、こうした少年たちの衝動の「政治化」を急務として考えるようになった。ひょっとしたら目取真俊にもそういった焦りがとりついたのかもしれない。

しかし、「水滴」では沖縄戦の生き残りである中年男（＝徳正）の足を疼かせる水塊を描く目取真俊、「魂込め《まぶいぐみ》」では同じく男（＝幸太郎）の体内に巣喰うアーマン（＝オオヤドカリ）を描く目取真俊がこだわろうとするのは、ニンゲンの筋肉にはねかえってこようとする他者の反駁——他者が「暴れる感触」——であって、猫の死骸の「半透明な真珠母の美しさ」などではない。他者との格闘に「魂《まぶい》」を落としながら、それでも筋肉を用いた思考にすがりつく人間たちの探究——目取真俊がねばり強く取り組もうとしているのは、ぶつかりあう筋肉を通した歴史の探究である。これは、三島由紀夫ではなく、アルジェリア戦争のただなか精神科医としてフランス人あるいはアルジェリア人患者の顫える筋肉に正面から向かい合おうとしたフランツ・ファノンの仕事にこそなぞらえるべきではないだろうか。

アルジェリア解放戦争の中で「民族文化」の何であるかを自問自答しながら、フランツ・ファノンは、生成途上のものとしての「民族文化」以外はそれとして認めようとしなかった。そのひそみに倣うなら、島歌であれ、チャンプルーであれ、沖縄空手であれ、カチャーシーであれ、それらを「沖縄文化」の名で呼ぶのは時期尚早だと言うしかないだろう。また、そうであるかぎり真の「沖縄人」なるものもいまだ産声を上げていないと考えるべきだろう。つまり、いまだ形をあらわしてすらいない「沖縄文化」の萌芽をさぐりあてるためにこそ、目取真俊はニンゲンであれ動物であれ、その歪められ撓められた筋肉にこだわりつづけているのである。

辛苦に満ちた（…）戦闘。そこでは筋肉が概念の代わりをつとめていく以外にない。

（『地に呪われたる者』）

圧倒的な暴力を前にして、そこから脱け出そうとするとき、ニンゲンであれテラピアであれ、生き物は筋肉に大きな負荷をかけることになる。フランツ・ファノンを援用しながら冨山一郎が「身構える筋肉」に目を凝らすとき、その筋肉は「暴力の予感」に顫えているだけではない。筋肉は新しい「民族文化」が誕生する予感にもまた、硬直しつつ顫えているのだ。

目取真俊が沖縄人の加害者性にこだわるのも「沖縄人」の原罪性に思考の原点を据え直そうという目論見からでは断じてない。そこでは「民族文化」に形を与えることが問題なのだ。

沖縄の現状に「反吐が出る」と言いながら「米兵の幼児」の首をひねり潰す男の決死の行動が一方にあれば、レイピストを前にした女たちのあらがいもそこにはあるだろう。生けるものの身体の裏側に棲みつく死者たちの暴動をただこらえるだけの瀕死の身体もあるはずだ。これら植民地主義の暴力の中で捻じ曲げられ、歪められた筋肉の物語。そうした筋肉の反駁（ファノンは筋肉の収縮を「筋肉の反駁」contradiction musculaire と呼ぶ）から目を背けるかぎり、できあいの「沖縄文化」の残骸をしかそこには見出すことができないだろう。そして、筋肉を収縮することは誰にでもできることだが、筋肉の反駁に体をあずけ、耳を傾けることができるのは、他者の筋肉に触れる者だけである。

目取真俊に（そして沖縄を手がかりにしながら世界の修復に向かおうとしている私たちに）課せられているのは、単なる歴史記述ではない。来るべき「沖縄文化」に少しでも輪郭を与えるという作業なのである。

（参考文献）

『午後の曳航』（三島由紀夫、新潮社、一九六二）

『地に呪われた者』*Les damnés de la terre* (Frantz Fanon, François Maspero, 1966)

『沖縄パイン産業史』（林発、沖縄パイン産業史刊行会、一九八四）

『沖縄文学全集』第九巻（企画：海風社、発行：国書刊行会、一九九〇）——目取真俊の初期作品「魚群記」と「平和通りと名付けられた街を歩いて」を収録。

『沖縄の帰化動物——海をこえてきた生きものたち』（嵩原建二、当山昌直、小浜継雄、幸地良仁、知念盛俊、比嘉ヨシ子、沖縄出版、一九九七）

『水滴』（目取真俊、文芸春秋、一九九七）

『魂込め《まぶいぐみ》』（目取真俊、朝日新聞社、一九九九）

『群蝶の木』（目取真俊、朝日新聞社、二〇〇一）

『沖縄／草の声・根の意志』（目取真俊、世織書房、二〇〇一）

『キョラ』〇六号（編集：神戸奄美研究会、発行：まろうど社、二〇〇一）——大橋愛由等が司会を務めた川村湊、目取真俊、前利潔との座談会「溶解する記憶と記録の境界」が掲載されている。雑誌『キョラ』は〇四号（一九九九）では「語られたら語り返す」と題した特集を組み、須磨区における少年殺人事件をめぐるジャーナリズム言説を批判的に検討する前利潔の論文「少年Aをめぐる言説——高山文彦の言説を中心に」他を掲載している。

『暴力の予感』（冨山一郎、岩波書店、二〇〇二）

I　非対称な出会い

地域自立と石垣島

中村尚司

一　自立と交流の課題

一九世紀に完成した国民国家を相対化する視点が、NGOの活動をめぐって獲得できるのであれば、日本近代の辺境に位置する八重山は、次代の主役になる可能性を秘めている。

その可能性の源泉を管見すれば、第一に既存の会社中心主義にかかわらない、新しい経済システムの模索である。年功序列、終身雇用、企業組合というような日本経済の高度成長を支えてきたシステムに別れを告げ、新たな経済活動のあり方が芽生えつつある。第二に、国境の壁を乗り越える、民衆相互の協力関係の形成である。このような新しい出発の可能性の根拠は、アメリカ合州国による一極的な世界支配体制の不安定性である。

二一世紀初頭の世界情勢では、超大国アメリカのひとり勝ちが目立つ。長かった東西対立による冷戦構造が崩壊した後、国境を越える市場システムの拡大を通じて、アメリカ経済の優位性が圧倒的な強さを誇っている。金融グローバリゼーションという経済的な土台の上に、世界政治におけるアメリカ合州国の権威が聳え立つ。西側陣営を構成してきたEU諸国や日本政府ばかりでなく、旧第三世界諸国や旧社会主義諸国までもが、ホワイトハウスの主人の顔色をうかがい、その動向に一喜一憂する。その政治的な支配力の延長線上に、軍事力による脅迫が重なる。すべての人類を絶滅させることのできる核兵器体系による全面戦争でも、ベトナム戦争の反省から空軍と海軍を中心に増強した通常兵器の局地戦争でも、他に比類のない攻撃力を持つ。人類史上に例を探すことがむずかしいくらい、圧倒的なひとり勝ちの体制である。

しかし、経済ばかりでなく政治や軍事に及ぶ全面的なひとり勝ちの一極的な世界支配は、無理に無理を重ねた構築物であるがゆえに、外見的には強固に映っても、意外なほど脆い体制である。生物界の一員である人間集団の営みである以上、ひとり勝ちは生態系が教える多様性の共存に比べて、決して永続的とはいえない。生命系の立場から見れば、このような一元的なひとり勝ちの体制から免れるためには、必ずしも真正面から支配者の暴力装置と闘う必要がない。よく知られているように巨大な構造物には、わずかのひび割れから瓦解してしまうという欠点がある。私たち弱者には、このひび割れの欠陥を見抜く知恵が大切である。八重山のような一極支配の中枢から遠く離れた辺境では、このひび割れによる影響が、他のどの地域よりも顕著かつ甚大である。二〇〇一年九月一一日以降の激動する世界は、アメリカ中心のグローバリゼーションが持つ強さと脆さを、同時的に私たちに教えている。

日本列島が新田開発のような土木建設に夢中になっていた中世から近世にかけて、琉球弧では商業活動により、中国や東南アジアとの交流を深め、固有の文化を花咲かせる大交易時代を迎えていた。琉球王国の内部組織は、まるで貿易会社のような形態であった。行政機構や軍事組織も、「地上の貿易船」という性格が強い。古琉球では商業が、独自の文化を育む母体であった。しかし、復帰後の沖縄は、本土からの土木事業に来襲され、文化遺産やエコロジーまで解体されつつある。そのあり様を見れば、商品貿易が生み出す豊かさの事例として、「琉球王国」の東南アジア的な性格を再検討する必要が、ますます強まっているといえよう。

琉球文化の東南アジア的な性格は、信用をめぐる社会関係の特質に見ることができる。銀行制度が創設された近代日本社会では、大蔵省（現財務省）の資金運用部や日本銀行を頂点とする、多種多様の金融機関が高い地位を持ち、人びとから尊敬される特異な金融文化が形成された。日本の銀行員は常に床の間を背負っていた。日本の政府開発援助（ＯＤＡ）に占めるローンの比重が他の先進工業国に比べて異常に高いのも、このことと無関係ではない。「他者に金品を贈与するよりもローンを供与する方が自助努力を促すから優れている」という世にも奇妙な理屈が、まことしやかに横行する社会となった。主体に即した自助努力の本来の意味が失われてしまったのである。このように特異な日本のローン文化は、誰にはばかることもなく、土地の資産価値と一体化して育てられた。土地資産を担保にする信用供与が、間接金融という形で日本経済の成長を支えたのである。このような形で発達した土地市場や労働市場に依存した信用市場の発達は、バブルのはじけた地価の急落や軍隊モデルの硬直的な労働組織のために、いまや途方に暮れている。

一九八九年から九二年にかけてバブル経済の崩壊に伴い、株式発行の時価総額四二〇兆円、土地等の評価額三八〇兆円が減少したという試算がある。計八〇〇兆円は、国富総額の一一・三％に相当し、第二次世界大戦での物的被害の対国富率、約一四％に迫る数字である（吉川、一九九八）。日本における土地や株式の資産価値の減少が、多くの金融機関にアジア諸国から資金を引揚げさせ、韓国、タイ、インドネシアなどの経済危機を引き起こした。そして経営危機に陥る心配のある銀行を救済するため低金利政策が取られ、その結果アメリカへの大規模な資金流出を続けているのである。

それゆえ、アメリカのひとり勝ちを支える大きな柱は、日本における土地市場を出発点とする生産要素市場の瓦解を救おうとする諸方策である。この過程を逆に見れば、アメリカのひとり勝ちによる世界支配を許さない道は、日本ばかりではなくアジア諸国における土地所有、労働力および信用の地域化であり、それと対立する方向での労働生産物市場の発展である。いずれも決して容易な道ではないが、たとえ遠回りのように見えようとも、一歩一歩踏み拓いて行くよりほかあるまい。

つい近年まで、日本列島における土木過熱時代を経験しなかった琉球列島の八重山では、住民相互の助け合い制度が機能し、儆利に走る金貸し業は発達しなかった。琉球弧、わけても八重山民衆の豊かな生き方は、キビやパインの産業だけによって決められるわけではない。キビもパインもない時代に、固有の琉球文化が豊かに開花していたのである。他地域との間に永続する多角的な交流こそ、琉球文化の栄養源である。琉球王国時代の歴史に思いを馳せるならば、対外的に交流する方角を、琉球の北側に位置する日本本土だけに限定する必要はない。

視野を広くとり南の方角に転じると、新しい世界が拓ける。中国南部を始めとする広大な地域が広がる（徐、一九九一）。たとえば、一九九七年に英国領である香港が中国に本土復帰すると、かつて香港が果たしていた役割を部分的に琉球弧に求める必要が生まれた。台湾や香港ばかりではない。フィリピン、ベトナム、タイ、シンガポールなど東南アジア諸地域の経済も大きく変貌して、琉球王国時代以上の交流と協同を待望している。現在の沖縄経済には、その期待に応えるだけの潜在力がある。いつの日にか琉球弧が再び北と南を結ぶ交流の輪を築き、新たな世界を拓く夢を実現できるにちがいない。古来の琉球文化は、近代の日本国家が持つ狭苦しさを乗り越える豊かな可能性をはらんでいる。

二　唐人墓の歴史的意義

経済活動の展開にとって、何よりも大切な条件は循環の永続性である。大量のモノが商品として流れ込み、ごく少量の商品しか出てゆかないと、物質循環が破壊され環境の負担が大きくなる。日本列島では世界に例のない規模で、一方的なモノの流れが続いている。国境は自由に越えてもよいが、物質循環を破壊してはならないのである。国境にこだわるモノの中で最大の難物は、領土である。領土は、もともと人間労働の成果ではない。それにもかかわらず、国後島、竹島、尖閣列島などの争いは絶えない。日本だけではない。世界の領土紛争の歴史を見ると、紛争地域や海域はいかなる関係国家よりも先立って存在していたモノである。しかし地球の表面の一部ではなく、国際関係の一部として扱うのであれば、領土はもはやモノとして扱うよりも、ヒトの社会関係の問題として解決せざるをえない。

そのすぐれた前例が、石垣島の唐人墓である。石垣市の冨崎原（観音崎）に現存する唐人墓には、次のような碑文が刻まれている。その建立の経緯は、石垣市史編集室の牧野清が詳細に記している（牧野、一九九二）。

石垣市冨崎原に建つ唐人墓

この唐人墓には中国福建省出身者一二八人の霊が祀られている。中国人労働者（苦力）は、一六世紀以降世界各地に多数送り出されていた。一八五二年二月、厦門《アモイ》で集められた四百余人の苦力《クーリー》たちは、米国商船ロバート・バウン号でカリフォルニアに送られる途次、辮髪《べんぱつ》を切られたり病人を海中に投棄されるなどの暴行に堪えかねて遂に蜂起、船長など七人を打殺した。船は台湾へ向かう途中、たまたま石垣島崎枝沖に座礁し三八〇人が下船した。八重山の政庁蔵元は、冨崎原に仮小屋を建てて彼らを収容した。しかし米英の兵船が三回にわたり来島し、砲撃を加え武装兵らを上陸させてきびしく捜索を行った。中国人などは山中に逃亡したが銃撃され、逮捕され、あるいは自殺者が出るなどの惨澹たる状況となった。琉球王府と蔵元は人道的に対応し、中国人側の被害を少なくするよう極力配慮した。島民も深く同情し、密かに食糧などを運び給した。しかし疫病による病死者も続出した。死者は一人びとり、石積みの墓を建立して丁重に葬られた。この間、関係国間の事件処理に対する交渉の結果、翌一八五三年九月、琉球の護送船二隻で生存者一七二人を福州に送還して終結した。中国ではこの事件が契機となって大規模な苦力貿易反対ののろしが打上げられた。

ここ冨崎原一帯には、唐人の墓と称する煉瓦状墓碑を配した墓が戦後まで数多く点在していた。一九七〇年石垣市は、異国の地に果てたこれら不幸な人々の霊魂を合祀慰霊するため、唐人墓建立委員会を結成した。当市よりの補助、とくに中華民国政府の物心にわたる手篤いご支援、および琉球住民、在琉華僑諸賢のご芳志をもって、一九七一年これを完成した。

茲に唐人墓の来歴を記すに当り、関係各面のご協力に対し、謹んで深甚なる感謝の意を表する次第である。

一九九二年三月三一日

石垣市長　半嶺　當泰

一八五四年の黒船来航に先立つ、日本近代史上特筆すべき画期的な事件である。アメリカ合州国において奴隷制が廃止される前の時代に、石垣島民が英国と米国の海軍の上陸作戦とその掃討戦に接して、一方的に屈服することなく人道的な視点から応接し、生存者を出身地に送還する努力を行なった。この掃討作戦に参加したアメリカ海軍の軍艦サラトガ号は、その翌年にペルリ提督に率いられて浦賀沖に来航した黒船の一隻である。

この事件の顚末は、中国ではほとんどすべての中学校や高等学校で、歴史の教材になっている。二〇〇一年にメキシコのクエルナバカで開催されたラテン・アメリカのアジア学会で中国系メキシコ移民の研究者であるシンコ氏に聞いたところ、アメリカやメキシコの中国系住民は何らかの形でこの史実を学んでいるという回答だった。しかし、これを主題とするほとんど唯一とも言うべき単行書が、日本近代史の専門的な研究者によってではなく、沖縄県立八重山高校の英語科教員によって執筆されている事実は、日本における研究動向をも教えてくれる（田島、二〇〇〇）。この史実は、日本の歴史研究者ばかりでなく、日本史教育の現場でもかえりみられることがなかったのである。ペルリの黒船来航について教えない学校はないが、沖縄以外の本土では、大学でさえ、それに先立つ英米海軍の来襲について教えていない。なぜだろうか。

ロバート・バウン号事件の歴史研究に必要な史料は、アメリカ合州国の公文書館だけでなく、英国の公文書館にも、中国にも現存する。日本国内でも石垣島に残されているものだけでなく、琉球王府の外交資料を編纂した『歴代宝案』や薩摩藩の史料なども保存されている。しかしながら、日本の学界では二一世紀に至るまで、多くの研究者の関心を集めるに至っていない。

このように日本の歴史学界で無視されてきた事情が、江戸に近い浦賀の沖合いでなく、遥か先島での事件だったからというのであれば、歴史研究の中央志向もまた、事件を記念する唐人墓の建立によって、八重山の住民から間接的に批判されているのである。ペルリ提督との応対に慌てふためいた中央官僚と比較して、薩摩藩の支配下に置かれた琉球王府が、さらに出先の役人や地域住民が取った適切な事件の処理は、近代の国際関係や近隣諸地域の民際関係を考察する上で重要である。

一九九二年の時点において、日本国政府は中華民国政府と外交関係を持っていない。にもかかわらず、石垣市長がこの石碑で公然と「中華民国政府」に謝辞を刻んだのは、地方自治体が「非政府組織＝ＮＧＯ」であることを内外に宣明したことを意味している。この史実と石碑に加えて、東京を経由せずに台湾大震災に対する救援活動を組織したことによって、八重山は東南アジア世界への連帯へ歩み始めたといえよう。国際連合もその結成時から強調しているように、地域の自治体が、国家の壁を乗り越えるＮＧＯとして果たすべき役割はきわめて大きい。

三　国家を越えるＮＧＯの重要性

この事件から一五〇年を経た現代世界は、近代国家をめぐるモノ、カネ、ヒトの閉塞状況にある。この状況を切り開き、近代国家のシステムから万人を解放するには、世界同時革命を決行するよりほかに方法がないかにみえる。

しかし、二〇世紀が経験した革命や戦争は、それ自体大きな犠牲を伴うばかりでなく、国家死滅後の社会のあり方に関して展望がない。たとえ迂遠のように見えても、国境を越えて動く人間を地域自立のネットワークに結ぶよりほかに、近代国家を乗り越える道はあるまい。

たとえば、石垣島や竹富島で増加しつつある幽霊人口（本土からの寄留者）は、否定的な見方をすれば、八重山熱に浮かれて旅立った若者のなれの果てとも言える。観光のつもりが、八重山文化の魅力に惹きつけられて、歌やサンシンを学んでいるうちに本土へ帰りたくなくなる。住民登録を異動しないまま半年も一年も住みついてしまう。フリーターとして働きながら、高齢化した八重山社会にとって、安価な若年層労働力の供給源になっている。彼らは、行政機関による年金制度、医療保険などの社会保障の便益を受けることはできない。その意味では、国家のシステムから半ばはみ出した存在である。しかし、八重山の島起こしという観点に立てば貴重な人材の源泉となる。

国家を解体し国籍を無化するには、人間は労働力商品として出稼ぎをするために国境を越えない方がよい。労働市場の需要に引き寄せられるのではなく、全人格的な非商品として交流できる方向をめざすべきであろう。八重山に集う若者もまた、労働力として海を越えてきたわけではない。むしろ、東南アジアに繋がる八重山の文化が招き寄せた人びとである。石垣の住民が、東京へ向かうのと同じ程度の気軽さで、台北、マニラ、バンコク、バリ島などを訪問できるようになることが、地域自立の大切な指標となるであろう。

（参考文献）

徐恭生、一九九一（西里・上里共訳）、『中国・琉球交流史』ひるぎ社。
田島信洋、二〇〇〇、『石垣島唐人墓事件――琉球の苦悩』同時代社。
牧野清、一九九二、「石垣市唐人墓の建立」、『石垣市史のひろば』第17号、三月。
吉川元忠、一九九八、『マネー敗戦』文芸春秋社。

水兵たちと島人たち、あるいは〈治外法権〉の系譜学
――琉球＝沖縄における蒸気軍艦の衝撃をめぐって――

石原　俊

一　はじめに――ある水兵の死体をめぐって

一八五四年六月一二日、沖縄島の那覇・三重城の海中でひとりの「水主《かこ》」＝水兵の死体が発見された。この水兵は、その前年以来すでに四度にわたってこの島に寄港していた蒸気船の艦隊、すなわちマシュー・ペリー提督が率いる米国海軍東インド艦隊の船員であった。彼は、浦賀に向かった艦隊の不在中、ペリーが築かせた石炭貯蔵庫の管理を行う名目で島に残されていた男たちのひとりであった。

翌六月一三日、琉球王府当局は、この死体について、目撃者からの聴取を行っている。王府側の記述によれば、三人の「水主」が那覇の人家数ヵ所に押し入って内一軒から見つけ出した酒を飲み、二人は「市中に倒臥」していたが、もう一人は海に落ち、引き揚げたときにはすでに絶命していたという。王府側の報告では、この際、「水主」の頭部に傷があったことは記録されているが、海に落ちた様子を目撃した者はいなかった、とされている（琉球王国評定所文書編集委員会、一九九一、一五〇五号、五五二―五五五）。

だが七月一日、日米和親条約の締結に成功し、幕府に一年後の下田開港を約束させたペリー艦隊が、琉球に帰還してきた。七月三日、米軍側は王府側に、水兵の死体を米国人の医者に解剖させたところ酒を飲んだ痕跡はなかったと申し入れ、「頭に疵《きず》有之候」と頭部の傷を問題にし、彼が襲撃されたのではないか、という疑義を呈した（同、

一五〇五号、五七五）。ただしペリーは、襲撃した者に明確な殺意があったとまでは主張せず、「打殺させ候儀にて無之、咎目之儀は当地の律法を以可相行《もってあいおこなうべく》」と申し入れている。しかしペリーのこの発言は、裏を返せば、襲撃が直接の死因だった場合は、王府の「律法」を適用せず米軍側の法によって裁くつもりであったことを示唆している。さらに米軍側は、なおも目撃者がいないと主張する王府側に、住民への聴取を翌日までに行うよう要求し、「右刻限及相違候《そういにおよびそうら》はば、那覇川口両方炮台へ火矢餝置《ととのえおき》、兵之者共相詰させ船々出入差留可申《さしとめもうすべし》」（同、一五〇五号、五七六—五七七）と、脅迫によって法の執行を強制したのである。

この出来事は、当事者である水兵の名前（William Board）から「ボード事件」と名付けられている。そして、この「事件」をめぐる政治過程は、琉球史家の真栄平房昭によって、「開国後の日本で懸案となった領事裁判権の問題と歴史的につながる要素を含んでいる」と、的確な指摘が与えられている（真栄平、一九九九）。しかしながら、「内地」における領事裁判権のアナロジーを用いた場合、この「事件」は、（「日本」によって間接統治される）「琉球王国」対「米国」という、国家間関係を前提として、評価されてしまうだろう。本稿の目的は、そうした前提から演繹された領事裁判権——他の国家主権による法の執行という意味での「治外法権」——なる問題設定以前に、たまたま法によって捉えられ記述されてしまったこの暴力の痕跡を起点として、沖縄島における水兵たちと島人たちの出会いがどのように経験されたのかを考察し、この島における帝国の創設を根源的に問い直し得るような、歴史社会学的作業を拓くことにある。

二　海賊と国家の（非）弁証法——水兵たちの生をめぐって

ペリーが大艦隊を率いて沖縄島に寄港した衝撃を、艦隊の船乗りたちと島人たちの出会いの経験に寄り添って考えるならば、われわれはその衝撃を、当時の海と島で経済活動に関わりながら生きていた人びとをめぐる力関係の文脈に、置き直す必要がある。当時の太平洋はそうした力関係の再編過程にあり、ペリー自身が軍人・船乗りとしてこの再編に深く関与した人物であった。まず、一九世紀前半の太平洋を中心とする、経済活動と国家や軍との関係の変容を、ペリーという男との関わりを含め、概観しておこう。

海賊と国家――海における〈治外法権〉の系譜

欧州諸国に比べて海軍力が圧倒的に劣勢であった初期の米国政府は、すでに独立戦争時から、自国籍の船舶に敵国籍の船舶を急襲して船中の金品を略奪し船乗りを捕獲または殺害するという行為を黙認し、「戦時」においては広くこれを後押ししてさえいた（コーディングリ、一九九六＝二〇〇〇：三四二―三五九）。こうした海賊行為を担う船舶は私掠船（privateers）とよばれた。

注意すべきは、こうした海賊（行為）は、カール・シュミットのいうヨーロッパ公法――あるいはそれに基づく国際法――によって「鎮圧」の標的となるカテゴリー――たとえば、国家の警察的規範によって名指された「海賊」というカテゴリー――によっては捉えられないことである。私掠船の乗組員は、国家との間に、利用し／利用されるという非・弁証法的な関係を結んでいただけなのであって、その戦闘行為は、法を導入するエージェントとしての国家の権能とは、由来を異にする力から成り立っていたのである。

他方で当時、私掠船（員）と商船（員）や軍船（員）などとの境界は、きわめて流動的であった。たとえば、北西太平洋では、一九世紀の半ばにおいても、商船員の略奪行為が頻発していた。一八五一年に、当時この海域有数の捕鯨船の寄港地であった小笠原諸島の父島に入港した、英国軍艦エンタープライズ号のコリンスン船長に、入植者が語ったところによると、一八四九年九月に入港したメイド・オヴ・オーストラリア号とセント・アンドリュー号の船長と乗組員たちは、翌年一月に出航するまでの間、家畜、塩漬物、肉、油、備品、衣類、薬箱、金銭などを、「奪うことのできるすべての移住者から奪った」うえ、入植者の「妻」ともうひとりの島の女性を連れて行った。ここでは、この船乗りたちがもともと属性として「海賊」であったかどうかは、定義不可能である。船員たちは、前月の一八四九年八月に同じ船でいったん父島に入港し、島にいた者を新たな船員としてリクルートして出発したが、悪天候によって船が故障したため再び父島にもどってきて、入植者の援助を受けた後、上述の略奪を引き起こしているからである（Cholmondeley, 1915：26-28）。むしろ、交易船の船乗りたちは、貨幣、物資、（性的）身体の収奪・交換の瞬間に、暴力を介して海賊になるのである。[1]私掠船の労働現場は、商船に比べ収入が高く、正規軍の艦船に比べ安全で規律も甘かったため、当時の米国ではかなり人気があった。乗組員には軍艦から逃亡した元水兵などが多く、また米国経済からみれば、「平時」における失業人口を吸収する場として機能していた（Morison, 1967：9）（コーディングリ、一九九六＝二〇〇〇：三四四―三四七）。

つまり、当時の海賊（行為）は、もともと経済活動と明確に分割可能ではなかったのである。他方でそれは、国家との間に、法による恒常的な保護―被保護あるいは抑圧―被抑圧という、弁証法的な関係を結んでいたわけでもない。すなわち、海や島に生きる人びとが、法の臨界において、経済と暴力が不可分な領域で行使する力――〈治外法権〉――が、海賊だったのである。[2]

保護すべき「商船」、鎮圧すべき「海賊船」――ペリーによる海軍改革と海洋の再編

だが、一八二〇年代に入ると、米国籍の私掠船の活動は減退し、米国海軍も非米国籍の私掠船を、鎮圧すべき「海賊」と名指し始める。この時期、キューバやプエルト・リコの島々を拠点とする私掠船が、統治権を有するスペイン当局の黙認の下で、カリブ海域を航行する米国籍の交易船を襲撃していた。当時マシュー・ペリーは、米国内のリベラル派が解放奴隷の（再）移住先として後押ししていたリベリア建国に関与するため、西アフリカに航行していたが、米国に帰還すると、機動力の高い帆船であるスクーナーを用いてこうした「海賊」の鎮圧に当たり、米国籍の船舶の保護に当たった（Morison, 1967：77-84）。こうして、「軍」と「海賊」の間が差別化され、さらに「軍」の力によって「商業」と「海賊」の間にも差別化が進められていくことになる。

ペリーは、一八三〇年代にボストンの海軍艦船基地の長官、四〇年代に入るとニューヨークの海軍工廠の長官に

なるが（同：125/127-140）、この間、自ら創刊した『海軍雑誌』に論文を掲載し、軍事技術、軍人のリクルートシステム、軍人教育などの改革を訴え、実行に移していった。

まずペリーは、一八一〇年代の米英戦争——この戦争でも私掠船が活躍した——での苦戦を教訓とすべきだと訴え、それまで帆船を中心としていた米国海軍を、蒸気船を主力とする艦隊へと再編していった（同：127-130）。こうした技術的改革の成果を示す実験場となったのが、米国海軍史上はじめて編成された本格的な蒸気艦隊をペリーが指揮した、対メキシコ戦争の圧倒的勝利であった。また、「海軍文化協会」を設立し、海軍士官への教養教育の強化を試みている（同：132-134）。さらに論文の中で彼は、「軍艦の水兵に夥しい数の酔っ払いや不適格者や外国人が含まれている」ことを嘆き、ニューヨークを母港とする商船の乗組員の九割以上が「外国人」であることを引き合いに出しながら[3]、米国海軍が、一四歳以上の男子三〇〇〇人を見習員として採用し、衣食を保証し、教育を施すことによって、「外国人に無制限に開かれている」リクルートシステムを改めれば、「まもなくわが海軍は、米国人乗組員のみとなるであろう」と説き、改革に対する議会の支持を取り付けていった（同：139-140）。つまりペリーにとって、海軍の水兵とは、海と島で労働現場を移動しながら生きる人びと、すなわち「資本主義」的分業観によっては範疇化不可能な船乗りたちと、明確に差別化された、「適格」な「米国人」でなくてはならなかったのである。このように、現場の労働者形成の水準においても、「水兵」を「商船員」などから区別する政策を通して「軍」と「商業」は分離されていくのである。

こうして、ペリーらの海軍改革によって、米国の勢力圏内の海洋空間においては、「軍」が「商業」を保護し「海賊」を鎮圧する、という関係が定着させられていく。この関係こそ米国という新たな海の帝国における、法と経済の弁証法を基礎づけるものにほかならない。

三　ペリー艦隊の衝撃と沖縄島――水兵たちと島人たちの出会いの水準

帰港地における法と経済活動――太平洋における沖縄島の位置

一八五三年五月二六日、蒸気船サスケハナ号を旗艦とするペリー艦隊が那覇に寄港し、小笠原諸島に航行した後の二度目の寄港を含め、沖縄島に七月二日まで滞在した。浦賀入港に先立って沖縄島や小笠原諸島に寄港したペリーらの目的は明確であった。すなわち、(1)当時太平洋を活発に往来していた捕鯨船や、対メキシコ戦争で獲得したカリフォルニアからハワイ諸島を経て上海や香港にいたる船舶――ことに蒸気船――が、北西太平洋において寄港可能な補給基地を獲得すること、そして、(2)これらの港湾における経済活動を保証し促進するような法を島に導入すること、これである。(4) ペリーは、江戸幕府統治下の島々――九州から松前藩領に至る――に開港場を得ることに失敗した場合、沖縄諸島や小笠原諸島を「米国旗の監督下に置く」(take under the surveillance of the American flag) ことも検討していた (U. S. Senate, 1852-55 : 109)。

当時、北西太平洋の島々は、世界市場に接合されつつあったハワイ諸島と中国沿岸部の諸都市に挟まれて、市場にとっては外部の領域であった。もちろん、ペリー艦隊の寄港によって、これらの島々がただちに世界市場に組み込まれたわけではないが、ペリーら艦隊の将校たちの思考様式は、この海域を市場に接合していくために、これらの島々をめぐる経済活動を統御の下に置くような法の導入を目指すものであった。

ここでいう経済活動の領域は、補給基地としての当時の港湾が必要とする、あらゆる生産活動を含んでいる。それは、船舶とその乗組員が要するさまざまな物資やサーヴィスのみならず、それらの生産に携わる労働者の生の(再)生産活動に及ぶだろう。こうして沖縄島に形成される社会関係は、当時米国に形成されつつあった資本主義的生産における蓄積にとって不可欠な領域であるが、ローザ・ルクセンブルクのいうように、資本制の外部に位置する「非資本主義的領域」であった[5]（ルクセンブルク、一九一三＝二〇〇一：四九―七八）。そうした領域においては、次の二つ、すなわち⑴「経済外」的な暴力や強制から「自由な人として自分の労働力を自分の商品として処分できるという意味」と、自らの生を維持するためには自らの身体的・精神的能力の他に商品として売るものをもっておらず「すべての物から自由であるという意味」とにおいて、二重に「自由な」労働者（マルクス、一九八二：二二一）、⑵商品として購入した労働力を使用して生産を行い、生産物を貨幣と交換することによって「蓄積」を行う資本、の間に取り結ばれる社会関係は、成立していない。だが、社会学者マリア・ミースが指摘するように、こうした「非資本主義的領域」は、資本制と関係づけられるや否や、それ以前とは決定的に異なる質を備えた社会関係の下に置かれることになるのだ（ミース、一九八八＝九五：一〇六―一〇九）。

琉球踏査隊の夜営（Hawks, 1856 より。以下，同書）

　以下にみるように、沖縄島の人びとは、ペリー艦隊の水兵たちとの接触によって、貨幣を媒介とする関係――それまで島で一定流通していた中国銭ではなく、その内部において資本主義市場の中心が形成されつつあった米国の、ドルを基軸とする貨幣システム――に巻き込まれていくわけだが、その過程において、島人たちは、――「自由な」労働者としてではなく――しばしば暴力のただなかに置かれながら、自らの所有物や身体的・精神的能力ひいては自らの身体そのものを売るといった、具体的な諸実践を試みていったのである。またそうした過程において、島人たちにとって貨幣は、王府の法の外でひそかに所有を行い自らの生活に供されるべき私的な備蓄――資本主義的「蓄積」ではなく――の対象として認識されたのである。

ペリーら艦隊の将校たちは、上陸した水兵たちに、沖縄島に法を導入し、島人たちを貨幣を介した（再）生産活動に巻き込んでいくための、文字通り尖兵としての役割を期待していた。言い換えると、水兵たちは、帝国における法と経済の弁証法的関係の、前線と位置づけられていたのである。だが他方で、ペリーらの戦略に沿って、水兵たちと島人たちの接触がなし崩し的に拡大していく過程で、そうした接触は、法の臨界において、法によっても統御不可能な力を呼び込んでしまうことになる。

接触への恐怖と王府の法――貨幣・性という回路をめぐって

上陸したペリー艦隊の船員たちは、どこへ行ってもポリス（通訳ウィリアムズの表現）に監視されていた（S. Williams, 1910=70：18=45）。彼らと接触した島人たちも同様であった。

「琉球語」や「日本語」の通訳を探していたペリーに請われて香港からサラトガ号に乗り込んだ、サミュエル・ウェルズ・ウィリアムズ[6]は、島の者が操るボートを呼び止め、「中国銭一束を投げ込んで」乗り込んだところ、「その銭によって船内にはたいへんな厄介の種が持ち込まれた」と記録している。結局船員たちは役人に通報して貨幣をすべて引き渡したのであった（S. Williams, 1910=70：15=40）。また、船員たちが上陸した際、「家々の戸はみな閉ざされ、女たちはひとりも見かけなかった」ことや（Hawks, 1856=1997：156=156）、那覇の市場において女たちが「売物をそのまま放り出して走り去った」ことなどが、記録されている（Perry, 1968=85：69=129）。

このように、王府が船員たちと島人たちとの接触の管理に労力を注いだのは、⑴船員たちが持ち込んだ貨幣と島人たちの所有物との間に私的な交換が成立してしまうこと、そして、⑵島人たちと船員たちとの間に性的な接触が拡大してしまうこと、こうした回路を恐れたからであった。王府側は、島人たちが、船員たちから貨幣を獲得し、

那覇の市場

なし崩し的に米国のドルを基軸とする太平洋の貨幣経済に組み込まれていくことを恐怖した。当時の太平洋の島々において米国船の乗組員が使用する中国銭は、ドルを基軸とする交換関係に組み込まれていたわけであるから、支払われた貨幣が明銭や清銭の場合でも、王府側からみれば、宗主国清との直接交易の際に中国銭を使用する場合とは、まったく異なる法の下に組み込まれる危険があった。さらに王府側が恐れたのは、島人たちが、自らの所有物や精神的・身体的能力あるいは自らの（性的）身体を処分（disposition）する／させられる過程で、[7]王府の法によって統御不可能な出来事が起こり、米軍側からの法による介入を招いてしまう可能性であった。ここでいう身体の性的な処分は、貨幣の使用が認知される関係――事後的に「売淫」と表象される関係――から、貨幣のやり取りが認知されない関係――場合によっては「強姦」と表象される関係――まで、さまざまな関係として現れるものである。

貨幣の処分と私的備蓄――交換をめぐる諸実践

王府側が恐れた通り、上陸した水兵たちは、王府側の監視の中で、自分たちが所有する貨幣と島人たちが所有する物資との交換を成就させるために、しばしば暴力を介してでも状況を変えようとしていく。そうした暴力は、多くの場合、水兵たちと対面状況にある島人たちを危険にさらすことになった。

水兵たちが求めた物資は食料を中心に多岐にわたるが、とくに酒（泡盛）に関しては、艦隊の軍規によって船内でも「朝晩一杯つつ迄」しか飲酒が認められていなかったこともあり、渇望の的であった（琉球王国評定所文書編集委員会、一九九二：一五一三号、三三九）。後述のように、ペリーは香港への航海中、ケリー中佐率いるプリマス号を那覇に残しておき、沖縄島北部の測量調査を行わせたが、王府側の記述によれば、その調査中の一九五三年一二月二一日、恩納間切において次のような出来事が起こっている。調査隊のメンバーである「亜水主」の一人が、恩納村の「番所え入《いり》酒　酒《「さけ、さけ」》と申《もうし》蕃銭并《ならびに》唐銭等見せ」酒を探したが見つからなかったので、「人家五ヶ所えも入《いり》酒抔《など》望不相与候付《のぞむもあいあたえずそうろうにつき》怒立為申半、人家より出途中通行之者え向《むきて》小鉄炮一筒相放候処《あいはなちそうろうところ》」、弾は付近にいた島の男女三人の足に当たった。うちひとりは少年、ひとりは女性であったという（同：一五一三号、三四九）。

留意を要するのは、ここで「水主」が発砲したのは、対価を払わずに酒を強奪するためではなく、交換が成立しない状況への腹いせだったことである。水兵たちの行為は、あくまで貨幣の処分を成就させようとする過程での、具体的な実践であった。王府側の記録によれば、船員が対価を払わずに商店や民家から品物を強奪した場合もあったようだが、(8)多くの場合は対価として「蕃銭」や「唐銭」を置いていったのである。

しかし、対価の支払いの有無にかかわらず、そうした行為は、王府側によって記述されるとき、品物を「押取」ったという一般化された意味づけがなされ、対価の支払いがあった場合は、銭を「投置」いた、と書かれることになる。王府側は、商店や民家において対価が支払われた場合でも、発見あるいは申告のあった場合、「取揚」るという対応をとっている。王府側の記述は、「取揚」という王府による政策的強奪の責任を、「押取」「投置」といった水兵の行為に関する表象に転嫁しているのである。

だが同時に、島人たちにとって、こうした接触における危機は同時に好機でもあった。じっさい、次のようなエピソードから伺えるのは、王府による監視をかいくぐりながら、踏査にやってきた水兵たちとの出会いを好機とし

て利用しようとする、島人たちの実践である。(9)

「夕方私は那覇から（金武村に：石原注）連れてきた少年のひとりに硬貨をひとつかみ与えようとした。だが、そばに別の少年が二人いたため、彼はしきりにそれを断った。しかし、機をみて彼がひとりになったときにもう一度すすめると、身振りで感謝を示しながらすぐにそれを受け取った」（Hawks, 1856=1997：176=176-177）。

支払われる貨幣が米ドルをはじめとする「蓄銭」であれば、せっかく手に入れても、王国内で使用するのは難しい。しかし「唐銭」であれば、王国内では出所が明確にならないから使用可能なのである。

すなわち、水兵たちと島人たちの出会いは、米軍側が導入を試みる法によって完全に統御されうる関係ではなかったが、他方で、王府側が記述するような「押取」「投置」という一方的関係でもなかった。それは多くの場合、水兵たちにとっては、自分たちが必要とする物資を得るために、しばしば暴力を通して貨幣を処分しようとする試みにほかならず、島人たちにとっては、水兵たちからの暴力と官吏による「取揚」＝強奪の危険にさらされながら、貨幣を獲得し私的な備蓄を行おうとする試みだったのである。すなわち、そうした具体的実践は、法の臨界において、経済と暴力が不可分な領域で行使される力――〈治外法権〉――なのである。

身体を売る女／男たち――性的接触の浸透

このように、島人たちが貨幣を介する関係になし崩し的に巻き込まれていく事態こそ、艦隊の将校たちの望むところであった。ウィリアムズは次のように看破する。

「一五〇〇名の男たちを乗せた艦隊がやって来た際に、主人と客との関係が売り手と買い手との関係に転位したことによって、かなりの利益が生じたのは明らかである。港の最下層の苦力《クーリー》にとってさえ。多くの変化の徴候がすでに現れている」（S. Williams, 1910=70：27=58-59）。

つまり、貨幣との交換が促進されるべき対象は、物資に限られないのだ。「港の最下層の苦力」へのウィリアムズのまなざしは、労働者としての島人たちをも標的としているのである。とりわけ、海と島に生きる船員たちにとって、帰港地における潜在的労働力として大きな関心を引いたのは、性的な労働者——身体それ自体を売る存在——となり得る人びとであった。

ペリーらは、王府によって船員との接触を制限されていた島の女たちの動向を、かなり興味深く観察している。ある寺院では、「壁の向こうから、たぶん女であろう人びとがこちらを注視していたが、われわれが戸から入ると大急ぎで姿を消した」と、記述している（Hawks, 1856=1997：158=158）。

小笠原諸島から戻った二回目の琉球上陸の際、ウィリアムズは次のような記述を残している。

「今宵、われわれが人びとに話しかけてみると、彼／彼女らは指で耳を塞ぐのであった。交際（intercourse）を避ける新たな工夫だが、そうしている彼／彼女ら自身、いくぶんそのやり方を笑っていた。というのも、しかめ面をするように命じられた彼／彼女らの顔にも、何人かには含み笑いが見えたからである」（S. Williams, 1910=70：44=84）。

注目されるのは、ここでのウィリアムズから島人たちへのまなざしが、intercourse というあからさまに性的な語によって表現されていることである。すでに、船員たちと島人たちの間に、——貨幣による媒介が認知されるにせよされないにせよ——性的関係が成立し得ることは、自明の状態であったと思われる。

また、右で引用した、「那覇から連れてきた少年」たちのひとりに硬貨を受け取らせせようとしたというエピソードを、再度参照してほしい。この少年たちと艦隊の将校たちとの間に貨幣を介した性的関係が成立していた、と考えても何の不思議もないことが解されよう。

四　島における水兵たちと女／男たち、あるいは〈治外法権〉の時空間

「文明」の法と経済活動の促進

一八五三年七月二日、輸送船のサプライ号を那覇に残留させ浦賀沖へ向かっていたペリー艦隊は（Perry, 1968=85：106=203）、七月二五日から八月一日まで、三度目となる琉球訪問を行った。ペリーらにとってこの短い滞在の目的は、米軍側の経済活動を保証し促進する法の導入を、王府側に公式に認めさせることにあった。

ペリーが琉球王国摂政に宛てた公式書簡には、かねてからの要求であった石炭貯蔵庫の設置の他に、次のような注目すべき項目が列挙されていた（Hawks, 1856=1997：276=276）（Perry, 1968=85：109=206–207）。

- 上陸した米国軍人・市民が、王府の下級官吏やスパイによって監視されつきまとわれるのを、やめさせること。
- 指揮下にある将校や水兵が、中国や日本からの訪問者と同様の処遇を受けること。彼らが市場や商店において必要とする物資を何でも購入する特権を持ち、その物資に対しては、売り手が求める価格を支払うこと。
- 島民とくに女性や子どもが、「われわれ（＝米軍人：石原注）」を見てまるで最大の敵に相対したかのように逃げ去ることのないようにすること。

これらの要求の目的は、それまでに艦隊が水兵たちを上陸させることによって、なし崩し的に拡大していた島人たちとの関係を、法によって追認することにあった。すなわち、⑴王府側による監視を排し、水兵たちと島人たちとの接触――ここには否応なく性的な関係が含まれてしまう――を拡大すること、⑵島人たちの所有物や労動力――ここには性的労動力が含まれ得る――を貨幣によって容易に買うことができる、蒸気船の帰港地として有効な状況を沖縄島に創り出すこと。

ペリーは摂政に、「すべての文明諸国民の風習や習慣に相容れない制限制度」や「国際儀礼に基づ」かない「琉

那覇の街路

球の法律」の「妥当性や正当性を認めるわけにはいかない」と宣告している（Hawks, 1856=1997：276=276）（Perry, 1968=85：109=207）。ここで注目されるのは、「文明」という名の下に沖縄島に導入される法が、帰港地として相応しい経済活動を促進するという、帝国における法と経済の弁証法的関係が構想されている点である。

結局摂政は、満足な回答が得られなければ二〇〇人の兵士を動員して首里の王宮を占拠する、と脅すペリーに屈し、要求の大半を受け入れた[10]（Hawks, 1856=1997：278=278-279）（Perry, 1968=85, 111=211）。

さらに一八五三年八月、プリマス号を那覇に残して香港に航行したペリー艦隊は、一八五四年に入ると、浦賀への航海の前に、一月二〇日から二月七日まで、四度目となる琉球寄港を行った。

相変わらず、貨幣と物資の交換をめぐる水兵たちと島人たちの関係は、王府側によって「押取」「投置」と表現され、監視と貨幣の「取揚」も続けられていた。だがペリーは、自らの戦略通りに水兵と島人の接触が拡大し続けていることを確認し、満足を表明している。

「街路の男たちは、他所者を親しげに見るようになり、避けることもなくなった。女たちでさえ、もはや市場から逃げ出すこともなく、露店の店番を続け、外国からの侵入者を気にしないようだった」(Hawks, 1856=1997：309=309)。

ウィリアムズは、市場に行って食料を買ってくるよう二人の水兵に命じたところ、二人は買い物に成功し自ら物資を調達してきた、と書き留めるとともに (S. Williams, 1910=70：96=161)、那覇の市場で「年配の女たちが商い気十分である (well disposed to sell) ことがわかった」と性的ニュアンスを強調し、「女たち」が処分 (dispose) したがっているものが、物資ばかりでなく彼女たち自身の身体でもあることを、示唆している (同：95=160)。

一見これらの記述からは、暴力の痕跡がほとんど消し去られてしまったかのようである。だがこの頃、島の女たちは、なし崩し的に拡大する水兵たちとの出会いにおいて、衝撃の中心に置かれていたのである。ふたたび浦賀に向かったペリー艦隊の不在中、石炭貯蔵庫の管理の名目で島に残された水兵たちは、那覇の市街や近辺に繰り出し、しばしば暴力を介して要求を満たそうとしていた。

こうした状況の中、六月一二日、三重城の海中で水兵ウィリアム・ボードの死体が発見されたのであった。

性暴力とリンチ——沖縄島における法の臨界

王府側は七月五日、法の執行を強要するペリー艦隊側に対し、より「厳密」に「相糺」した結果として、次のような報告を行った。

「酔狂にて亜船 (=米艦：石原注) 水主は人家え押入、女人強姦いたし啼哭《ていこく》之声相聞得候付、隣所又は追行之者共走集、其内一人差寄水主腰より抱引下《いだきひきおろ》し追出候処、門外道路にて集居候人々より石を以打候者も有之、水主周章《しゅうしょう》にて海原へ参致溺死候由、強姦之事は女人甚《はなはだ》恥辱相成事にて人々深取隠置《ふかくとりかくしおき》、地方官糺不足為相成由《ただしふそくにあいなりたるよし》」(琉球王国評定所文書編集委員会、一九九一：一五〇五号、五八二)。

この報告によれば、ボードは石を投げる人びとから逃れる過程で海に落ちて溺死したことになる。また王府側は、「糺」が遅れた理由を、「強姦之事は女人恥辱」として隠していた「人々」の責任に帰している。だが、ボードをつけていた王府側の「追行之者」は、「強姦」を受けた「女人」の腰からボードを引き離した当事者である。たとえ「追行之者」が、この女性や集まった人びとに共感し、あるいはこの人びとを恐れて、「強姦之事」を上司に報告していなかったとしても、既述のように王府側は、取調べの初期段階でボードの頭部の傷には気づいていたのであるから、そこに暴力の徴候をみてとらなかったはずはない。王府側が「糺」を進めなかったのは、明らかに暴力の徴候が隠されるべき理由があった。いうまでもなくそれは、ペリーらによって持ち込まれ暴力の徴候に介入しようとする帝国の法への恐怖であった。だから王府側の記述は、暴力を受けた女性が名乗り出る／名乗らされるにいたる過程を、一方的に「女人甚恥辱」と代理＝表象した上で、さらに、街路に集まり石を投げた女／男たちを、「深取隠置」いた「人々」として代理＝表象したのである。

早くも翌々日の七月七日、王府側は、六人の男性を犯人に仕立て上げ、「主犯」の男「かま渡慶次」に「八重山島へ一世流刑」、その他五人に「宮古島へ八年流刑」の判決を下すことになる（同：一五〇五号、五八八）。だが王府側は、じっさいにはこの判決を実行せずに米軍側を欺く術を画策していた。

王府側はその一方で、この「かま渡慶次」を米艦のペリーの眼前に連行するという象徴的儀式を行っている。ペリー側の記述によれば、このとき摂政の方から、「かま渡慶次」をペリーに引き渡すので米国の法によって裁くよう申し出があったが、「もちろん提督は受け入れを辞退し、いかなるやり方であれ琉球の法の運用や執行に干渉することは自分の希望でも目的でもない、と琉球人たちに説明した」ところ、「摂政は提督のこの態度に多大な謝意を表明した」と書かれている（Hawks, 1856=1997：493=493）。他方、王府側の記述には、この際ペリーが、

「彼国之律法には人を殺候者は同罪之筈候得共《そうらえども》、此は一人之手に当り不申、外にも四五人之有《これあり》可宥《ゆるすべき》訳《わけ》有之《これあり》候間、此地之律法通取《とり》行《おこない》可宜《よろしかるべく》」（琉球王国評定所文書編集委員会、一九九一：一五〇五号、五八七）

と、またも米軍側の法の導入をちらつかせたことが、書き残されている。

この場面を、琉球王国に対する米国による「治外法権」の行使とみなすならば、ペリー側と王府側の記述は相互に「矛盾」しているとみなされるだろう。だがペリーらは、「かま渡慶次」が替玉であり判決も実行されない可能

性を自覚していたにもかかわらず（Hawks, 1856=1997：493-494=494）（S. Williams, 1910=70：236=392）、とくに強硬な態度には出なかった。じっさい王府側は、艦隊が引き揚げた後、王国内における判例も参照しながら裁判をやり直したことがわかっているが、そこで「主犯」とされたのは「かま渡慶次」ではなく久米村の「松長秀才」で、刑も「八重山島に長遠流十五年」に変更されている。さらに、この判決文において重要なのは、三重城の海中に入ったボードに「松長秀才」が「礫《つぶて》を以《もつて》脳後《のうこう》を打、血をも出」として、ボードがリンチに遭った末この男に直接殺害されたことを、王府当局がほぼ認定していることである（琉球王国評定所文書編集委員会、一九九二：一五一二号、二五三―二五六）。しかし、米軍側にとっては、このリンチに至る過程についての真相ばかりか、法を執行する政体が王府側であるか米軍側であるかどうかすら、一義的な問題ではなかったのだ。王府側が「文明」の名の下で法を意識した身振りを示しさえすれば、それでよかったのである。ウィリアムズはこう断言している。

「彼らがいかなる取り調べを行っていようと、われわれには何の価値もないことなのである。われわれが要求しているのは、犯人を裁判に付すことだけであって、これは那覇当局もすでに承知している」（S. Williams, 1910=70：234=390）

それどころか、ウィリアムズによれば、

「提督は、心の中では、彼（＝「かま渡慶次」：石原注）をアメリカに連れて行き、将来母国の人びとに役立つ技術や知識をある程度身につけさせてから送り返そうと、考えていたのである」（同：238=395）。

だが、法の導入をめぐる米軍と王府のせめぎ合いの中で、この暴力の連鎖が「事件」として登録される過程は、同時に、暴力を受けた女性が、法言語によるテロル（セカンド・レイプ）が自分に跳ね返ってくる危険を予期しながら、名乗り出る／名乗らされる過程でもあった。また、この「事件」には、「女人」が受けた暴力に触発された島の女／男たちが、思わず法の外部に出て水兵へのリンチを行使するという、〈治外法権〉の状況が書き込まれてしまっているのである。

泊外国人墓地にあるボードの墓（高倉倉吉・玉城朋彦編『ペリーと大琉球』琉球放送刊より）

身体の処分を賭けて——レイプと管理売春の狭間から

水兵ボードによるレイプは、ペリー艦隊の寄港時において、けっして「特殊」な「事件」ではなかった。「ボード事件」をめぐる王府側の記録を詳細に検討した琉球女性史家・小野まさ子（一九九一）が論じるように、「亜人」によって乳房を揉まれるなど、島の女たちが性暴力にさらされた出来事については、他にも複数の記述が残されているのである。さらに小野は、法によって彼女たちを保護すべき王府側が、ペリー側への抗議を明確に行わない場合も多かったこと、のみならず、暴力の要因が、「亜人」との接触を禁じる王府の法に沿わぬ彼女たちの不注意にあるとして、叱責する官吏すらいたことを、指摘している。

当時の太平洋における船乗りたちの性的行動については、航海に関わる記録の作成者の多くが、米国をはじめキリスト教的規範が強い地域の出身者だったこともあり、かなり記録に乏しいと言わざるを得ない。だがわれわれは、すでにその例外に出会っている。ペリー艦隊に先立つ一八五一年一月、ボートに乗って糸満の摩文仁間切に上陸した、万次郎という名の男である（長崎奉行、一八五一＝一九九〇：五一二―五一七）。このジョン万次郎こそ、漂流者として太平洋に出た後、当時米国最大の捕鯨船の基地であったマサチューセッツ州ニュー・ベッドフォードを母港とする、ジョン・アンド・ジェームズハウランド号に救助された後、太平洋・インド洋・大西洋の島々を縦横に行き来しながら、捕鯨船員としての経験を積むとともに、米大陸において、測量学・航海学・造船術という、海における帝国の軍事と経済活動に関わる知を身につけてきた男であった。[11] もともと土佐国の漁業労働者でありキリスト教的性規範からはかなり自由だった万次郎は、薩摩藩や幕府当局の聴取、故郷での聞き取りなどに際して、捕鯨船員として寄港した太平洋の島々で見聞した状況について、相当立ち入った語りを残している。

万次郎は、グアム島やギルバート諸島、サモアの島において、その都度「薪水」や食料を買ったと語っているが（長崎奉行、一八五一＝一九九〇：三六二―三六七）（河田、一八五二＝一九九〇：四九九／五〇〇／五〇五）、こうした島々の港では、捕鯨船（員）が必要とする物資を売る人びとがいた。そしてこれらの港は、貨幣と物資の交換の場でもあると同時に、性的労動力の備蓄・消費が公認された場でもあった。万次郎は、捕鯨船の大寄港地であったハワイ諸島のオアフ島については「遊女とも多く」（薩摩藩、一八五三＝一九九〇：三三七）、ルソン島のマニラ港では、「商家多く、反物屋、米屋、酒屋、瀬戸物屋、青物屋、傘屋其外相見、遊女屋も有之」と語っている（長崎奉行、一八五一＝一九九〇：三六六）。ティモール島クパン港にも「売女躰のもの夥数罷在」と報告している（同：三六五―三六六）。

また、万次郎とともに救助された伝蔵と五右衛門の二人が、帰郷を試みた際に――結局それは失敗するのだが――便乗した捕鯨船は、「一裸島」と書かれる島に寄港しているが、そのときの様子は次のように記録されている。

「島人等男女をいわず悉《ことごと》く梛《やし》の木を鑿ち、梛皮を編み結つけたる小船に乗、巨舶《きょはく》を目《み》かけ操来り、暫時に近寄、皆相争て跳入ければ、舶衆等烟草指頭《すこし》を与え、彼裸婦を率き閨に入り、中にも衆中の壮者は、他者を管せずして合歓す。裸婦は傍に注視して烟草を喫ながら、陰茎突立して亀頭の跳るものあり。舶衆《はくしゅう》或《あるひと》指《さ》して笑と雖《いえど》も、絶えて之を省せず」（河田、一八五二＝一九九〇：四九五―四九六）。

この島では、パンや煙草そして阿片と引き換えに、組織的にこうした性的労働が提供されていたという（亀谷・中平、一八五二＝一九九〇：六四七）。

一方、沖縄島においては、管見の限り、ペリー艦隊の寄港時に組織的な買売春が行われたという記録はない。むろん沖縄の島々においても、王国内の住民などを買い手とする「遊女」は存在した。しかし、王府側が米軍側に管理売春を申し出ることで、法によって島の女性たちを「遊女」とそれ以外に分断し、水兵に対する性の「防波堤」を築くには至らなかったようである。

だが、暴力に遭った女たちが叱責されていたことからもわかるように、すでに王府側の法も、管理売春に繋がるような論理をはらみ始めている。王府の法は、ペリーらが強要する「文明」の法を意識すればするほど、それに似てくるのだ。だからこそ私は、管理売春が成立すればレイプが減っただろう、などと言いたいのではない。一〇〇年後この島の米軍基地の周囲に林立したAサインバーをめぐる統治政策が示すように、管理売春とは、（性的）身体を囲い込んで公的に備蓄することで接触に伴う暴力を飼い慣らし、法によって性的なテロルを日常的に保証し促進する、ポリシング（秩序・治安維持作用）だからである。

沖縄島で起こった性暴力は、すでに軍艦や捕鯨船の寄港地として定着し、物資とともに性的労動力が備蓄・消費されてきた太平洋の他の島々とは、異なった文脈において起こったと言える。島人たちは、すでにドルを基軸とする貨幣を介した社会関係に巻き込まれてしまっているものの、王府によって水兵たちからの貨幣の獲得を禁じられていたために、性的な接触が労働として成立し難い状況に置かれていた。こうした例外状態のただなかで、水兵たちと島の女／男たちの出会いは、暴力の連鎖として生起したのである。そして、水兵たちと島人たちが暴力のただなかで出会わざるを得なかったことそれ自体が強烈に示すのは、その出会いにおいて賭けられていたのが、帝国の法によって日常的に保証され促進される性的労動力の売買などではなく、むしろ法の臨界において行為される身体の私的な処分（disposition）であった、ということである。

五　おわりに——海賊の島々から帝国の原史へ

一九世紀半ばまで、米国の捕鯨船員は、北西太平洋の海域を「ジャパン・グラウンド」と呼んでいた。（環）太平洋に生きる人びとにとっての「ジャパン」とは、現在の「日本海」「日本列島」「日本国」とは全く異なっていたのである（森田、一九九四：八四）。ペリーが率いる米国海軍東インド艦隊が、沖縄島を皮切りに「ジャパン・グラウンド」に航行したのは、この海域の島々における経済活動を、「文明」の名による法の統御の下に置こうとしたからであった。

　その後の経緯はよく知られている。沖縄島に寄港したペリーらの「文明」の名による活動様式とその技術的媒体を流用することによって、「ジャパン・グラウンド」の島々における経済活動の中軸になろうとしたのが、植民地当局の薩摩藩であった。そして、冒頭でも述べたように、この薩摩藩を核として「内地」に成立した明治政権こそ、「文明開化」のかけ声の下で沖縄の島々の占領を進めてゆく、帝国の「中心」となるのである。帝国の身振りは、模倣される。こうして、「ジャパン・グラウンド」の島々は、「日本」という名の下で、帝国の「周縁」とされていくのである。

　ペリー艦隊にとって、水兵たちは、鎮圧対象としての「海賊」はもちろんのこと「不適格者」や「外国人」や「商船員」とも差別化された者でなくてはならなかった。ペリーらにとって、島に上陸した水兵たちは、島人たちを貨幣を介した社会関係に巻き込んでいくために、「文明」という名の帝国の法にとっての、尖兵の役割を果たすべき人びとであった。だがじっさいには、なし崩し的に接触が拡大していく中で、水兵たちと島人たちは、そうした法によっても統御不可能な領域において、暴力やリンチのただなかで出会っていったのである。このような、接触における「意図せざる結果」としての暴力のエコノミーは、帝国の法からみた軍事‐警察的テロルのエコノミーによって計られるべきではなく、間接的に市場に結び付けられ海に開かれてしまった島人たちが、法の臨界において自らの身体的・精神的能力あるいは身体それ自身を処分＝配置（disposition）していく実践的過程として、捉えられなければならない。海賊になるというエコノミーは、島々に帝国が（再）創設されるたびに、「意図せざる結果」として反復され続けるからである。[12]

　帝国を内破させるべく、海賊の時空間を呼び起こすこと。ふたたび「日本」になった沖縄島において兵士と「基地周辺の人びと」とが出会い続けている現在を、「ジャパン・グラウンド」における蒸気軍艦の水兵たちと琉球の島人たちとの出会いの実践的な時空間を起点に考えること。それは、沖縄の島々における〈治外法権〉の系譜学であり、帝国の原史（Urgeschichte）を記述する試みにほかならない。

（注）

（1） 現在日本語で小笠原諸島とよばれている島々は、一九世紀前半まで「無人島」であったと記録されているが、一八三〇年、ホノルルの英国総領事であるリチャード・チャールトンの支援を受けつつオアフ島からスクーナーに乗って移住した三〇人の男女が、はじめて長期間の入植に成功し（Cholmondeley, 1915: 17-19）、野菜の栽培、牛・豚・羊などの放し飼い、ウミガメ漁、寄港する捕鯨船などとの交易によって生計を立てていた（Hawks, 1856=1997: 203-09=203-09）。これ以降、この島に上陸した人びとは、船乗りやその「妻」あるいは労働力としてついてきた／連れて来られた女／男たちであり、または島に寄港する捕鯨船からの脱走者であり、漂流者であり、場合によっては略奪者であった。これらの――属性による分類が不可能である――雑多な移住者たちは、貨幣、物資、土地（開発）、労働力、（性的）身体の収奪・交換をめぐって、しばしば、抗争・暴力のただなかに置かれていた。石原（二〇〇二）では、こうした抗争状況にかかわった人びとの生を、国家の警察的規範から否定的に導かれた属性――「野蛮」「未開」「海賊」であるということ――から演繹するのではなく、経済活動をめぐって海賊になるという、過程的ないとなみとして捉えようとした。関連する議論として、石原（二〇〇一、二〇〇〇）も参照されたい。

（2） こうした海賊の定義は、交易という経済活動を、国家によって導入される法との連続性によってではなく、暴力または戦争・抗争との連続性において捉える歴史社会学的視点を導くが、こうした論点については、稿を改めて論じたい。

（3） 当時、捕鯨船の乗組員も、ヨーロッパ系米国人のほか、アフリカ系の者、米大陸の先住民、太平洋の島々でリクルートされた先住民など、雑多な人びとから成っていた（森田、一九九四：一〇五）。

（4） 当時の太平洋における捕鯨の隆盛は、主として照明用燃料に使用する鯨油の需要拡大を背景としていた（森田、一九九四：一一二）。また、ペリーが西海岸から中国に至る航路において想定していた船舶は、サンフランシスコ―上海間の郵船、茶・生糸等を運ぶ貿易船、ゴールドラッシュと奴隷解放の影響で労働力が不足していたカリフォルニアへと運ばれる中国人苦力の輸送船、などであった（Hawks, 1856=1997: 211-213=211-213）。ペリーは沖縄島上陸後、ただちに島の踏査を指示したが、その一義的な目的は、蒸気船の燃料となる石炭の埋蔵の有無を知るためであった（同：153=153-54）。

（5）この領域で行われる——主として女性が担わされる——生産活動は、ミースら「継続的本源的蓄積論」を掲げるフェミニストが「サブシステンス生産」という概念によって捉えるものである（ミース、一九八八＝九五：八〇—八一）。この概念が開示するのは、一般に「生存経済」と呼ばれる閉じた生産活動ではなく、間接的に市場に包摂され、自分自身および他人（「夫」、雇用主、植民者…）の生を維持するために労働を売る／売らせられる人びとにとっての、生産活動の領域である。すなわちこの概念は、マルクスのいう資本への「形式的包摂」の状態を、「実質的包摂」へ必然的に向かうたんなる過渡的段階としてではなく、脱‐歴史主義的に考える視点を拓くものである。なお、指摘するに及ぶまいが、ここでいう生産活動とは、狭義の「経済」のレヴェルに還元し得るものではけっしてなく、生産にかかわって生じる社会的実践全般を指している。それゆえ、本稿の問題設定にとって、「経済」対「文化」「社会」といった二項対立は、意味をなさない。また、こうした議論については、エルネスト・ラクラウがアンドレ・フランクの従属論やイマニュエル・ウォーラーステインの世界システム論を批判しつつ提示した、「生産諸様式」の「接合関係」に関する論点も参照せよ（Laclau, 1977=85：22-27=21-26/43-46=41-44）。

（6）ウィリアムズは、ニューヨーク州生まれで、すでにプロテスタントの宣教師として広東に二〇年近く在住し、中国に関する博物誌家として有名だった。一八三七年マカオで、米国商船モリソン号に請われて乗っている。モリソン号は琉球を経て浦賀に至り、漂流民七人の送還と引き換えに徳川政権に交易と布教の許可を求めようとしたが、幕府側から砲撃を受けてマカオに帰還した。ウィリアムズはこの漂流民の一人から「日本語」を習っていた（F. Williams, 1910=1970：1-4）。

（7）ここでいう処分 disposition（＝配置・性向）は、植民地アルジェリアの開発過程における労働者形成の様態を表すために、ピエール・ブルデューが用いた概念を——「伝統社会」と「資本主義社会」という理念型を二項対立的に実体化しがちである彼の記述傾向を留保しつつも——参照している（ブルデュー、一九七七＝九三）。彼が記述の対象とした人びとは、労働者となる際、いわゆる近代市民法の下で「自由な」賃労働者になるのではない。彼・彼女らは、すでに貨幣を媒介とする関係の下に置かれてしまっている。が、不安定な雇用形態などの下で生産活動に従事する彼・彼女らの労働に対して支払われる貨幣は、近代市民法の下での賃金と異なり、その生の再生産費用の尺度ではあり得ない。本稿で使用する〈私的〉処分という語も、いわゆる資本主義的な「市民社会」において「生産手段」と「経済外的強制」から「自由な」人びとが自らの所有物や労働力を商品として売る、という関係——むろん、この関係においてすら、「自由な」諸個人による「等価交換」という外被の裏側で、資本と労働の不等価交換が進行する、というのがマルクスの政治経済学批判であったわけだが――を表すものではない。むしろ私が処分という語によって表したいのは、間接的に市場に包摂されながらも「自由な」労働の下に置かれない人びとが、自らの身体的・精神的能力あるいは身体それ自体を売る過程での、具体的な経験である。

（8）こうした水兵による強奪的な「押取」のうち、一八五四年前期の事例については、里井洋一が詳細な表にまとめている（里井、一九九一、一五〇五号、四四六―四七）。その後の文書にもたびたび強奪は記録されている。

（9）すでに一九五三年八月の王府側の文書では、商人が「利欲に迷ひ」、密偵の目を盗んで「夷人」に物資を「売渡」したり、「投置」れた「唐銭」を持ち去ったりする事態について、報告されており、那覇周辺での「取締」の強化が指示されている（琉球王国評定所文書編集委員会、一九九一、一五〇二号、二一〇―一一）。同年一二月には、艦隊へ荷物を運搬する二隻の小船の「漕夫」たちが、米軍人から与えられた「唐銭」を山分けして着服したことが、密告によって王府側の知れるところとなり、処罰の対象となっていたことがわかる。このときの王府側の文書には、密告者の「たら金城」に「相当の御褒美」を与えるべきだと書かれており、船員から島人に貨幣が渡ることを、王府当局がかなり恐れていたことが伺える（琉球王国評定所文書編集委員会、一九九二、一五一三号、三四七―三四八）。

（10）こうして、ただちに石炭貯蔵庫の建設が開始され、艦隊出港の八月一日の早朝には、王府側の主催で、臨時に市が開催された。市では、「誰もが、琉球人の要求する値段を（米ドルの：石原注）金貨や銀貨で支払って、何がしかの物を購入した」（Perry, 1969=85：112=213）。ペリーは、次のように書いている。

「手に入れた物資はそれほど重要なものではなかったが、この機会がもたらした主要な利益は、こうした外国人との取引が初めて公認され、しかもこの島における根本的な法に真っ向から反して行われたという事実にあった。この法の廃止は間違いなく、琉球の人びとに最大限の利益をもたらすだろう」（Hawks, 1856=1997：282=281）。

（11）琉球王国を間接統治する薩摩藩の藩主・島津斉彬は、万次郎を長崎奉行に引き渡すまで、沖縄島に半年以上、薩摩に四八日も留め置いて、連日聴取を行っている。この間万次郎は、「薩摩侯よりの命」で、飲食は「貴客」のような扱いを受け（河田、一八五二＝一九九〇：五二〇）、薩摩藩に造船術・航海学・捕鯨術などを伝授したが、斉彬らにとって何より重要だったのは、万次郎が米国からもたらした「蒸気船の軍艦」についての情報であった（薩摩藩、一八五三＝一九九〇：三三九／三五〇／三五四）。こうして、一八五三年のペリー艦隊の寄港時には、植民地当局＝薩摩藩において、蒸気軍艦――琉球王府当局の呼び名では「火輪船」――への欲望は、否が応にも高まっていたのである。この時期における琉球王国の対薩摩藩・幕府関係を政治史的に概観するには、上原（一九七二）や吉田（一九九六）などを参照のこと。

(12)　ここでの論点は、島という視点から「日本」という問題を歴史社会学的に——いわゆる政治経済学批判として——捉え直すとき、「市民社会」を統御する国民国家は、臣民の社会を統御する帝国の創設の後に形成される、という議論が展開され得るが、別稿に譲りたい。不十分ながら関連する議論として、石原（二〇〇二）を参照されたい。

（引用・参考文献）

石原俊、一九九九、「軍事占領をめぐる知の重層的編成——沖縄における〈歴史の収奪〉」『ソシオロジ』一三五号、社会学研究会。

石原俊、二〇〇一、「〈移住者〉として生きるということ——小笠原諸島における一女性「ケテさん」をめぐる複数の歴史」『日本学報』二〇号、大阪大学大学院文学研究科日本学研究室。

石原俊、二〇〇二、「海賊から帝国へ——小笠原諸島における占領経験の歴史社会学・序説」、ロング（編）『小笠原学ことはじめ』南方新社。

上原兼善、一九七二、「幕末薩摩藩の対沖縄政策」『地方史研究』一一五号、地方史研究協議会。

小野まさ子、一九九一、「評定所文書覚書（3）ボード事件に見る女性たち」『浦添市立図書館紀要』。

亀谷益三・中平重固、一八五二＝一九九〇、「難船人帰朝記事」、鶴見俊輔（監）・川澄哲夫（編著）『中浜万次郎集成』小学館。

河田小龍、一八五二＝一九九〇、「漂巽紀略」『中浜万次郎集成』。

コーディングリ、ディヴィッド（編）、二〇〇〇（増田義郎（監修）、増田・竹内和世訳）、『海賊大全』東洋書林（原題：*Pirates: Terror on the High Seas*）。

薩摩藩、一八五三＝一九九〇、「薩摩藩取調記録」『中浜万次郎集成』。

里井洋一、一九九一、「改題」『琉球王国評定所文書』七巻。

田島信洋、二〇〇〇、『石垣島唐人墓事件——琉球の苦悩』同時代社。

長崎奉行、一八五一＝一九九〇、「長崎奉行牧志摩守取調記録」『中浜万次郎集成』。

ブルデュー、ピエール、一九七七＝九三（原山哲訳）、『資本主義のハビトゥス——アルジェリアの矛盾』（原題：*Algérie 60: structures économiques et structures temporelles*）藤原書店。

真栄平房昭、一九九九、「ペリー艦隊の来航と女性犯罪——ボード事件をめぐる歴史的背景」『神戸女学院大学女性学評論』一三号。
マルクス、カール、一九八二（マルクス・エンゲルス全集刊行委員会訳）、『資本論 全』大月書店。
ミース、マリア、一九八八＝九五、（古田睦美訳）、「資本主義の発展とサブシステンス労働――インドの農村女性」、ミース・ヴェールホフ・トムゼン（編）『世界システムと女性』藤原書店。
森田勝昭、一九九四、『鯨と捕鯨の文化史』名古屋大学出版会。
琉球王国評定所文書編集委員会（編）、一九九一、『琉球王国評定所文書』七巻、浦添市教育委員会。
琉球王国評定所文書編集委員会（編）、一九九二、『琉球王国評定所文書』八巻。
ルクセンブルク、ローザ、一九一三＝二〇〇一（太田哲男訳）、『資本蓄積論』同時代社。
吉田昌彦、一九九六、「ペリー来航前後の薩摩藩・琉球王国に関する素描」、丸山雍成（編）『前近代における南西諸島と琉球――その関係史的考察』多賀出版。
Cholmondeley, Lionel B., 1915, "The History of the Bonin Islands: From the year 1827 to the year 1876 and the Nathaniel Savory", Constable.
Hawks, Francis L., 1856, "Narrative of the Expedition of an American Squadron to China Seas and Japan, performed in the Year of 1852, 53 and 1854", Senate Printer"（オフィス宮崎訳、一九九七、『ペリー艦隊日本遠征記』一巻、栄光教育文化研究所）.
Laclau, Ernesto, 1977, "Politics and Ideology in Marxist Theory: Capitalism-Facism-Populism", Verso（大阪経済法科大学法学研究所訳、一九八五、『資本主義・ファシズム・ポピュリズム――マルクス主義理論における政治とイデオロギー』柘植書房）.
Morison, Samuel Eliot, 1967, "Old Bruin: Commodore Matthew Galbraith Perry 1794-1858", The Atlantic Monthly Press.
Perry, Matthew, 1968, "The Japan Expedition 1852-1854: The Personal Journal of Commodore Matthew Perry", edited by Pineau, Roger, Smithsonian Institution Press（金井圓訳、一九八五、『ペリー提督日本遠征日記』雄松堂出版）.
Pratt, Mary Louis, 1992, "Imperial Eyes: Travel Writing and Transculturation", Routledge.
U. S. Senate, 1852-55, "Correspondence relative to the Naval Expedition to Japan" (November 13, 1852-January 20, 1855). 33rd Congress, 2nd Session, Senate, Executive documents, No. 34.
Williams, Frederick Wells, 1910, 'Prefatory Note'; I-II, "Transactions of the Asiatic Society of Japan" Vol. XXXVII: Part

II, The Asiatic Society of Japan（洞富雄訳、一九七〇、「序章」『ペリー日本遠征随行記』雄松堂書店）.
Williams, Samuel Wells, 1910, 'A Journal of the Perry Expedition to Japan：1853-54', "Transactions of the Asiatic Society of Japan" Vol. XXXVII：Part II（洞訳、一九七〇、『ペリー日本遠征随行記』）.

（注記）　文中の年月日については、すべて陽暦（グレゴリオ暦）に統一して記述した。旧字体については、原則として新字体に改めた。引用文中の日本語訳については、既訳が存在するものについても、文脈に応じて原文に依り訳文を変更させていただいた場合がある。該当文献の翻訳者に感謝したい。また、草稿段階で報告の機会を与えられた、立命館大学国際言語文化研究所主催「共生と多様 - 普遍性」研究会および「歴史・思想・社会」研究会の出席者の方がた、なかんずく崎山政毅氏、崔博憲氏、佐々木祐氏から、貴重なコメントをいただいた。記して感謝したい。なお本稿は、二〇〇一年度科学研究費補助金による研究成果の一部である。

沖縄社会の地縁的・血縁的共同性とハンセン病問題
——「愛楽園」開設までの出来事を事例に——

中村文哉

はじめに

本稿は、ハンセン病の国立療養所である現在の「沖縄・愛楽園」が開設されるまでの歴史をひもとき、当時の沖縄のハンセン病患者がおかれた現実を明らかにしつつ、沖縄のハンセン病問題を取り巻く事情の一端について、社会学的な視点から考察するものである。(1)

一九五〇年以降、「本土」では、ハンセン病の特効薬である「プロミン」による治療がはじまり、沖縄でも試験的にプロミンによる治療が始まった。この時期の沖縄は、去った沖縄戦による壊滅状態からの復興のさなかにあった。沖縄でのプロミンの朗報は、アメリカ陸軍政府の当時の公衆衛生部長フォン・スコアブランド博士によってもたらされた。しかし、この治療は、タンパク摂取量が足りないと行えなかった。当時の愛楽園の食糧事情からして、プロミン治療を受けることができたのは、この治療のための栄養状態を満たす一部の入園者だけであった。その後、新薬の開発が進み、経口薬「ダスポン(DDS)」による内科治療が始まり、「本土」のハンセン病は本格的に「治る時代」(犀川、一九九九：一〇〇)を迎えた。図1と図2にあるように、一九六〇年代以降、「本土」では罹患率が減少しはじめ、ハンセン病が終息に向かいだしたが、同時期の沖縄では罹患率が上昇し、根治をむかえたのは八〇年代後半以降である。こうした点から、沖縄のハンセン病対策は「本土」に「約三十年の遅れ」をとったとする

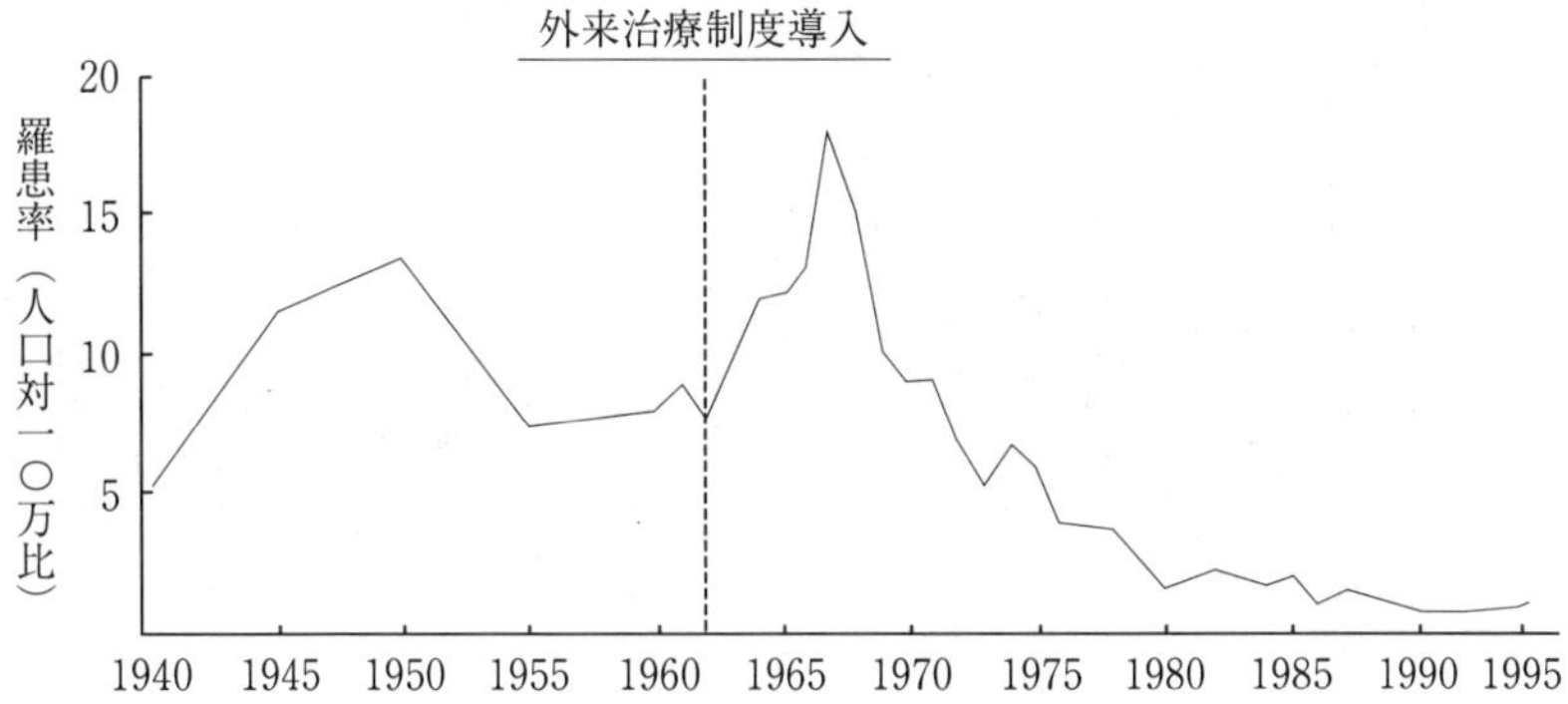

（犀川一夫『ハンセン病政策の変遷』（1999）185頁より）

図1　沖縄のハンセン病罹患率の推移

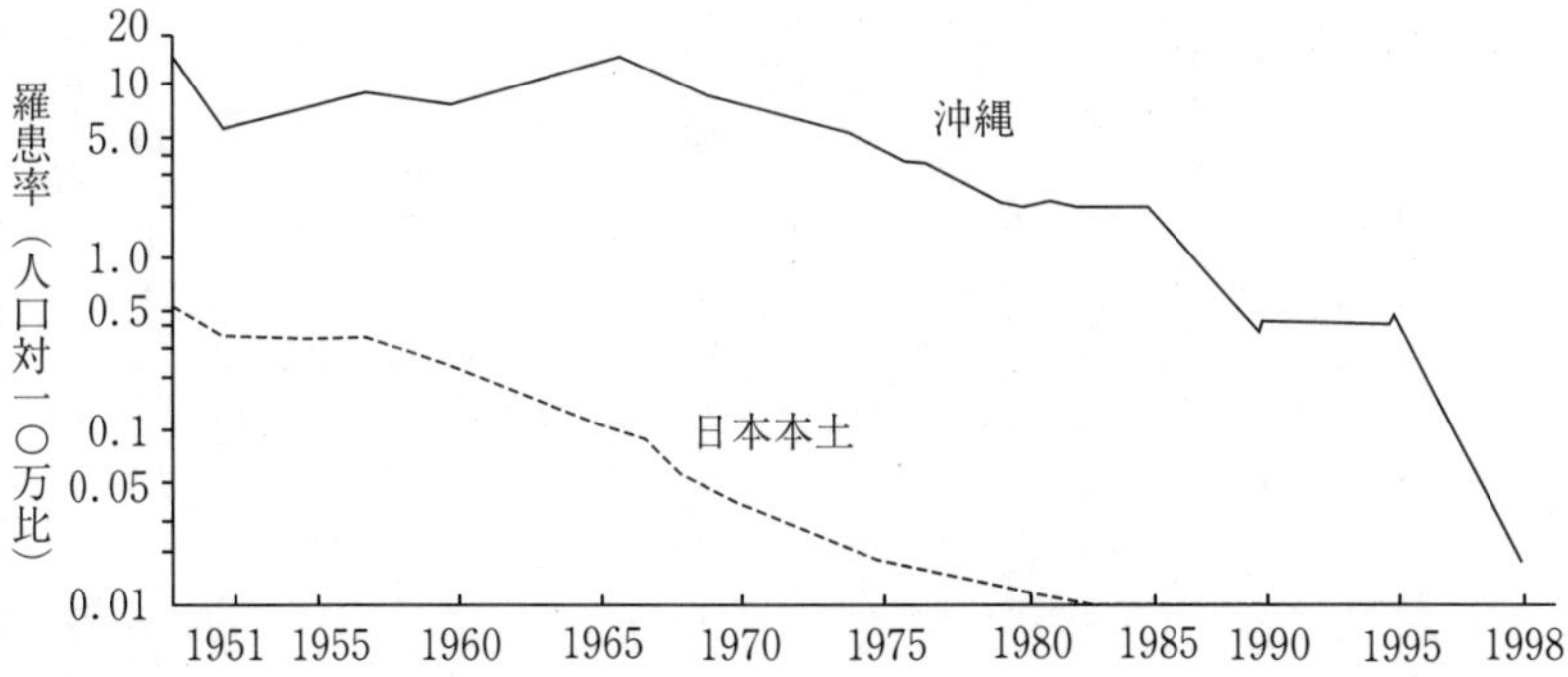

（同書236頁より）

図2　日本本土と沖縄とのらい罹患率曲線の推移

見解も出されている（犀川、一九九九：二〇一）。「本土」と沖縄の罹患率の格差、あるいは「三十年の遅れ」は何を物語るのだろうか。

沖縄はハンセン病の多発地帯であったが、医療・福祉面をはじめ、沖縄本島での療養所の開設も立ち遅れ、罹患者は沖縄社会からなかば放置されてきた。「三十年の遅れ」の原因は、端的にこうした点にあったといえるが、本稿の問題関心は、この点を掘り下げ、沖縄のハンセン病問題がなかば放置されてきた社会的要因の一端を解明することにある。

ところで、ハンセン病罹患者が放置された背景には、それを可能ならしめる社会的要因が想定される。その一端として、筆者が着目したいのは、沖縄人（ウチナーンチュ）たちの地縁的・血縁的なネットワークである。後述するように、「廃藩置県」以降の沖縄は、市場（貨幣）経済の導入により経済的貧困を来たしたため、多くの人々は職を求めて母村（出身地）を離れ、那覇近郊、「本土」や海外へと出稼ぎに出る者が相次いだ。(2)

これらの社会移動は地縁的・血縁的ネットワークに沿ってなされ、先発者からの「呼び寄せ」や斡旋で居住地や職が決まるケースが多い。沖縄人のこうした行動様式から明らかなように、沖縄社会において地縁的・血縁的関係は、そこに生きる人間にとって基盤となるネクサスを形成している。後述する「郷友会」の事例に示されるように、地縁的・血縁的なネクサスは、沖縄人相互の社会的凝集力や結束を高める働きをする。この点だけをみるならば、沖縄社会は、地縁的・血縁的な共同性の高い社会ということができる。

ところで、ジンメルが「対内的結束と対外的閉鎖性との同時性」という表現を用いて（Simmel, 1920=1999：83, 三九頁）、内的な結束の背面には外的な世界や他者との関係を断絶するような排他的な位相が潜在的に開かれることを指摘したように、このネクサスには、同時に、何らかのスティグマが社会的に貼られた人たちやペナルティをうけた人たちを排除したり、地縁的・血縁的な利害に反する他者を抑止・追放する力も、潜在的に抱え込んでいる。ハンセン病問題が、なかば放置されてきたその大きな要因の一つとして、地縁的・血縁的な関係により帰結した沖縄社会の高い凝集力が他者の排除のベクトルに反作用する点を指摘できるのではないだろうか。以下、「一」では、地縁的・血縁的ネットワークの強さという沖縄社会の特性について、沖縄社会の社会移動の事例から引き出したい。「二」では、沖縄においてハンセン病問題がなかば放置されてきた歴史的現実を同県内での療養所建設をめぐる一連の出来事に即してみていき、「三」と「四」とでは、それまでの考察を踏まえ、沖縄でハンセン病問題がなかば放置されてきた社会的要因の一端について、筆者が愛楽園で行なった同園入園者からの聞き取りの事例にもあたりながら社会学的に考察し、沖縄のハンセン病問題を取り巻く社会的事情のいくばくかを明らかにしたい。

一　沖縄社会の関係構造——ハンセン病問題の背景としての地縁的・血縁的共同性

本章では、沖縄人の社会移動を取り上げ、沖縄の社会特性の一つとして地縁的・血縁的ネットワークが指摘できることを示したい。

「廃藩置県」以降の沖縄では、「地割制度」、物資による地代や税の納付など、それまでの「旧慣」が廃止され、交換経済が崩れて貨幣（市場）経済が浸透しだしたため、地代や税金を貨幣で支払わなければならず、さらに沖縄本島の北部では「ソテツ地獄」といわれる甚大な飢饉も重なり、借金返済のため、糸満の網元への「糸満売り」や辻の遊郭への人身売買が横行したり、あるいは職を求めて母村を離れ、沖縄本島都市部や「本土」、海外などへ出稼ぎに出なければならないなど、厳しい現実があった。

沖縄人の社会移動としては、先島や沖縄本島各地から那覇市近郊を中心とする都市部への移動、「本土出稼ぎ」、海外移民の三つの選択肢があった。ただし、海外移民の場合、渡航費を含め、かなりの経済力が必要であった。

これらの社会移動に共通する点として、第一に、件の移動が同郷人や親戚筋のツテを頼ったり、あるいは先発者たちからの「呼び寄せ」のもとに行なわれる点を指摘できる。ここでいう親戚筋とは、父方・母方筋の親戚、さらに婚姻者の場合は両性の親戚筋をさす点に留意しなければならない。沖縄の場合、血縁関係はかなり広範な人的ネットワークを形成していることになる。こうした局面を象徴する出来事として、次の事例が指摘できる。ブラジルは、移民の受け入れ条件として、家族単位での移民を義務づけた。そこで移民に出る人たちは、自分たちの親類縁者のなかから労働力になりそうな人を集めて「家族」としたり、あるいは擬似的に結婚させ「家族」を捏造することがあった。このように、例外はあるものの、基本的には血縁的なつながりのもとに移民に出る者が組織されたことになる。

さらに第二の共通点としては、移動先では、市町村あるいは「区」単位（「本土」でいう字）で、移動先での親睦と相互扶助を主たる目的に「郷友会」が組織され、そこが現地での活動の拠点となる点を指摘できる。郷友会活動は、主として親睦や相互扶助を目的とするものの、その活動内容は、運動会や敬老会の開催、現地での情報提供、会員各自が共同出資し、ある程度まとまった金額を融資しあう「模合」、母村の伝統芸能の継承、あるいは母村の人口移出が多くなり、母村で伝統行事の維持が困難になった場合の人的援助、母村への寄付、会員の冠婚葬祭への参加、さらには共同墓地の建設や奨学活動、さらに必ずしも表だった郷友会活動ではないが、同郷人の選挙活動などにまで、広範にわたる。郷友会が組織されることにより、移動してきた人たちは、母村での人間関係や伝統芸能、シマ（本土でいう「部落」）の慣習などを移動先でそのまま再現させることができる。都市のなかにムラ社会を再生させ、そこを拠点とすることで、経済活動や日常生活を行なう沖縄社会の構図が、郷友会活動からみえてくる。

さて、本島都市部や「本土」、さらには海外への沖縄人たちの社会移動は、同郷人や親戚筋をツテに行なわれ、さらに移動先で郷友会組織という地縁的組織を構築し、そこを基盤に生活を営むのであるから、移動した人たちは呼び寄せた人の家に仮住まいしたり、その人の情報をもとに、その近辺で居住地を探し、呼び寄せた人と同じ職に就くケースが多くなる。こうして「同郷人＝同業人」という事態が一般化される（石原、一九八六：三九）。

こうしたケースを、先島や沖縄本島各地から那覇近郊への移動に即してみていこう。

「大宜味大工」で有名な大宜味村出身の人たちは、戦前は大工、戦後は建設業に就く者が多く、那覇を中心に居住し、一九一六年（大正五）に「大宜味一心会」という郷友会を設立した。国頭村は、沖縄経済界を代表する「国場組」の創始者国場幸太郎と、「大城組」の創始者大城鎌吉を輩出した経緯があり、同村出身者は、建設業に就く者が多い。一九二七年（昭和二）、「北斗会」という郷友会を設立した。

先島のケースもみておこう。大正期の宮古島出身者で、那覇へ移動した人は少なかったため、親睦会を開催していたが、一九三〇年（昭和五）、約二五名の会員が集まり、「宮古郷友会」が設立された。当時の郷友会の仕事の一つとして、警察の連絡を受け行路病者を始末するという仕事があったという（石原、一九八六：一三二）。また「宮古出身者は犯罪者が多い」という記事が新聞に載り、家を貸してもらえないといった偏見に苦しんできた。そのため、社会的信用を回復すべく、同郷友会では「行動規範の形成」（石原、一九八六：一七）という課題に取り組んだ。この事例は、本島と先島との社会‐文化的なギャップを示しているとみることができる。宮古出身者は、那覇市壺川で雑貨商に就く者が多かったが、そのなかから旅館業の成功者が出た。そこで、そのノウハウを教わり、模合で資金をつくり、旅館業を興す者が相次いだ。現在、那覇市若狭を中心に、ホテル業を営む宮古出身者が多い(3)。

以上からすると、社会移動をめぐる沖縄人たちの行動様式は、地縁的・血縁的関係を基盤に展開されていることが指摘できる。母村からどんなに遠く離れようとも、あるいは文化的に異質な世界に移動しようとも、郷友会活動を通して地縁的・血縁的なつながりを維持し、それにより母村とつながりながら生活を構えることが、移動した沖縄人たちのアイデンティティの足場となる。さらに居住地と職業も、ゲゼルシャフト的な関係ではなく、地縁的・血縁的なネットワークというゲマインシャフト的な関係に強く規定される(4)。ここに沖縄社会の特性が横たわっている。沖縄社会を理解しようとする場合、地縁的・血縁的ネットワークに基づく関係構造は本質的な社会基盤とみることができよう。

二　沖縄におけるハンセン病問題対策の遅延

本章では、現在の「沖縄・愛楽園」の前身である「沖縄MTL（Mission to Leper）相談所」が設立される以前の、療養所建設に反対する地元住民たちの行動とそれに関連する出来事をとりあげ、当時のハンセン病者がおかれた現実と、ハンセン病問題への対策が遅れた原因の一端を探りたい。

ハンセン病の多発地帯であった沖縄では、明治期後半から大正期にかけて、行路に患者があふれ、このことが社会問題化していた。この状況から推察できるように、当時の沖縄ではハンセン病者への医療・福祉行政が未着手の状態であった。これをうけ、沖縄県議会では療養所の建設問題が浮上した。この件をめぐる一連の歴史的な流れからみていこう。

①「第五区連合九州らい療養所」への合併

一九〇七年（明治四〇）四月、内務大臣・原敬は、沖縄県知事・奈良原繁を内務省に呼び、療養所設置計画を指示し、建設地の選定を一任した。奈良原知事は、翌々年の四月、島尻郡真和志村天久桶川を建設候補地として選定し、「第一期工事費として、予算七千円」を計上して認可申請を行ない、原内務大臣はこれを認可したので、沖縄県は土地買収に着手した（上原編、一九六四：五五。犀川、一九九九：一九〇）。しかし、沖縄県議会は「那覇市の将来の発展を阻害する」として（上原編、一九六四：五五）、一九〇九年（明治四二）一二月の議会で、この計画案を否決した（『命』四三八）。日比知事はこの件を内務省に上申し、内務省はその代案として、沖縄県を熊本の「第五区連合九州らい療養所」（現在の「菊池恵楓園」）に合併させる「内務省令第一号」を出した。これにより、県の財政は年間約四千七百七十二円（上原編、一九六四：五八）ほどの分担金を支払い、患者を熊本に移送することになった。一九一〇年（明治四三）の第一回の移送では、患者七名が熊本に渡った。こうして療養所の沖縄県内設置計画は政治的に阻まれた。この患者移送は一九二八年（昭和三）まで一八年間、行なわれたが、移送患者総数は四五名にとどまり、分担金総額は約七万七千円にのぼった（上原編、一九六四：五八。犀川、一九九九：一九二）。分担金が沖縄県の財政を逼迫させるだけで遠い熊本まで行く希望者は少なく、さらに患者を移送する船会社の手配も困難を極め、この施策は結果的に失敗した[5]。

②県による療養所建設の失敗——喜瀬、宇茂佐、そして「嵐山事件」

「第五区連合」の管轄から離脱した沖縄では、県内療養所建設の動きが再燃した。県は「島尻、中頭、国頭、宮古、八重山」に療養所を一つずつ建設する計画を立てた[6]（上原編、一九六四：八五）。このうち、一九二九年（昭和四）、宮古と名護町喜瀬に療養所を建設する計画が発表され（青木、一九七二：一七五）、一九三一年（昭和六）、宮古群島区のみの患者を収容するという条件で「沖縄県立宮古保養院」が開設された。しかし、喜瀬では住民の反対運動が激化し、喜瀬の行政区分を管轄する名護町をも巻き込み、喜瀬、幸喜、許田の各字を校区とする瀬喜田小学校の校長が「反対運動に積極的でなく、遅れて賛意を表したというかどで詰腹を切らされる」騒動まで起きたという（青木、一九七二：一七五）。こうした事態をうけ、県は計画を即座に中止した。さらに、一九三〇年（昭和五）、今度は名護町宇茂佐に療養所建設の計画が浮上したが、これも喜瀬同様、住民の反対運動により再び頓挫した。

ここで留意したいのは、「われらが名護の玄関先に事もあろうにライ者を集めるとはもってのほかだといきまいて、赤子から老人に至るまで頭割りに運動費を徴収しての反対ぶり」（同書）という、喜瀬での反対運動を目の当たりにした青木恵哉の表現である。ここでの反対運動資金は、区長が中心になり徴収したことが推測される。

経済的貧困に苛まれた大宜味村では、戦後復興の際、区の賦役による共同作業で公共施設を復興させた区や、区の収入源となる賦課金を戸数割ではなく人口割で供出していた区の存在が指摘されている（山本他、一九九五：二四三―二四八）。これは、戦前から続く慣習的な区の「内法規約」（山本他、一九九五：二四四）を基盤にしている。そのなかには、衛生、風俗、作物盗難、節約の奨励、土地売買の禁止などに関する取り締まりや、これらに違反した者が新しい違反者を摘発するまで監視役が義務づけられる「札制」が含まれていた（同書）。推測の域は出ないが、こうした点を考慮すると、喜瀬での療養所反対運動の資金徴収は人口割の賦課金であったことが推察され、またこの運動は、シマの公序維持のため、地縁的ネットワークが動員されることにより激化したとみることができよう。それゆえ、運動資金を支払わない世帯は、シマ社会に対する敵対的な存在として、件の小学校長のような事態を招く。

一九三二年（昭和七）、県は、三たび名護町嵐山に療養所の設置を決め、同年三月起工の予定だった（上原編、一九六四：八五）。県としても二度の失敗を踏まえ、薬草園を建設すると発表したが、新聞記者が療養所建設の情報を嗅ぎつけ、それを新聞で報道したため、反対運動が再燃した。嵐山は羽地、今帰仁、名護、本部の分水嶺をなす位置にあったため、同年三月、羽地を中心に、それ以外の地域を巻き込んだ反対運動が起きた（「嵐山事件」）。

しかし、県は「全島から三〇〇名の警官」を導入して工事を強行したため、反対住民から三九名の検挙者がでた（上原編、一九六四：八六）。これをうけて、反対住民が暴動を起こすと同時に、羽地村長以下、議員も辞任し、村政が停止した[7]。さらに学校を欠席する児童が続出し、休校措置をとる学校が出はじめ、「休校しない学校は村民からにらまれる」という事態に陥った（同書）。こうした事態をうけ、県は工事を中止したが、混乱は半年近く続いた。こうして、県による療養所建設計画は、三たび失敗した。

③屋部・安和での動き[8]

以上のように、県は療養所建設をめぐり、三度の失敗を犯したが、こうしたなか、沖縄のハンセン病患者に救済の手をさしのべた一人に、「日本聖公会（イギリス国教会）」の信徒で熊本・回春病院長のハンナ・リデルがいた[9]。彼女は、一九一五年頃から、聖職者を沖縄、宮古、八重山に派遣し、沖縄での患者の実態を調査させると同時に、患者でもあった青木恵哉を遣わし、患者の救済活動を行なった。現在の愛楽園は、青木が屋我地島の済井出・大堂原に、秘密裏に購入した土地を礎に創設された[10]。青木は、当時、患者が多発していた国頭を中心に、シマから放置された患者に簡単な治療を施したりキリスト教の伝道を行なった。青木は各地で修養会を開いたが、患者たちを屋部のある患者の家の「離れ」に集めた。この行動は、秘密裏に那覇近郊の患者を屋部に集め、生活支援を行なう「沖縄ＭＴＬ」の方針によるものであったが、このことが新聞で報道された。屋部の住民たちは、急遽、シマの会議を開き、自分たちのシマ以外の患者を無断で連れてこられては困るとの合意に達し、青木をシマから退去させること、シマの患者はシマで世話をし、それ以外の患者は退去させることを決め、一九三五年（昭和一〇）六月二七日、屋部の件の「離れ」を壊し、そこに火を放った（「屋部の焼き討ち事件」）。そこで青木ら一行は、やむなく羽地内海に浮かぶジャルマという墓地になっている無人島に行くことを決めた。

さらに、二七日夜、屋部での出来事を聞きつけた隣のシマ・安和の住民たちは、屋部を追われた患者が自分たちのシマの海岸にある隔離小屋に移ることを危惧し、欠席者に六〇銭の罰金を課すという罰則のもとにシマの会議を開いた。さらに偵察に行った者が自分たちのシマの海岸に焼き討ちされた「離れ」の資材が置かれているのを発見した。そこで、安和の住民たちは、海岸の隔離小屋を焼き払い、各自屋敷のなかに隔離小屋をつくり、そこにいるシマの患者たちを家族が引き取ること、このシマへの青木の出入りを禁止することを決議した。翌二八日朝、隔離小屋を焼き払うため、シマ人（シマンチュ）たちは海岸に出ると、青木がそこにいたので、シマの決定事項を伝えた。それに対して、青木は「離れ」の廃材を薪に使うために貰い受け、隔離小屋のある安和の海岸に見張りの患者を二名つけて待機させていたのであり、自分たちはジャルマに行くこと、そして安和の患者は家に戻っても落ち着いて生活できないから、ここに居させてくれと頼んだが、怒号が飛び交い、身の危険が迫る状態に陥った。そこに警官が現れ、その場は納まったが、青木はそこにとどまった。安和の人たちは翌二九日にもシマで会議をもち、「今度は自宅でなく、部落から監視の出来やすい一〇〇メートル内に移し、往還の側に小屋を建てる」（上原、一

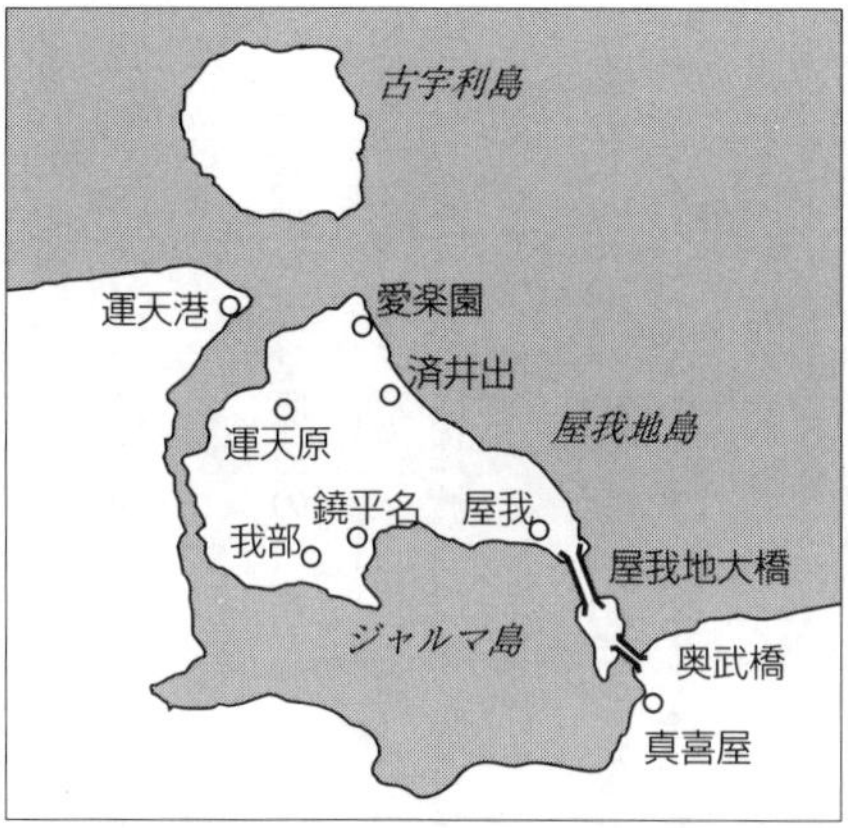

国立療養所愛楽園（入園者自治会編「命ひたすら」より，一部修正）

青木恵哉『選ばれた島』より（新教出版社，一部修正）

九六四：一一四）こと、そして海岸の小屋を焼き払うことを再決議し、酒を飲み、殺気だって海岸に出たが、ここも警官の説得により納まった。警官はこの件を名護署に通報するよう青木に指示したので、青木は自転車で名護へ向かった。翌三〇日も朝から酒気を帯びたシマ人たちが武装して海岸にきたので、青木ら一行は安和にとどまるのは危険と判断し、ジャルマに渡った。海岸の小屋はその日のうちに、シマ人たちにより壊され、火がつけられた。

④屋我地・大堂原《ウコドウバル》でのこと

一九三二年一二月二七日、夜、青木たちは、ジャルマから屋我地島の西海岸に位置する大堂原の自分たちの土地に移動した[11]。大堂原に渡るのは二度目である。前回は、嵐山事件後の一九三三年（昭和八）一二月、療養所建設が進まないことを悟った青木の指示で、まず羽地役場と新聞社へ、嵐山に残った廃材で小屋を立て、そこに住まうと投書をし、数名の患者を嵐山に占拠させ、衆目がそこに集中する隙をぬって大堂原の土地に上陸し、テントを張った。その時は、済井出の代表五名が立退き料をもって交渉にきたが、青木はそれを拒否した。翌日以降、何度となくシマ人たちが大挙してやって来て、テントの縄を切るので、再び張るの繰り返しになった。小屋を建てなおしてすぐの一二月二四日、青木の留守中に、シマ人たちにより小屋ごと海に放り投げられた。この事件の首謀者たちは、警察に逮捕された。この事件後の一九三四年（昭和九）一月一日、夜、青木は大堂原の病友のところに戻ってきたが、警察の取調べで大堂原上陸の首謀者は青木であることがシマ中に知れ渡り、青木が来るのを待ち構えて殺害しようという情報を済井出出身の病友が聞き出していた。夜、自転車のライトで青木が戻ってきたことを知ると、済井出の人たちがやってきたので、青木は自転車ごとアダンの中に突っ込んで隠れ、惨事を免れた。

今回は、夜に上陸し、明け方までにテントを張り、炊事小屋を建てた。翌二八日、一一時頃、済井出の区長以下四名が来て、退去を迫った。翌日も退去を迫られたが、それ以降、シマの人たちは来なかったと青木は述懐している（青木、一九七二：二七〇）。しかし、青木ら一行の大堂原上陸後の一九三六年（昭和一一）一一月に、「沖縄MTL」は済井出に入り、講演会を開き、翌年一月に、パンフレットを全村民に配るなど、啓蒙活動を行なったが、講演会では「群集耳をかさず」（島袋、一九三八：五）、「野次が乱れ飛び、場内は不穏な空気がたちこめていたという」（青木、一九七二：二七二）。この時期、済井出の代表者が二度にわたり那覇を訪れ、療養所建設反対の陳情を行なった記録がある（島袋、一九三八：五）。その後、政府の「一万床拡張計画」のもと「三井報恩会」の寄付金をうけ、この地に「沖縄県立国頭・愛楽園」の前身となる「沖縄ＭＴＬ相談所」が一九三八年（昭和一三）二月に発足し、さらに同年一一月、沖縄県に移管され、沖縄県立「国頭・愛楽園」が開設された。

「沖縄ＭＴＬ相談所」が開設されるまでの沖縄のハンセン病患者は、以上のように、暴力的な排除に幾度も遭遇してきた。とりわけ、療養所設置をめざした県に対する地元住民の三度にわたる反対運動は、地縁的関係を基盤に強い組織力を発揮したことが、暴力的な結末を招来させたといえよう。また、青木たちに対する屋部や安和、済井出の住民の行動も、地縁的関係に基く組織的な行動が暴動的な事態を招来させたといえよう。この点で、療養所設置をめざした県に対する反対派の人たちの処遇と青木たちに対する処遇は、反対運動の標的は異なるものの、根を同じくする出来事であったといえるだろう。

沖縄においてハンセン病対策が遅れたのは、シマ人たちの地縁的ネットワークによる強い共同性が、シマ内部でも有無をいわせぬ暴力的な反対運動を組織させたことに端を発したということができよう。こうして療養所の建設が阻止され、その結果、沖縄のハンセン病患者は、なかば放置された状態に追いやられた。地縁的な関係に基づく一連の出来事が、沖縄のハンセン病対策「三十年の遅れ」の端緒になったとみることができよう。

六月二九日、青木が名護署から安和の海岸に戻ると、「部落民は引き上げた後だったが、荷物は全部外に放り出され、びしょ濡れ、病友たちもぬれ鼠となって慄えていた」（上原編、一九六四：一一五）。この姿は、当時のハンセン病者の現実を象徴しているのではないだろうか。

三　ハンセン病患者の「隔離」と〈地縁的秩序〉

前章でみた出来事は、自分たちのシマに療養所が建設されることや、他所のシマの患者を自分たちのシマに許可なく集められるなどの利害状況が生じ、沖縄県当局や青木といった利害の源に対して地縁的な共同性が排他的な方向に働いたものと整理することができる。これらはジンメルが指摘した、対内的結束のなかに対外的閉鎖が同居している事態を如実に示している。

しかし、なぜ、そこに利害状況が生じたのだろうか。

石原は、ある宮古出身者から、郷友会の模合に関する、次のような聞き取りをしている。

……自転車操業的に模合を掛け持ちしたあげくの果てに、未納して模合を潰してしまう例も多々発生した。それは「郷里における人間関係を、都市にそっくり移してきたように行なう模合は安心である」状態が崩れたときである。未納者の名前は、郷友会間で口コミで素早く伝わって、そのような事故を未然に防ぐようにしている。そして未納者はムラ八分的処遇を受けるので、個人や銀行から借りたカネはたとえ返済が遅れても、模合だけは絶対に未納をしてはいけないという不文律があり、それは自分の命そのものだと考えて模合をしてきた（石原、一九八六：四〇）。

この引用にある未納という秩序を乱した者の行く末は気になるところだが、詳らかにされていない。おそらくここに、地縁的結合の強い社会の「闇」の部分が横たわっているのであろう。それはともかく、ここで確認しておきたいのは、上の引用にある模合の「不文律」、さらには生活風習や公序良俗を詳細に規定した大宜味村の「内法規約」からも明らかなように、地縁的ネットワークがシマ人たちを秩序付与的に方向づける行動規範の共有を促し、さらにシマ人相互の監視を促す働きをする点である。すなわち、地縁的ネットワークに参与する者は、そのネットワークのなかで社会的に是認されている規範を共有し、それに即した行動様式をとることが要請され、さらに是認された規範から逸脱していないか、参与者たちはネットワークのなかで（事によっては複数のネットワークをまたいで）、相互に監視しあい、シマの規範に反する行為を抑止しあう。そのため、シマ人は、シマの行動規範に対して過敏にならざるをえなくなる。

地縁的ネットワークの網の目によって構成されるこのような規範的秩序はどのシマにもあり、それは移動先においても、同郷者たちの間で構成される慣性をもっている。このようにみると、沖縄社会の規範的秩序は、地縁的ネットワークを基盤にした〈地縁的秩序〉とでもいうべきものであろう。シマの利害は、それぞれの地縁的秩序を前提にしている。

地縁的秩序という視点からハンセン病問題を照射すると、いかなる局面がみえてくるか。入園者たちの語りをもとに、発病後の患者がおかれた状況を類型的に追ってみよう。

発病しても、軽症のうちはパッシングをし、病状を隠すことができる。しかし、症状が人目につくようになると、家族は患者を家屋敷の離れや奥座（奥座敷）、蔵などにかくまう。しかし、それでも罹患の噂が広まると、近隣から監視の視線にあい、外出が困難になる。ある入園者の語りによると、夜、ちょっと外出しただけで近隣から苦情が殺到して親は大変だったという。さらに患者が出た家族から野菜や魚などを買わないといった事態も招くと、生業を営むことが困難になり、家族は窮地に陥る。

さらに場合によっては、こうした状況に血縁的な排除が重なる。自分の家系や親戚筋からハンセン病患者が出たことが周囲で噂されるようになると、離縁や解雇を迫られる可能性が生じる。そこで、患者のことを隠すために、親戚づきあいの輪から患者とその家族を排除する必要が生じてくる。沖縄社会では、地縁的・血縁的な関係を離れて生業を営むことは難しい。親や兄弟、あるいは妻や夫の苦悩をみて、患者はやむなく自分から家を出ていく決断を迫られる。このように、ハンセン病患者とその家族は病気を理由に、地縁的関係と血縁的関係から二重の排除を受け、社会的に孤立してしまう。ここまで追い詰められると、ハンセン病患者とその家族の多くは自殺や心中を考えたようである。

ところで、先の屋部や安和では、シマの患者をシマで世話をするというくだりがあったが、沖縄の場合、各シマごとに患者の「集合所」(「避難所」「隔離所」)が決められていた。犀川が作成した表1には、大正から昭和初期までの地域ごとの集合所の数と人員が示されている。集合所の場所としては、食料を得やすい海岸べり、墓地、洞窟、アダン葉の下など、離島ではこれらに加えて山中など、普段、人が寄り付かない場所が、シマの「内法規約」により定められていたようである。戦前に入園した人たちから筆者が聞いたところによると、沖縄の場合、隔離とはシマが定めたこれらの場所に行くことを指すようだが、沖縄戦前後に一回ずつ日本軍とアメリカ軍により組織的に行なわれた強制収容(一九四四年九月と四五年八月以降)で入園させられた場合は、その限りではない。もう少し具体的に、シマからの隔離の実情について、みてみよう。

海外移民を多く移出した大正期の金武では、その送金で村全体が裕福であったため、患者を海岸近くの畑に隔離し、そこでの耕作を認め、そこには水も薪も十分にあったので、患者は「物乞い」に出る必要はなかったという。さらに「部落からも盆や正月には泡盛を一人当たり一合、金一封宛の慰問品も届いたという」(上原、一九六四:六一)。平安座、宮城、伊計の三離島を含む大正期の与那城村では、一九一六年に患者が一名でたので、当時の小学校長が隔離の必要を説き、二六年に、区の決議で隔離を決定し、反対も多かったが、区から患者一人あたり二〇円という高額な支給を「断行」したという(上原、一九六四:六一―六二)。

離島の事例も確認しておこう。大正期の多良間島では俗称「新里原」という原野に土地を開いて隔離所とし、一棟二・三坪の小屋が数棟建てられ、さらに各三反歩ほどの田畑が貸与された(上原、一九六四:二〇六)。明治二〇年頃の宮古・平良町内では、百名の患者がいたため、その対策として平良町西原のはずれにある俗称「ピンフ原」に長屋式で茅葺の隔離小屋数棟を建て、町有地を貸与し、全員をそこに「強制収容」させたという(同書)。

表１　沖縄県内の患者隔離所および集合所の数と患者数

年　　度	地　　域	隔離所数（患者数）	集合所数（患者数）	患者数合計	調査機関
大正２年	平良町	1（7）	2（8）	15	警察署
大正４年	糸満町		1（10）	10	警察署
大正４年	伊計町		1（13）	13	警察署
大正４年	名護町		6（30）	30	警察署
大正12年	石垣島	3（11）		11	警察署
昭和８年	伊平屋島	3（5）	2（37）	42	衛生課
昭和８年	糸満町		1（4）	4	衛生課
昭和８年	嘉手納村		1（5）	5	衛生課
昭和８年	奥　村		1（6）	6	衛生課
昭和８年	伊計島		7（12）	12	衛生課
昭和８年	渡久地		4（16）	16	衛生課
昭和８年	名護町	13（30）	6（40）	70	衛生課
昭和11年	大宜味村		1（5）	5	衛生課
昭和11年	金武村		3（16）	16	衛生課
昭和11年	名護町		1（5）	5	衛生課
昭和11年	安　和		1（7）	7	衛生課
昭和11年	与那原		1（9）	9	衛生課
昭和11年	伊計島		1（9）	9	衛生課
昭和11年	大浜町		1（10）	10	衛生課
昭和11年	真栄里		1（10）	10	衛生課
昭和11年	石垣市	1（23）		23	警察署
昭和11年	竹富村		3（16）	16	警察署
昭和11年	与那国町		2（15）	15	警察署

（犀川一夫『ハンセン病政策の変遷』（1999）189頁より）

　他方、都市部では「自活の道」さえ保障されていなかったようである。大正期の那覇・波之上には屠殺場とゴミ捨て場を兼ねた「バクチャヤー」という場所があり、患者はホームレスの人たちとそこで生活していたが、「健康な」（＝ハンセン病ではない）ホームレスが小屋を患者に日貸し、金品をまきあげていたという。当時のバクチャヤーに居た入園者の語りによると、そこでは「物乞い」に出るものが多く、健康なホームレスも腐った魚を服に塗りつけてハンセン病患者になりすまし、「物乞い」をしていたという。

　以上のように、患者の隔離の実体は多様である。いくつかのシマで患者を集合所に隔離させ、ある程度の「自活の道」を開いたが、それは治療を目的とした隔離ではなく、ハンセン病患者の管理という地縁的な利害に基くものといえよう。

この点を踏まえると、シマごとの地縁的秩序に基いた患者管理の実態がみえてくる。各シマとも、ハンセン病患者に無関心でいたのではなく、患者の集合所の規定や金品の給付、さらには田畑の貸与など、それなりの対策を考えていたところもあった。しかし、患者を集合所に隔離することで、ハンセン病問題が解決するわけでも治癒するわけでもなく、患者は自然治癒しない限り、そこで病状の悪化を待つだけである。シマの対策の含意は、一定の場所に患者を集合させ、接触機会を絶つと同時に監視しやすい体制をつくり、その上で患者を放置することにあったのではないだろうか。そして、こうしたハンセン病をめぐるシマごとの地縁的体制が整っていればいるほど、一所だけシマの地縁的秩序を解体させ、すべてのシマの患者の受け入れを許容する療養所の開設は、「シマ宇宙」の結合体である沖縄社会では、やはり最初から困難なことであったといえよう。

さらに、那覇・首里の患者を屋部へ移送するという「沖縄ＭＴＬ」の計画、あるいはシマづたいに患者を連れ歩く青木の行動は、シマ人たちにとって、シマごとのハンセン病患者をめぐる地縁的秩序を無視したものと映り、威嚇にさらされたシマの地縁的秩序を保守すべく、暴動的な事態を招いたと解釈することができよう。しかし、当時のハンセン病患者救済活動の選択肢として、これ以外の方策があったともおもわれない。否定的な結末に至ったが、地縁的秩序によるシマのなかでの放置という膠着状況を動かした青木や「沖縄ＭＴＬ」の対策が、愛楽園設置の礎になったとみることができよう。

他方、手だても行き場もない状況に放置された当時の患者にとって、療養所の開設は悲願だったはずである。筆者は戦前に入園した人たちから、次のような語りをしばしば聞く。

「自分たちはこの病気になり、嫌われた。それはそれで仕方のないことですが、それだけに愛楽園にこれてよかったなと思います。ここにきたら、私たちは、周囲から差別や偏見の目でみられることもなく、そうしたことから解放され、仲間たちもいて、心おきなく療養生活ができました」。

おそらく、こうした語りの背景には、故郷で発病して集合所に行き、シマの隔離小屋で生活した体験があるのだろう。たとえ「自活への道」が開かれていたとしても、集合所での生活は、偏見や差別の視線に苛まれ、孤独な状況を患者にもたらしたことが、ここから推測できる。当時の沖縄では、それほどまでにシマでのハンセン病患者の組織的な排除が厳しかったのであろう。それだけに、当時の患者たちにとって、愛楽園への入園は、周囲からの偏見・差別の視線、あるいは監視や排除の視線からの解放を意味していたと解釈することができる。この点で、愛楽園は、沖縄の地縁的・血縁的な関係世界に対するアジールとしての性格を担っていたといえよう。当時のハンセン病患者たちにとって療養所の設置がどれだけの悲願であったのか、私たちは、上記の語りからその重さをうかがい知ることができる。

四　地縁的・血縁的関係の両義性――「むすび」にかえて

本稿では、沖縄の社会移動の事例から地縁的・血縁的なネットワークや結合を沖縄社会の本質の一つと捉え、さらに沖縄本島での療養所建設とそれに関連する出来事を地縁的秩序やネットワークの在りようからみてきた。地縁的秩序が療養所の建設を阻み、ハンセン病対策「三十年の遅れ」を沖縄にもたらしたというのが本稿の結論であるが、もちろん、この遅れの要因としては、沖縄戦による影響、アメリカ統治時代の医療行政、経済成長の遅延と公衆衛生状況、医師や医療関係者の不足、さらには復帰以降の「本土」との格差などの諸問題も指摘できる。それゆえ、本稿の結論をもって、件の「三十年の遅れ」の社会的要因と断定することは早計であろう。しかし、沖縄のハンセン病問題を考えるとき、本稿が扱った愛楽園が開設される以前の状況は、欠くべからずの出発点であるということができる。

本稿の行論では、ジンメルが指摘した「対内的結束と対外的排除」を理論ベースに、沖縄社会が孕む対外的排除という否定的局面を強調することになった。確かに沖縄社会において地縁的・血縁的ネットワークは排他的に働くことがある。しかし、この側面だけをして沖縄社会の特性と断定するのは誤りであろうし、筆者とて、そのことを主張したいのではない。状況はそれほど単純ではない。というのも、愛楽園の入園者たちの園内での日常生活も、地縁的・血縁的ネットワークに沿ってなされている側面があるからである。

入園者たちにとって、これらの関係のネットワークは、自分たちが生きる関係世界を構成する手段になっている。その諸相について、まず、血縁的関係からみていこう。

愛楽園の入園者の語りを聞いていると、兄弟と音信が途絶える場合があっても、親子の絆が杜絶することは、例外もあるが、少なかったようである。これは、とりわけ、母親との関係にあてはまるようである。シマの避難小屋にいたときも、食事を家から運んできたり、患者の「心の闇」を共有したのは母親が多かったようである。心中を考えたときも、母と子というペアリングが多いのはこのためであろう。入園してからも、愛楽園に比較的近い羽地や本部の出身者のもとへは、タンカンをおみやげに浜づたいに歩いてきたり、舟で母親がふらりと面会に来て「なぜ顔をみせに帰ってこないのか」と詰問された思い出を語ってくれた入園者たちがいるが、結婚や就職など、社会的な利害関係が絡んでくる兄弟をはじめ、親戚筋の人たちとは縁を切られるケースが多かったようである。しかし、「らい予防法」廃止以降、週末の園内には親戚が乗り付けた車をよく目にし、子供たちのはしゃぐ声が聞こえてくる。

このように、ハンセン病罹患者とその親（特に母親）との持続的関係に、そして予防法廃止後の親戚筋との結びつきの再生に、沖縄社会の血縁的関係の強さが反映されているといえよう。

次に地縁的関係をみてみよう。地縁的関係についても、入園者の間では、「郷友会」が組織され、冠婚葬祭や部屋の引越し時に、金品の受け渡しがあるようである。愛楽園内の郷友会としては久米島や八重山出身者たちの活動が活発であるが、組織としての実態はないものの、規模の大きさでいうと、出身者の多い那覇の人たちの間には、日常的な行き来があるようである。愛楽園のA島郷友会では里帰りを果たし、また同島からもゲートボール大会やカラオケ大会など、交流を目的に愛楽園を訪れている。

これら以外にも、個人的なレベルで、入園者と職員の間で地縁を絆とした交流もある。たとえば、筆者は、以下のような出来事に遭遇したことがある。盲人棟に、ある歌人の入園者の部屋を訪ねたところ、初老の女性がおられた。以前、棟の近い目のみえるある入園者が、「サーターだんご」のおすそ分けをもってきて、そのついでにいろいろとその歌人の介助をしていたところにお邪魔し、自分も「サーターだんご」のお相伴に預かるということはあったが、白衣を着たヘルパーさん以外に「社会」の人をみかけたのははじめてだったので、親戚の方かと思った。部屋に通されると、自分は愛楽園の元職員で、この部屋の主と同じ那覇出身なので、今でも暇をみてはちょくちょく来ているとのことであった。ちょうど鹿児島の星塚敬愛園の友人から梨が届いたところで、その元職員の方は梨を小さく切り、部屋の主に食べさせていた。みずみずしい梨でとても美味しかったが、元職員とこの入園者の親しい間柄と手慣れた介助に、こうした関係もあるのかと、驚いた。

もう一つは、最近、ひ孫がたてつづけに生まれたある入園者の孫の嫁がB島出身。その入園者の知り合いにB島出身の入園者がいたので、たまたまその人を紹介したら、その嫁は愛楽園にくるたびに、棟の離れたその人のところに子供を連れて必ず挨拶に来るという。こうして、地縁を介した「社会の人」との新しい関係が構成される。事例は些細かもしれないが、沖縄社会の地縁的な絆の強さは、こうしたところにも反映されている。

ハンセン病患者を排除したのは、患者と地縁的・血縁的な利害関係をもつ人たちであった。沖縄社会では、地縁・血縁というゲマインシャフト的な構築物と、職業上での社会関係というゲゼルシャフト的な構築物が重なっているため、地縁的・血縁的なしがらみから自分の身内や親戚筋のなかのハンセン病患者を排除しなければならない現実が生み出されてくる。しかし、患者たちが入園後に築き上げていった地縁的な絆も、血縁的なそれも、きわめて沖縄的な構築物であることにかわりない。「社会」から排除されたハンセン病罹患者が生きる社会関係も、やはり地縁的・血縁的なつながりによる。ここに、沖縄社会における地縁的・血縁的関係のもつ両義性が示されている。愛楽園の入園者の社会関係からは、地縁的・血縁的なつながりがもつ残忍さと温かさの両義性を垣間みることができる。

「屋部の焼き討ち事件」が起きて以来、はじめて屋部の人たちが愛楽園を公式に訪れ、エイサーを披露したのは、今から数年前である。そのときに屋部のエイサーを見たある入園者は、「とても土俗的なエイサーで、感動的だったよ。屋部の人たちは、あの事件のことを気にしていて、今回、愛楽園に来て、やっと胸のつかえがとれたよといっていた」と語っていた。ここから、おそらく屋部と愛楽園の新しい絆が芽吹いていくのであろう。

(注)

(1) 本稿は、文部省の科学技術研究費補助金(二〇〇一年度「奨励研究A」)による研究成果の一部である(研究題目「沖縄におけるハンセン病者の生活史、生活世界研究」課題番号一二七一〇一〇六)。なお、本稿では「ハンセン病」という表記を使用するが、引用文、固有名詞、歴史的な史実を示す場合はその限りではない。この点、ご了承いただきたい。本稿ではハンセン病に関する基礎的な事柄については割愛したが、この件については(島、一九九一)を、筆者なりのハンセン病問題の定式化については(中村、二〇〇一)を参照のこと。なお、ハンセン病関連の資料は元号表記が多いので、史実の年号は西暦と元号を併記した。また、略号を使用した文献については参考文献で指示した。

(2) 「本土出稼ぎ」に関する先行研究としては(谷、一九八九)(佐藤、一九九七a、b)を、海外移民に関する先行研究としては(沖縄県教育委員会、一九七四)(石川、一九七七)などを参照のこと。

(3) 文化面でも、言葉の面でも、沖縄本島とは異質な先島出身者たちは、那覇などの移動先で、一九五〇年代から六〇年代なかばまで、偏見や文化的葛藤に苦しむケースが多かったようである。石原の指摘によると、詳しい実態については必ずしも明らかにされてはいないが、これと同様のことが奄美大島からの出稼ぎ者にも該当したようである(石原、一九八六:二一)。さらに、「本土出稼ぎ」では、のんびりした沖縄人の性格が災いしてか、働き先で社会適応できないケースもあったようである。この件に関連する先行研究としては、大阪の「かじゅまるの会」を事例に扱った(佐藤、一九九七b)(金城、一九九七)がある。

(4) ゲゼルシャフトとゲマインシャフトについては(Tönnies, 1887=1991)を参照のこと。

(5) 愛楽園の入園者であった徳田によると、移送に関して患者の間で「軍手をはめた物々しい警官によって強制収容をしたので、つれて行って毒殺するなどとのデマが飛」んだということも指摘されている(上原編、一九六四:五六)。

（6）本文中の設置箇所は徳田の記載に従ったが、青木によると「場所はよく覚えていない」という保留をつけながらも、那覇、首里、国頭、中頭、島尻、宮古、八重山の七箇所と「記憶して」いるとしており（青木、一九七二：一七五）、両者の間でくい違いがみられる。
（7）村政の混乱に関しては徳田の記載に従ったが、犀川によると、村会議は「ストライキ」に入ったと指摘しており、事実関係の記述に若干のくい違いがみられる（犀川、一九九九：一九四）。
（8）以下の記述は、主に徳田の記載に従った（上原編、一九六四：一一二―一一五）。
（9）リデル以外の患者救済活動の展開としては、超教派のキリスト者たちの活動があり、この活動は一九三五年五月一三日に結成された「沖縄ＭＴＬ」として結実した。
（10）その詳細な経緯については、本稿で触れることはできないが、沖縄のハンセン病史にして青木の自分史でもある『選ばれた島』（青木、一九七二）を参照されたい。
（11）「屋部の焼き討ち事件」の現場に、偶然、居合わせた鹿児島「星塚敬愛園」の林文雄園長は、沖縄の惨状を鑑み、奄美大島群島区の患者を「敬愛園」に収容するついでに、大堂原上陸直前の一二月一日、沖縄の患者一三一名をジャルマから「敬愛園」に収容した。この収容に関しては、これに同行し、そして後に初代「愛楽園」園長になる塩沼英之介の手記があるので、参照されたい（塩沼、一九九四）。

〈参考文献〉

青木恵哉、一九七二、『選ばれた島』新教出版社。

石川友紀、一九七七、『日本移民の地理学的研究』榕樹書林。

石原昌家、一九六八、『郷友会社会――都市のなかのムラ』ひるぎ社。

金城宗和、一九九七、「本土沖縄人の生活世界――大阪大正区を事例に」『立命館大学人文科学研究所紀要』六八号。

国立療養所・沖縄愛楽園入園者自治会編、一九八九、『命ひたすら』（『命』と略記）自費出版。

松岡和夫、一九九五、『聞き書き集　我が身の望み』自費出版。

中村文哉、一九九七、「沖縄におけるハンセン病問題」『立命館大学人文科学研究所紀要』六八号。

中村文哉、二〇〇一、「〈ハンセン病問題〉の構想とその問題圏――ハンセン病罹患者の自己と生を視軸に」『アファーマティブやまぐち21』第五号。

谷富夫、一九八九、『過剰都市社会の移動世代——沖縄生活史研究』渓水社。

沖縄教育委員会編、一九七四、『沖縄縣史』第七巻（各論編六）『移民』。

Tönnies, F., 1887=1991, "*Geminnschaft und Gesellschaft*", Wissenshaftliche Buchgesellshaft, Darmstadt.（杉之原寿一訳、一九五七、『ゲマインシャフトとゲゼルシャフト　上・下』岩波文庫）

犀川一夫、一九九九、『ハンセン病政策の変遷』沖縄県ハンセン病予防協会、自費出版。

佐藤嘉一、一九九七a、「移住（海外・本土）と社会的ネットワーク」『立命館大学人文科学研究所紀要』六八号。

佐藤嘉一、一九九七b、「『復帰』世代の『本土移住』体験——その出（離）郷と帰郷の条件」『立命館大学人文科学研究所紀要』六八号。

島比呂志、一九九一、『らい予防法の改正を』岩波ブックレット。

島袋源一郎、一九三八、「国頭愛楽園の設立まで」『済井出』第一巻第三号。

Simmel, G., 1920=1999 'Grundfragen der Soziologie', in "*Gesamtausgab 16*", Shurkamp. Frankfurt.（清水幾太郎訳、一九七九、『社会学の根本問題』岩波文庫）

塩沼英之介、一九九四、『らいとキリストとの出会い』キリスト教図書出版社。

上原信雄編、一九六四、『沖縄救癩史』財団法人沖縄らい予防協会、協会自費出版。

山本栄治、高橋明善、蓮見音彦、一九九五、『沖縄の都市と農村』東京大学出版会。

〈内国〉植民地の誕生

――大東島・開拓と植民のインターフェース――

仲里　効

私は海を愛していたとはいえない。私は海の力にじっと耐えていたのだ。
（J・グルニエ）

一　背後からの声

ごく私的でささやかな断片からはじめたいと思っている。

私の前に一枚の写真が置かれている。それは三十数年前の小学校の卒業式の記念写真で、碑文が見える三角塔をバックにして撮ったものである。横五列に並んだ卒業生たちは、一様にリボンで結ばれた卒業証書を右手で持ち、それを胸の前で斜めにかざしている。どこにでもある記念アルバムの一つではあるが、そこにいる少年や少女にとっては、ある特別な意味をもたされていた。それというのは、彼や彼女の中央背後に建つ三角塔の記念碑に関係していた。

改めてこの写真を眺めていると、懐かしさとともに、複数の声と眼差しが擦れあい、すれ違っていくのを覚えるのはなぜだろう。そこに居並ぶAやBやC、DやEやFたちは、戦前この島に渡ってきた開拓民の子か、南洋と呼ばれた熱帯の島々に移民で渡り、敗戦によって沖縄に引き揚げた後、再びこの島に渡島した移民の子か、戦後砂糖景気に呼び寄せられて移り住んだ移動民を父や母に持っていた。

Aはこの島の初期の開拓民である八丈島出身の父と母をもち、Bの父親は戦前沖縄本島北部の今帰仁《なきじん》村からこの島に渡り、製糖工場のボイラー係をしていた。Kは戦前この島の東に遠州村と呼ばれた静岡県出身者がつくった開拓団に出自をもっていた。そしてHの母親は糸満の出身で自家製の豆腐をつくり、独特な訛りの糸満言葉で歌うように売り歩いていた。Eはテニアンからの引き揚げ者で、戦後職を求めて島に渡ってきた九人兄弟の四番目で、Tは沖縄本島北部の離島の一つ伊是名島から、測候所に勤めていた父親の転勤で一年生の時に転校してきた。Iは八重山の竹富島から三年生の時に、Jは喜界島、Oは与那城村、Tは嘉手納町、Hは石垣市……などなどと、それぞれ言葉も出身地も異にする移動民かその子らであった。

写真の中の少年や少女たちは、その地に根を張った一つの堅牢な共同体の中で生まれ育ったわけではなかった。それぞれに一様ではない家族の歴史を持った、履歴の異なる百の声と百の目。その百の目と声を時には衝突させ、時には交換し、そこに別種の共同性をつくる。それは移動によって結びつき、移り住むことによって生まれた儚《はかな》さをもっていたにせよ、彼や彼女の時空の共有の仕方は多声的であり、どこかノマドに近いものがあった。ある時渡り来て、ある時渡り去る。もちろん、なかには定住する家族もあるが、幾つもの出会いと別れを、その身体と記憶に経験化していたのだ。

一枚の切り取られた時間によって触発されるのは、そんな儚い、だが、多声質の漂いであった。

彼や彼女が移り住んだ島とは南大東島である。沖縄の東の果ての〈フロンティア〉として無人島を開拓してできた百年の時をもつ移民の島である。そしてその卒業写真に特別な意味を与えている背後の三角塔とは、小中学校に隣接し、この島の開拓のプロデューサーである玉置半右衛門の功績を顕彰してつくられたメモリアルパークのほぼ中央に建つ記念碑である。

なぜ教師は「特別な時」をこの場所に導いたのか。単なる偶然として片付けてしまうこともできるが、しかし、ここにはある意図が読み取れる。「歴史なき島」に歴史を書き込んだ〈起源〉を想起させようとする教育的な計らい、ということもできる。結びつきの儚さゆえの、教え導く者の計らい。「特別な時」の記念を「特別な場」で標すことによって何事かを付加しようとしたのだ。この写真の背後から語りかけてくるのは、「起源を想起せよ」、歴史なき島に歴史を標した「はじめの一歩を忘れるな」、ということのように思えた。起源の記憶への回帰的促し、そういうこともできる。

二　〈無人の境〉の領土化と〈風景〉の編制

少年や少女の中央背後に建つ、この島の起源を標した男の顕彰碑は、一九二四年（大正一三）に建てられたものであるが、そこには男の生涯の盟友でもあり『日本風景論』の著者でもある地理学者志賀重昂のこんな碑文が刻まれていた。

　絶海無人ノ島嶼ヲ開発スル事四個、其一個ヨリハ鳥毛ヲ採取シテ海外諸国ニ輸出シ、一個ヨリハ燐鉱ヲ発掘シ、二個ヨリハ砂糖ヲ産出スルコト一個年十万担ニ上リ、為ニ一万ノ生霊ヲシテ優ニ衣食ノ途ニ就カシム。誠ニ曠世ノ事業ト謂ウベキ哉。而モ之レヲ開発セシ其人コソハ素海陬ノ一匹夫、眼ニ一丁字ダニ無キ窮措大ニシテ、官府ニ依ラズ富豪ニ頼ラズ徒手空拳ヲ以テ起リ、唯ダ胆略ヲ以テ終始ヲ徹底セシモノナレ。正ニ明治歴史中ノ一偉男子ト称フルニ足ル。玉置半右衛門是ナリ。（後略）

「鳥毛ヲ採取」した一個とは鳥島のことで、「燐鉱ヲ発掘シ」た一個とは沖大東（ラサ）島のことである。そして「砂糖ヲ産出スル」二個とは南大東島と北大東島のことを指している。この「眼ニ一丁字ダニ無キ窮措大」の男が目をつけたのは、いずれも手つかずの無人島であった。大東諸島はアメリカやイギリス、フランスやロシアなど、植民地拡大の任務を託された調査・探検隊によって発見され、地図の上では存在していたが、人を寄せつけない峻厳な海岸線と密生した原始林のせいで、踏み込まれたことのないノーマンズランドとしてあった。領土と主権の拡大を求めてアジア太平洋を探索する欧米列強の艦隊も、ついに島の内部に踏み込むことはなかった。ペリーの艦隊でさえ、この峨々たる島に人が住めるかどうかを確かめるため、数発の大砲を撃ち込んだだけであった。

後発の帝国としての日本は、絶海無人の孤島の開拓を「素海阪ノ一匹夫」に委ねることによって、太陽と月の巡りとともにあった「無垢の辺界」を領土化していった。そのことが後にこの島を類例のない植民地的なプランテーションに仕込んでいくことになるが、島を開き、そこに歴史を刻んだのは、志賀のいう「眼ニ一丁字ダニ無キ窮措大」にして「明治歴史中の一偉男子」に率いられた開拓民たちであった。

この碑文が書かれる一五年前、志賀は玉置に伴われ、南大東島に渡っている。そのときの様子は一九〇九年（明治四二）に発行された『大役小志』にも詳細に紹介されている。志賀が大東島視察の同行を玉置から誘われたのは樺太調査の最中だったと言われるが、どうやら志賀の関心は、帝国の国境地帯へ向けられていたようである。ちなみにその『大役小志』は、海軍根拠地の巡航記、旅順攻撃の従軍記録、樺太踏査記、国境問題、そして、軍艦松江丸に便乗しての沖縄本島、南大東島、久米島、渡名喜島等の視察記で構成されていた。このことからも分かるように、日清・日露戦争を背景にして南北に向けられた帝国の視線をなぞっていた、といっても過言ではないだろう。

『大役小志』には、開拓間もない南大東島の自然や開拓民の生活の様子がある驚きをもって観察されているが、そのなかで紹介されているエピソードの一つは、この地理学者のポジショニングを知らされるようで興味深い。一行を歓迎する宴席で「探検家として有名なる志賀君云々」と紹介されたことに対し、「予は曰く、一年も二年も人跡未踏の地方を跋渉することなれば、探検なり探検家なれども、予の如き、十日や二十日野宿したりとて、探検家など稱へらるべき者にあらず。元来日本人にて探検などせし者なければ、予は『探検』なる文字を決して用ゐたることなく、常に視察とか旅行とか見聞とか云ふ字を用ゐ居れり、故に探検家の稱丈けは熨斗を附け御返上申す」と言っているところがある。この物言いは盟友で「冒険王」などとも呼ばれた玉置への遠慮や謙遜のように聞こえるが、その実、「探検家」につきまとうどこか山師的な衒いを好まない、地理学者としての矜持がひそまされているようにも思われる。

志賀の「視察」や「見聞」や「旅行」には、膨張する帝国の北や南の周縁をフレーミングしようとする視線が隠されているようだ。発見しマッピングする知、そういうこともできよう。国家の「大役」を地政学的な「小志」が眼差し、名付ける。国民国家の主権の拡張と領土の境界には、いつもこうした眼差し、名付ける知が寄り添っていたことを忘れてはなるまい。

この地理学者の目に、開拓間もない海東の〈フロンティア〉が興味を注がれない対象でなかったはずはない。

『一』の字形の島は墨色が次第々々に淡くなり、糸となり、繊緯《ママ》となり、遂に地平線の下に没した。絶海の孤島、珊瑚礁岸の激浪、羊歯樹の葉の日被ひ、九大池の探討、開墾事務所の宴会、学校、共同浴場、軽便鉄道、大蝙蝠の聲、レモンの味、起重機、製糖所の大規模、移住民のユートピア的生活など思い詑び、思い詑びるに連れ、いつとなく夢を見たる様な感じになった。然し覚り来れば、絶海無人の境に此の如き別天地を開拓せしは、全く気力と科学の賜なり、科学と気力とさえあれば何事も成就せざるなく、欧米富強の原因も全く此の二個に依ることを愈々知ったのである。而も滔々たる世を挙げて未だ此間の消息を悟らず、相変らずの旧思想にて独り善がり致し居りては、十年後に於ける世界の大進運に後るゝことを益々悟り、覚えず舷門に立ち想いに募るゝ折柄、日も亦た暮れ去りて、太陽は荘厳なる無量光を放ちつゝ遥か海天の下に〱と落ち尽くした。

これは、志賀が南大東島「視察」を終え、島を去るときの様子を綴ったところである。読み流せば、エキゾチシズムの濃い漂いを感じさせるが、しかしこの語りには、「絶海無人の境」を帝国の風景に編成しようとする時の〈旅〉の劇化がある。この劇化に明治日本を衝き動かす矢印のようなものが装着されていたとしても不思議ではない。周縁や植民地を帝国の領土としてマッピングするときの眼差しの政治性ということもできる。

開拓五年の孤島民の生活をユートピア的と見なす視察者の眼は、たしかにエキゾチシズムの内部に〈物語〉を隠しもっていた。開明性を装った「進運」への憧憬、いや、開明性が隠した後発の帝国の複合観念が、「夢」と「覚り」のあわいで語られる語りの形なのだ。沖縄島の東の果ての〈フロンティア〉に触発されて流れ出る旅の思考が、図らずも明治日本の帝国的なヴィジョンをめぐって見せたと言ってもいい。「絶海無人の境に此の如き別天地を開拓せしは、全く気力と科学」というときの、「気力と科学」こそ「欧米富強の原因」であり、そこに投影させられているのは、紛れもない「植民地」へ向けられた欲望の外延線なのだ。この「気力と科学」は国境線を書き替え、やがては他者を侵犯する暴力としてアジア的スケールで反転されていくことになる。

辺境や周縁を「視察」「見聞」「旅行」というスタイルをとって渉猟する一人の国粋的地理学者の〈旅〉とは、そんな矢印をもっていた。それはテッサ・モーリス゠鈴木が「植民地時代の探検家たちがおこなった旅は、帝都の中心から出発し、外に向かい、〈奥地〉にまでいたるものだった。彼らは、植民地支配をおこなう社会の物理的な武器ばかりでなく、知的な武器をも携えて、一つひとつの道を切り拓き、商人、入植者、伝染病がその後を追った。旅から持ち帰ったのは大量の原材料であった。鉱物のサンプル、民族誌学的〈骨董品〉、地図、未知の人びとの話、これらはやがて植民地支配権力がもつ拡張する知識体系のうちに編入されていった」という、帝都の中心から外に向かう旅であったといえよう。

「絶海無人の境に此の如き別天地を開拓」した玉置半右衛門の冒険が〈物理的な武器〉だとすれば、志賀重昂の視察や旅は〈知的な武器〉である、と言っても決してミスリーディングにはならないだろう。大東島開拓に見る玉置と志賀のカップリングは見事なまでに相補的関係にあったのだ。

「南北邸」と名付けられた志賀の邸宅に使われている建材が、樺太のトドマツと大東島のビロウだということは、おまけだとしても、帝都型思考が開拓間もない孤島から持ち帰ったのは、「鉱物のサンプル」や「民族誌学的〈骨董品〉」や「未知の人びと」ではない。それは新たに編入された島を書き加えた地図であり、〈風景〉だ。未開の孤島に拓かれたコロニアルランドスケープ、太陽と月の巡りとともに時を刻んだ無人の境を、後発の帝国が手にした「科学と気力」によって領土化された「別天地」、中心から夢見られた「ユートピア」。いうまでもなくこの「ユートピア」は「科学と気力」と対をなす。

こう見てくると、夢想と覚醒は必ずしも矛盾するものではないようだ。夢の中に覚醒が織り込まれ、覚醒の中で夢が紡がれる。国家が辺界を領土化し編入するように、「帝都型知」は〈風景〉を発見し編制する。志賀がいう「気力と科学」とは、「植民地支配権力がもつ拡張する知識体系」のデフォルメーションだったのだ。だから「夢」と「覚り」の狭間で垣間見た「ユートピア」は、その後この島が辿った開拓史を逆説的に語り足すことになった。

三　「至上の楽園」の誕生、あるいは「内国」植民地の〈ねじれ〉

志賀重昂がほぼ百年前に記した「ユートピア」は、彼の盟友の死からほどなくして玉置商会の経営不振により、所有権が台湾に本社を置く東洋製糖株式会社に譲渡され、さらにその東洋製糖を合併した大日本製糖株式会社に移ることによって、開拓民や後続する移民にとっては「ユートピア」とは全く違う現実を生かされることになった。残された記録からは眩暈がするほどの受苦の痕跡が読み取れる。もっとも、製糖会社が書き残した記録が「桃源洞裡の仙境」とか「桃源洞裡の安楽窩」と言うように、島の全占有権を握った者にとっては「至上の楽園」だったと言うべきかもしれない。

大東諸島（南・北大東島、ラサ島）が、それまでの無人島から「人間の歴史」を刻んでちょうど一世紀になる。「国標」が建てられ、日本の版図に編入されたのは一八八五年（明治一八）であったが、開拓が始まったのは一五年後の一九〇〇年（明治三三）であった。それまでは「ウフアガリ島」として琉球の海来神信仰や伝説の中に封印されるか、南・北大東島がボロジノ島（Borodino Island）、沖大東島がラサ（Rasa）島として、イギリス海軍水路図や欧米製諸地図上にその名は印されてはいても、実際は始原の姿そのままに、長く深い眠りを貪っていた。人を寄せ付けない海岸線に囲繞された内部で、密生した熱帯の原始林は、億年の森の歴史を自然の時間の中で円環させていた。

この孤島がはっきりと目の中に入りだしたのは、植民地を求めて領土を拡張していく時期と重なっている。日本が「黄色の帝国」としてアジアに向けた視界に、その小さな姿を現わしはじめたのである。志賀重昂が言った「気力と科学」はこの島嶼の時間を、「森の歴史」から「人の歴史」に変えた。熱帯の森が伐採され、サトウキビ畑に変わる。帝国の「気力と科学」は、類例のないモノカルチャーのプランテーションを設営したのだ。

絶海の孤島の開拓とその後の軌跡が植民地史のなかでもきわめて稀なるケースであったとすれば、それは無人島の開拓ということと、植民地製糖資本にゆだねられた土地の占有の形態にあった。あまたの植民地史は、先住民に対する暴力や略奪を刻み込んでいたが、無人島の開島と植民は、自然の征服とその人工化はあったにせよ、いわゆる植民地史にみられるような〈他者〉をもたなかった。その代わりといおうか、その故にといおうか、帝国内部の構造と歪みが持ち込まれ、〈内国〉植民地の様相を呈することになった。この移植された歪みこそ、大東諸島を大東諸島たらしめた母斑のようなものである。つまり、この島嶼は日本の拡張する近代がねじれていく〈奇妙な変数〉としての性格を帯びさせられたのである。

ここでの〈変数〉とは、日本と沖縄の関係が植民地主義的に再生産されるメカニズムのうちに求めることができる。見方を換えて言い直すと、〈ねじれ〉とは植民地的メカニズムによって内部が外部のように変異されていくことである。〈内国〉植民地とはこうした〈ねじれ〉や〈変数〉において語られる、ある何かであり、「歴史なき島」に歴史が書き込まれるときの「歴史」とは、そのようなメタモルな位相を持っていたということなのだ。そして沖縄の東の涯を限る境界線上の島と島と島は、帝国の版図を特殊な色合いで調合した外部のような内部ということだけにとどまらず、沖縄史の中でも独特なベースラインを描き、〈沖縄という語り〉では括れない複数の声を持ち込み、迂回路を接続せずにはおれなかった。百年の島の開拓と植民史を探訪することによって、何事かを語り足そうとすることとは、〈内国〉植民地において動態化される〈ねじれ〉や〈変数〉に視線を届かせることでなければならない。それはまた、モノロジカルな史観を改変し、目の位置と高さを問うことにもなるはずだ。その時、沖縄の東涯に浮かぶ孤独な島々の存在は、帝国の植民地編成史をリサーチしながら、移動民たちの接触と分有、移動と越境の思想を裂開していくことになるだろう。

四　環アジア植民地シュガーロード

ところで、この百年の島を移動したのは何であったのか。

まず人である。言語も生活慣習も異なる移動民が「内地」や台湾、そして沖縄各地からこの島に渡り、ある者は定住し、ある者は移り去る。

そして、権力である。所有と結びついた権力が、植民地主義的なコードのなかで再編されながら島の時間と空間を移動していった。太陽と月の時間が時計の時間に変わり、無所有の空間に所有が植え込まれる。それは「冒険王」と呼ばれた一人の男に国有林野開墾払い下げという形の、ほぼ占有権に近い権益を与えたため、その後、二つの植民地糖業資本に移譲されることによって近代的な装いのもとに拡張されていった。植民地糖業資本が大東諸島に目を向けたのは、まぎれもないこの島まるごとの占有権であった。土地が囲い込まれサトウキビ栽培に単一化される。やがてモノカルチャーのプランテーションが誕生し、多くの移動民を吸収していった。

『大東島誌』は、稀に見る〈内国〉植民地経営の実態を書き込んでいる。これは当時、東洋製糖南大東島製糖所長をしていた江崎龍雄のリードで、社員が業務の合間を縫って執筆したものである。「玉置翁が開拓に着手してより、東洋製糖株式会社経営時代の総決算」として編集され、東洋製糖株式会社が大日本製糖株式会社への合併直後の一九二九年（昭和四）に発行されている。江崎から編集実務と発行を任された大日本製糖社員の西原雄次郎はこの書の意義に着目し、「無人島開拓の事跡は我国の史上でも甚だ稀であって、本書の真価は恐らく年月を経るに従ひて益々其光輝を増すであろう」としている。

上編を南大東、下編を北大東とし、日本の領土となった両大東島の探検時代から、開拓の歴史、サトウキビ栽培、土地整理、労力関係、島の自然、島民の生活、運輸交通などが叙述されている。なかでも「土地整理」や「労力関係」、「島民の生活」は両大東島の〈内国〉植民地的実態を示す興味深い内容になっている。これだけの歴史が一製糖会社（の複数の社員）によって書かれたことは驚きであり、そういった意味でこれは希有の書である、といわねばならないのかもしれない。だが、目を止めなければならないのは、この書が「両島の開発及び産業状態を記述せよ」という命を受けたものであったとしても、そこに貫かれているのは、ミシェル・フーコーのいう〈一望監視〉的視線であり、このことを抜きにしては「総決算」の意味することを読み誤るだろう。

例えばそれは、製糖会社が島でしか通用しない通貨「金券」を発行したのをはじめ、さまざまな「取締り規定」を設け、監視と処罰のネットを小さな島の細部にまで張り巡らせたこと、さらに学校、病院、鉄道、通信、警察などが会社の直営として運営されたことなど、島まるごとの占有をアイデンティファイしていることからも頷ける。『大東島誌』のはじめに置かれた〈緒言〉は、大東島が植民地主義的な眼差しによってどのように位置づけられたかを知るうえで格好のテキストを提供している。社長の下坂藤太郎は、巻頭でこの島を手中にした事情を「同島に於ける製糖業の有利なるを確信し、台湾の事業を更に沖縄に延長したのである」と述べているように、台湾における植民地的製糖経営のプラクティスを沖縄へ移植するはっきりとした意図が貫かれていた。下坂の後任の山成喬六の言葉はより露骨である。

本島の特徴として最も他と異る点は、全島が一会社で所有せられて居る事である。玉置商会続て東洋製糖会社と代は変ったが、何れも一会社が確実に全島の所有権を握って其事業を統轄して来て居る。之《これ》に加えるに我が帝国政府も亦、東洋製糖会社の経営に充分なる理解を以て拓殖上に幾多の援助を与え、而かも何等之に干渉する事なくして会社の自由手腕に一任せられ、島民諸氏亦会社に信頼して之に協力し、全島一致互に融和し極めて平和に経過したる為め、会社は善く統一一貫したる私設を為し得たのであって、斯くの如きは他に殆ど類例のない所で産業上の開発迅速であった其一大原因は此の点に存して居ると私は思う。是れは我国の植民地経営の上に於いて特異の事実でもあり、又多大の参考となる可き貴重なる事実である。

また、別のひとりは海外移民の状況にコメントしながら次のように言葉をつないでいた。

然るに全然無人の一孤島であった南北大東島が僅かに三十年間にして優に五六千人の人口を収容して安住せしむるに至った事は驚くべき事実と云わねばならぬ。（中略）無人の孤島を化して工業地帯となすが如き我国に於ては極めて稀なる冒険敢為の物語りであって、将来恐らくは再び見る事は出来ない事実である。然らば此の一小冊子も亦我国民の歴史の一部として非常に貴重なる文献の一と云わねばならぬ。

思わず溜息が漏れてくる。しつこいようだが、本文の導入部に置かれた言葉も見てみよう。

最近二十年間の変化が急速で且つ発達の顕著なる事は壹《いっ》に過去幾千年に比す可き而已《のみ》ならず、絶海の孤島忽ち変じて工場地帯と化した例は世界にも稀らしい事実である。我が内地の糖業が、委縮振はざるに拘らず、新領土たる台湾と共に、我国砂糖の供給に与って力あるに至っては益々其価値は大なりと云わねばならぬ。

これらの引用から明らかになってくる見取図は、新たに編入された帝国の領土としての台湾と大東諸島が糖業経営のコロニアルマップに内属させられたということであり、植民地台湾に連なるシュガーロードのひとつのリングとして設営されたということだ。「新領土たる台湾と共に」というあえての言い足しに、この間の事情を読み取ることができる。これは日本民俗学や言語学や歴史学的視線が南島を眼差す「海上の道」とは異なるもうひとつの道である。国家と糖業資本が共同で敷設した欲望の曲線、と言い換えることも可能だ。しかもそうしたコロニアルロードが「之に加えるに我が帝国政府も亦、東洋製糖会社の経営に充分なる理解を以て拓殖上に幾多の援助を与え、而かも何等之に干渉する事なくして会社の自由手腕に一任」したことに注目しておいていい。

『大東島誌』に貫かれているのは、こうした植民地台湾の経験を移植しつつ、さらに植民地経営史に「貴重」な足跡を刻み込むことになる「全島が一会社で所有せられて居る事」や国家から一任された「会社の自由手腕」、「統一一貫したる私設」などの〈ロイヤリティ〉を定義づける言説行為だとみていいだろう。

ここで着目したいのは、当事者自身が繰り返し述べている「類例のない」「極めて稀なる」「世界にも稀らしい事実」「驚くべき事実」などという表現の意味するものである。これを可能にした理由の一つは、サトウキビ生産に単一化したモノカルチャーにあった。というよりも、全占有権を握った〈至上の権力〉の働きにあった、のだ。

大東諸島の植民地台湾とのリンクは、大日本製糖株式会社による東洋製糖株式会社の合併によって、東アジアや南洋諸島に展開したより大きなコロニアルネットの中に組み込まれることを意味した。大日本製糖は日本における最初の製糖会社だといわれ、東京、大阪、大里（門司）及び朝鮮の平壌に精製工場を有し、台湾に六工場をはじめ、朝鮮、南大東島、ジャワに原料工場を所有する一大植民地糖業資本であった。また名古屋、朝鮮の京城、北大東島には出張所を置いた。戦時中は本社を東京から台湾に移したこともある。当然にも大東諸島における東洋製糖の権益をそっくりそのまま踏襲したことはいうまでもない。大日本製糖にとってもまた南北大東島の占有は植民地経営史上稀に見る「冒険敢為の物語」であり、「非常に貴重なる文献」だったのだ。いわば、南北大東島は朝鮮から台湾を経てジャワまで延びる一大植民地シュガーロードのひとつの環として再定義されたのである。

一九三四年（昭和九）に発行された『日糖最近二十五年史』のなかの「大東島概略」には、『大東島誌』の叙述を改めて確かめ直すように、次のように述べている。

凡そ一会社が全島を領有するが如きは希有の事例にして當社は確実に且つ完全に南北大東島の所有権を握れり。政府も又充分なる理解を以て毫も干渉せざるのみならず、拓殖上幾多の便宜を与え、島民も亦悦服協力し、全島和気靄然として聊かも他より制肘さるゝ事なく、其の経営は當社の自由手腕に一任せるを以て能く一貫したる施

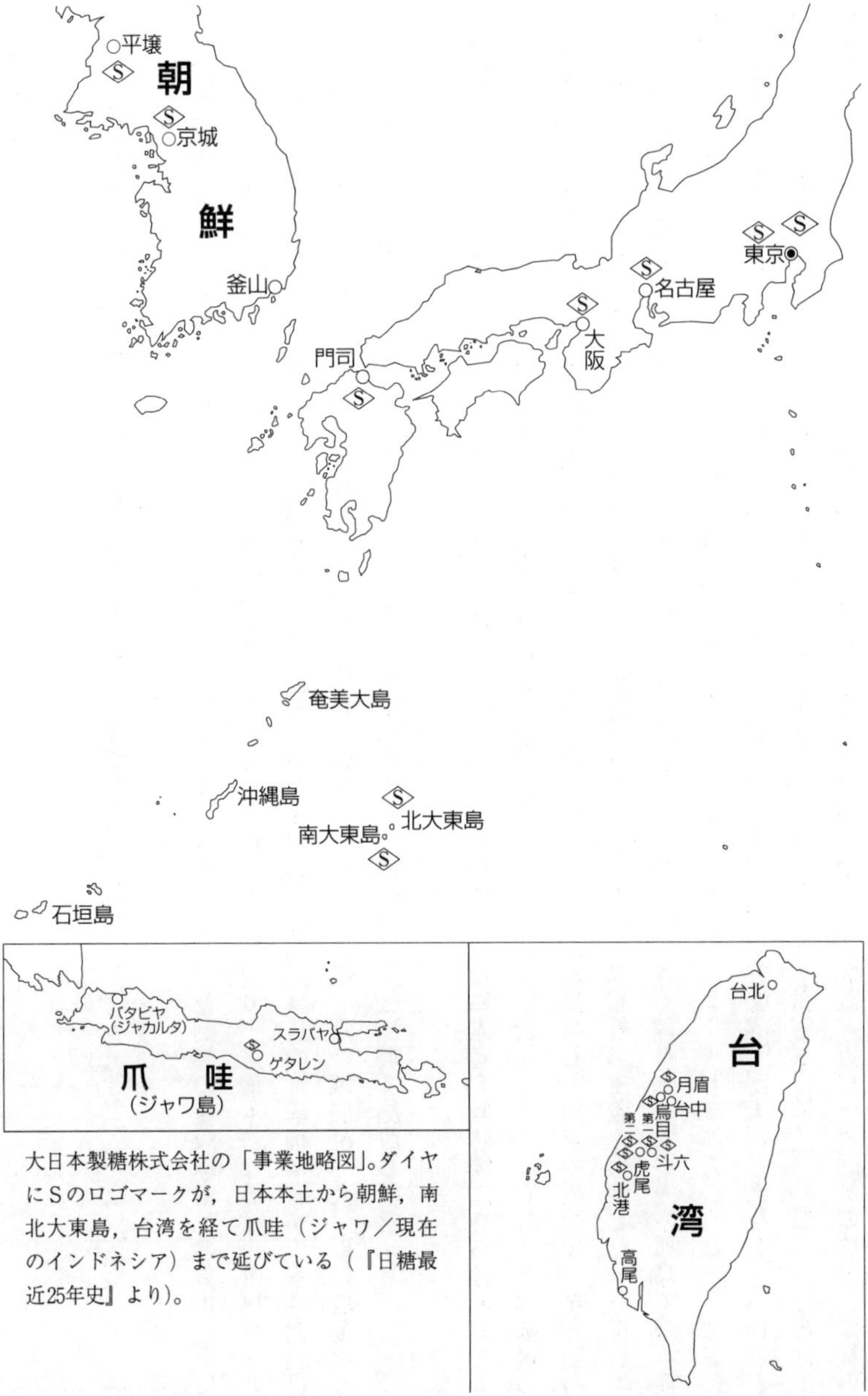

大日本製糖株式会社の「事業地略図」。ダイヤにSのロゴマークが，日本本土から朝鮮，南北大東島，台湾を経て爪哇（ジャワ／現在のインドネシア）まで延びている（『日糖最近25年史』より）。

設をなすを得、斯の一事は我国に於て他に比す可きものなく特異の事実にして植民地経営上最も貴重なる参考資料なる可し。

その他に比すべきものがない、「植民地経営上最も貴重な参考資料」とは、どのようなものだったのか。

開島以来既に三十五年期を経過し、島内には郵便局、小学校、病院、電灯、電話等の施設は當社の負担経営により殆ど完備せり。／生活は安定して一人の失業者なく、桃源洞裡の安楽窩なり。／最も奇なるは市町村制を布かざるを以て、全島民は本籍地よりの出稼人にして寄留する所もなし。衆議院議員の選挙権は有するも県会議員の選挙権は賦与せられず、頗る変体なり。／納税の義務は完全に課し、所得税、県の付加税、犬、車の税金をも徴せらるゝも、これに対して国家の援助は一年一回の定期船のみ。他は総て當社に於て施設し経営せり。

社史ということもあって、誇張や虚飾もないとはいえないが、しかしそれだけに本音を無防備にさらけ出している。「生活は安定して一人の失業者なく、桃源洞裡の安楽窩なり」という件には笑わせられるにしても、「納税の義務は完全に課し、所得税、県の付加税、犬、車の税金をも徴せらるゝも、これに対して国家の援助は一年一回の定期船のみ」というところに、植民地経営の無欠さを垣間見ることができる。国家社会主義を仮装した一糖業資本による完璧すぎるほどの治外法権的な囲い込みがいわれているのだ。国家から遠くはなれた太平洋の孤島での「他に比す可きものなく特異の事実にして植民地経営上最も貴重なる参考資料」が〈ユートピア〉というなら、まさに「頗る変体」という以外ない。国家の干渉なきところに生まれた「桃源洞裡の安楽窩」が犬にさえ税金をかけるということを可能にしたのは、島まるごとの占有と一望監視装置だったといっても過言ではない。「最も奇なるは市町村制を布かざる」というように、自治のまったき不在や「郵便局、小学校、病院、電灯、電話等の施設は當社の負担経営」が意味する教育や情報、生命に関わることが監視と管理網の中に補導されているということだ。

志賀重昂がまだ牧歌が残る開拓初期の旅で幻視した〈ユートピア〉は、わずか数年にして驚くべきフェティシュな相貌を露出したのだ。夢想と覚醒のあわいにみた「気力と科学」とは、こうした「変体」を生んだということでもある。隙間のない監視と処罰のテクノロジーは、もはやエキゾチシズムが住むことを許さない。いや、エキゾチシズムとは、植民地的フィールドにおいてこそ咲く知の頽廃だということを改めて納得させられる。

五　人のモザイクと〈仲間〉と呼ばれた移動民

先に大東諸島がもともとは無人島であり、その開拓は先住民への侵犯がない代わりに、日本の近代の構造的歪みが移植された〈内国〉植民地として見做してきたが、もう少し細部に立ち入ってみたい。

プランテーションシステムは、この島にやってくる移動民たちを階層的に振り分けずにはおれなかった。この階層的振り分けにこそ、他でもない日本と沖縄の関係史が投射されているのである。地主でもある製糖会社とその〈社員〉(「内地」や植民地台湾からの転任組)を頂点に、八丈島からの開拓民を正式な〈島民〉(小作人)として、そのまた下に〈仲間〉と呼ばれる沖縄からの移動民が振り分けられ、〈仲間〉はさらに、製糖会社直営の施設に人夫として雇われる者は「会社直属仲間」とされ、砂糖黍労働に従事する者は「島民使役仲間」となる。

ここで立ち止まってみたいのは、なぜ〈仲間〉と呼ばれたのかということである。この言葉から伝わってくる奇妙な感触は、移動民が分類された図式を知っているだけに、一層際立つ。現存する資料では、そのなぜに答えるものはないが、ただ、想像力を働かせれば、残された記録の行間から引証可能な輪郭が見えてくるはずだ。

その一つは、管理の強度を隠す狡知として、もう一つは、多分に移民地特有な事情に関わるものであるが、複数の異なる集団間に齟齬や軋轢を生む関係を日々再生産する素地があって、そのことを覆い隠し中和した上に保たれる、あやういバランスを機能させるための意匠としてである。この島のコロニアルな位階からは、そのような類推が決して的外れではないことが頷けるはずだ。日本と沖縄の関係史の歪みが持ち込まれた〈内国〉植民地としての構えが〈仲間〉という言葉のあえての発明を必要としたということでもあり、あの〈ねじれ〉や〈変数〉の人間化された呼称であると見なすこともできよう。さらにいえば、この言葉の内部には巧妙な遠近法が装置化されているのがわかる。つまり、遠くの存在を近づけ同列化しようとする心的な傾きがある反面、何か事あればいつでも遠ざけ排除する方向に反転していく機制をもっているということである。むろんこの二つは矛盾しない。こうした近づけと突き放しを併せ持ったダブルスタンダードの擬態こそ、移動民たちを「生かしながら死なしておく」シャドーエコノミーにもなっている。注意しなければならないことは、その言葉を口にする発話者はいつだって特定の（ここでは製糖会社の〈社員〉と〈島民〉の）階層であり、もう一方はいつだって指呼される側（ここでは主に沖縄各地からの渡島民）にあるということである。非対称的で一方通行なのだ。発話者の内部には蔑視を含んだ距離が内在させられているため、だから、〈仲間〉の「ふり」をするだけである。ニュートラルに聞けば何でもない〈仲間〉という言葉が、いったんコロニアルな関係のなかで発明されると奇妙なまでの政治性を帯びてくる。この〈仲間〉の発明こそ、大東諸島の〈内国〉植民地性を特徴づける一つにもなっているのだ。植民地のメカニズムはこうしたフェイクや擬態が装置化されることによって機動力を発揮する。

では、〈仲間〉という言葉はどのような数学的表象をとって現れるのか。まず人口の種別を見てみよう。官吏、社員、現業員、島民に分かれ、仲間は会社直属仲間、島民使役仲間に区分されている。ちなみに南大東島の一九二一年（大正一〇）の階層別の人口は、官吏二一人、社員一五四人、現業員五四四人、会社直属仲間四四二人、島民一五〇一人、島民使役仲間一三五三人の合計四〇一五人となっている。このなかで現業員と仲間のほとんどは沖縄出身者で占められていた。

出身別に見ると二府二七県北海道にまたがっていて、最も多いのは沖縄県の二七二四人でその次に東京府の一〇二四人である。他は鹿児島県の四二人、静岡県三九人、熊本県の二三人、和歌山県一三人、長崎県一二人、富山県一一人、佐賀県一〇人となっていて、残りの府県は一桁にとどまっている。東京府は主に八丈島出身者が占めている。また、静岡県の三九人（大正五年には五三人いた）は新東区に「遠州村」と呼ばれる集落をつくっていた。これらの他、大正八年には「台湾苦役」二六〇余名や労力移入困難なときは奄美大島郡からも労働者を移入したことが記されていた。

一九三五年（昭和一〇）には熊本、静岡、鹿児島に次いで茨城県も三二人を数え、栃木、大阪、広島県も一〇人台になっている。沖縄からの渡島者の内訳は戦前は詳らかにされていないが、一九六六年発行の『南大東村誌』には、一九六六年一月現在の本籍別人口数が載せられている。それによると、伊是名村の二二〇人を筆頭に、那覇市、今帰仁村、羽地村、本部町、知念村、久米島具志川村が一〇〇人代を占め、その他久米島仲里村、中頭郡具志川村、嘉手納村、東風平村、久志村、伊平屋村、浦添村などが五〇〜一〇〇人の間で、そのほか宮古、八重山も含めほぼ全島にまたがっているのが分かる。また、大島郡からの移住者も六六人を数えている。この分布と集積度は戦前においてもそれほど隔たりはなかったものと思われる。

こうした階層別と出身別の人口構成から見えてくるのは、出自も言語も異なる人々がモザイク状に入り組みながら移民地特有の密度を形成している人間模様である。沖縄の東の果ての孤島にこれだけの人の群れが寄り集まったことは驚きである。一九一八年（大正七）四月三〇日の琉球新報に載った「大東島物語」には「大東に行って一番目に立つものは各地の人間がより集ってゐることである。全国中十県を除く三府三十三県を初め、台湾、朝鮮の植民地からも寄り集まってゐるのでさながら府県人品評会と云ふ姿だ」と紹介されている。記者が好奇と皮肉を込めて言った「府県人品評会」という言表は、当時の様子を彷彿とさせてあまりあるものがある。

寄り集まった渡島民は、だが、先にも見たように、マッスとしては〈仲間〉としての沖縄からの移住民と、玉置・東洋・大日本製糖の「内地」出身〈社員〉や主に八丈島出身の〈島民〉に振り分けられる差異の政治にさらされた。区別、分類、振り分けは植民地的な位階にシフトされることによって一種の「人種的」な様相さえ帯びさせられたのである。

〈仲間〉と呼ばれた沖縄からの移動民については『大東島誌』で「労力関係」として一章を設け、移入帰島及び在島、賃金、施設、生活状況、取締規定、仲間募集及び契約などが詳しく紹介されている。これを見れば、移民県沖縄の事情や沖縄出身者が〈内国〉植民地としての大東島でどのように遇されたかが分かるというものだ。

その当時、大東島が沖縄における労働力供給地として「小さなハワイ」とまでいわれたこと、渡島すると「各村乃至会社直営の各係等に各々配当」させられたこと、そして「仲間取締規定」によって縛られたこと、などが事細かく論述されている。例えばこんな風にである。

会社直属に配当せられたるものは、大工仕事、試験場、苗圃埋立作業、造林臨時職工、海岸船夫手伝、事務所其他の小使等に従事し成績優秀にして相当素養あるものは会社使用人として採用せらるるものもある。島民に配当せられたるものは主として甘蔗耕作に従事して居る。島民に配当すべき仲間は耕作者の申込を受け配当するものであるが、本人の希望又は作業の都合上又は人員の都合上で係員に於て幾分之れを増減する事がある。仲間の転入転出は雇主仲間係員にて理由を付し双方承認の上之れを為すこととなって居る。無断にて転出入無断宿泊等は仲間取締規定に依り相当過怠金を徴することと規定されてある。

「小ハワイ」としての大東島に渡ってきた渡島民たちはこうした監視と処罰のネットに編入されていったのである。〈仲間〉という言葉も異様だったが、ここでは「配当」という言葉の異様さが目を引く。その「配当」は「物」ではなく「人」に向かって使われているのである。人が「配当」されるとは何か途方もない物象化の力の働きを抜きにしては考えられない。植民地型のパノプティコンという以外にない、監視と処罰のテクノロジーによって機能させられるはずだ。人が物として扱われ、島そのものが一望監視施設になる。

それだけではない。この島の空間配置や集落に対する命名の仕方にも同様な力の働きが読み取れる。島には「池之沢」を除いて東西南北の方位がそのまま、地名になっている。

幕下盆地の南西部に偏して工場、事務所、倉庫其他の建物及び社宅がある。（中略）工場区域の北部に池の沢の部落があり小学校、警察官駐在所、県庁及び税務官吏の宿舎がある。全島を池の沢、南、旧東、新東、北の五村に分けて居る。

サトウキビなどの貨物を揚げ下げする動力となったボイラー庫跡が，西海岸に廃墟の城壁のように今も残っている。製糖会社の社宅，倉庫などは石造りであった。

「島内の秩序」のところではこんな叙述が見られる。

本島は全部会社の所有に属し、未だ町村制は施行されて居ないが、島内の安寧秩序を保持せんがため、便宜上、池の沢、北、新、旧東、南の五ヶ村の外、営業者組合の一団体に区別して居る。（村は内地町村に於ける行政区の如きもの）而して農耕奨励上の関係より農務係員をして各村に駐在せしめ、駐在員は恰も内地における村長の如く、時に村民の代表となり或は諸種の伝達、風紀の取締、争論の和解等苟《いやしく》も人事に関することは公私共に奔走斡旋し、特に地主たる会社と小作人たる農業者との間に立ちて相互の福利増進に努力して居る。

引用した二つの文には幾つかの重要なことがいわれている。その一つは強い視線の存在である。それは中央から見下ろし、監視する性格のものである。この見下ろす視線とは、島をまるごと占有する一会社の揺るぎない「秩序」への意志が表象され、それを地上で体現するのが各村に駐在する農務係員（「内地における村長」に擬せられるが、島民には鬼の農務係として恐れられた）であり、彼は調停や諸取締りの小権力を有している。そしてその視線をデフォルメし、内面化する、つまり常に視られていることを意識する〈島民〉や〈仲間〉がいる。こうした視線の階梯によってコロニアルな「秩序」が保たれている、ということである。

先の引用文を注意深く読み直せば、過剰すぎるほどのリゴリスティックな言説の向こうにもう一つの存在、それは決して書かれることはないが、「在ったこと」、あるいは「有りうること」を黙示させる能動の気配を強く感じさせる。見下ろし監視する文体は、それを越えようとする移動民のカウンター行為の徴や兆候への「おびえ」を意識することによって成り立っているということだ。

二つめは、空間の編制の仕方に見られる著しい偏りを指摘することができる。まず、「南西部に偏して」とあるが、楕円状の島のほぼ中央部に全能の権力を持つ会社の製糖工場や事務所、社宅などのエリアがあって、その北域に会社の私設の小学校や駐在などが位置している。そして中心から放射されるように東西南北に「村」が散在させられている。『大東島誌』が書かれた一九二九年時点では、まだ存在しなかったが、製糖会社の社宅や工場などの施設があるエリアは、後に「在所」と名付けられた。「在所」とは中心が在る所なのだ。この名付けに力への意志が象徴されていることは疑いえない。

そして三つめは、二つめの追加的説明にもなるが、視られる視線を内面化する多くの〈島民〉や〈仲間〉が住む「村」への名付けのなかに読み取れる驚くべき恣意性である。方位をそのまま地名にしているのだ。しかも、中心から区別されたその名は「便宜上」そうしたということである。開拓地にはときどき見られる現象だとしても、「池の沢」にみられる地勢学的な関心や「在所」という強い中心性をシンボライズした名付けと比較すればその恣意性が一層際立ってくるはずだ。「便宜上」という三文字に空間編制の政治のすべてが語られている、といっても過言ではないだろう。

これは余談になるが、戦後も一九六〇年代まで島はまるごと「無番地」であった。島を離れ、島へ便りを出すときに、○○区「無番地」と書いたときの寄る辺なさは今でも忘れ難い。島まるごとの「無番地」、それはまた、植民地型パノプティコンの一つの表れでもあるとみることもできる。物象化のきわまるところに、名があってはならない、ということなのかもしれない。

例えばそれは「番外地」という呼称から想起されることと比べてみるとはっきりする。「番外地」からは、市民社会の外部に無法なるものを隔離する強い排除の視線を感じることができるとすれば、「無番地」からは対象に対する完璧なまでの無関心とも見紛う、だが、〈無法の法〉とも呼ぶべきソフィティケートされた恣意の権力の存在を知らされる。とはいってもこの二つは、性格の異なる別種のものではなく、監視と処罰のテクノロジーが生んだ疎外された法の双面なのだ。

六　〈矢〉と〈巡回〉のノマディズム

ところで、では、出自も言語もライフスタイルも異なる移動民たちは、〈無法の法〉としての恣意的権力を持つ糖業資本と国家が合作した〈内国〉植民地の現実をどのように生きたのか。〈仲間〉と呼ばれ〈配当〉された人々はどのような昼と夜を分け与えられたのか。

本島に於ける現在労働者の主なるものは沖縄本島より移住せるものにして、年と共に其の推移あり、財を得て帰郷する者、志半ばにして病を得、鬼籍に入る者、志を抱いて内地各方面に渡航するもの、又は業を更へ北島に渡航するものあり、中には相当の貯蓄を得小作権の譲渡を受け耕作者となるもの、或は会社の使用人となり沖縄本島より渡航せる労働者を指導しつつあるもの等もあるが、大方は単に一時的出稼人の気分で辛苦成功を為さんとする者少ないやうである。

ここからは大東島の人口の多数を占める沖縄から渡ってきた人々の、島との接触面と移動の軌跡を窺い知ることができる。八丈島からの初期の開拓民やその後に入植した人の多くは、はじめから土地私有の希望（それが玉置商会と糖業資本の狡知によって反古にされたとしても）を実現する定住を目的としていた。ところが「小ハワイ」としての大東島に渡った沖縄各地からの移民は、はじめから定住が目的でも、またそれを約束されていたわけでもない。「小ハワイ」への渡島の理由は〈通過性〉を強く印象づけつつも、複数なのだ。会社の目に「大方は単に一時的出稼人の気分」と映ったとしても、移動と定住が交差するところは複雑にもつれている、と見た方がより真実に近い。繰り返すようだが、この「類例のない植民地経営の参考資料」を日々生産する〈内国〉植民地としての大東島は、沖縄からの移動民にとっては必ずしも「約束の土地」ではなかったということなのだ。

別の言い方を聞いてみよう。

沖縄本島より募集に応じ渡島せるものは、本島に上陸せる場合は各村乃至会社直営の各係等に夫々配当せられ就業をなす。／就業時間後は各自与へられたる宿舎に於て蛇皮線を弾くものあり、夫婦者に在りては養豚養鶏養兎を為すものあり、養豚、養鶏、養兎甘藷を併用するもの多し。

製糖会社にとっての「桃源洞裡の仙境」は、沖縄からの移動民にとってはこのような現実として生きられたのだ。物のように「配当」された昼の過酷な就業と就寝までの間のわずかな夜の時間。孤島の夜の闇は深い。サトウキビ畑を渡る風に、蛇皮線の音と唄を乗せる移動民の心模様に〈関係の詩学〉への微かな予兆を見るべきか、それとも望郷を紡ぐ〈根〉のつぶやきを聴くべきなのか。「養豚養鶏養兎を為す」夫婦の姿に生活思想の接続詞を読んでみてもいいのかもしれない。

さまざまな異なる〈根〉を持つ人たちが渡り来て人のモザイク模様を描く移民の島はまた、民衆における異集団との接触の錬成場でもあった。決して多いとはいえない残された資料には、時折青白い光を放つ棘のようなドキュメントを目にすることがある。それは人のモザイクがこすれ合う時の紋様のようでもあり、異集団の尖端がぶつかるときに起こる発火光のようでもある。

例えばそれはこんな断面を見せる。一九一四年（大正三）一〇月一六日付けの琉球新報で「大東移民も大喧嘩本県人対八丈島人／動機は感情の衝突」の見出しで報じられた記事は、当時の民衆における異集団の接触の内情を伝えて興味深い。

新聞によれば「去月十六日より二十日に亘り、大東島玉置商会経営の開墾地に於て本県移民対八丈移民間の衝突あり。アワヤ血の雨を降らさんとせし椿事ありしが、請願巡査及玉置商会事務員等の調停に依り漸く無事を得たりと云ふ」としながら事の顚末を紹介していた。酒に酔った沖縄移民が八丈移民に酒を勧め、それを拒んだことから口論になり、やがて双方が追いつ追われつの殴り合いを繰り返しながら、沖縄移民と八丈移民の集団衝突の様相を呈していく様子が生々しく紹介されている。

▲内地人と沖縄人の喧嘩なり、と仰々しく、云ひ触らし、翌十七日払暁沖縄移民五百余名は池之沢村に集合し、内地人は打殺せと異口同音に叫びつつ不穏の挙動に及びたるより、派出所にても由々しと警戒し、斯く多数の者が野外に集合するは治安警察法になるから退散すべし。（中略）……然るに翌十八日又々早朝より群衆し、五百名の移民は協議を凝したるが、結局喧嘩事件は少々の出来事なりと雖も、感情の衝突より来りたれば今後本県民は八丈島移民に、▲憎まること必然なれば何かにつけて葛藤を惹起することは免れ難ければ、斯くして猶此島に留まる必要はなく帰郷するに如かずと評議一決し、一同は直ちに開墾事務所に帰郷せんことを迫り、其日は同盟罷業と云ふことになれり。……喧嘩の原因は八丈人が、▲沖縄人を軽蔑するから起こつた。なれば彼等にして爾後断じて軽蔑がましき振舞せずと契ひ証書を差出すべしと、意気巻きたるも八丈側とて斯る条件に応ずべくもあらねば……

今から振り返れば、哀しくも滑稽な事件といえようが、これはまぎれもない〈内国〉植民地として日本の近代のねじれが露出した一例である。常に視られていることを内面化する異集団の尖端が衝突するときに放たれる青白い擦過光。「配当」された身体が物象化の果てに、反転させるように放った矢のような言葉。「内地人は打殺せ」——それはまた移動民の心の暗がりに倒立されたコロニアリズムであり、〈仲間〉という言葉の内部の遠近法を破って剝きだしにされた暴力の表出なのだ。

ほぼ同じ時期に相前後して、北大東島の燐鉱やラサ島の燐鉱でも、「沖縄人」労働者と「内地人」労働者の賃金差別や差別待遇の改善を求めて組織された沖縄人労働者によるストライキやサボタージュなどが頻発している。沖縄における初めての労働争議や治安警察法の適用が東の果ての孤島で引き起こされた事跡は決して捨て置くことはできないだろう。

こうした開拓地における異集団の接触のタイプはここではさしあたり、エドゥアール・グリッサンのいう〈矢のノマディズム〉として呼ぶことができる。移動によって発見された〈根〉は、それが生かされた関係のバイアスによって矛盾や理不尽さとして内面化される。「内地人」移民と「沖縄人」移民の異なる集団間の接触の初期的な形態は、排除と侵犯の形をとって現れざるを得なかった。このような〈根〉の表出の仕方は、ある意味では避けられない。〈矢のノマディズム〉は異なる根を突き刺し、侵犯する。要するに排他的なのだ。それは言語や性表象においても反復を免れなかった。〈一声〉的であり、一方向的なのだ。

戦前は、言語、風俗、習慣などの相違から、沖縄出身者と八丈島出身者との結婚は半ばタブー視されほとんどなかった。八丈島出身者は開拓者であり、一方沖縄出身者は労務者として移住して来たので、いわば主従（親方と仲間）の関係にあったということもその一つの理由である。

島内での日常会話を居住区によって分けると、社宅は共通語、工場、農務関係の労働者宿舎は琉球方言、点在する一般農家は八丈島方言と、三つに大別される。／八丈島出身同志では八丈語で語り、労働者と語る時は共通語（俗に大和口）、琉球方言のできる者は方言で、また琉球方言と共通語、八丈方言を巧に混ぜ合わせて話す者もいた。／学校生徒は共通語励行教育であったから校内では共通語を使用したが、一歩外に出ると会社員以外の子供はほとんど琉球方言を使うことが多かった。

いずれも『南大東村誌』の改訂版によるものである。この段階での居住区や男女の性関係や言語現象は、区分けされたそれぞれの内部に閉じられたままである。「社宅・共通語（大和口）」／「八丈島出身者＝開拓者（親方）・八丈方言」／「沖縄出身者＝労務者（仲間）・琉球方言」と、大きく三つに分かれ、「沖縄出身者＝労務者（仲間）」の「琉球方言」はさらにミクロな言語帯に細分化されていた。ここで言えることは、大文字の三項が絡みあいながらも対立するモノロジカルな図式である。むろん男女の性関係はそれぞれの領域を越えることはタブーとされた。とはいえ、時間と空間を色分けされながらも共有することは、それぞれの面と面を付き合わせる接触領域において間‐主体的な相互浸透や相互作用もまた避けられなかった。それらは大文字の〈脚注〉であったとしても、異なる集団間の接触領域から枝分かれした無数の〈脚注〉から、やがて新たな文体が召喚される。「琉球方言と共通語、八丈方言を巧に混ぜ合わせて話す者」とは、接触領域を間‐主体化したインターフェースの出現だと見てもいいだろう。こうした間隙を縫う、あるいは裂け目をライブする構えにグリッサンのいう〈関係の詩学〉への予兆を聴くことができるはずだ。

百年の島の歴史は、気の遠くなるような迂回を経て、異集団がそれぞれの内部の岬の尖端で他の岬と出逢い、そこにヘテロジーニアスな帯域を創りだしていった。それぞれの〈根〉が衝突と交換の接触領域で組み変えられる。それは起源を傷つけたとしても、その組み替えの累進と集積によって、異集団間の接触が〈矢のノマディズム〉から〈巡回的ノマディズム〉へと開かれていく。〈排他〉的関係が対話と交渉を可能にする〈対他〉的関係へと変容させるのだ。そのことはまた、中心からフロンティアへ向かった旅の形を、移動民の接触と分有によってフロンティアそのものの時空から組成し直していくことになるだろう。

七　〈クレオール〉の近傍から

敗戦によって黄色の帝国と糖業資本は台湾を失い、「桃源洞裡の仙境」としての大東諸島を失った。一九四六年、日糖社の全財産は没収され、米国軍政府の管理下に置かれた。〈会社＝地主〉／〈島民＝小作人〉／〈仲間＝労務者〉というプランテーション的位階も崩壊し、「日糖王国」は事実上解体した、かにみえた。だが、大日本製糖が大東諸島を「失った」といっても、植民地台湾の権益をそっくり失ったように失ったわけではなかったのだ。なぜか。その理由は、他でもない大東諸島が〈内国〉植民地だったということに関わっていた。

戦後、沖縄は日本から分離されアメリカの占領下におかれたが、日本は沖縄の領有権を留保するために「潜在主権」という便法を編み出した。大日本製糖の島まるごとの占有権は、あたかも日本国家の沖縄に対する「潜在主権」のようにリザーブされたのである。一九五一年、接収されていた日糖資産の米軍管理の解除が打ち出されようとしたとき、再び日糖社が所有権を主張したため、南北両大東島民との間で土地の所有権を巡って係争が起こった。いわゆる「南北大東島の土地所有権問題」といわれるものである。ここでもまた問題は別な意味で〈ねじれ〉た。戦後まで持ち越された大東島の〈内国〉植民地的な遺制が米軍施政権下の沖縄の政治的・法制的事情を巻き込みながら争われ、最終的には「沖縄の帝王」と呼ばれた琉球列島米国民政府／高等弁務官ポール・W・キャラウェイの裁決によって「米琉合同土地諮問委員会」で土地の所有権が島民に認定された。開拓から六四年、戦後も一九年目の、一九六四年のことであった。

日本の領土に編入された後、行政的には沖縄県島尻郡の管轄下にありながら、自治制度が剝奪され、市町村制が施行されたのは敗戦後の一九四六年になってからである。本籍が設定された新戸籍が編成されたのも実に一九六五年のことであった。とはいえ、移り住み、移り去った移動民の記憶や呟きは、ほんとうは未だなお文字にならず、ただ彼等の口述や記憶の中にしかない。

砂糖は当り前に甘いわけではない。その甘さを地中で培養する根茎がある。百年の砂糖島の決して甘いとはいえない歴史は、移動民の接触と分有によって生まれた根茎において語られなければならないだろう。時折、この島の日常に不意に影を曳きながら逆巻くものがある。夜の闇に青白く発光しながら揺らめくものがある。沖縄の東の涯の境界に浮かぶケシ粒ほどの島と島と島。その孤独な姿は、帝国と糖業資本が合作した「夢」と「覚り」の破片のようにも見える。

開拓当初から島の西海岸に、渺茫とした海を臨む墓地がある。そこに石塔式のヤマト墓と沖縄以外では見られない墓が混在している。沖縄からの移動民の墓は、戦前から人一人の骨が入るだけの粗末なコンクリート饅頭のようなつくりをしていた。一つの共同体と門中を象った沖縄各地に見られる亀甲墓や破風墓とはおおよそかけ離れた風体をしているのである。その粗末さと死者の名さえ印されていないシンプルさが、胸を衝く。沖縄からの移動民が初めから定住を目的にしてはいなかったという事情にもよるが、その形は血の係累から遠く離れたシュガーランドの生と死を象形した文字のようにも思える。榕樹や阿檀、蘇鉄やギンネムなどが繁茂する墓群のそこここに、今は空洞になったコンクリート饅頭が幾つか残されている。戦前は用済みの墓は他の人が利用したというが、亜熱帯の強い陽にぽっかり開いた空洞をさらしたままである。移動民の骨の履歴を沈黙のうちに物語る空洞を海からの風が巡る。

切り立つ海岸線を囲繞する海は圧倒的な深さと広がりをもって迫ってくる。それは琉球弧の世界観を培ったサンゴ礁のイノーに抱かれたエメラルドグリーンの内海やイノーの外に広がるクラインブルーの親和的な海ではない。濃紺に黒を重ねた分厚い水の壁のように、そこに、ただ、在る。この圧倒的な水の壁を前にすると、人は何かわけの分からない感情につかまれる。無力感ということとも違う。存在の消失点に放り出されたときに感じる果てのなさ、といえばいいのか。この海を渡り来て渡り越えた移動民の海に抱く感情は、だからだろう、内へ内へと向かう。

己の内部のもう一つの海を覗き見るように。それはJ・グルニエの『孤島』のなかのエピグラムが描く心の形に近い。「私は海を愛していたのではない。ただ海の力に耐えていたのだ」――耐えることの臨界で、関係を閉ざし、そして開く海の思想を生きたのだ。海はどこか砂漠に似ている。

「他に比すべきものなく特異の事実にして植民地経営上最も貴重な参考資料」を書き込んだ、百年の島の移動の

南大東島の墓は二つの対照的な形をしている。内地（主に八丈島出身者）の墓（上）はヤマト墓といわれる石塔式で，正面に「何某家先祖代々の墓」，裏面には「何年何月建立」と記されてある。沖縄出身者の墓（下）は人一人の骨を納めたコンクリート饅頭の形をしていて，死者名や建立年月日はない。

記憶はこれまで決して読み解かれることはなかった。その解法は未だなお、渡り来て渡り去った移動民の、衝突と交換を経て変成された〈根〉のなかにある。

複数の〈根〉をして語らしめなければならない。その時、巡回するノマドはカリブ海のディスクールが編み上げた〈クレオール〉を近傍から色づかせるだろう。民俗の濃さや風土の備蓄のない移民の島、「非琉球的琉球」な時空、〈内国〉植民地のねじれを生きたシュガーランド。私の中の〈島〉は複数の沖縄として再読されなければならない。

一枚の写真によって想起された声と眼差しは、起源を迂回しながら、そこに別種の旅を予感させた。背後からの声が起源への回帰的促しであったとしても、移動と越境を幾重にも経験化した彼や彼女の〈根〉は〈矢〉に向かうのではなく、〈巡回〉によって〈対他〉を抱懐し、〈根〉そのものにおいて多声的である以外なかった。そしてたとえ移り住むことによって結びついた儚さであっても、儚さそのものが勁さであるようなノマドのテクノロジーとして錬成されなければならないだろう。

びっしりと島を覆いつくす緑のサトウキビが、吹き渡る風にその鋭い葉を返しながらざわざわと騒いでいる。

〈参考文献〉

J・グルニエ、一九六八、『孤島』井上究一郎訳、竹内書店。
江崎龍雄編、一九二九、『大東島誌』江崎龍雄。
西原雄次郎編、一九三四、『日糖最近二十五年史』大日本製糖株式会社。
比嘉寿助編、一九六六、『南大東村誌』南大東村役所。
南大東村誌編集委員会、一九九〇、『南大東村誌（改訂）』南大東村役場。
志賀重昂、一九二八、『志賀重昂全集　第六巻』志賀重昂全集刊行委員会。
ミシェル・フーコー、一九七七、『監獄の誕生』田村俶訳、新潮社。
新原道信、一九九七、『ホモ・モーベンス――旅する社会学』窓社。

テッサ・モーリス゠鈴木、二〇〇〇、『辺境から眺める』大川正彦訳、みすず書房。

エドゥアール・グリッサン、二〇〇〇、『〈関係〉の詩学』管啓次郎訳、インスクリプト。

近代沖縄とシェイクスピア受容

鈴木雅恵

明治維新により近代民族国家となった日本に受容されていったシェイクスピア劇は、明治中期の翻案時代から、西欧リアリズムをめざした新劇時代へ、そして小劇場運動を経て、現在ではテキスト中心主義から解放され、再び舞台と観客との関係を問い直す上演形態へと、弧を描いて移行しつつある。西欧演劇を手本とする上演のほか、能、歌舞伎、狂言、ロックオペラ、子供のためのシェイクスピア劇など、様々な様式の翻案舞台が毎年生まれ、それがある意味でルネサンス時代のシェイクスピア上演の形に近いのではと注目する欧米の研究者もあるのだが、紹介されるのはほとんど東京の舞台であり、「地方」の、ましてや、かつては独立国であった沖縄のシェイクスピア上演は、今までのシェイクスピア研究の中で見落とされがちだった。

しかしながら、明治の琉球処分以後、沖縄固有の言語である琉球語をつかい、商業演劇として上演されてきた「沖縄芝居」においても、時代の節目には、シェイクスピアの翻案作品、あるいはその影響の跡のある作品が生まれており、また、そうした作品の上演には、沖縄の大和化の歴史や近代化の過程と深い関係があるようである。

二〇〇四年に「国立劇場おきなわ」のオープンを控え、また、沖縄芝居の重鎮、真喜志康忠氏の記録と記憶をもとにした、初の『沖縄芝居脚本全集』の刊行が予定されている今、沖縄と大和の関係を見直すためにも、当時の新聞広告を中心に、近代沖縄のシェイクスピア受容について検討してみたい。

明治三九年一月二三日付けの『琉球新報』に次のような広告が見られる。「シェークスピアの傑作悲劇オセロ *Osero* 江見水蔭脚本五幕一一場．川上音次《ママ》郎、高田実等により、はじめて明治座にて上演されたものなり……上之芝居球陽座……」

これが沖縄で最初に上演されたシェイクスピア劇であるが、広告文に明記されているように、川上音二郎一座が三年前に東京の明治座をはじめ、大阪、神戸、京都と興行してまわった舞台を那覇の役者たちが真似たものである。

そもそも、那覇に芝居小屋がたち始めたのは廃藩置県（琉球処分）から三年後の、明治一五年頃のこと。琉球王朝に仕える歌舞音曲担当の武士たちが琉球処分で職を失ったあげく、庶民に踊りを教えたり、小屋をたてて興業したりしたのが事の起りである。琉球政府お抱えの武士から「芝居シー」へと身を落とした役者たちの興業は、最初はめずらしがられ、ありがたがられても、宮廷むけの作品だけでは一般庶民の興味を長く引くことはできず、生計のため、新しい作品を上演する必要に迫られたのであろう。

そのころ大和では、沖縄とは逆に、かつては河原乞食と呼ばれ、庶民の娯楽のために興行していた歌舞伎役者たちが、天覧芝居（一八八九年）などを経て格式の高い身分と認められるようになってきていたが、明治政府が進めようとした歌舞伎の改良（西欧化）は余り進まず、歌舞伎の家柄とは無関係な川上音二郎らが、写実的な手法を用いて実験的な試みを行うようになっていた。「旧派（歌舞伎）」に対する「新派」の担い手をめざす音二郎は、日清戦争（一八九四―一八九五）を扱った「ルポタージュドラマ」で当たりを取った後、一座と妻貞奴を連れて一八九九年から一九〇二年にかけてアメリカ、ヨーロッパで巡業した。そして帰国後最初に、旅先で仕入れた「シェークスピア」の知識を披露したのが、一九〇三年（明治三六）の『オセロ』

だったのである。芝居といえば組踊のことであった沖縄の興行主にとって、本土から伝わる歌舞伎も新派も目新らしく、共に自分たちの芝居の題材として取り上げていくのであるが、特に川上一座のものは那覇の沖縄座、球陽座など主要劇団が、競って真似たようである。「正劇」と銘打たれた、川上一座のシェイクスピアものを最初に取り上げた球陽座の『オセロ』は、三週間毎日興行を続けている。客入りが悪ければ、次の日にでも演目が変えられた当時のシステムを考えると、ヒット作の一つだったといえよう。

では、明治三九年（一九〇六）のシェイクスピア劇『オセロ』は、沖縄でどのように上演されたのであろうか。「口立て」方式を取っていたので、球陽座の上演台本なるものは存在しない。また、演出家も存在しなかったので、演出ノートも存在しない。川上版の『オセロ』を沖縄の役者たちが上演するという新聞広告が残っているのみである。しかし彼らは江見水蔭の台本を使った川上一座の公演を真似たのであるから、まずその台本の概要を説明しよう。

当時まだ若い文士だった江見水蔭に川上が依頼した台本によると、原作の舞台である「ベニス」は「東京」に移され、主人公オセロは「陸軍中将室鷲郎」と変えられている。彼の旗持ち「伊屋剛三」（イヤゴー）の台詞によると、鷲郎（オセロ）は「色が浅黒く、出自も定かではない成り上がりもの」となっている。主人公鷲郎が、武士階級出身で明治政府から「伯爵」の称号も与えられた武羅将軍の娘で、色白く、洋装の似合う鞆音嬢（デズデモーナ）と秘密結婚をして父親の怒りを買い、日本帝国の総理大臣（ベニス大公）から台湾（キプロス）総督になって現地の人心を鎮めるように命令される、というように書かれている（一九〇三年発行、江見水蔭著「オセロ」、『文芸クラブ』第三巻　第三号）。

以上のような翻案化はあるものの、江見台本の大筋はシェイクスピアの原作とほぼ同じである。しかし、細かい点が二つ書き変えられている。一つは歌舞伎の勧善懲悪に慣れた観客のために、伊屋剛三を日本帝国陸軍兵士が銃殺する、という改編があること。もう一つは、四幕四場の原作ではオセロはベニス大公から帰

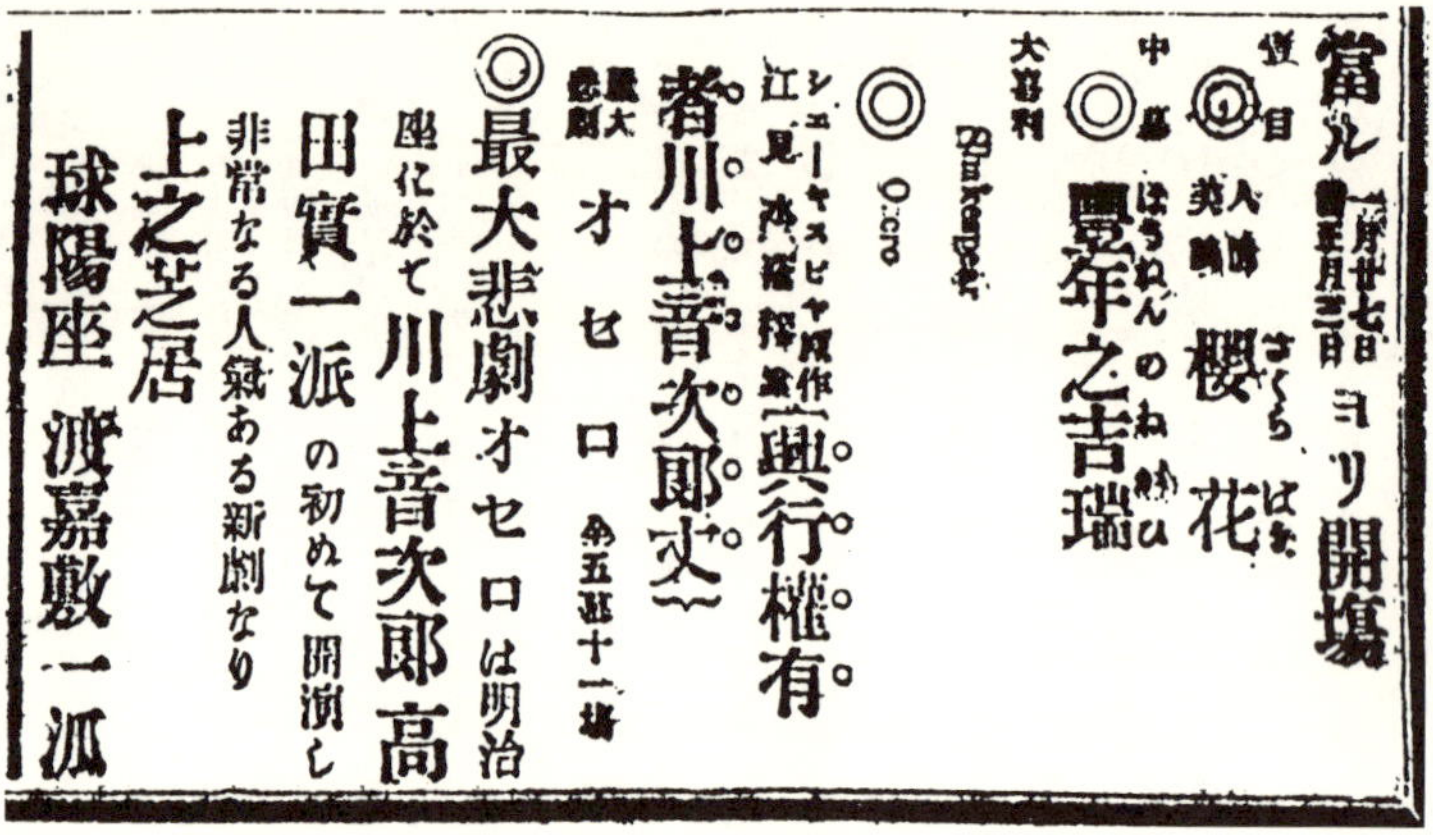

球陽座の「オセロ」の広告（『琉球新報』明治39年１月23日）

国命令を受けるのだが、その理由が明記されていないのに対して、江見台本では、鷲郎に台湾市民を虐殺した疑いがかけられていて、その誤解を解くため、という理由が書き込まれている。こうした改編はおそらく川上自身が指示したと思われるが、明治政府（ベニス）にとってもともとアウトサイダー的な存在であった将軍鷲郎（オセロ）が、台湾（キプロス）を平定する必要のあった非常時には利用され、用がなくなると汚名を着せられて捨てられる、という政治風刺風メロドラマとして川上は演出したのであろう。

明治三九年（一九〇六）二月一三日の琉球新報に、球陽座の『オセロ』（*Osero*）について「オセロのような荘厳な悲劇は沖縄人の気質に合わないのではないか」といった寸評が出ているが、三週間観客が入り続けたわけであるし、当時の新聞評が一般市民の気持ちをあらわしているとも限らない。渡嘉敷守良ら率いる球陽座の役者たちが『オセロ』を沖縄方言で演じ、東京風と想像する衣装を使った結果、違和感をもった大和出身の記者がいた、といったところであろうか。

ここで、琉球大学の池宮正治氏が「(球陽座の）オセロは中国人として演じられたらしい」（一九七五年発行、池宮正治著『沖縄県史』第六巻〔各論編五〕第三章「演劇」、沖縄教育委員会編、二〇八―二一三頁）という気になる指摘をされていることを紹介しよう。

前述のように、川上・江見台本では、鷲郎は日本帝国軍人であり、台湾総督として赴任して海賊と戦ったあげく、台湾住民を虐殺した嫌疑をかけられる、という翻案化がおこなわれている。その鷲郎が中国人と設定されていたらしい、という指摘については、筆者自身は、鷲郎を演じた役者が、主人公の赴任先が台湾であるという設定を表すために、清国人風の衣装を身につけて登場した結果、当時の沖縄の観客の間で彼が「中国人」であるという誤解が生じたということではないか、と疑っている。だが、池宮氏によると、中国から帰化した久米人を尊敬してきた沖縄では、主人公を中国人にしてしまう、という改編は不自然ではないという。五〇〇年間にわたって中国の冊封国であり続けた琉球王国が沖縄県となった後、琉球士族のいわゆる「頑固党」の人々は、「清国から黄色い帆船がやってきて、自分たちに手を貸してくれるに違いない」と信じていて、日清戦争が終り、清国が沖縄を正式に日本の一部と認めるまで琉球王朝の復活をあきらめきれなかったという。その多くがかつて琉球王朝に使える公務員であった沖縄芝居の役者たちが、そのような想いから、鷲郎（オセロ）を中国人に変えたということも、あるいはありえるかもしれない。また、沖縄大学の与那覇晶子氏に江見台本を紹介したところ、彼女は「鷲郎（オセロ）の運命が一九世紀から二〇世紀にかけての沖縄の運命とどうしても重なってしまう」と、いう感想を漏らし（平成一〇年一二月九日付け『琉球新報』朝刊「文化欄」）、池宮説にも肯定的なようである。

いずれにせよ、『オセロ』の上演をきっかけに、一九〇六年（明治三九）から一九〇七年（明治四〇）にかけての那覇では、球陽座とそのライバル沖縄座によって、いわゆる新派風シェイクスピアが競って上演された。球陽座の『オセロ』が三週目に入るころには、上間正品率いる沖縄座が同じく川上版の『ハムレット』（山岸荷葉・土肥春曙翻案）を模倣したものを上演し、当たりをとる。四月に球陽座『ロミオ・エン

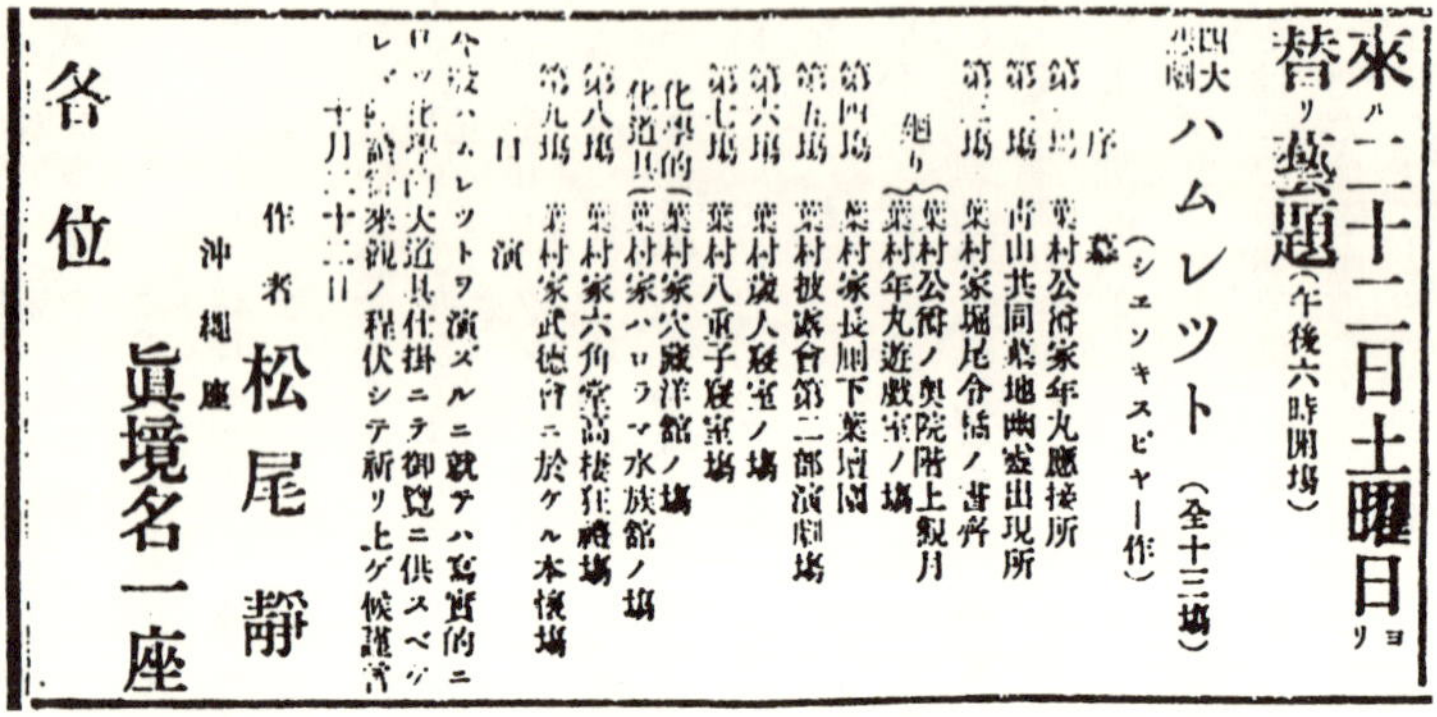
來ル二十二日土曜日ヨリ
替リ藝題（午後六時開場）
四大悲劇 ハムレット（全十三場）
（シエソキスピヤー作）
序幕
第一場 葉村公爵家年丸應接所
第二場 青山共同墓地幽靈出現所
第三場 葉村家堀尾令嬢ノ書斎
廻リ（葉村公爵ノ奥院階上観月
（葉村年丸遊戯室ノ場
第四場 葉村家長廊下葉垣間
第五場 葉村披露會第二部演劇場
第六場 葉村家人寝室ノ場
第七場 葉村八重子寝室場
化學的（葉村家穴藏洋館ノ場
化道具（葉村家ハロラマ水族館ノ場
第八場 葉村家六角堂高楼狂亂場
第九場 葉村家武徳會ニ於ケル本懐場
日　演
今般ハムレットヲ演ズルニ就テハ寫實的ニ
且ツ化學的大道具仕掛ニテ御覧ニ供スベク
レバ諸彦來觀ノ程伏シテ祈リ上ゲ候謹言
十月二十二日
作者 松尾靜
沖縄座
眞境名一座
各位

沖縄座の「ハムレット」の広告（『琉球新報』明治41年10月22日）

ド・ジュリエット』（新聞広告には明記されてないが、おそらく一九〇四年から一九〇五年にかけて上演された、小山内薫翻案のものを参考にしたと思われる）を興行し始めると、沖縄座はすぐに『ロミオ・エンド・ジュリエット』と『マーチャント・オヴ・ベニス』（おそらく土肥春曙訳で川上一座が上演したものの模倣）の二本立てをぶつけている。そして翌年二月一六日から三月一日にかけて、球陽座が佐藤紅緑脚色の『ハムレット』を打つと、沖縄座は一〇月一八日から二一日にかけて、「松尾静」作の、『新オセロ』を、そして一〇月二二日から三〇日にかけては同じく「松尾静」作の『ハムレット』を紹介している。

「松尾静作」とされる『新オセロ』については、当時の琉球新報に「第二幕は喜劇」とあることから、ハッピーエンドに書き替えた版であろう。一九〇六年一一月には、川上一座が、京都歌舞伎座、神戸大黒座、大阪中座において、「太郎冠者」なる作者が書いた、「オセロ」のパロディ版の笑劇を、「新オセロ」（台本は同年一〇月に、彩雲閣より、太郎冠者著『新オセロ』として発行）という題で上演していることから、その模倣である可能性が高いが、確証はない。当時の『琉球新報』の広告によると、「松尾静」なる人物が、この他にも沖縄座に何本か台本を提供しているのであるが、彼がそもそも何者であるかがまだ解明されていいない。『ハムレット』の方は、新聞広告の説明を見る限り、これは前年に上演した川上版の『ハムレット』（山岸荷葉・土肥春曙翻案）とほぼ同じ設定を借り、それに「パロラマ水族館の場」など、「化学的《（ママ）》大道具仕立て」を用いて見せ場を作ったらしい。

それが「松尾静」の功績なのだとすると、故矢野輝夫氏がその著書『沖縄芸能史話』（一九七四年、溶樹社刊）に「明治四十一年沖縄座は九州の新派の松尾巳之吉を雇い入れ、沖縄ではじめての回り舞台を作った」と記述していることから、この九州出身の「松尾巳之吉」が「松尾静」と同一人物であり、脚本家というよりは、現代における演出家のような存在であったと解釈すると合点がいくのであるが、残念ながらこれも確証がない。

球陽座の方は、その年の一一月二一日から三〇日にかけて『ハムレット』を再演している。翌年の一九〇八年（明治四一）になると、「大和座」という第三の小屋が『オセロ』を三月九日に一回上演しているだけで、これ以後、沖縄の小屋からシェイクスピア劇のタイトルはしばらく消えるのである。わずかに、明治四二年五月に大阪朝日座で初演された、小島孤舟翻案の『響き』が「シェイクスピア」という宣伝のもとに沖縄でも上演されたようであるが、これは『アセンズのタイモン』を下敷きにしていると翻案者が明記はしているものの、シェイクスピアの原作とはほぼ無関係、と言ってよい内容である。これは沖縄にシェイクスピアが根付かなかった証、というように表現できるが、シェイクスピア劇が大和とはまた違った形に変質して受容された、とも考えられる。

この後、沖縄では、歌舞伎・新派、新劇の影響を吸収しつつも、大和芝居からの模倣の時期を経て、沖縄の歴史や伝承を題材にした琉球歌劇・史劇といった独自の演劇ジャンルを確立し、多くの観客を動員できる作品が生まれていくのであるが、その中に広義の意味でのシェイクスピア作品の影響を見ることは全く不可能ではない。『伊江島ハンドー小』、『奥山の牡丹』と共に「琉球四大歌劇」と称される『泊阿嘉』と『薬師堂』とは、『ロミオとジュリエット』とテーマとプロットが類似していることから、「沖縄のロミオとジュリエット」と形容されることがある（矢野輝夫著『沖縄芸能史話』二七七―三〇〇頁など）。もっとも、この二作品には原案というべき文学作品（「恋路之文」）があり、また、明治三九年二月には球陽座が『浦千鳥』という題で舞台に乗せているのだが、その時はあまり観客を動員できなかったようである。その翌年に『ロミオ・ジュリエット』が球陽座及び沖縄座で上演され、評判になった後に、『泊阿嘉』や『薬師堂』が歌劇として完成され、普遍的な作品として残るようになったことは、果たして偶然なのであろうか。

また、二〇〇二年七月六日におこなわれた第二七回沖縄芸能史研究会大会において、仲程昌徳先生が大正時代の上間朝久（正雄）の懸賞入選作品『訂間と』への、『オセロ』の影響の可能性を示唆されておられる（特別講演「『訂間と』雑感」の中での指摘）。もちろん、そのような類似性があるからといって、そうした作品が、シェイクスピア作品の翻案に分類できる、と言うことはできない。影響関係に言及するには、個々の作品をより細かく分析する必要があり、それを今後の課題にしたいと思っている。そのためにも、全十巻に及ぶという「沖縄芝居脚本全集」の早期刊行はもとより、その全集から漏れた、初期の沖縄芝居の資料の発掘を願っている。

Ⅱ　海と人の動線

海南小記逍遥
——反・陸地主義へ——

原　毅　彦

一　ジュネーヴの冬

「ジュネヴの冬は寂しかった。……霧とも雲の屑ともわからぬものが、明けても暮れても空を蔽ひ、時としては園の梢を隠した。月夜などは忘れてしまふようであった。木枯も時雨も此国には無かったが、四五日に一度づゝ、ギーズと云ふしめった風が湖水を越えて西北から吹いて来て、その度毎に冬を深くした。寒さの頂上と云ふ頃には、或朝には木花が咲く。其時ばかりは霧がすこし薄れて山の真白な雪が見え、日影がさして鳥の姿などが目に映じた」（二一九頁。以下『海南小記』引用は『定本第一巻』の頁）。『海南小記』の「自序」はこう始まる。何も見えぬ、モノトーンの冬、西北の風、寒さの冬、寂しい冬。その頂から目に映る鳥の姿。自序は北に始まり、すぐ南へと移りつがれる。「遠い東南の虹鮮かなる海の島と、島で行逢うた色々の人と、その折の僅かな旅の日記を、それからそれへと思ひ出すのは、斯ういふ日の午後の散歩の時であった」（二一九）。空に見えるのは鳥だけではない。色あざやかな虹のした、東南の海の島へ思いを馳せる。山にあって海を、北にあって南を思う自序のはじまり。そういえば、柳田は明治四三年、すでに「一言にして言へば島と山はよく似て居る」と語っている（『定本一巻』：四五四）。大正九年の一二月に始まった南への旅は年を越し、一月三一日帰途、長崎に着く。「同日、新渡戸稲造の推挽により国際連盟の仕事をするため、ヨーロッパ出張の電報くる」（『定本別巻五』：六三三）。南にあっての北への誘い。そしてジュネーブ。「自分以外にたゞ一人だけ、沖縄と云ふ島を知って居る人が、同じこの都のしかも同じ丘に、わづか五六町を隔て、住んで居る」（二一九）。それを知りながらも訪ねて話をすることの出来ない旅人の堪えがたさ。柳田は『小記』の序を閉じるにあたって自著について、「一箇旅人の筆を役して表現したもの」と語っている。「唯自分は旅人であった故に、常に一箇の島の立場からは、この群島の生活を観なかった」。旅人の「小さな詠嘆の記録にすぎない」（二二二）と。訪ねて話をすることの出来なかった旅人。「柳田さんの旅というものには、同じ場所に二度と行かないというパターンがあるようですね」（伊藤　一九七四：八）という声もある。旅人、寄寓者、同郷人という採集者の分類もある（『民間伝承論』）。

旅人とはどのようなものか？　大正一一年の柳田の『瑞西日記』（『定本三巻』）をひもといてみよう。一九二二年の六月一二日スエズに到着。船上での碁や骨牌、花合わせ。「本を讀むひま無し」（六月一五日）とは言っても、『ピグミーオフエンシェンツ』を読み終わってもいる（一六日）。マルセーユに一九日に着くと、早速「ラフィットに行き本を購う」。二二日にはパリで「フラマリオンに寄って本を買う」。間にブイヤベスを食べたり、鶏を食ったり。しかし、何と言っても驚くべきは、毎日毎日会うおびただしい数の日本人。日記はあたかも交友記録のようである。もちろん外国人との交流もある。沖縄を知っている唯一人の人の旧蔵書の和書を「サン・ピエル大寺の横手の古本屋」で見つけ買い入れる「日本好きの青年工学士」（二二〇）ジャン・ロミウもそんな一人である。後に柳田自身「何の事は無い往復五月ほどの間、ただおしゃべりに費やしたようなもの」と船上を語り、「今まで気がつかなかったが日本人の群居性は、外国に来ると特によく現れる。誰彼の見境ひも無く國の人にさへ逢へば、やれなつかしやと互ひに近よって、日頃のうさ晴らしに綿々と語ろうとする」と反省し、「わざと孤独になって、辛抱のつづく限り此のあたりに居る」決心を語っている。結果、第二年目の会期後、「そうして季節が過ぎてしまふと、山の手に借家を見つけて、一人で淋しい交際の無い生活に入った」（「ジュネーブの思い出」『定本三巻』：三一一─三一三）。孤独な散歩、逍遥、旅。

冬のジュネーブはそんな日記の一〇月二一日から始まっている。わざわざ日付の前に（冬のジュネーブ）と括弧書きして。二一日「雨終日降り寒し」、二三日「けふも曇り雨折々降る」「夜ずっと雨降る」、二四日「けふも雲深し」とつづく。三〇日「まことに悪い天気」のなかで、三一日「風を引いたよう」、一二月一日「加減が少々悪いので午前中寝る」、二日「けふも一日家に在り、雨降る」、三日「雨降る。けふから家は一人になる」、五日「けふは一日日本人の顔を見ず」、七日「雨おりおり」、八日「けふも小雨」、一二日「終日家に在り」。こうして一九日には「けふは晴天、ただしギーズ吹く」、二七日「けふは日本人に逢はず、手紙来ず」。そして寒さの頂上。一二月一四日には「午後逍遥す。木花花よりも美しく且静か也」、一五日「けふも亦美しい木花。……午前ブラウンと木花を見あるく」、一六日「けふもさかんな木花」、一七日「木花、但しすぐ解ける」、二〇日「終日外に出ず」、二二日「熱少しありて朝起きられず」、二三日「雨及び雪降る。けふも一日床に在り」、一二月三一日「昨年の除夜は二女と共に東海道の汽車の中に在りき。その前の年は大隈佐多岬の田尻の家に宿して夜すがら風浪の音を聴く」。前の年、すなわち大正九年一二月から柳田は南へと旅立ち、大隈佐多岬にて年を越したのであった。北にあって南を想う。「田尻の土持氏に今夜の宿を頼んで置いて、自分は独り午後の日影の洩れる樹下の道を歩んだ」。こうして御崎の神の林を抜けたところで、「陸奥の尻屋の荒磯崎」の燈台を想う（『小記』：二三九―二四〇）。南にあっての北の想い。一〇月二七日にはエスペラントの会で「自分は沖縄のことを話す」。一二月一日には「昨夜家に還った夢を見る。家よりたより有り。ウナリ考を佛文にて書く気になる」。

佐多岬で年を越し、明くる大正一〇年一月、柳田は沖縄に渡り、那覇で伊波普猷に会う。伊波は直ちに比嘉春潮を呼び柳田に紹介した。そして那覇から宮古島への船上で柳田は比嘉に再会する。この出会いは「旅人」でない郷土の人の研究を比嘉に選ばせる。「島に生まれた者自らが、島と島との生活の連鎖を、昔に遡って考へて見ようとする学問」である（二二二）。大正一四年に創刊された雑誌『民族』には柳田の「宮古群島のアヤゴ」をはじめ、伊波の琉球語研究、さらには佐喜真興英、島袋源七、比嘉春潮、宮良當壮、喜舎場永珣、金城朝永といった「島の立場から」（二二一）の諸論考が登場する。あるいは「炉辺叢書」のかずかず。伊波『古琉球の政治』、佐喜真『南島説話』『シマの話』、宮良『沖縄の人形芝居』、喜舎場『八重山島民謡誌』、島袋『山原の土俗』、東恩納寛惇『琉球人名考』と全三六冊中八冊がこうした人々によって書かれている。これらの諸著は『小記』の「付記」のなかにもあげられている。大正一〇年三月一日、南への旅は終わる。六日折口宅で沖縄の話。四月一八日、「流行会で八重山の歌の話をする。宮良當壮三味線をひく」(『定本別巻五』：六三四)。二八日慶應義塾大学地人会で「琉球の文献」を講演。大正一〇年より「南島談話会」が開かれる。ジュネーブ滞在、八月三〇日「新渡戸さんに南島談話会の事を報告する」。後に昭和八年、この会をさらに発展せしめようと、柳田は比嘉を編集に当たらせ雑誌『島』を刊行する。「大正一三年から昭和三年までのふるい日記を出してみると、いちばん度々出て来る名前は、琉球出身の比嘉春潮君であった。」と言う柳田の思い出(『故郷七十年』：三三四)。柳田はこの第一号に「「島」を公にする趣意」(無記名)を書き、「漁村語彙」をはじめとして毎号のように複数の文章を執筆している。『昭和九年前期号』には「島の三大旅行家」を載せる。沖縄に旅した三大旅行家、白野夏雲、田代安定、笹森儀助である(『定本一巻』：四八〇—四八九)。旅人であった柳田の先達たち。

野口武徳はその著『南島研究の歳月』でこれらの旅人の跡をたどっている。『海南小記』前夜の旅人たちである。そして「『海南小記』前夜に置いては、何故か東北のひとが研究者として目につく」と書く(一九八〇：ii)。「田代安定、笹森儀助、加藤三吾、それにここに画く岩崎卓爾、また民俗学とは関係はないが、宮古島の人頭税廃止運動に接し、宮古の住民の側に立った中村十作などである。そしてくり返し言うように、何故これらの人々が、そろいもそろって東北の出身者なのであろうか。田代をのぞけば笹森と加藤が弘前で、中村十作が新潟、それにこの岩崎は仙台の人であった」(同：三六)。「北国の人の南国への旅」(同：一四)。ひとり、日向路の深浦を歩きながら「津軽の海岸の荒浜を思い浮かべた」柳田もいる(『小記』：一三二)。笹森儀助は南島ばかりか北の島、千島の探検もおこない、さらには東亜同文会の嘱託として北方、満州、シベリアを旅しており、「城下の人」石光真清と偶然会ったりもしている。「失意の晩年」を過ごした「笹森翁が老いて故山に帰臥して居られたのは、ちょうど自分などの頻りにあの地方に往来して居る頃であったが、遠い南方の島島の貴重な経験が、津軽の雪国に埋もれて居ようとは思はなかった」(『定本一巻』：四八二)。北国の山の雪に埋もれる南方の島々の経験。忘れ去られ「本だけが、所謂珍本と為って、読みもせぬ人の本箱の底に、追々と隠れて行くのである。先生の今の境遇を知る者には、是は言いやうも無い寂しさであった」（二二〇）。こうして『小記』はもうひとりの偉大な旅人、チェンバレン先生の「生御魂に供養し奉る」（二二二）。

「自分以外にただひとりだけ、沖縄という島を知っている人」は、「如何した心持ちからかジュネヴに来て、人に忘れられつゝ静かに老いんとして居る」（二一九）。チェンバレン教授もまた日本の北と南に目を向けたひとりであった。「我々が今頃少しづゝ、必要を唱へて居る民俗誌の研究に、彼は遠国から来て三十年前に手を着けた。アイヌ民族の言語に就いても、大なる感謝は彼に属する。殊に琉球に至っては、母方の祖父船長ベシル・ホールの、曽て訪ひ寄って、なつかしい見聞録を世に留めた島である。其孫に取っては家の学であり、由緒ある研究でもあった」（二二〇）。「先生はラフカディオ・ハアンよりたしか三つ四つ若かったから、まだ七十には大部間がある筈だ」（二一九）。一八五〇年（嘉永三）イギリス生まれのチェンバレンは三歳でマルタ島へ、六歳でヴェルサイユ、一六歳でイギリス、一七歳でスペイン、一九歳から三年、健康回復のためマルタ島、イタリア、ギリシャ、スイス、ドイツ、チュニスと旅行。二三歳、健康回復のためロンドンを出立、遠洋航海へ。翌年、明治六年横浜に到着。以後三〇数年の日本生活がはじまる。柳田が生まれるのはその二年後である。明治九年には『実語教』の英訳、一〇年には枕詞、掛詞の問題を扱った研究を発表、一三年、*The Classical Poetry of the Japanese* 出版。一六年には『古事記』の英訳。明治一九年東京大学の和文学科、新設の博言学科の教師となる。二〇年、アイヌ研究の成果、*The Language, Mythology, and Geographical Nomenclature of Japan Viewed in the Light of Aino Studies* および、*A Handbook of Colloquial Japanese* 出版。二一年日本人の最古の語彙について発表、二三年『日本事物誌』初版。ラフカディオ・ハーン来日。二四年東京大学を健康上の理由で退職。二八年、琉球研究の書 *Essay in Aid of a Grammar and Dictionary of the Luchuan Language* を発表。この間何度かのヨーロッパへの里帰りを経て、明治四四年日本を最終的に去り、ジュネーブに居をかまえる。島と山は似ている？　柳田が寂しいジュネーブの冬を過ごした大正一一年（一九二二）、チェンバレン七二歳であった。昭和一〇年（一九三五）、ジュネーブにて死去（太

田雄三　一九九〇)。

一九世紀、ビクトリア朝、エドワード朝のイギリス人は、南への旅の情熱を掻き立てられていた(Pemble, J 1987)。聖地巡礼、文化的興味といった動機もさることながら、おおかたはディケンズの言うように「お家にいることへの不適応」(ibid: 105) であった。健康回復のための移動。遠洋航海。チェンバレンは言う。「世界の一つのはじにいるとき、世界のもう一方のはじを同じように好むゆえ、決して本当には満足できないということなのでしょうか」(太田:三七)。世界に散らばるチェンバレン一族。ブラジル(父方の祖父)、インド(父方の叔父達、従兄弟)、マルタ島(母方の叔母)、南アフリカ(母方の従兄弟)、ポルトガル(父方の祖父)、エジプト(甥)などなど(太田:四四、四五)。「私は一生の間地球の一方から他方へと絶えず行ったり来たり引き寄せられてきました」。チェンバレンは大正八年(一九一九)手紙にそう書いた(同:三七)。「余の一生は根こじせられし木の如く」とも語っている(同:三六)。いわゆるデラシネである。しかしそれは決して否定的な言い方ではない。むしろ根から抜かれて移ろうことで健康になる存在なのだ。定着することの病、移動することの健康。晩年八三歳になってから随想録で彼はこう言う。「自分の村が世界の中心である人間、自分の農園が自分の生活の舞台であり、読むものと言っては祈祷書と県庁所在地の新聞しかなく、最後は自分の生まれた時と同じ寝台で孫達に囲まれて死ぬ人間――こういう人間は幸せだ。/しかし、また全世界が自分の国になったため、自分にも特定の母国があるのかどうかもはやほとんど分からない人間、あらゆる気候、あらゆる食物、あらゆる言葉、あらゆる考えに順応する人間も幸せだ。彼は、人にほとんど忘れられ、自分の家族から遠く離れたところで死ぬだろう。しかし、彼にとって人生を終えるに当たっての名残惜しさははるかに小さいだろう」(太田:二七五―二七六)。

「こういう外国の学者の老境を眺めるにつけても」と「自序」のなかで柳田は語る。「久しい孤立にならされて小さな陸地を国と名づけ、渚から外をよそと考えた人々の、離れ〴〵の生涯の労作が、果たしていつの世になったら融け合うて一箇の完成と為るであろうか」(二二一)。離ればなれの労作の間を行ったり来たり引き寄せられたチェンバレン。間をつなぎ一個の完成にみちびく存在。「北と南とに吹き分けられた」ところの胸にも、一様に感じられるものの推究こそが「われわれの願い」であると柳田。「伊波普猷君などの辛苦に由って」『おもろ御草紙』が単なる沖縄一島の宝ではなく現代に蘇ろうとしているのがその例であると「自序」は語る。柳田もまたよく旅をした。海南への旅の前年、大正八年、柳田は貴族院書記官長を辞任する。表向きの理由は度重なる旅であった。「貴族院書記官長でありながら、十分な了解もとらないで、長い大陸旅行をしたことが非常に私の人望を害してしまった。そしてだん〳〵役人生活を続けられない空気が濃くなって来た。その上その翌年にも私は同じやうなことをしてしまったのである」（『故郷七十年』三九〇）。次いで東京朝日新聞社客員となる。最初の三年間は国の内外を旅させて欲しいという条件である。まずは北へ、そして南へ。その間、二女の入院。「普段余り文句をいはない養父からこの時だけは『こんな時ぐらい旅行を止めたらどうか』といはれたので、さすがの私も大いにへこたれてしまった」（『故郷七十年』三二六）。離ればなれの労作の間を、旅はつづく。

「崇高なるもの。そは見知らぬ地での完璧な孤独！」（Pemble 1987 : 106）と一九世紀のロマンチストは考えた。人にほとんど忘れられ、自分の家族から遠く離れたところで静かに老いんとしていたチェンバレンの「家はルッソウ舊居の近く」（二二九）であった。柳田は散歩する。「七月二一日　夕食後散歩して落合に到る。それより川を上がりてルソー島まで」（『定本　第三巻』：二六三）。家族と別れ、友人から遠く離れた「孤独な散歩者」は、一七五四年こう書いている。「だらしのない青年どもはどこかよそへ行って、安価な快楽と長い後悔とを求めるがよろしい。趣味人を自称する人々は他の土地へ行って、宮殿の壮大さや供回りの美しさや家具の壮麗さや演劇の華麗さや、その他柔弱と贅沢のあらゆる洗練を感嘆するがよろしい。ジュネーブには人間だけしか見当たらないでしょう。しかしながら、そのような光景にはそれなりの充分な値打があるのです。だから、それを求める人々は、それ以外のものを嘆賞する人々に、けっして劣りはしないでしょう」（『人間不平等起源論』：二三―二四　岩波文庫版）。「人間のすべての知識の中でもっとも有用でありながらもっとも進んでいないものは、人間に関する知識であるように私には思われる」（同：二五）と述べる「人類学の創始者」（レヴィ＝ストロース）。離ればなれの生涯の労作の間をつなぎ、一様に感じられるものを推究する眼差しがここにもある。『人間不平等起源論』の献辞はジュネーブ共和国に捧げられている。のちに、『社会契約論』が出版されると（一七六二年）、『エミール』ともどもジュネーブ共和国政府によって焚書にあい、自身、逮捕令が下されるルソー。にもかかわらず『起源論』以降、著作に「ジュネーブ市民　ジャン＝ジャック・ルソー」と署名する。現実がどうであれ、理想の共和国としてジュネーブを思い描いたルソーは、「市民たちの共通の幸福と共和国の栄光とに対する希望をかけている」（同：二三）。

では理想の共和国の市民とは誰なのか？「あなた方の治めておられる国家に生まれた市民たちは、いな単なる住民でもみなこのような人たちであり、他の国民のあいだでは職人とか下層民とかの名の下にあれほど卑しい誤った観念をもたれている、あの教養あり、思慮に富んだ人々は、このような人たちなのです」（同：二〇）。ジュネーブの住民は四つの身分に分けられている。町民の息子で市の城郭内に生まれた人たちで、為政者の地位につくことができる「市民」、市民か町民の息子ではあるが、市外で生まれた人、あるいは外国人ではあるが、為政者によって特別に町民資格を獲得した者をふくむ「町民」、外国人であって、為政者から市内に居住する許可を得ているが、それ以上は何もしない居住民、居住民の息子で、父親の居住民よりは多くの特権を有しているが、国政からは排除されている出生民の四つである。通常「市民」は市政に参加できる最初の二つの層を意味している。ルソーが献辞を捧げたのは字義通りには、この二つの層であるが、その記述から容易に読みとれるように、「他の国民のあいだでは職人とか下層民とかの名の下にあれほど卑しい誤った観念を持たれている」人たちを含んでいた。さらには「共和国の他の半分の幸福を作りだし、優しさと賢さとで、国の平和と良俗とを維持しているあの大切な半分のことを忘れてなりましょうか」（同：二二）と賞賛される「愛らしくしとやかな女性市民たち」も。彼女たちも実際の市政にはなんら参加する権利を持たない者たちであった。こうしてルソーはいわゆる市民には含まれない者たちまでも、かれの理想の共和国の市民に含めるのだ（戸部　二〇〇一：四三一―四四二）。こうして理想の共和国で、離ればなれの労作を一つにしたルソーは、にもかかわらず、孤独に生活を送る。「市民は集団と同化しなければならない。個人の方は孤独に生活を送るべきである。これがルソーの理想の最初のかたちです」（トドロフ　一九八八：六二）。「社会」のはじまりにそもそも悪を置いたルソー、『起源論』という「社会」の成立史で「悪の系譜学」

（中川　一九八三：二四）を描いたルソー。「お家にいることへの不適応」。

大正一〇年、柳田は国際連盟委任統治委員会に出席するためにジュネーブに滞在する。国際社会に同化しなければならない国々。たとえ「委任統治といふ組織が、妙に理屈倒れの人工的なもの」であったとしても（『定本　第三巻』：三二〇）。もちろんこれはかつて海南の島々が支配・被支配のなかで強いられた問題であったし、当時、国際社会で日本が置かれた位置でもあった。あるいは、日本人に同化しなければならない柳田。沢山の訪問者。しかし「瑞西に寂しい朝夕を送って居た頃、私が頻りに夢を描いて居たのは、海を学問の舞台にして見たいといふことであった」（『定本　第一巻』：四九〇）。それはまた海の上に離ればなれになっている島を舞台にすることでもあった。「其島々が互ひにくいちがったためいめいの歴史を持って、或程度、別々の生活をして居ることまでは、陸つづきで交際する大陸の連中には呑み込めない。茶碗の水も池の水も、水は水だといふような考へは、西洋で物を覚えた我邦の外交官までが皆もって居て、第一に本国の周辺に、大小数百の孤立生活体の有ることさへ考へない」（『定本　第三巻』：三二〇）。ゲルマン民族ならぬ、「海洋民族が大移動を記念すべき、有形無形の不思議な遺物、彼等に拮抗して今尚、聊かも衰へざる自然力、両者の妥協を意味する文明の変化、就中血と言語との止む能はざる混淆がいちぢるしい影響を興へた部曲組織宗教観念、ないしは芸術様式の島々の特色」にやっと目を向けたのは「老学者が、すでにその生涯の学業を切り上げた際であった」（二二〇）。陸続きで交際する大陸の思想。領土の思想。北の思想。それに毒される島の外交官。集団に同化しなければならない！　しかし孤立生活体は存在する！　どこに？　それは当然、山や島（海）にあった。チェンバレンと同様、柳田が行ったり来たり引き寄せられたのはこうした世界であった。移動者の思想、散歩者の思想。

二　ひとやすみ

柳田國男は三月一日、南から戻る。紀行文「海南小記」は同月二九日から四月三〇日に二五回、五月三日から二〇日までに七回、会わせて三二回の連載で大阪・東京朝日新聞紙上にすがたをあらわす。この二月あまりのあいだに、先述のように沖縄の話や八重山の歌、琉球の文献。そして五月九日、横浜を出航、サンフランシスコからアメリカを横断、シカゴ経由でパリへ。七月一一日ジュネーブ着。『海南小記』が出版されたのは大正一四年、すなわち大震災の報を受けて、急ぎ帰国した翌翌年のことであった。大正一五年、『山の人生』。島と山はよく似ている?

ここで地図上の旅はひと休み。野口武徳にならって『海南小記』前後を見てみよう。ただしここでの前後は柳田の外ではなく、柳田の内である。「柳田國男にとって明治四三年の『遠野物語』が、その民俗学の展開についての第一の起点というならば、大正一〇年の『海南小記』は第二の起点ということができる」。北と南、山と島(中村一九七七:一二八)。とすればこの二つの起点のあいだには何があるのか。明治四三年はまた、『時代ト農政』を刊行した年でもあった。あたかも農政学者から民俗学者への転回点のように、この二著は起点と終着点に重なっている。この前後、柳田は動いている。農商務省の嘱託での出張、各地産業組合での講演、視察旅行。「明治三八年は旅行で自宅に不在の日数が九四日に及んだ」(『定本　別巻五』:六二六)一方、雑談会やら土曜会やら龍土会やらイプセン会(明治四〇年より)といった文学者の集い。「この会では、最初は国木田君が其の中心であった。つづいて、柳田君がやって来て例の巧い談話をして人々を喜ばせた」(田山　一九八八:二一一「竜土会」)。「どうも竜土会で会食ばかりしているのでは意味がない。どうせ、会をするなら、もう少し意味のある会にしたい。こう言って、Y君は、一橋の学士会を借りてイプセンソサエティを開くことにした」(同:二五九「イプセンソサエティ」)。近世随筆・地誌類への沈潜。明治四〇年「一一月二一日、笹森儀助『南島探検』読了」。「一二月二一日、比嘉財定から宮古島比嘉村の話を聞く。この頃より沖縄に関する本をよく読む」。明治四一年一月一日「上山満之進宅へ寄り、名字のこと、異人種の日本にすむこと、御蔭まいりのことなど話す」（『定本　別巻五』：六二七）。着々と起点に近づいている。

そして、この年の五月二四日から八月二二日のあいだ、柳田は決定的な旅をする。『後狩詞記』にまとまる九州旅行である。熊本の阿蘇男爵に招かれ、古文書と名物を見、県会議事堂で「農界の危機」を講演、五木では村の旧図を目にして、畠と畑の異なるのを知る。鹿児島報徳会で講演。七月一三日、宮崎県椎葉村に入り、一週間滞在、狩りの故実を聞く。農政学と民俗学を行ったり来たりの柳田。里と山を行ったり来たり。その間に、国木田独歩の死。一一月四日、遠野の佐々木喜善との出会い。カチッ。

明治四二年、柳田は『後狩詞記』を自家出版する。『定本』別巻五の書誌によれば、「天狗の話」「島々の物語」「山民の生活」「潟に関する聯想」など、翌四三年、「峠に関する二三の観察」「地名雑考」「十三塚」「島々の物語」『石神問答』『遠野物語』「大日塚の話」「山の神とオコゼ」「アイヌの家の形」「伝説の系統及分類」『時代ト農政』など、四四年、「生石伝説」「木地屋物語」「踊の今と昔」「山の神と「オコゼ」」「地蔵木」「子安の石像」「名字の話」「「イタカ」及び「サンカ」」「越前萬歳のこと」など、四五年・大正元年、「塚と森の話」「勝善神」「地名の話」など、大正二年、「十三塚の分布及其伝説」「巫女考」「山人外伝資料」「蒲葵島」「地蔵の新和讃」「特殊部落の話」「所謂特殊部落ノ種類」「木地屋土着の一二例」「竹篭を作る者」など、三年、「水の神としての田螺」「毛坊主考」『山島民譚集』「瀬戸内海の島々」「島の入会」「都市と村落」など、四年、「夜啼石の話」「柱松考」「山荘太夫考」「七塚考」など、五年、「甲賀三郎」「一言主考」「唱門師の話」「老女化石譚」「掛け踊」「西行橋」「濱弓考」「一眼一足の怪」「俗山伏」「マタギという部落」など、六年、「左義長問題」「卯月八日」「玉依姫考」「一つ目小僧」「松浦小夜姫」「一つ目小僧の話」「山人考」など、七年、「橋姫の話」「家の話」「神道私見」「杓子と俗信」「狸とデモノロジー」「幽霊思想の変遷」など、八年、「祭礼と世間」など、九年、『赤子塚の話』『おとら狐の話』（早川孝太郎との共著）、『神を助けた話』「念仏水の話」「流され王」「秋風帖」など。年末に南へと旅立つ。そして大正一〇年、「炭焼長者譚」「俗聖沿革史」「海南小記」、五月にジュネーブへ。掲載誌から言えば、明治四二年以降『人類学雑誌』『考古学雑誌』『歴史地理』、大正二年からは高木敏雄との協力で創刊した『郷土研究』に毎号複数の論考。名を変え、品を変え、多いときは一四本！　伝説的！　ここから後の『地名の研究』『豆の葉と太陽』『妖怪談義』『神樹篇』『物語と語り物』などが生まれている。大正六年『郷土研究』休刊。七年は『土俗と伝説』にやはり複数論考を発表。

ながながと、見れば、この時期の柳田の興味がどこにあったかは明白である。一方に地名研究を含め、伝説に対する興味、他方に、「山民」「山人」「木地屋」「イタカ」「サンカ」「特殊部落」「島」「巫女」「毛坊主」「唱門師」「萬歳」「俗山伏」「俗聖」。柳田が農政学のなかで見てきた稲作農耕民以外のひとびと。あるいは定住しない漂白、移動の人々。山と島。九州旅行で出会った山の狩人の世界、佐々木喜善を通じて近づくあちらの世界。「願はくは之を語りて平地人を戦慄せしめよ」（『遠野物語』）。里と山、海。山中他界と海上他界。伝説の世界もまたあちらの世界を扱っていた。『遠野物語』は山の話でもあるがあちらの世界の話でもある。こうしてあちらとこちらをつなぐ、地蔵や橋姫や西行橋が姿をあらわす。あるいは巫女や唱門師が伝えてくれる。俗山伏や俗聖もいる。山や島の生活に目を向けると同時に、あちらとこちらを行き来する旅人にも目を向ける柳田國男。

三　もうひとやすみ

『海南小記』はどのように読まれてきたのだろう。ちくま文庫版『柳田國男全集』の所収巻の解説（福田アジオ）を見てみよう。「『海南小記』は紀行文であり、論文としての問題提起や論証あるいは結論としての主張があるわけではない。……それに対して「与那国の女たち」、「南の島の清水」、「阿遅摩佐の島」はよほど問題の焦点がはっきりしており、柳田國男の見解も述べられている。これらの文章に窺える柳田國男の沖縄理解は、先ず第一に沖縄の文化と日本本土の文化は同質であり、沖縄は日本本土ではすでに失われてしまった古い姿が現実に生きているということである」（福田　一九八九：六九一―六九二）。こうした例として「海南小記」の沖縄の言葉をあつかった「一九　小さな誤解」があげられる。「内地の方で損じたものが島では形をまっとうしている」（82）というくだり。あるいは「阿遅摩佐の島」の例。まず日本本土と沖縄の文化の同質性、時間差による残存である。この古層の残存については、後に『蝸牛考』で展開される周圏論がうかびあがる。新しい文化は中央で発生し、順次周囲に波及する。結果、中央から遠い地域には新しい文化が及ぶのが遅れ、古い文化が残るという考えである。民俗学の体系化を意図して書かれた『郷土生活の研究法』（一九三五）には「遠方の一致」という節があり、「沖縄の発見」がなされ「古風保存の場所」と書かれている（三一六―三一八）。

ちなみに言えば、遠方の一致とは「南海の島々と奥羽の端」（『蝸牛考』）であった。「このように、『海南小記』の旅の体験は、結果としては、日本を均質な一つの社会と考え、各地の個別の民俗文化を統一的に解釈する方法としての周圏論の完成に貢献した」（同：六九六）。もうひとつある。「中央の古い文化が波及した結果として沖縄に古層の文化が存在するという日本文化南進論とは異なる見解である」（六九二）。「与那国の女たち」や「阿遅摩佐の島」を引いて「古くは日本列島の住民は沖縄の島々に住んでいた。それが次第に北上して、日本列島に居住するようになったというものである」「このように『海南小記』を読んでくると、その延長に戦後発表された『海上の道』が展開しているように思われてくる」（六九三―六九四）。これでテーマは出そろったようである。つまり文化的同質性の発見（方法論的には周圏論の萌芽）、および日本文化起源論、のちの『海上の道』の萌芽である。

「これが大正一〇年という時期における、柳田の、いわば萌芽としての「海上の道」論であった」と言う声もある（赤坂　一九九四：一八四）。これは前記「与那国の女たち」「阿遅摩佐の島」から福田と同じ引用箇所を例として語られている。当然、「『海南小記』に収められた論考やエッセイのなかには、こうした本土／沖縄の文化的な連続を手探りする柳田がくりかえし登場してくる。沖縄への旅を契機として書き継がれていった論考群のなかで、柳田が執拗に追求したのが「我々二つの島の者が、大昔手を分かった同朋では無いのか」という大胆な仮説であったことは、ともあれ否定しがたい」（一八〇）。つまりは文化的同質性の発見である。シシと言う言葉をめぐって（「一五　猪垣の此方」）、あるいは福田のあげた「一九　小さな誤解」の箇所、そして「伝承の共通性」としての「炭焼小五郎が事」があげられる（一七七―一八〇）。「『海南小記』（定本第一巻）を読むかぎり、旅の主題はたったひとつだった。日本文化と沖縄文化とのあいだの異／同を問い、その連続する相を宗教・習俗・伝承のなかに探り、くりかえし確認しながら、やがて沖縄を古代の日本人の分かれ、同朋の島として発見してゆくことだ」（一七三―一七四）。しかしここでもまた、「阿遅摩佐の島」に現れたささやかな仮説の輪郭は、「はるかに混濁した形で」（一七七）しか他の論考には現れない。

「阿遅摩佐の島」を『海南小記』の主旋律として取り出すことは他の論者でも一致している。「本書の意義についてふれてみよう。／まず〝古代日本の発見〟があげられる。「阿遅摩佐の島」は、蒲葵つまりコバの樹が、かつては日本でも広く分布し、沖縄と同じように聖地に関わる植物であったことを説こうとした」（後藤　一九九五：六三）。この問題は前記「一九　小さな誤解」の言葉についての引用も同じである。「沖縄が「古代日本を映す鏡」であることを示そうとした」「これは、日本と沖縄（琉球）を文化的に同質と見る〝日琉同祖論〟という立場である」（同：六三）。文化周圏論の萌芽が見られる「炭焼小五郎が事」も、沖縄と日本の文化同質性を実証しようとした試みの例として語られている（六三―六四）。もう一方の起源論はどうか。ここでも「阿遅摩佐の島」「与那国の女たち」を引いて、「この段階で『海上の道』の民族北上説の原型はできあがっていた」（六四）とされている。『海上の道』での「宝貝の魅力」は民族移動説を強烈に惹きつけるものであった。しかし、この主旋律の魅力は、「海南小記」に関する限り「まだどこからも求めにはこなかったらしい」とあって、発揮されていないらしい（六四）。

どうやら、論者たちが『海南小記』に読みとろうとした主旋律は、大半「阿遅摩佐の島」や「与那国の女たち」「炭焼小五郎が事」「南の島の清水」などからとっているらしい。しかし『海南小記』の半分をしめる「海南小記」はどこに行ったのだろう？　そこでは主旋律ははっきりしない？　混濁している？「まだどこからも求めにこなかった」魅力はどこにあるのだろう?

四　「海南小記」へ

旅の前に

先ずはハッキリしない、と言われている文化の同質性についてみてみよう。旅は佐多の岬、例の年越しの場所である。御崎の神の林でたくさんの蘇鉄や蒲葵を目にする。蒲葵はここまで来ると、民家の樹になっている。燈台に近い小島から採ってきて、笠や箒にするという。「阿遅摩佐の島」でなくとも十分とれる。「コバ笠コバ箒などと謂ふコバは、沖縄及び先島の、クバと同じ語である」(『小記』二四〇)。語彙と、その対象の使われ方の類似性が、内地の端と島々に見出される。同様に、「一五　猪垣の此方」では豚(「ワ」)と猪についてこう語っている。「奄美大島にも山にはヰノシシがおり、里にはワが孳《し》殖して居る。少なくとも三百余年の分立前から、ワは既に島人の生活に伴うて居たのである。更に今千年ほど以前に遡れば、大和の京でも其通りであった」(二五九)。ここでは同質性のみならず、時間差も指摘される。すなわち後の周圏論に結実する、中央(京)から遠い地域に古いものが残っているという観点である。言語の同質性は多くの研究者が指摘する「一九　小さな誤解」の「下」に多く語られる。「眼の言語はずっと大和と共通であった」という文字の話。さらには、「最初から語脈の一致が有って、表現の順序が同じかった」のである。そこで有名な一節「我々から見れば沖縄は言葉の庫である。書物も無かった上古以来、大略出来た時代の符徴を附けて、入れて置いた品が大抵残っている。内地の方で損じたものが島では形を完うしている」(二六九)となる。いくつかの具体的な例が九州の方言から拾われ、中世の用い方のままの例もあげられる。有名な「我々二つの島の者が、大昔手を分かった同胞では無いか」という発言(二六六)。

類似性、同質性の指摘は言語、語彙の上だけではない。伝説の類似性の指摘もある。

「屋喜内方には有名な湯湾五郎の話がある。虻一匹から金持になった『今昔物語』の話にも似ている」（二五二）。あるいは「二三　蘆刈と竈神」全編をつらぬく比較の視点。「宮古島のキングリヤ、西銘の主嘉播の親の前半生には、尚二つの伝説が纏綿して居る。それが二つともに大和の中昔を、故郷とするらしいのは如何なる因縁であらうか」（二七八―二七九）。日本全国に拡がる「炭焼き長者」の話である。「二九　南波照間」では「『今昔物語』の土佐の妹背島の話にも似たところがある」話があげられている（二九三）。もっともここではさらに「台湾の生蕃」にまで比較がおよんでいる（二九三）。

習俗についてはどうか。ねっきや破魔ころといった子供の遊び（二七四）。童名カナからはじまって古語の「かなし子」「法師」に話がおよび、「年に一度の祭り毎に、子供をして重い役をつとめさせた例の多いこと」が指摘される（二四七）。南の島いたるところに見る石敢当を「日本一円の近世の流行であった」と喝破する柳田（二八一）。あるいは「はかり石」「石占い」との関係。「二八　亀恩を知る」では「我々がとうの昔に忘れてしまったことを、八重山の人たちは今ちょうど忘れようとして居るのだ」（二九一）。まことに、海南の地は「古風保存の場所」である。

島々のあいだの類似性もさかんに指摘されている。奄美の加計呂間島にて国頭の遠い山村を巡っているような感じ。「折々に出逢ふ島の人の物腰や心持にも、まだ色々の似通ひがあるやうに思はれた。海上は二百海里、時代で言へば三百年、もう是以上の隔絶は想像も出来ぬ程であるが、やはり眼に見えぬ力が有って、曽て繋がって居たものが今も皆続いている」（二五〇）。どのように繋がっていたのか？　当然琉球の「三十六島の統一策」にはなしがおよぶ。大島群島が琉球の属島になったのが文明三年以降とする説は誤解を招く。「島人たちは夙に同じ衣を着て同じ語を話し、同じ季節と方法とを以て村々の神を祀って居たとすれば、即ち国は始めから一つであったのである」。「三十六島の統一策」は征服ではなく、「草木の風になびくがごとく帰服したのである」。あるいは簪《かんざし》の流行に見る共通性。「南の沖縄本島の流行を追ふのでもない」。黒髪に白い光るある物を附けたいという趣味のあらわれ。それは「歴史の説明を超越した、寧ろ天然の原因があったからである」（二五一）。

類似は地域性を越えて語られることもある。「一〇　今何時ですか」という大島のこどもの質問。「自分はもう何遍か諸処で之に出逢って居る」（二四六）。シナの大連でもあったという。ここでは、同質、類似の問題よりも「誰がこんな島までこれを運んで来たか」という問いに移行する。あるいは「世の所謂流行には、まだ不明の原因が潜んで居る」と。こんなのもある。「臼と鍋も要するに皆、ノアの箱舟に他ならぬ。時の大海原を如何なる風に乗って、その箱舟の物語が広く遠く、西東には吹分れたのであらうか」（二九三）。フレイザーをよく読んでいた柳田が浮かんでくる。洪水の代わりに火の雨が降ったとしてもである。「離ればなれの労作」の推究は「人類」にまで拡げられることもある。

柳田がここで本土と南の島の文化の同質性を考えていたのは明白であるし、それがしばしば時間差、後の周圏論的見方に彩られていたのも論者の指摘通りであろう。さらにいえば、ここで材料になっていた対象は、語彙、伝説、習俗など、文献上に記載されていた物との比較が多く、「海南小記」前夜の柳田の関心の向けどころと研究スタイルが窺えよう。まだ旅は始まっていない。

移動

「島では人よりも船が早かったわけである」（二五六）。竹富島の神話では、幼き兄妹が最初に学んだのは「五包七包」という玩具の小舟であった。これが流れて黒島へ。人々は大きく拵え、それにのって竹富に来て、始めて神から学んだことを知った。「稚い児と神とが」はじめの船の造船に関与する。はじめに船ありき、である。「遠い国地の珍らしい文明を、先ず見て来るものは船であった」（二五六）。ここでもまた、人がまず、珍しい文明を見たのではない。「今日の祭の案内に、四浦の村々へ餅を持って一緒に乗って行く。……戻って来る島の船もある。……今日の船は餅船だ。あんた方は餅に便船したやうなもんだと笑ひながら、島の人たちは別れて浦々に上陸し、船には自分等ばかりが淋しく残った」（二二八）。ここでも人は便船。渡るのは餅である。人は船に残り、訪れることのできない淋しさ。

実際の船はどこから来るのだろう。「最初は蒲葵の帆を掛けて支那の物見の役人を驚かした島人も、久しからずして福州あたりの造船所に依頼して、新しい立派な進貢船を造らせた。次では那覇の船大工が其型に由って、大きい船を工夫するに至った」（二五六）。だから山原の船とシナのジャンクが似ていても不思議ではない。サバニを作るためには、国頭の松も必要であったし、糸満の漁師は遠く屋久島の杉を買い求めた（二五五）。「新しい物を求めんが為に、兎に角自ら渡海の船を持って居たのである」（二五六）。こうして容れもの（包み）ができた。何が中に入っていたのか？　包まれていたのか？

からいもの旅から「海南小記」ははじまる。海南奄美の列島から沖縄のンム地帯、さらに南の先島諸島と「生活の条件は諸島互いに頗る相似て居る。南北三百何十里、中を隔てゝ広漠の海がある」。藷《いも》はこの間を伝播しとげたのである（二二五）。「海近く日の暖かい唐藷畠の一部分は、曽ては疑ひもなく浦人の粟生豆生であった。こんな雑穀類の調整が面倒で、一人を養ふ為の面積が多く入用なものより、甘いだけでも唐藷の方が好ましい。其上に世話も入費も概して少なく、凶作の患もずっと減じ得る。沖へ出て行く舟の弁当には、片手で食へるから便利だと云った婦人もある。こう云ふ考が元になって、日本人なれども長年の箸と茶碗に分れ、藷の食事を常とする様になったのである」（二二四）。「水のとぼしい岬や島の蔭で、以前は多分に人を住ましむる望もなかった畠場が、此唐芋の輸入に由って、初めて或意味における安楽郷と為り、瞬くうちに今日の如き人口密集を見るに至ったのである」（二二五）。「何と謂っても米に勝る食物は無い」（二二四）、とは言いながら、「実際この小さな島国の山国に、五千九百万人を盛り得たのは、一半は即ちカライモの奇蹟である」（二二五）。『甘藷考』その他の宣伝書を見ると、不作の年の百姓飯米の補足、島の流人などの飢えを救う目的が書かれているが、今日では凶作でもない年に、流人でもない人が、必ず作り、必ず食べる作物になっている（二二四）。「日隈薩の海添には、水に乏しい磯山の蔭にも、藷に由って多くの小楽天地が出来て居る」（二二五）。「九州も爰まで来ると、真に国の端と云ふ感じが強い。浅い山を拓けるだけは薯畠にした」島泊の漁村（二三九）。

米と藷。後年坪井洋文によって『イモと日本人』が書かれ、複数の日本文化、あるいは稲作農耕文化一元論への批判がなされる。むろん、そこでのイモは藷ではない。しかし「清水豊に之《コレ》を灌ぐやふな浜」（二二四）、水田、イネに対し、「水に乏しい岬や島」（二二五）、畠場、雑穀、藷が日本の一半を占めていたという指摘。さらには「箸と茶碗に分かれた」「舟の弁当」はなにを物語っていよう。里に対して、山の生活が想定されたように（二五七）、島の生活ももちろん視野に入っている。しかしここでは、さらに舟の生活もある。陸地ではなく、海上へ。定住ではなく移動の生活。山原船や糸満の人々。「岡に登って送る者待つ者、我と海上に漂ひあるく者」（二七三）。こうして藷は広漠な海を移動する。

人も移動する。移動、植民。文化年間の記録を見ると、大島の「佐念と朝戸の両村は今人家之無し」「男女借財の為悉く身売りして他村に行き、跡は作地のみ也」、朝戸は「其以後の植民であった」（二四七）。これは享和のころの凶作が原因である。「宮良の二神は新城の島から、此村の前浜に上陸なされたと云ふ昔語りもある。併し此村は明和八年の大海嘯の後に、悉く小浜の島から移された民である」（二八八）。人ばかりか、神、「疑いもなく故郷の島から持ってきた祭り」も移動する。学問や信仰も渡ってきた（二六六―二六八）。水や燃料、野菜や薬、河童もいれば狸も渡ってきた。いな、伝説が渡ってきた。伊勢踊りも来た（二二六―二二七）。「文化を普及する方法は、内地に於いても旅の法師以外には、もう無かったのである」（二六七）。旅の僧や聖の世界が姿を覗かせる。こうして御嶽に、旅人が旅客の神として祭られることもあった（二六〇）。

天変地異以外にも、移動の理由はある。「瀬戸の静かな海へは木や糸芭蕉を積みに、多くの山原船が入って来た。那覇の港のうかれ女なども来て稼いで居る。久高の島人も古くから、ここに来て永良部鰻などを捕って居た」（二五二）。糸満の漁民は、人が多くなって魚が不足し、友船を誘って「南は石垣基隆の浦にも移り住み、或は遙々と唐桑金華山の、寒い磯までをあさるようになった。しかも故郷が有り家がある為に、折々は還って来る」（二七四）。そうしてまた旅に出る。「新たな島を求めんとする心は、人の世の中が住みうくなる更に以前から、久しく島人の間には伝わって居たものだろう。……島は尽きても求める心は絶えなかった」（二九二）。石垣島では本宮良という、慶長年間にキリシタン故に刑された名士が語られている。「本宮良が自在に海上を去来し、さき〴〵で妻を持って居たと云ふ、其島々の名は何人も知らぬが、彼が携えて還った葉の紫な南蛮万年青だけは、今もなおこの島人の庭や石垣に、日に照って美しく栄えて居る」(二九三)。

間をつなぐ

「海南小記」の旅は、海の旅でもある。こちらから、あちらへ。その間を潮がながれる。船が移動する。眼が移動する。「自分は大正九年一二月一九日の朝、大分から臼杵に来て、汽車と分かれて以来、半分は汽船や小舟を利用して、次第に九州の東海岸を、都井岬の突端まで下った」(三七八)。柳田の眼は海から「地の島」に注がれる(「六　地の島」)。「そこから出て来ると、左手の海上に沖の無垢島と地の無垢島が見え、次第に前に話しをした保土の島に近づくのである」(二三六)、「此入り海では大入島が最も大きく、幾つかの網代と美しい清水がある」(二三六)。「大島の瀬戸を通り抜けると、鶴見の鼻から芹崎までの間に、多くの小さい無人島が連なっている。地の黒島と沖の黒島との中を船は行くが、沖の黒島の方には蒲葵が生えて居る」(二三六―二三七)。海から見た沖の島、地の島。海辺の山の裁ち屑のように扱われている地の島。例えば津久見島、山が険しいためか、人が入らず木々茂り、鳥が多くその島の名前もツグミからかと思う。農家が対岸から渡って一個の小屋を構え、藷を作っている。これらの地の島はあるときは川に押し出された砂によって長浜をつくり、陸続きになっている。「島は名ばかりで今は一個の岬である」(二三七)。陸地は川によって砂を運び長浜をつくる。地の島は陸地に繋がり岬となる。陸の侵略。海(島)と陸の間にはいくつかの「飛び石」(二四〇)が挟まっている。渚、干瀬もある。間をつなぐように。どこからが海なのか?　どこからが陸なのか?　それさへ判然としない。陸地にもまた間をつなぐ境はある。「此から峠をまた一つ越えると、福島の町が見える。即ち中世の櫛間院の地であって、クシは即ち亦岬の古語である。入海を隔て丶志布志の蒲葵島が美しく、其向こうには大隅の山が見える。大隅のスミはやはり亦、シマのことだろうと考えられた」(二三八)。峠を越えるには坂を上り頂きを経て下らねばならない。「大泊を過ぎて山の路にかゝると、……幾らでも曲がって幾らでも登るかと思ふやうな路であった。所々に牛馬の為に稍々《やや》緩傾斜のつゝら折りが新たに開いてあるが、……人は昔からの急な坂を通るのである。頂上を大泊のヨクと呼んで居る。ヨクは「いこい」という意味で、誰でも爰に来れば休む。三方の海が見える。島々も見える」（二四〇）。三太郎坂の峠で茶店を営む内地人の夫婦。「淋しい人」は海の見える茶店でママアンマ節を唄っている（二四四）。この分水嶺を越えれば別の小さな社会にいたるのだ（二五三）。シマとシマ、ムラとムラの間には越えねばならない「水の分かれ」があるのだ。

島の内と外を隔てるのは干瀬である（二七三）。大潮を防ぎ、荒波の怒りを鎮める干瀬。「地の島」と同様、柳田は「干瀬の人生」にも長い紙数をさく（「二一　干瀬の人生」）。長浜でつながる地の島に対し、干瀬は「長い岩橋」となって向かいの竹富の島をつなぎ、「干瀬の上をあるいて自分で上陸」できるのである（二七六）。沖縄より北の潮はまだ冷ややかで、サンゴの生活が活発でなかったものか、「大瀬の隠れ岩は海底に潜む魔物のように其背を只所々に露すばかり」で鬼界と言う語があてられるほどであった。「めめしい都人にはこの美しさがわからなかったことであろう」（二七三）。干瀬は海の畠である。陸の人にも分からないかもしれない。採っても採っても実りをもたらす（谷川　一九九〇所収の論文。あるいは西山正啓監督『梅香里』二〇〇一）。「琉球王朝時代は、八重干瀬は貢租対象の管理された海畑であった」（目崎茂和　一九八六：七七）。「薩摩の坊津秋目の浦々では、暮春初夏の凪の日、花瀬見物と名づけて小舟を漕ぎ出し、遠く岬の外の澄み透った潮の底に、青赤黄紫色々の岩の、立ち並ぶ風情を賞美しに行く」。七島大島でも兼久（砂原）を作り、今見る村里はその兼久の上に立った（二七三）。

島人が島を出なかった時代から、「干瀬と生活との交渉は極めて繁かった」（二七四）。「生まれてから死ぬまで、死んでから祀られる迄、家々の柱の礎、石垣の石、更に大島などではモヤと名づけて、古風な墓の作りには、ことごとく干瀬の石を引き揚て用いて居た。御嶽の霊地にもナバ石を以て囲うて居る。ウブの入り口には宮古でも八重山でも、特に菊明石の類を弓形に斫《き》って、小さな石の門を覆うて居る。浜から運んだ美しい真砂も、もとは皆干瀬のものである。新しい道路にも之を敷詰めて、次第に野山を開いて行く。さうして其野山も畠もやはり亦、洪荒の世の干瀬であった」（二七四）。これは奄美でも同じであった（二四九）。世界は干瀬に満ちている。あちらとこちらの間。「宮古は珊瑚の島だけに、干瀬がわれわれの姥捨山に為って居る」(二七五)。浜、渚もまたあちらとこちらの合間であった。「干瀬の人生」の直前に語られる伝説では「七日の間東を向いて神々に祈られた」場所が伊敷泊の浜であり、七日目の夜明け方に、沖の方から光り輝いて、物が寄ってくる場所でもある(二七一)。「其神は又果知らぬ海原から、天に続いた地平線の向ふから、安々と其小舟を島の渚には漕ぎ寄せることを得たのである」(二八九)。

行き来するもの

柳田が海南の旅に出る以前から、巫女やひじりに興味を示していたことは先に述べたとおりである。旅の日記風メモである「海南小記手帖」が、「御嶽」「ツカサ」「オナリ」についてかなりの分量を割いていることからもそれは窺える(鎌田久子(柳田國男)一九七四)。延岡の近くでわざわざ、ひじりの谷山さんを訪ねてもいる(「四 ひじりの家」)。

「御嶽は依然として能呂(祝女)が之を祭って居る」(二四九)。村に五人いて、ワキガミを加えて七人。白い祭衣をきて神の山に登り、下りてくるまで何人もこれを伺うことは許されない。「能呂は必ず血筋の者が相続するが、嫁に行くから家としては次々に移るのである。他の部落に縁付いた者でも、祭りの日だけは還って来る」。相続する女性は神様によって決まっている。「沖縄とちがって大島には、グジと名づくる男の補佐役があって、オモロを語り伝え、又少しは哲学が説ける」。グジも五人で「やはり性によって神から指命せられる」(二五〇)。女性の霊力と弟の補佐役。これこそ聞得大君の話でもあるし、本土で言えば、鬼道をよくする卑弥呼と政治を行った弟の話でもある。あるいは更に南に広がる「おなり神(ウナリ)」信仰。兄を守る妹の霊。船霊様。

「田舎では、つれづれなる夜の物語などに、この世の始めとわが家の始めを、もっと精彩に知らねばならぬと」考える折りが多かった。この要求に対して、「村々には物知りと称する女性がいた」。「物知りは沖縄の方では、ユタと呼ぶのが、ふつうである」。大島佳計呂麻などでは正神、ホゾンカナシとも言っていた。「本尊と頼む神の力によって、ただの人の目には見えぬ者を見る」(二五三)。久志村の青年たちはユタを正しい職分とは認めていない。彼女が新しい予言を啓示すれば、これを信じまいとする。ゆえに「古くからの夢語りのみが、愈々歴史として固定していくらしいのである」(二五四)。「此から後の百世に対する我々の好意と期待、又自分ですら忘れて行く数々の愁ひと悩みは、実は民族の感情に最も鋭敏な、やさしい女たちの力に依らざれば、とても文字などでは伝えて置かれないのである」(二五四)。文字では伝えられない感情を伝えることの出来る女性。「恐らくは、女性の物を指す力が、宗教的に強かった大昔の名残であろう」。「曽て鈴のような形の笠を深く被り、乃至は高い窓の外に立って、援助の手のみを差し出したという神女の事蹟」(二四三)。ここでの笠が蒲葵で出来た「コバ笠」であるのは言うまでもない。石垣の二村では旧の八月または九月の巳亥の日、「まやの神」が訪れる。「阿檀の葉の蓑を着て、蒲葵で編んだ笠を深く被り、戸毎を巡ってやはり明年の祝言を述べる」神(二八九)。何と似ている姿であろう。「初春に我々の門に来る春駒鳥追、其他の種々の物吉ほぎ人」と異なり、島の人は「これを直接に神の御詞と信ずるが故に、……村外の者に、其文句を知らしめぬ」(二八八)。神から選ばれた女性。神と人の間をつなぐ存在。聖であり俗なる存在。白拍子、盲法師、ミヤラビ。宮童、うねめ(二八六―二八七)。あるいは、始まりの船を教えた「幼き兄妹」(二五六)もここに加えられるかも知れない。

五　旅のあとで

柳田國男のことばに耳を傾けて長い旅を続けてきた。彼の口からこぼれてくるのは、意外なほど「文化同質論」や「起源論」ではないことが、理解されたであろう。むしろ、「海を学問の舞台」にするという考え、陸続きで交際する連中には呑み込めない思想への想いがあげられよう。山の人によって平地人は驚くかも知れない。同様に「海人」によっても平地人を戦慄せしめる必要があったのではないか。こうして山と島(海)の近さが意識される。

それは干瀬で語られた「めめしい都人」ばかりか、水の豊富な、稲作農耕をよくする平地人に対するものでもあった。それだけではない。ここにはもう一つの対比がある。定住者と移動者である。これらの対立項の一方が初期柳田の関心事であったことは多くの論者の指摘するとおり。そして今日、網野善彦の研究以来多くの歴史学者を惹きつけてやまない論題でもある。定住者は一定の領地を前提とする。ジュネーブでの仕事が国際上の領土問題に関わっていたのは偶然ではない。あきらかに柳田は気がついていた。世界市民であらねばならない立場と、個人の孤独を。あるいは領土という、いはば陸地主義ともいうべき思想への抵抗。北の思想への懐疑。今日、問題化している海をめぐる議論（秋道ほか（編）二〇〇二）を考えれば、それがいかに陸地（領土）主義から発生しているかが理解できよう（多分「入会」の問題がもう一方の山人の世界を脅かしてきた）。この点で柳田が干瀬や渚に注目したのは当然のなりゆきである。海から、島から、陸をながめるということはどういうことか？　柳田はこの旅で実践したようである。ユダヤ人のレヴィ＝ストロースがナチスを逃れ、大西洋を渡ったとき、移動する船が一つの小国、領地として描かれていることを思い出そう（原　二〇〇一：一五一）。「無始の昔から、故郷は土であり、子孫は唯一の神主であることを、絶えず信じて居た我々の遺伝が、無意識に海の自由を制限してしまった、その悲しい鎖国の名残であるかも知れぬ」（一三〇―一三一）。海の自由を取り戻す！　柳田のつぶやきが聞こえる？

こうして、二つの世界があることを意識し、二つの世界を行き来する柳田。どちらの世界にも上陸しつつ、戻らねばならない柳田。自覚的旅人であった柳田は、だからこそ、移動の問題を取り上げたのだ。「此から後の百世に対する我々の好意と期待、又自分ですら忘れて行く数々の愁ひと悩みは、実は民族の感情に最も鋭敏な、やさしい女たちの力に依らざれば、とても文字などでは伝えておかれないのである」（一五四）。移ろいゆく事跡。それを文字に固定するむずかしさ。中山の歴史家が始めて古伝を集成した影で、百浦の安司たちの事跡は島の端々に行くに従って痛ましいほどに埋もれていたという。祖先を思う山北の人にとって、今帰人王都の栄華は一抹の山の霞のごときもの（一五三）。それは感情や「文字なき記録」（針突き）（一四三）を文字へ固定化することへの苦痛でもある。ここに文字以前にこだわる柳田がいる。国史と民俗学、書承と口承もまた二つの世界である。文字という領土性によって固定化され、侵されるなにものか。「生き生きとした新しい歌」（二八五）「海の文学」（二三〇）の可能性。ここでもまた柳田は制限された自由を思うかのようである。

（参考文献）

秋道智弥／岸上伸啓（編）二〇〇二『紛争の海』人文書院。
赤坂憲雄　一九九四『柳田国男の読み方』筑摩書房。
伊藤幹治　一九七四「巻頭座談会　柳田国男と沖縄」『柳田国男研究』七号所収。
太田雄三　一九九〇『B・H・チェンバレン』リブロポート。
後藤総一郎（編）一九九五『柳田國男をよむ』アテネ書房。
谷川健一（編）一九九〇『日本民俗文化資料集成　5　渚の民俗誌』三一書房。
田山花袋　一九八一（一九一七）『東京の三十年』岩波書店。
戸部松実　二〇〇一「主要概念解説」ルソー『不平等論』国書刊行会所収。
トドロフ　一九八八（一九八五）『はかない幸福――ルソー』法政大学出版会。
中川久定　一九八三『甦るルソー』岩波書店。
中村　哲　一九七七『柳田国男の思想』講談社。
野口武徳　一九八〇『南島研究の歳月』東海大学出版会。
原　毅彦　二〇〇一「文化人類学――人類学お宝島案内記」『現代思想』二九巻一五号。
福田アジオ　一九八九「解説」ちくま文庫『柳田國男全集　1』所収。
目崎茂和　一九八六「八重干瀬」『季刊　民族学』三六号。
ルソー　一九九九（一七五五）『人間不平等起源論』岩波書店。
柳田國男　一九六八『定本柳田國男集　第一巻』『海南小記』所収。
――　一九六八『定本柳田國男集　第三巻』「瑞西日記」「ジュネーブの思い出」所収。
――　一九六九『定本柳田國男集　第十八巻』『蝸牛考』所収。
――　一九七〇『定本柳田國男集　第二十五巻』『民間伝承論』『郷土生活の研究法』所収。

―――― 一九七〇『定本柳田國男集　別巻第三』『故郷七十年』所収。

―――― 一九七一『定本柳田國男集　別巻第五』「書誌」所収。

鎌田久子（柳田國男）一九七四「柳田国男の「海南小記手帖」」『地域文化』第一号。

Pemble, J. 1988 *The Mediterranean Passion.* Oxford U. P.

西山正啓　二〇〇一　映画『梅香里』。

沖縄県の海外出漁

片岡千賀之

一　はじめに

四囲を海に囲まれた日本は古くから漁業が発達し、明治以来、海外にもその漁業地を拡大していった。海外漁業（海外出漁）というのは、植民地を含む海外を基地とした日本人漁業を指し、遠洋漁業とは区別する。戦前では露領出漁、朝鮮海出漁・朝鮮移住漁業がその代表であるが、その他に、日本の植民地であった台湾や南洋群島（現在のミクロネシア地域）、反対に欧米の植民地であった外南洋（現在の東南アジアと南太平洋諸島。オーストラリアを含む）への出漁もあれば、中国、南北アメリカに移住して漁業を営む場合もあった。戦後になると、海外漁業は合弁企業や現地法人による傭船・雇用といった形態が主体となる。

沖縄県は海に囲まれているとはいえ、漁業の発達が遅れ、海外漁業も遅れてスタートする。戦前を例にその特徴をみておこう。

沖縄県は海外移住県として知られ、昭和一〇年でいうと海外在留者は六万人余に達する。在留先は、アメリカ、ブラジル、ペルー、フィリピン、南洋群島、台湾など広範囲に及んでいるが、それでも沖縄と自然的経済的条件が類似している亜熱帯・熱帯地域に集中している。在留者のほとんどが農業移住で、家族で現地に定住している。在留者のうち約一割が漁業者と推定されるが、その在留先は圧倒的に南洋（南洋群島と外南洋）が多く、しかも男子青壮年がほとんどで、出稼ぎ的な性格が強い。南洋に限れば、漁業者の方が多い地域も珍しくない。漁業種類は母村の漁業と同じで、母村漁業の延長線上に海外出漁があった。

沖縄県の海外漁業は、県下の漁業と同様、追込網漁業を中核とする糸満漁業とかつお漁業とに大別される。糸満漁業はフィリピン、シンガポール、蘭領東インド（現在のインドネシア）西部に多く、現地に鮮魚を供給した。かつお漁業は南洋群島や北ボルネオ、蘭領東インド東部が主な出漁地で、漁獲物はかつお節や缶詰に加工して、日本やアメリカへ移輸出した。

沖縄県の海外移住は他府県に比べて遅れるが、海外漁業は農業移住よりさらに遅れる。沖縄県の農業移住は、明治三〇年代に始まるが、漁業はその時代に追込網漁業とかつお漁業という二大漁業が形成されてくる。追込網漁業は、その後、県下一円はおろか西日本一帯に進出していくが、漁場の制約や不況で過剰化すると、昭和期に入って南方に転ずる。かつお漁業もやはり不況や不漁で、昭和初期に資源が豊かな南洋群島などへ進出していく。昭和初期は、日本・沖縄側は不況が続き、資源的な限界に直面したのに対し、南洋は経済発展があり、資源が豊富で、漁業の発展条件が成熟した時代である。沖縄県からの出漁は他府県より遅れたものの、追込網漁業は能率漁法であったし、かつお漁業は餌獲りからかつお節加工まで一貫して行うという特質が活かされて、南洋漁業者のなかで多数を占めるようになった。

二　追込網漁業とかつお漁業

沖縄県の南洋漁業を特徴づける追込網漁業とかつお漁業は、漁業者、経営方法、出漁地、漁業展開などが異なり、別々に発展している。

追込網漁業は、多数の網、サバニ（小舟）、漁夫を編成して建て込んだ網に磯魚を追い込む漁法で、糸満で発達した。漁労の基本は、潜水と遊泳であって、採貝業（素潜り）や建干網などの小漁業にも適用される。経営方法は、漁期ごとに親方層が生産手段（網、サバニ）と漁夫数人を出しあって網組を編成し、漁業収入は親方層に配分される。網組の規模は、資源の状況や市場条件に応じて、五〇人規模から一〇人程度まで大小さまざまである。

追込網漁業は極めて能率的な漁法で、資源の枯渇を招きやすく、そのために広域漁場を必要とするし、他の漁業を圧迫しやすい。出漁先においても漁場が拡大し、水揚げ地から遠隔化すると、運搬船を用いるようになる。漁業基地は、大量漁獲物の販売のために、人口が密集して購買力が高く、魚市場が整備された都市が中心となる。そこは、外南洋では欧米の植民地支配の重要拠点であることが多く、植民地政府による制約を受けやすい。魚市場が未整備な地方では行商のために女子を伴うことがあるし、小漁業や採貝業なら地方都市でも営まれる。

沖縄県のかつお漁業は農村、離島で共同体的に営まれ、餌を自給し、それでかつおを釣り、かつお節の加工まで一貫して経営するのを基本としている。漁業の伝統がない地域で企業的な漁業が興ったことから分業体制をとり得なかったのである。出漁先は、資源が豊富で周年操業が可能な南洋群島などで、漁獲物はかつお節や缶詰に加工されて日本やアメリカへ移輸出されるので、現地の購買力はなくてもよい。そのかわり日本内地より生産性が高いこと、移輸出のルートが開けていることが条件である。女子は加工に雇用されるので、女子の割合もかなり高い。

追込網漁業

追込網漁業は島尻郡糸満町（現在の糸満市）で発達した漁業である。糸満は古くからの漁業地で、男は漁業・採貝業、女は魚の行商やかまぼこ製造に従事してきた。追込網漁業は明治三〇年代に確立するが、それによって糸満町の人口構成も大きく変化している。本籍人口が増加しただけでなく、入寄留（町外からの流入）、出寄留（町外への流出）が大幅に増加しているのである。入寄留は、大正中期には一四〇〇人になり、その後も高水準を保った。入寄留の多くは、「糸満売り」された男子の「雇い子」であった。「糸満売り」は、一〇歳前後から漁業の親方層に一〇〇円前後の前借り金をかたに二〇歳まで年期奉公するもので、期間中に漁労技能を仕込まれる。年期が明けると多くは漁業にとどまり、地元に戻るか、県外や海外へ出漁していく。女子の「雇い子」は、魚売り、かまぼこ製造などを手伝う。「雇い子」は、県外では与論島、県内では農地に恵まれない農山村、離島から集められた。「糸満売り」が盛んになるのは、農山村、離島の貧窮化が進む明治三〇年代以降で、それが追込網漁業が膨張する条件となったのである。

糸満漁業の発展は、出寄留の推移によく現れている。大正中期には一四〇〇人に達し、県外、海外にも進出している。そのうち海外へは二〇〇人余で、しかもほとんどが農業移住であって、海外出漁は台湾、フィリピン、スマトラに三〇人余である。その後、出寄留は海外出漁が急増して、昭和二年の海外出漁者(台湾を除く)は、シンガポール、フィリピン、蘭領東インドなどへ五三〇人となったし、一三年には一一〇〇人に倍増している。前述の地に加え、南洋群島、北ボルネオなどが増加している。糸満町の場合、男子海外渡航者の八割が漁業目的である。女子の海外渡航者は男子の約三分一であるが、出漁地での商業が多い。男子は漁業、女子は魚商という糸満での男女の分業体制が魚市場が未整備な地域に持ち込まれたのである。

かつお漁業

沖縄県のかつお漁業(一本釣り)は、南九州のかつお漁業が南西諸島を島伝いに南下してくる過程で導入される。明治三四年に島尻郡座間味村で始められ、短期間に宮古・八重山にまで伝搬し、大正初期には漁船を動力化している。経営は、集落単位で生産組合方式をとることが多く、構成員の平等出資、平等就労、平等分配を原則としている。大正一四年のかつお漁船は一五〇隻を越え、かつお節の生産量は全国第三位に躍進した。しかし、その後、不漁と不況によって隻数が激減する。共同体的経営は資本の蓄積機能を欠き、漁船の大型化と漁場の拡大、流通の合理化を図れなかったこともかつお漁業が衰退する要因であった。

かつお漁業の不振を打開するために多くの漁船が南洋群島に転出した。他府県や台湾に進出する余地はなく、沖合・遠洋漁業として展開するだけの経済力もなかった。南洋群島であれば、小型漁船で操業でき、周年操業も可能で、生産性も高い。出漁地は社会資本が未整備なので、餌の自給からかつお節製造まで一貫生産を行う沖縄県のかつお漁業には適応性があった。

昭和三年に一隻が出漁したのを皮切りに、出漁者が続出し、九年には五三隻となり、県下のかつお漁業と匹敵するまでになった。沖縄県は、昭和恐慌による疲弊を克服するためもあって、漁船建造費や出漁奨励金を交付して南洋群島出漁を促した。昭和一一年頃から南洋群島への出漁が飽和状態となって、県は北ボルネオへの出漁を奨励するようになる。その他、蘭領東インドのセレベス、フィリピンのザンボアンガへも出漁した。

三　南洋出漁の経緯

外南洋への沖縄県の渡航者数をみると、フィリピンへは明治三七年と早く、昭和一三年までの累計は一万六〇〇〇人に及んでいる。しかし、その大半はダバオへの農業移住である。シンガポールへは、大正半ばに始まり、昭和初期に急増して一三年までに二七五一人となった。期間中、フィリピンと同様、世界恐慌や日中戦争によって渡航者数が減少している。

蘭領東インドへの渡航は、シンガポールより遅れるが、ほぼ同様の軌跡をたどり、昭和一三年までに六五六人となった。北ボルネオへは昭和二年頃から始まり、四三五人が渡航している。シンガポール、蘭領東インド、北ボルネオへの渡航はほとんどが漁業目的である。

南太平洋諸島への渡航はナウル島、ニューカレドニアが多いが、鉱山労働を目的としたもので、その他、少数ながらフィジーへの農業移住、オーストラリアへの真珠貝採取（潜水器を使用）があった。

このように、漁業目的の渡航は昭和初期から増加するが、経済的変動に左右され、また植民地政府や現地人の対日感情によって制約されている。外南洋での漁業が規制されると、日本の植民地であった南洋群島に集中するようになり、南洋群島の漁業者数は外南洋のそれを上回るようになる。

これら沖縄県人の出漁先では、沖縄県人が日本人漁業者の大多数を占めている。沖縄県人がほとんど関与していない漁業は、真珠貝採取、真珠養殖など沖縄県にはない漁業である。例えば、昭和一七年の南洋群島の日本人漁業者は六七一九人であるが、そのうち沖縄県人は九二％を占めていた。

沖縄県人の比重は極めて高いが、経営体として企業成長した事例は見あたらない。このことは南洋漁業だけでなく、他の海外漁業でもいえることである。その理由は、沖縄県の漁業進出が遅れたこともあるが、沖縄県の漁業は追込網漁業にしろ、かつお漁業にしろ技能的な性格が強く、資本・賃労働関係が不明確で、所得は個人（技能）に分配され、資本の蓄積がなされなかったことにある。経営と家計（個人）が一体化しており、企業家精神が弱かったといえる。

フィリピン

フィリピンでの日本人漁業は、マニラ、イロイロ、セブでは機船底曳網漁業と追込網、ダバオは巾着網、地曳網、追込網、ザンボアンガは真珠貝採取、かつお漁業が展開する。

フィリピンの日本人漁業は、アメリカが植民地とした明治三一年頃から、広島県人の打瀬網漁業（漁船が動力化して機船底曳網と称する）、和歌山県人の真珠貝採取が始まっている。沖縄県人の渡航は、マニラの都市開発、続いてダバオの農業開発とともに盛んとなるが、漁業が営まれるのは第一次大戦後のことである。戦後不況で農業が不振となり、その一部が自活のために小漁業を始めるのである。景気が回復する昭和初期になると、漁業者の渡航が加わり、自給的な漁業にとって代わるとともに、マニラ、ダバオ、イロイロ、セブなどに漁業地を拡大していく。その主力は追込網漁業で、マニラでは小規模なものから始まったが、漁夫を呼び寄せ、運搬船を大型化し、スルー海にまで遠征するようになる。網組は三〇人前後となり、三、四ヶ月航海となった。鮮魚販売のために糸満から女子を呼び寄せている。網組は一二組に増加した。

しかし、昭和七年にフィリピン政府は合弁事業を除く外国人漁業を禁止するようになった。世界恐慌による失業者の増大、ナショナリズムの高揚を背景としたもので、追込網漁業は現地人との共同経営としたが、漁夫鑑札をもたない日本人は次々と摘発された。昭和一二年に設立されたザンボアンガのかつお漁業会社も合弁事業とし、沖縄県人が雇用されたり、傭船されている。昭和一五年のフィリピンの日本人漁業者は一三四三人に減少したが、そのうち沖縄県人は九五〇人を占めている。太平洋戦争開戦前にほとんどが帰国している。

シンガポール

シンガポールの日本人漁業は、大正初期に香川県人の流し網漁業などで始まり、第一次大戦中の好況で急成長を遂げる。戦後不況期には縮小したが、景気が回復する大正一二年頃から追込網が加わるようになった。その追込網が急増し、運搬船の大型化もあって、漁場の拡大、漁業根拠地の拡大（バタビアやペナンなど。ペナンは後に排日運動によって撤退する）が起こった。漁場拡大の過程で、英領インドのニコバル・アンダマン群島で高瀬貝資源が発見され、追込網と兼業されるようになった。採貝漁場はさらに拡大し、ビルマ、シャム（タイ）、南シナ海、蘭領東インド東部、果てはアフリカ東岸にまで遠征する者も現れた。

世界恐慌と華僑による排日運動などで漁業が縮小するが、昭和一二年に最盛期を迎えて、日本人漁業者は一七五二人となり、シンガポールの鮮魚の過半を供給するようになった。その八割が追込網によるものである。しかし、日中戦争後は、植民地政府による日本人漁業の規制、排日運動の再燃で再び日本人漁業は縮小していく。

フィリピンと比較して、シンガポールの追込網漁業は、五〇〜六〇人、六ヶ月航海と規模が大きくなったこと、採貝業と兼業したこと、漁業根拠地を拡大したこと、沿岸国からは密漁・資源の乱獲によって排斥されるようになったこと、が特徴である。また、経営面でいうと、なかには単独経営を維持した網組もあるが、大半は鹿児島県人が経営する水産会社の傘下で漁労部門だけを担当した。

太平洋戦争が勃発して、残っていた漁業者四七五人はインドに抑留されるが、そのうち三九〇人は沖縄県人であった。

蘭領東インド

蘭領東インド（現在のインドネシア）の日本人漁業は西部と東部では異なり、西部のスマトラ、ジャワ島では追込網漁業、東部のセレベス、ハルマヘラ、セラム諸島ではかつお漁業、追込網漁業、真珠貝採取、真珠養殖が主体である。

沖縄県人の漁業は、大正初期にスマトラでの高瀬貝採取（素潜り）で始まった。高瀬貝は貝ボタンの原料として日本へ輸出されるが、大正初期に日本の貝ボタン工業が急速に発達し、小グループの糸満漁民が外南洋に出漁するようになったのである。大正末になると、そのスマトラにシンガポールから追込網漁業が加わり、先着の採貝業者も追込網に転換する。ただし、規模は小さく、地方の鮮魚需要を満たすだけで、世界恐慌期には大半がシンガポールに戻っている。

ジャワ島では大正一四年にシンガポールから首都のバタビア（現在のジャカルタ）に追込網漁業などが流入し、人口の増加や魚市場が整備されたことで急速に発展した。昭和五年には日本人漁業者は五〇〇人を数え、鮮魚供給の過半を担うようになった。

東部のセレベス島では大正初期に高瀬貝採取を始めた者が後に追込網に転換し、そこへシンガポールから二組の追込網が加わると、過剰生産となったので、さらにかつお漁業に転換した。他の組は島嶼部へ分散していく。

かつお漁業はテルナテ、アンボン、メナドで昭和元年頃に始まるが、当初は現地人から餌の供給を受けたり、現地人を漁夫として雇用した。かつおは生鮮消費向けであった。昭和一〇年代になると、過剰操業となった南洋群島からかつお漁業者が流入し、餌料を自給し、かつお節生産を目的とするようになった。中心となるかつお漁業会社の経営者は愛知県出身者である。その他、東部では真珠貝採取や真珠養殖が行われたが、沖縄県人は関与していない。

蘭領東インドは、フィリピンと同様、華僑の排日運動はなかったものの、植民地政府の排日政策は強硬であった。

昭和二年から外国人漁業を許可制とし、五年以降は入国制限、排除に乗りだし、日本人漁業は衰退に傾いていく。

南洋群島

南洋群島（現在のミクロネシア地域）は第一次大戦の結果、日本の植民地となった。欧米の植民地である外南洋と違って、日本人漁業は規制が少なかったばかりか、開発のために奨励された。そこではかつお漁業、遠洋真珠貝採取、真珠養殖、農業移民に鮮魚を供給する小漁業などが展開する。沖縄県人はかつお漁業と小漁業に従事した。南洋群島の日本人漁業のなかで沖縄県人の割合は非常に高いだけでなく、沖縄県人が先導している。

小漁業もかつお漁業も糸満町出身の玉城松栄が創業した。玉城は南洋群島への民間人渡航の最初で、大正六年に小漁業を始め、大正末にかつお漁業に転換する。小漁業は糸満漁民によって南洋群島各地に普及していく。鮮魚販売でしばしば女子を伴っている。玉城のかつお漁業が安定する昭和初期に沖縄県からかつお漁業者が大挙して進出してくる。静岡県人でかつお漁業に着手する者もいたが、餌が自給できず、また賃金が高くて持続しなかった。玉城は糸満町出身であるし、玉城に呼び寄せられた糸満漁民も少なくないが、漁労やかつお節加工はかつお漁業者に委ねたり、小漁業に転換したりしている。

南洋群島のかつお漁業は生産性が高いことから、日本内地と違って昭和恐慌期にかえって発展し、群島内の各地に広がったばかりか、ついには過剰分を北ボルネオ、蘭領東インドへ押し出していく。かつお漁業の発展は沖縄県や南洋庁の漁業奨励によるところが大きい。

かつお漁業者のほとんどが沖縄県人だとはいえ、その経営や販売は国策会社の南興水産株式会社が担った。南興水産は昭和一一年からはまぐろ漁業、缶詰加工にも着手し、缶詰をアメリカへ輸出している。

他方、糸満漁民の小漁業は、昭和一一年から遠洋高瀬貝採取として新たな展開をとげる。かつお漁船を転用して、五、六隻が南洋群島からオーストラリア、南太平洋諸島へ出漁するようになったのである。この時期、台湾、宮古、八重山からも遠洋高瀬貝採取船が出ているが（南シナ海へ）、いづれも太平洋戦争の開戦直前に中止になった。

北ボルネオ

英領北ボルネオ（現在のマレーシア・サバ州）の日本人漁業はかつお漁業だけである。大正七年に日本人漁業が始まり、大正末にかつお漁業、かつお節加工を行うようになった。この会社は後にボルネオ水産株式会社となるが、昭和一〇年から缶詰加工も行なった。南洋群島、フィリピンでもかつお・まぐろの缶詰加工とそのアメリカ輸出は昭和一〇年頃に、大手水産会社の出資や増資によって始まっている。まぐろ漁業（延縄）の発展がその背景にあるが、沖縄県人は関与していない。

漁労とかつお節加工は高知県人によって行われ、餌料採捕のために昭和二年から宮古のかつお漁業者が雇われたが、すぐに糸満漁民にとって代わられた。かつお漁業は南洋群島で脚光を浴びていたし、餌料採捕だけなら糸満漁民の得意とするところであった。

ボルネオ水産の事業拡大によって、昭和一一年に沖縄県に北ボルネオ移住漁業団が組織され、宮古のかつお漁船四隻が出漁した。また、かつお節や缶詰加工に多くの女子が雇用されている。南洋群島のかつお漁業は過剰操業となり、沖縄県は北ボルネオ出漁を奨励するようになったのである。太平洋戦争前に事業は休止となり、開戦によって残留者約五〇〇人が抑留され、漁船、施設は破壊された。

オーストラリア・南太平洋諸島

オーストラリア・南太平洋諸島での日本人漁業には真珠貝・高瀬貝・なまこ採取などがある。真珠貝採取（真珠貝は貝ボタンや装飾品の原料としてヨーロッパ、後にはアメリカへ輸出された）の歴史は古く、明治一〇年代以降、オーストラリア北部を中心に蘭領東インド東部、フィリピン・ザンボアンガ、ビルマなどで発展し、外南洋への渡航が規制されると、南洋群島を基地とした遠洋真珠貝採取として勃興した。しかし、従事者の多くは和歌山県人で、沖縄県人は少数である。

ところで、真珠貝採取は第一次大戦によってヨーロッパの真珠貝市場が閉鎖されると、従事者の一部は南太平洋の各地で小漁業や高瀬貝・なまこ採取（高瀬貝は日本へ、なまこは中国へ輸出された）を行うようになった。したがって、沖縄県人の高瀬貝採取はシンガポールや蘭領東インドが中心であったのに対し、南太平洋での高瀬貝採取は和歌山県人が中心である。このうち沖縄県人はニューカレドニアで漁業を行っている。ニューカレドニアへは鉱山労働者として渡航する者が多かったが、第一次大戦で不況になると帰国者が続出し、残った者も漁業や農業、商業などに転換した。昭和五年の漁業者は六三人で、うち二一人が採貝従事者であり、糸満漁民が多かった。

四　南洋以外の沖縄県人漁業

台湾

南洋以外では、台湾と南北アメリカでの漁業がある。台湾ではかつお漁業、延縄、機船底曳網、汽船トロール、さんご採取などが発達したが、沖縄県人はこれら漁業には従事していない。沖縄県人の漁業はてんぐさ採取と遠洋採貝藻採取である。

てんぐさ（寒天の原料）採取は、日本が台湾を植民地とした以降のことで、糸満漁民、八重山・宮古の漁民が多かった。汽船に小舟を積んで往来する。その数は明治三六年には三〇〇人にのぼったが、大正二年には台湾人の漁業を保護するため入漁者を二五〇人に制限され、さらに第一次大戦中には市況の悪化や生育不良で糸満漁民の多くが南洋での高瀬貝採取に転換して衰退に向かう。てんぐさ採取は沖縄県人の最初の海外漁業といってよいが、季節的出漁（四～八月）であり、台湾の日本人漁業に占める地位も低い。

第一次大戦中にてんぐさ採取にかわって南シナ海へ海人草（駆虫剤の原料）や高瀬貝採取を目的に遠洋航海する者が現れたが、沖縄県人ではなく、戦後不況で中止された。昭和三年以降、沖縄県人にとって代わり、急速な発展をみた。遠洋採貝藻漁業は、高雄を基地に四〇～六〇トンの漁船に小舟二、三隻、乗組員一七～二八人を乗せて、

三、四ヶ月の航海である。昭和一二年がピークで、隻数は三九隻に及んだ。漁民は八重山・宮古の漁民で、八重山・宮古から直接出漁する者も現れた。

南北アメリカ

南北アメリカでの日本人漁業は、ハワイ、アメリカ本土、メキシコ、キューバなどで営まれたが、いずれも沖縄県人は少ない。農業での南北アメリカへの農業移住は古い（メキシコは鉱山労働者）が、移住者に鮮魚を供給する形で漁業も発達してくる。このうちハワイの日本人漁業者は大正七年頃には九〇〇人に達し、日本人が漁業を独占したが、うち沖縄県人は三〇人余に過ぎない。

沖縄県人の漁業は、第一次大戦中にピークを迎え、その後衰退している。農業からの転換が多く、家族と定住し、経済状況が好転すると農業に戻ったりした。漁業者も雇用が主体であった。

五　太平洋戦争と軍納魚体制

太平洋戦争が始まって、日本が占領した南洋地域では、現地軍の自活を原則とし、水産開発は既存の漁業者に担当させることにしたが、抑留されていたり、漁業施設が破壊されていたので、新規に進出した企業も多かった。南方進出にあたってこれら企業は、技能に優れ、経験のある沖縄県漁民を雇用した。

一方、沖縄県は個々に漁民が流出すると県下の漁業に支障をきたすだけでなく、統制上好ましくないとして、大資本のもとで計画的、一元的な出漁を企画するようになった。こうして昭和一八年四月に大洋水産株式会社が設立された。同社による出漁者は五五四人で、その地域はビルマ、シンガポール、フィリピンのマニラ、北ボルネオなどである。この他、個々に雇用されたり、出漁した沖縄県漁民も相当おり、各地に分散している。漁業は追込網漁業とかつお漁業が中心である。占領地での軍納魚体制（日本軍に水産物を納入することを目的とする体制）は、戦況が悪化してくる昭和一九年になると操業の危険性が高まり、崩壊していく。

南洋群島は、開戦後も移住者が増加し、食料の兵站基地、占領地への出漁基地となった。開戦前に遠洋真珠貝・高瀬貝採取、真珠養殖などは中止となり、南興水産が統合するかつお・まぐろ漁業が主体となった。かつお・まぐろ漁業は軍納魚用に変わり、南興水産は漁船などを増強してニューギニア、ラバウル、フィリピン方面に投入している。その多くは帰還できなかった。昭和一九年末の南興水産の従事者は、漁船乗組員一七五〇人を含めて二九六三人にのぼったが、そのほとんどが沖縄県人であった。南洋群島も昭和一九年から空襲にさらされ、漁業活動が停止した。

六　戦後の海外漁業

戦後の海外漁業は、対日講和後に再開され、高度経済成長期に急成長を遂げるが、戦前とは違って合弁事業が支配的となり、進出先も漁業種類も多様化し、生産物は日本や欧米へ輸出するものに限られた。現地に鮮魚を供給する漁業はなくなっている。沖縄県の場合、遠洋採貝藻漁業と南方基地かつお漁業などに限られ、また女子の同伴もなくなった。前者は厳密にいうと沖縄県を基地とした遠洋漁業であり、後者は合弁企業への売魚、または合弁企業の傭船に基づく出漁である。

敗戦によって沖縄はアメリカ軍の占領下に置かれ、海外からの引き揚げ者、とくに台湾、南洋からはほとんどが引き揚げて、同方面の漁業を喪失した。県は過剰人口の解消策として南米移住を奨励したが、漁業を目的とした移住はない。

沖縄県の漁業は、戦災で漁業施設を失い、一方で追込網漁業などは、その労働力基盤であった「糸満売り」が人身売買だとして禁止され、膨張力を失っていった（日本内地への出漁は昭和三〇年代まで続くが）。漁業再建はガリオア資金を投入して大型のかつお・まぐろ漁船を建造することで始まったが、海外漁業は原則として認められなかった。

遠洋採貝藻漁業など

昭和二四年頃からガリオア資金で建造した大型漁船は、目的外の高瀬貝採取などにも使われた。正式に許可を得て、南シナ海に出漁したのは昭和二六年からで、八重山、宮古から一七隻ほどが高瀬貝、海人草、つのまたを採取し、日本内地へ輸出した。この遠洋採貝藻漁業は、戦前から行われていたのと同じ形態であるが、昭和三二年頃から衰退に向かう。それは、プラスチック製ボタンや化学糊などが登場して需要が低下したことによる。

その他、沖縄県人にとって経験の少ない真珠貝採取で雇用されることもあった。昭和三〇年頃、和歌山県を基地とした遠洋真珠貝採取、ビルマでの真珠養殖用の母貝の採取で雇用されたが、入漁規制、市況の悪化、ゲリラの襲撃で単発に終わった。昭和三一年に北ボルネオへ沖縄県からかつお漁船三隻が傭船されたが、不慮の災害で翌年には撤退している。また、糸満漁民が昭和二八年頃台湾に、三五年にフィリピンに出漁しているが、いずれも失敗するか、長続きしなかった。その原因として、出漁先の政治的経済的混乱、反日感情、出漁・雇用契約の不備、水産物市況の変動があげられる。

南方基地かつお漁業

ガリオア資金などを得て沖縄県のかつお・まぐろ漁業が復活するが、一方、昭和四〇年代に南方基地かつお漁業が勃興し、沖縄県から売魚、傭船で出漁するようになった（表1参照）。昭和四〇年代に南太平洋地域のかつお漁業が注目されたのは、資源が豊富なこと、遠洋かつお漁業は餌料の保持や補給がネックとなって漁場の拡大が制約されること、南太平洋諸島が独立を控えて経済的自立のためにかつお資源に注目したこと、による。南方基地かつお漁業は、パラオ、パプアニューギニア、ソロモン諸島などにアメリカの食品会社、日本の水産会社、商社が現地法人を設立し、餌を自給できる沖縄県からの傭船を主体に操業し、冷凍、缶詰加工して欧米諸国へ輸出するものである。南太平洋のかつお・まぐろ漁業はこの他にも、アメリカンサモア、キリバス共和国、フィジーでも興ったが、沖縄県人は関与していない。

パラオ（戦前の南洋群島の一部、戦後は国連の信託統治領となった。現在のパラオ共和国）へ進出したのはアメリカの食品会社で、昭和三九年のことである。沖縄県船は売魚形式で出漁したが、隻数は三〜五隻（七〇〜九〇

表１　沖縄県の南方基地かつお漁業出漁船数

年　　次	計	パラオ	パプア ニューギニア	ソロモン 諸島
1970（昭和45）	15	2	13	—
1971（　46）	32	5	21	6
1972（　47）	38	—	32	6
1973（　47）	32	—	25	7
1974（　49）	45	5	30	10
1975（　50）	39	5	24	10
1976（　51）	41	5	25	11
1977（　52）	52	4	32	16
1978（　53）	54	5	31	18
1979（　54）	48	4	27	17
1980（　55）	46	3	30	13
1981（　56）	49	6	29	14
1982（　57）	17	3	—	14
1983（　57）	14	—	—	14
1984（　59）	22	—	8	14
1985（　60）	23	—	9	14
1986（　61）	14	—	—	14
1987（　62）	14	—	—	14
1988（　63）	12	—	—	12
1989（平成元）	12	—	—	12
1990（　2）	12	—	—	12
1991（　3）	12	—	—	12
1992（　4）	12	—	—	12
1993（　5）	12	—	—	12
1994（　6）	12	—	—	12
1995（　7）	10	—	—	10
1996（　8）	10	—	—	10
1997（　9）	10	—	—	10

（資料）　沖縄県農林水産部
（注）　平成10年から出漁船は現地船籍となった。

人）にとどまった。沖縄県船の隻数が増加しなかったのは、売魚価格、労働条件が悪かったからで、次に述べるパプアニューギニアやソロモン諸島に出漁先を転換していく。パラオのかつお漁業はアメリカの会社が撤退して昭和五七年に終わりをつげた。

パプアニューギニアでは昭和四六、四七年に日本が三社、アメリカが一社、現地法人を設立して始まり、沖縄県船は売魚契約に基づいて出漁した。四社のかつお漁船は三〇～四七隻であるが、そのうち沖縄県船は七割を占めた。しかし、昭和五〇年から五七年にかけて四社とも独立に伴う混乱、現地化政策（資本、漁船、乗組員などを現地側に移す政策）などで撤退してしまう。かつお漁業の中止は同国の重要な輸出産業を失うばかりか、沖縄県にとっても打撃が大きいことから双方で再開交渉がもたれ、五九年から再出漁が実現した。この時の出漁船は八、九隻であったが、体制が不十分で、また市況が低迷したことから二年間で中止に追い込まれた。

ソロモン諸島では、日本の水産会社が試験操業を経て、昭和四八年に現地政府と合弁会社を設立し、冷蔵庫、缶詰、かつお節工場を建設した。沖縄県からの出漁は、試験操業時には六隻であったが、その後増加し、昭和五三年には一八隻に達した。しかしその後は減少し、平成一〇年からは現地船籍となった。漁船の乗組員数も減少して、当初は二四二五人であったが、最終的には幹部船員だけになった。南太平洋地域で唯一残った合弁企業も平成一二年には、日本の水産会社が撤退し（現地資本だけとなった）、沖縄県人も全員引き揚げている。直接的な原因は、部族紛争の突発である。

沖縄県の南方基地かつお漁業は、昭和四五年以降急増し、五三年には五四隻、その漁獲量は五万七九〇〇トンに達したが、その後は主要な輸出先であるアメリカの不況、独立に伴う混乱、現地化政策の強化、より漁獲能率の高いまき網漁業の台頭などで衰退し、合弁企業も撤退して終息した。沖縄県の出漁船はほとんどが宮古の所属であった。

南太平洋地域の基地かつお漁業の終焉は、沖縄県の海外漁業の終焉となった。一方、昭和四〇年代に花形漁業となった沖縄県の遠洋かつお・まぐろ漁業も二〇〇カイリ規制とオイルショックを契機に衰退している。

七　結びにかえて

沖縄県の海外漁業は、明治中期の台湾出漁から平成一二年の南方基地かつお漁業の終焉まで、戦後の空白期を挟みながらも、一〇〇年近い歴史をもっている。他府県に比べて、遅れてスタートしたものの、昭和四〇年代からの南方基地かつお漁業の分だけ長く続いたといえる（合弁企業を除く）。

沖縄県の海外漁業の期間は長いし、南方に限れば漁業者の大多数を占めたが、それは沖縄県人が海洋民であったわけでも、特に進取の気質に富んでいたからでもなく、沖縄県の地理的自然条件、政治的経済的状況のしからしめるところであった。沖縄県人の漁業は、南北アメリカやフィリピン・ダバオのように農業移住者が一時的に着手した例はあるが、圧倒的に南洋方面への出漁が多い。それは、他府県に比べて、南洋は沖縄県から近いし、自然条件や漁業の条件が似ていて、沖縄県の漁業や生活をそのまま持ち込めたからである。

沖縄県の商業的漁業は明治三〇年代に糸満漁業とかつお漁業という形で確立するが、両者の性格は全く異なるにもかかわらず、南洋出漁は過剰操業の「はけ口」として展開した点では同じである。追込網漁業は「糸満売り」によって糸満漁民を次々と産みだし、出漁先を西日本一帯、さらには台湾・外南洋へと拡げていく。採貝藻出漁がその先陣をきった。

昭和初期に、沖縄県の経済が沈滞する一方、繁栄を謳歌した欧米の植民地である外南洋に追込網漁業が、日本の植民地となり開発が進む南洋群島にかつお漁業が大挙して進出した。出漁先においても、後続グループが漁業地を拡大し、外南洋で日本人漁業に対する規制が強まると、南洋群島や台湾からの遠洋採貝漁業が展開する。南洋群島のかつお漁業は飽和状態になると、蘭領東インドや北ボルネオへ押し出していく。

戦後、追込網漁業は「糸満売り」の禁止で、その膨張力を失い、また国際政治経済の変化は戦前型の再現を許さなかった。戦後の本格的な海外漁業となった南方基地かつお漁業は経済的な面だけでなく、漁業技術の移転や国際交流にも大きな役割を果たしたが、ついに幕を閉じた。

このように、沖縄県の海外漁業は、世界的な経済変動、植民地支配をめぐる日本と欧米との対抗、戦後は独立をめぐる政治変動に規定されながら、展開してきた。すぐれて歴史的な所産であった。

海外漁業はなくなったが、その足跡は、追込網漁業ではインドネシアではMUROAMI（ムロアミ、追込網漁業の別称）として、日本式のかつお漁業はミクロネシア地域、南太平洋諸島、インドネシアなどで根付いている。また、少数ながら現地に溶け込んで漁業を営んだ沖縄県人がいることも忘れてはならない。

〈参考文献〉

本稿は、拙稿「海外漁業」『沖縄県農林水産行政史』第八・九巻『水産業編』（農林統計協会、平成二年）を要約したものである。戦前については、拙著『南洋の日本人漁業』（同文館、平成三年）、戦後については片岡千賀之・松田恵明「現地化政策の進展とその役割――フィジー・ソロモン諸島のカツオ・マグロ漁業を事例として」『漁業経済研究』第二八巻三号（昭和五八年一二月）、拙稿「パプアニューギニアにおける資本制漁業の展開と現地化政策」『南海研紀要』五巻一号（昭和五九年）などで、沖縄県の海外出漁についても詳述している。

最近の関連文献として、望月雅彦「(有)皇道産業焼津船団と沖縄漁民――戦時下「水産業南進」と沖縄漁民」『沖縄文化研究』二四号（一九九八年三月）、川上善九郎『南興水産の足跡』（南水会、平成六年、非売品）、ソロモン諸島のかつお漁業を研究した若林良和『水産社会論――カツオ漁業研究による「水産社会学」の確立を目指して』（御茶の水書房、二〇〇〇年）がある。

また、沖縄県のかつお漁業の歴史については、大工義紀「かつお・まぐろ漁業」前掲『沖縄県農林水産行政史』第八・九巻『水産業編』、糸満漁業については、上田不二夫『沖縄の海人――糸満漁民の歴史と生活』（沖縄タイムス社、一九九一年）、中楯興編著『日本における海洋民の総合研究――糸満系漁民を中心として』上巻・下巻（九州大学出版会、一九八七年、八九年）が参考になる。

南洋ノート——踊り

仲程昌徳

土方久功が、南洋に旅立ったのは、一九二九年（昭和四）三月七日。九日の朝、土方は浴衣がけの男女がどこからともなくぞろぞろ甲板に現れてきたのにびっくりする。パーサーに尋ねると、「南洋に出稼ぎに行く人たちで、沖縄で乗りこんだ」のだが、「横浜あたりでは、あの浴衣姿では、寒くてとても出てこられないので、船底の三等船室にとじこもっていた」のが、「今日は、朝からほかほかと暖かくなったので、上にあがってきた」のだと言う。そして、「ご存じかと思いますが、沖縄の人たちは歌踊が大好きで、誰一人踊れないという人がないほどなので、晩になると、あの人たちのいる船底は歌踊りでたいへんな賑やかさ」（土方久功「わが青春のとき」『土方久功著作集6』所収）であると言う。

土方は、その晩さっそく船底におり、沖縄の踊りを見る。最初に「支那楽のような、いくぶん哀調のある歌——しかしテンポはとても早い——に賑やかな囃がはやしたて、踊り手は長いあいだを、初めからしまいまで、軽いスタッカトで、スパニッシュ・ダンスのあるもの、あるいは感興の権化のような、躁急なジプシーの踊りを思わせる踊り」から始まり、次に「二人の男は女に扮して、ある結髪のように頭に布を巻きつけ、余りをながくうしろにたらして、しなやかな手ぶりを上手に踊った」踊りに移り、それから「男と女（これも男が扮した）との二人の踊り」で、「男が女のところに忍んで行く」踊りへ、さらに「荒々しいしぐさで恐ろしい顔つきで踊られた」「仇うちの踊り」、そして「歌なしの、囃だけに合わせて拳闘あるいはカラテの型を踊る」もので、「日本の剣舞のようでもあるが、全然物語りは含まれず、力と型とを叙実に表したもので、いろいろの型があるらしく、三人ばかりが代わる代わるやったが、皆それぞれ違った型で、どれもみな真剣な、恐ろしいような真面目な」踊りといった風で、船底で次々に踊られていく沖縄の踊りを見ている。

テンポの早い踊りを初め、剣舞のような踊りにいたるまで、その一つひとつが何と呼ばれる踊りであったか、土方は記してない。それは、「通訳」に立った沖縄の青年が演目を言わなかったことによるかとも思われるが、踊り手について土方は、「女も踊るそうであるが、男の方が普通に踊るらしい。私たちが見た時は、男ばかりで、女は踊らなかった。男たちは誰でも踊れるらしく、かわるがわるに蛇三絃や太鼓を持ちまわし、踊り手も次々に代わりあった」と、書いている。一九二九年頃までは、「男の方が普通に」踊ったのであろうか。

パーサーが、土方に耳打ちしたように「沖縄の人々は歌踊りが大好きで」あった。それは、旅の第一歩の船中から、「歌踊」に明け暮れしているように見えることからしてもわかるが、沖縄の「歌踊り」は、南洋の島々いたるところで鳴り響き、南洋を訪れた者たちに強烈な印象をあたえた。

私の親しい友人で、南洋興発の幹部社員の河村清さんと、事務長の木下儀三さんが、或る夜、沖縄の女の家へ案内してくれた。二三軒つぎ〳〵と歩いて見たが、女たちはたゞあるがまゝをかくさずに見せてくれた。

湖月という家へ最後に行ったとき、河村さんが女たちへ、沖縄の踊りを見せてくれと云ったら女たちはすぐ蛇皮線と、太鼓を叩いて沖縄の言葉で唄い出した。その太鼓なり蛇皮線なりが何となしに、一種の哀調に似たものがあった。そして、赤い扇を二つ持った女が踊り出した。

「何の踊りです？」

私は聞いた。

「貢船というのでしてね」

河村さんが教えてくれた。その説明によると、これは昔、沖縄から薩摩の島津家へ貢物を積んで行く船出を唄ったものであった。それを聞いた瞬間、

「これはいかぬ」

と、私は感じた。何故かなら、伝統は尊ぶべきものにちがいなかろうが、今日、そうした唄と踊りとを、何の気もなしに用いていることは、沖縄の人々の上へ、云いようのない気の毒さを覚えるし、また、名誉なものでない唄と踊りだ。こんな「貢船」なんか、太平洋の波の中へさらりと投げこんでしまったほうがいゝ気がする。私の「遊び」という気分が、ひどく、この唄と踊りでこわされてしまった。そして、二度と、こうしたものは見たくないと思った。

だが、その後、パラオ島へ行っても、沖縄の女は、踊れというと、この「貢船」をきっと踊って見せる。何だか、哀しい心琴の糸をかき鳴らすように私に打ち迫ってならなかった。

海に剛健な沖縄県人たちの、かくされた胸のうちには、いつだって、やさしい、情緒があふれていて、たとえ、外のどんな踊りを見ても、かすかな哀調を感じる——或いはこれでいゝのかしらんとも思う。

安藤盛が、「貢船」という踊りを見たのは、サイパンの「湖月という家」であった。一九三五年（昭和一〇）のことである。安藤は、同じ踊りをパラオでも見たという。安藤の「心琴の糸」をかき鳴らした「貢船」を始め、「哀調」を感じさせる踊りが、南洋群島の至る所にあった「沖縄の女の家」で踊られていたと

いっていいかと思うが、沖縄の踊りは、時代が下るに従って、いよいよ盛んになっていったように思える。
丸山義二の『南洋紀行』には、次のような記述が見られる。

南十字星をいただく南洋の島の夜は、内地の夜のように闇がくらくない。ほのかな闇である。私がこのコロールの町についたのは、この三月三日の朝であったが、その夜、島の新聞社の招待で、琉球の踊をみせてもらった。日本農民の南進部隊として、その先頭に立っているのは、何といっても沖縄の同胞で、そのためか蛇皮線をひくいわゆる琉球娘たちも相当に海を渡ってきているのだという。

私がその夜みた琉球踊は、御前風、上り口説、八重山踊、四つ竹、浜千鳥、勝連節、天の河、薙刀踊の八種であったがいちばん心にのこったのは、「勝連節」という踊であった。それは二人の娘が漁師の夫婦にふんしておどるのだが、男は白い鉢巻、女は赤い鉢巻、ながい櫂をかついでもどってきた男を磯に迎えて、あんたが心がわりをしていても、わたしはかわらないというそういう妻のまごころをしめす踊で「勝連」という島名をとったものだとのことであった。

丸山が、パラオの中心地コロールで「沖縄料理をくいながら沖縄芸妓のおどりをみようというので」「南洋新報社の招待で、町の料理屋」へ行ったのは、一九四〇年（昭和一五）三月。丸山の見た演目の中には「貢船」は入ってない。安藤が「二度と、こうしたものは見たくないと思った」という踊りは、パラオでは、もう踊られなくなっていたのであろうか。

丸山は丸山で、「勝連節」に心を奪われている。沖縄の踊りは、日本内地からきた旅行者それぞれに異なる感銘を与えていたことがわかる。

「料理屋」での、沖縄の踊りの盛況は、安藤や丸山の紀行からも窺われる通りであるが、一九四〇年代になると、沖縄の踊りは、南洋において欠かせないものになっていたかに見える。それは、「料理屋」とは全くかけ離れた「公学校」（島の人たちを集めた日本語学校）でも演ぜられるようになっていくからである。

中島敦は、「日記」（『中島敦全集2』ちくま文庫所収）の一〇月二五日（一九四一年、昭和一六年）に「一二時半より、公学校にて、海軍慰問演芸会を見る、沖縄踊多し、面白きものも少からず。――読みにくき踊の名――上り（下り）口説。谷茶前。花風。川平節。等、四時に終る」と書いていた。

中島は、また同日のことを、「ヒマだから、今日は夏島町演芸会（〇〇慰問）を見た。沖縄踊りが沢山あって面白かった。日本の踊りは、おかしくて見ちゃいられない」（中島前掲書、〇〇は伏せ字、機密事項として手紙には書けないものになっていたのであろう――引用者注）と、一一月三日消印のある妻あて書簡でも書いていた。「夏島町」は、トラック諸島のうちの一つで、南洋庁支庁の置かれていた地であるが、そこでは、「海軍慰問」のために「沖縄の踊り」が「公学校」で演じられたのである。

「料理屋」はともかく、海軍慰問のための「公学校」での公演にまで沖縄の踊りが登場したのは、しかしそう不思議なことではない。南洋庁発行になる一九四二年版『南洋群島要覧』を見ると「昭和十六年末現在で、男五二、三三一人、女三七、七四一人、計九〇、〇七二人に達した。之等在留邦人を本籍地別に見れば、殆んど、全府県に亘っているが、就中沖縄県最も多く」とあるように、南洋の至る所に沖縄の人々はいたし、彼らは、「誰一人踊れないという人がないほど」であったし、サイパンやテニアンには、沖縄県人専用の劇場もあった。

一九三二年（昭和七）頃からは、沖縄の名優たちも往復していて、慰問演芸会等の踊り手に事欠くことはなかったはずである。

島袋光裕『石扇回想録――沖縄芸能物語』には、次のような記述が見られる。

たしか昭和七年と覚えているが私は平良良勝、我如古弥栄、親泊興照、翁長小次郎氏らと組んで南洋サイパンへ渡ることとなった。サイパンに「南座」という劇場ができ、そのこけら落としのための招待興行で、話を持ちかけてきたのは仲本興正氏であった。

むこうでは割に好評で、在留をすすめる県人もいたが、やはり私たちの心は沖縄にあったので、すぐに帰ってきた。

私たちが南洋で公演して帰ったすぐあとに、渡嘉敷守良、伊良波尹吉氏らもテニアンの「朝日座」というところで興行している。

渡嘉敷氏らの場合、テニアンの劇場経営者具志幸助氏から電報で「役者三人を招へいしたい」旨の依頼があり、守良氏には「月給百円、往復の旅費、宿泊料など一切具志氏が負担する」という好条件がついた。そこで安慶田賢明、小那覇義男の両氏とともに昭和七年四月、那覇港を出発して横浜経由で五月六日にテニアン「朝日劇場」で公演している（「渡嘉敷守良自伝」より）。

守良氏らは、私たちと違って二カ年もテニアン、サイパンを往復しながら公演をつづけている。だが、最初は経営も順調にいって、ついにサイパンの「南座」まで手に入れることができたのに、後に失敗を重ね、遂に劇場も手放してしまった。

「沖縄芸能略年表（明治元年―昭和二〇年）」（真栄田勝朗『琉球芝居物語』）の一九三二年の項に「〇渡嘉敷守良、南洋テニアン朝日劇場へ、安慶田賢明、小那覇義男同行　〇平良良勝、島袋光裕、親泊興照南洋へ公演　〇伊良波尹吉南洋へ行く」とあるのは、「渡嘉敷守良自伝」によるものであろうが、南洋へ渡ったのには、その他に真境名由康や上間昌成（『沖縄芸能大鑑　解説・資料・名簿』）などがいたし、その他、さらに多くの芸能人が南洋にはいたはずである。

南洋は、いわばもう一つの沖縄と言ってもいい地であった。そうして、南洋は、沖縄の歌と踊りに、大きな変化をもたらす可能性を秘めた地でもあったかに見える。テニアンで生まれた「南洋千鳥節」は、その一つである。

矢野輝雄は、伊良波尹吉に触れて「洋舞なども研究し、バレエの手振りを取り入れ、洋服で腕輪をして踊る「南洋千鳥節」のような優れた踊りもテニアンで作っている。そこでは伸びやかな体の使い方が沖縄舞踊の手とうまく溶け合って新しい舞踊の世界を作り上げているのを見出すことができる」(『沖縄舞踊の歴史』)と書いていた。矢野が指摘している手振りや衣装については、伊波妙子の「調査ノート3　南洋千鳥」(『具志川市史だより』平成一〇年三月)に、「カナカのフリフリダンスと言われているものや、フィリピンのダンスなどを取り入れて作られているという」証言、「南洋の雰囲気を出すために、暑いから白いドレスを着るんだよ」と伊良波尹吉に言われ「白のドレスに紫の腰布を結び、髪をたらした」という証言、また「裾と襟ぐり、袖口にフリルの付いた、くるぶしまでくるピンクの長いドレスを着用し、首には黒のガラス玉のネックレスをして、髪は後ろにたらし、頭にはピンクのリボンを結んだ」といった証言が見られるが、「南洋千鳥節」は、南洋体験がなければ産まれなかったものであることは、言うまでもない。そしてそれは、南洋という地が、西洋でも東洋でもないばかりか、日本でも沖縄でも勿論なく、奇妙な沸騰状態にあったことと深く関係していた。

「南洋千鳥節」は、沖縄という身体に、南洋のリズムを乗せた踊りだといえばいえる。そして、あの「洋服で腕輪」、或いはピンクのドレスに「黒のガラス玉のネックレス」という衣装が可能であったのは、「南洋」という地であったからに違いない。

南洋に旅した文筆家たちの文に、「南洋千鳥節」に触れて書かれたものを、いまだ見出すことは出来ない。劇場ではともかく、料亭、料理屋ではまだそれほどはやってなかったということだろうが、「南洋」という、かつて沖縄の人々が人口の六割を占めていた島が生み出した踊りは、土方ならずとも「スパニッシュ・ダンスのあるもの」や「ジプシーの踊りを思わせる踊り」として、ある驚きをもって迎えられたのではなかろうか。

「植民地は天国だった」のか
――沖縄人の台湾体験――

星名宏修

一　晴れ着と植民地

「植民地は天国だった」というサブタイトルをもつ『聞書水俣民衆史』第五巻の口絵に、朝鮮北部の興南に建設された日本窒素の工場へ渡っていく家族の写真が掲載されている（一七〇頁上）。前列中央に立つ少女は、「朝鮮てどんな所かなぁ。父がよっぱらって、「海を渡れば、わしもじゅん社員ぞ。おまえたちにもよかくらしをさせてやるばい」といいました。だから、私もきっと新しいズックを買ってもらえると思います[1]」と、書き記していた。

朝鮮に渡った数年後、彼女は新しいズックどころか、美しい晴れ着を身につけている（一七〇頁下）。貧しい一家にとって、朝鮮に渡るという選択は、故郷水俣では不可能な「よかくらし」を実現する、数少ない手段であった。

こうしたことは、この家族に限られていたわけではない。「水俣の生活はみじめ、ただみじめだったもんなぁ。乞食せんばかりの暮らしだった」（同書二〇三頁）という人でさえ、「海を渡って朝鮮に着いたとたん、日本人であれば生活は一段も二段も上がる。一八〇度変わっとたい」（二〇一頁）という。生活の激変は貧しい民衆に、「植民地に行ってみれば、日本人に生まれてよかった、てはじめて分かるもんな。親鳥の羽の下たい。そのことは、朝鮮人も認めとったんじゃもんな」（一二四頁）と実感させたのであり、彼ら／彼女らにとっては、まさに「植民地は天国だった」のだろう。

もう二枚、植民地で撮影された晴れ着写真を紹介しておこう。石垣市が刊行した写真集『八重山写真帖――二〇世紀のわだち』の第六章は、「あこがれの台湾での生活」と題され、台湾における八重山出身者の姿が、様々な形で記録されている。次頁上は「晴れ着を着て記念撮影」というキャプションがついた、一九三二年頃の台北での一枚。下は一九四〇年元旦に基隆で撮影された、「台湾での正月」である。彼女らの晴れ着は、同書に収録された八重山の人々の質素な姿と対比する時、その華やかさが一層ひきたって見える。

戦前の沖縄出身者（以下、沖縄人と略記）は、「あこがれの台湾」で、いかなる生活を営んでいたのだろうか。

①

上：植民地への旅立ち（昭和10年，少女尋常小学校４年）
下：同少女高等小学校卒業記念（14歳）
（岡本達明・松崎次夫編『聞書水俣民衆史』第五巻，草風館より）

本論は沖縄人が、植民地台湾／台湾人と出会う様々なかたちを、いくつかの場面ごとにスケッチしようという試みである。

二　「あこがれの台湾での生活」

そもそも日本統治下の台湾に、どれだけの沖縄人が居住していたのだろうか。水田憲志によれば、沖縄から台湾

上：晴れ着を着て記念撮影（昭和７年頃，台北）
下：台湾での正月（昭和15年，基隆）
（『八重山写真帖――20世紀のわだち』上巻，石垣市発行より。石垣京子氏所蔵）

への移住が本格化するのは一九二〇年代以降のことだという。飢饉のため「ソテツ地獄」とも表現されたこの時期には、台湾だけではなく、大阪や南洋群島へも仕事を求める多くの沖縄人が出稼ぎ／移民として流出していった[2]。

この当時、台湾からやってきたある観察者は、沖縄の状況について次のような記録を残している。

「人民は皆な甘藷を食べて居り、生活程度は頗る貧弱で台湾とは較べものにならぬ。（中略）台湾人が琉球の人のことを内地の生蕃と謂ふが、全く内地の生蕃のやうな気がする。さう云ふ風で産業は頗る発達して居らぬ。（中略）私が考へても彼地が台湾総督府にくつ附いて居ればもつと遙かに進歩したと思ふ[3]（後略）」。

水田の調査によれば、日本全国から台湾に渡った人々は、一九一五年の時点で一三万五三三九人。そのうち沖縄人は一五九四人で、わずか一・一八％に過ぎなかった。ところが一九四〇年には、三一万二二二人のうち一万四六九五人にまで急上昇し、その比率は四・七〇％に達している。さらに一九四四年七月にサイパン島が陥落した後、宮古・八重山の住民に対する台湾疎開が実施され、一万五〇〇〇人から二万人におよぶ沖縄人が、危険な海を越えていったのである[4]。これらの疎開者を含めて、台湾からの引き揚げが戦後に大きな社会問題となるのだが、この点に関しては次章で述べる。

ところで台湾に渡った沖縄人を県内の出身地域で分類すると、大きなばらつきがあることに気づく。一九三五年末の「殖民地在住者調[5]」によれば、台湾在住の沖縄人三九三〇人のうち、宮古郡出身者が八九七人（二二・八二％）、八重山郡出身者が一四五四人（三七・〇〇％）を占め、両地域で六割に達する。八重山郡の人口が県全体の六％に過ぎないことを考えれば、この地域にとって台湾がいかに身近な存在であったのかが理解できるだろう[6]。

それでは八重山諸島からは、どのような人たちが、いかなる思いを抱いて台湾に赴いていったのだろうか。台湾在住経験者二六名（男性一一名、女性一五名）に対して水田が行なった聞き取り調査をまとめると、以下の四点が浮かび上がってくる。

一、ほぼ全員が学校卒業後の、一〇代後半から二〇代前半に台湾に渡っていること。
二、台湾での居住地は、台北と基隆が多いこと。

三、台湾での職業は、ほとんど家族や親戚、同郷などの人脈を通じて、最初の仕事を探していること。
四、女性が台湾で働くのは、現金収入を求めると同時に、「嫁入り」前の「行儀見習い」と見なされていたこと。

こうした特徴は、当時の新聞記事によっても裏づけることができる。一九三一年の記事「本郡女性の台湾進出女中奉公が断然リード」は次のように述べている。

本郡女性が台湾に出稼ぎに行つて居る者の数は八四三名に上り、その職業別、都市別、出身町村別は次の通りである。

▼職業別　人員
普通下女：五一八人（六二・一％　括弧内のパーセンテージは引用者）　旅館女中：九四人（一一・三％）
奉職：五二人（六・二％）　料理屋飲食店雇員：四一人（四・九％）　就学中：二三人　芸妓娼妓：二一人
其他：九三人
▼都市別　人員
台北：四六九人（五六・二％）　基隆：二五三人（三〇・二％）　台南：四七人　台中：三〇人　高雄：二七人　新竹：五人（以下略）
▼出身町村別
石垣：三二七人　竹富：二八〇人　与那国：一七六人　大浜：六〇人[7]

「普通下女」「旅館女中」として働く彼女たち[8]にとって、台湾で生活することは、単なる「出稼ぎ」にはとどまらず、郷里では味わえない都会生活を満喫する手段でもあった。一例をあげてみよう。一九一三年生まれの登野城ヨシは、一四歳で叔父のいる台湾に行き、総督府に勤務する日本人の家で働きはじめる。一三円で始まった給料は一年後には一五円にあがり、友だちと誘い合っては夜店をひやかしたり、古本屋で『講談倶楽部』や『婦人公論』

を安く購入するなど、「毎日が楽しかった」と当時を思いおこしている。(9)

しかし彼女たちの「派手」な生活は、故郷の新聞によって厳しく非難されていた。『先嶋朝日新聞』に掲載された次の記事は、その典型的な一例である。

所用あつて台湾へ行つたら　台湾ではこの貧弱な八重山が思の外よく知られてゐるのに驚いた　八重山が何んでよく知られてゐるか?女中の産地として　然かもその女中が質の低劣なることであることを聞かされて　いや実際見て二度吃驚した　台北の南門街　児玉町のカフエーに巣喰つてゐる女は八重山産が大多数である　其外城内城外カフエーのある限り八重山女の白首のゐない所はない　八重山を出る時には女中奉公の枚《ママ》で出稼に行くが台湾に来て本当に女中として働いてゐる女は雨夜の星位のもので　彼等の多くは虚栄の夢にうかされてカフエーか料理屋飲食店へと流れて行く（中略）而して来る島の女はかくの如くにして五色の酒をあほり　ジヤズに踊り狂ふてゐるのである（中略）女中奉公を名として渡台させた島の父兄はこの事実を本当に知つてゐるのであらうか　知らずにゐるだらうか　娘が送金したことを喜んで自慢してゐるだらうか?（中略）この娘子軍が故郷に帰省するのが十名もゐた　皆揃つて高貴の姫様の様な身なりをしていらしやるがその語を聞くとウンザリする　旦那とカフエーの話で持ち切り　十人の内五人迄が袖では隠し切れない下腹のふくらみ方よ!!!（中略）彼等孕み女は果して何処へ行くだらうか(10)

この記事が批判するように、たしかに多くの若い女性が、八重山から台湾に渡っていった。晴れ着で帰省する彼女らの姿は、まだ台湾に行っていない者にとって、おそらく魅力的に映っただろう。水田論文によれば、一九三五年の時点では、竹富村の女性のうち、実に九・六%が台湾に居住しているのである。(11)

これほどまでに彼女たちを惹きつけるものが、当時の台湾にはあった。一九二五年に竹富島で生まれた大山正夫は、自伝的回想録のなかで次のように述べている。

出稼ぎに言《ママ》った島の娘たちは、二、三年にして一度は島に帰ってきた。色は白くきれいな言葉使いに島の青年達はよろこんだ。渡台前は道で会っても話をしない。遠慮して逃げて行った色の黒い娘が美女となって現れ小学校時代のなつかしい思い出話、それに台湾の話になると三線道路、アスファルト、ネオンサイン……の判らない聞いたことのない言葉が次々と聞かされ楽しく夜の更けるのを知らない。文明開化の洗礼をまともに受けた島ぐわ青年たちは驚嘆する。そして心惹かれてゆく、この二、三年で十年の遅れを感じた島の娘たちは格差に悩み台湾行きを一人で決める。[12]

台湾における近代的な生活（＝「文明開化」）とは対照的に、「生活程度は頗る貧弱で台湾とは較べものにならぬ」（前掲注3、関口泰）とされた故郷の沖縄／八重山。[13]「虚栄の夢」と批判されようとも、台湾に行くことは、貧しい彼女たちにとって、「晴れ着」や「きれいな言葉使い」を身につけることが可能になる、数少ない手段であると考えられていたのである。ここには水俣では実現できない「よかくらし」を求めて植民地朝鮮へ渡った多くの人々と、まったく変わらない動機を読みとることができる。[14]

しかしここで押さえておくべきことが、少なくとも二つはあるだろう。一つは、沖縄人を含む植民者の快適な暮らしの裏には、それを支えた台湾人／朝鮮人の厳しい生活があったということだ。この点に関しては植民者自身も非常に自覚的で、朝鮮人の貧しさについては、『聞書水俣民衆史』のなかで多くの人が言及している。[15]だが朝鮮人の悲惨な生活こそが、逆説的に「日本人に生まれてよかった」という感覚をかき立てるのであり、台湾に渡った沖縄人も、台湾人の貧しさを「発見」[16]することで、「日本人意識」／「帝国意識」を内面化していくことになった。

もう一点考えておかねばならないことは（朝鮮在住の水俣出身者は経験せずに済んだはずであるが）、植民地における沖縄人差別の問題である。当人がどのように自らを定義しようとも、植民地／台湾においても、沖縄人は「亜日本人」と見なされていた。だが多くの場合、被差別体験は沖縄人の「日本人意識」をより強固なものにし、同時に台湾人への抑圧移譲へと、彼ら／彼女らを導いたのである。[17]

とりわけ沖縄人の話す「日本語」は、格好の揶揄の対象になった。戦後の石垣島で刊行された雑誌『八重山文化』に掲載された小説「人間の壁」には、沖縄人の植民地体験が描かれている。その中には日本人の沖縄人観を表現した次のような一節がある。

「あれはね、君、沖縄の女だよ。」色つ黒い、あごの長い片方の男がいつた。「どうりですごいと思つたよ。しかしまあ沖縄の女にしては、あれなど、垢ぬけのしている方さ」（中略）「だいたい君、沖縄の奴は、話のわからないのが多いよ。台北あたりいつて見ろ。市内の女中は全部、沖縄の女が占めているんだよ。僕らの役所の宮良など見ろよ。まるで融通のきかない……日本語さえろくに話せないじやないか。日本人には遠い連中だよ」（中略）「いや、とにかく、琉球人は、支那人に近いかも知れんよ」と大きい方はいつた。「ほら、この前、うちの役所の地方課にはいつた、石川という若い奴がいるだらうあれなどは、履歴書に、沖縄の中学を卒業したようなことは書いてあつたが、電話ひとつかけきれないんだからね。電話の相手の話もよくききとれないし、また、奴さんの言葉も相手にわからないといつた具合でさつぱり電話の要領を得ないんだよ。課長は毎日こぼしているよ」「あいつらに出来るのは、チヤンチユウのような強い泡盛をのむ位だよ……とにかく野ばんだな」そういつて、二人は声立てて笑い出した[18]

作者中間英の本名は大浜英祐。一七年間におよぶ台湾生活を通して、おそらくは様々な沖縄人差別を体験したはずである。彼が同じく『八重山文化』に、谷蔵三という別のペンネームで発表した小説「引揚者」には、「殖民地に於ける多くの琉球人と同様、琉球人であることを、口にも顔にも出さないやうにこれまで強いられてきた卑屈感」を秘めた主人公が、戦後、沖縄ではなく「日本々土へ日本人として、引揚げてゆくことを、いかにもえらくも見せ、美しくも感」じてしまうという、屈折した心理を描いている。[19] だがこのように意識せざるをえないように沖縄人を追い込んだ被差別体験だけでなく、主人公を含めた植民者が、「在住民にたいするくだらない優越感」を抱いていたことも、作者は書き忘れてはいない。

ところで先に紹介した『昭和の竹富』には、八重山出身の「女中」たちが引きおこした数々の失敗談が回想されているが、これらはほとんどが彼女らの「日本語」の「不自由」さに起因するものだ。ここでは二つだけ紹介しておこう。特に最初のエピソードは、「人間の壁」でも問題にされていた、電話の対応をめぐる小話である。

台湾でのネーヤは勝手に外出することは出来ずカゴの鳥でした。店にいて一番こわいのは電話の対応であったという。

大正の末期、台北市京町の丸八商店で働いていた大山泰さんは忙しく動き回っていると「リンリン…」という電話が鳴った。おそるおそる受話器をとると「モシモシ、モシモシ…」と言う美しい声が聞こえた。泰は「こちらは丸八です。モシモシではありません」…と言って受話器を置いた。

暫して又「リンリン…」と電話が鳴った。

「モシモシ、電話が混線していますからきって下さい」とあちらさんから言ってきた。泰は慌てて鋏で電話を正に切断しようとしたところを店員に発見され大事には至らなかったという。[20]

上間ヨシは上流家庭でのネーヤでした。特に言葉使いは厳格で電話やお客、家族に対する言葉はその場で教えていたという。そして言葉にはできるだけ「お」を使うように指導されていた。

或る夕方床の上に女の子が遊んでいた。それを見たヨシさんは「奥さん、オトコの上に女の子が乗っている」と報告した。奥さんはびっくりした。

「ネーヤこういう時には「お」は使いませんよ」と説明した。

翌朝桶の中の豆を見て「奥さんケの中の豆はどうしますか」と言った。奥さんは驚いたが後で「桶の中の豆の事でしょう」…と言って、ネーヤそう言う時は「お」をお使いなさいと指導した。

毎日、奥さんの顔を見ながら一喜一憂でお話をしていたという[21]。

今日でこそ「笑い話」として思い起こされるこれらの失敗談は、当時は沖縄人とは、「日本人には遠い連中だ」という評価を裏書きするものと見なされていたのだろう。一九四〇年に始まる「沖縄方言論争」のなかで、評論家の杉山平助は沖縄人の話す言葉を、「日本人としてあんな言葉を使つて、将来生きてゆくことは、恐るべきハンディ、キヤップ」とした上で、「アクセントは支那人の日本語に近く、そのため我々との接触に、れき〳〵とヒケメを感じてゐることが看取される。いはんや一般民衆の会話など、チンプンカンプンで秋田や青森等と比較されるべきものではない。琉球はただでさへ、生産力に乏しく民度低く見るからに痛々しい島である。その上あんな言葉の重荷を背負つてゐたのでは、その意図する県外発展の領域でも、深刻に不利たることを免れまい」と決めつけていたのである[22]。

小説「人間の壁」において日本人から吐かれた、「琉球人は、支那人に近いかも知れん」という台詞は、沖縄人の言葉を「支那人の日本語」になぞらえる杉山の感覚からそれほど離れてはいない[23]。そして戦前において日本人が「支那人」に対して抱いていたイメージは、基本的にネガティブなものであったことは、周知の通りである。

もちろん植民地において「正しい日本語」が話せないのは、沖縄人に限られたことではなかった。だが、そうした人々に対しては、居丈高な批判が容赦なく投げつけられていた[24]。「あこがれの台湾」で暮らした沖縄人の「楽しい」日々の記憶には、屈辱的な差別体験も同時に刻みこまれていたのである[25]。

三　引き揚げ——「琉球的孩子們」

一九四八年五月七日、『台湾新生報』の副刊「橋」第一一〇期に、「琉球的孩子們（琉球の子どもたち）」という短編小説が掲載された（一八一頁写真）。作者の黄昆彬は台湾師範学院英語系の学生で、彼が日本語で書いた作品を、同大学の史地系に在籍していた林曙光が中国語に翻訳したのである。

掲載紙『台湾新生報』は、一九四五年一〇月二五日に、台湾省行政長官公署宣伝委員会の機関紙として創刊された[26]。「光復」直後の台湾で、政令の宣伝と「祖国」中国文化の台湾への伝播を主要な任務とする新聞である。「光復」から一年後の一九四六年一〇月二五日、植民地時代の「国語」であった日本語は、新聞や雑誌での使用が禁止され、日本語を創作言語としていた多くの本省人文学者は、発表の場を奪われてしまう。一九四七年の二・二八事件後、長官公署が撤廃され、新たに台湾省政府が設置されると、『台湾新生報』も省政府の機関紙となり、事件で顕在化した本省人と外省人の対立を緩和すべく、副刊「橋」が同年八月一日から設けられることになった。編集長の歌雷は翻訳者を募り、日本語しか書けない本省人の作品を積極的に掲載しようとしたのである[27]。

「琉球的孩子們」の掲載よりおよそ二年前の一九四六年六月一九日、黄昆彬は台南で刊行されていた『中華日報』「文芸欄」に、日本語の小説「李太々の嘆き」を発表している。戦後、夫の転勤に従って中国から台湾にやってきた李太々は、夫のコネで不本意ながら科長にすえられ、本省人の部下とも親しくなれず、鬱屈した日々を送っている。当時大きな社会問題となっていた外省人の腐敗を扱ったこの作品は、本省人の怒りを正当なものと理解し、「純な気持で光復を祝つた彼等を裏切つたのは正しく私達なのだ」と悩む誠実な外省人女性が、「台湾に真の光明が訪れるのは何時の日の事だらう?……」と疑問を投げかけるところで結ばれている。「光復」の熱気が消え、外省人と本省人の対立が先鋭化しつつあったこの時期に、作者はあえて外省人を主人公にすえ、彼女の「嘆き」を表現しようとしたのである。敗戦後の沖縄人の境遇を描いた「琉球的孩子們」や、台湾人と結婚した阿部美子の凄惨な暮らしを題材にした「美子与猪（美子と豚）」（一九四八年八月三〇日「橋」第一五九期、潜生訳）にも見られるように、台湾社会におけるマイナーな存在への着目という黄昆彬の作品に顕著な特徴は、このデビュー作からもうかがうことができる。

小説「琉球的孩子們」は、一九四六年の晩秋、帰郷の船を待つために台湾各地から台北に集結して来た「琉球人」の悲惨な生活をテーマにしている。彼らの多くは、戦争中の強制的な疎開によって台湾にやってきたのであった。与えられた宿舎は豚小屋のようなあばら屋で、ごくわずかな配給でかろうじて生活を維持している。朝の点呼が終わり、お粥を啜った後、働けるものたちは、子どもを置いて城内に仕事に出かけるのが日課となっていた。

しかしそんなある日、××新聞社が主催する野球大会に、「琉球人」チームも参加する。[28] この日のために、彼らは一ヶ月も前から練習を積んできたのであった。××公司との試合が始まるや、ぼろを着た応援団に対して、相手チームから嘲笑のヤジが注がれる。試合は〇対〇のまま七回まで進み、××公司の攻撃はツーアウト満塁ワンスリー。「おーい、ピッチャー、腹が減っているのか。しっかりしろよ」という嘲笑的なヤジにかっとなった投手の弟が、××公司の一人に向かっていくが、あっという間に殴り倒される。一部始終を見ていた投手は戦意を失い、結局「琉球人」チームは惨敗してしまうのである。小説は、「ああ、琉球の子どもたちよ！　お前たちはどこへ行こうとするのか？　同じように漢民族の血液を受け継いだお前たちに、モーセのような指導者は、本当に現れないのだろうか？」という問いかけで締めくくられる。

小説の前半部で描かれている通り、日本の敗戦後、台湾における沖縄人の日々の生活は困難を極めた。従来からの居住者に加えて、戦争末期には多くの疎開者が台湾にやってきていたが、その多くは生活力の乏しい老人や幼児であった。台湾に取り残された沖縄人は、たちまち生活の糧を失うことになる。一九四六年八月一五日の『自由沖縄』に掲載された、「台湾に於ける沖縄人の動静」によれば、戦時中に台湾総督府が疎開者に支給していた生活費は、一日一人五十銭で、一ヶ月分の支給額でさえ一日の食費にもならなかったという。しかも敗戦後は、「生活費（一日五拾銭）を昭和二十一年三月分迄纏めて支給され、其の後は外部よりの援助は殆どなく専ら自己の力による生活を営まざるを得な」い状況に追い込まれていた。別の新聞記事でも、「現在では主食品の配給は全然なく、みな衣料その他を売り払つて僅に露命をつなぐと言つたやうな惨憺たる生活をしてゐます。（中略）このまゝにして

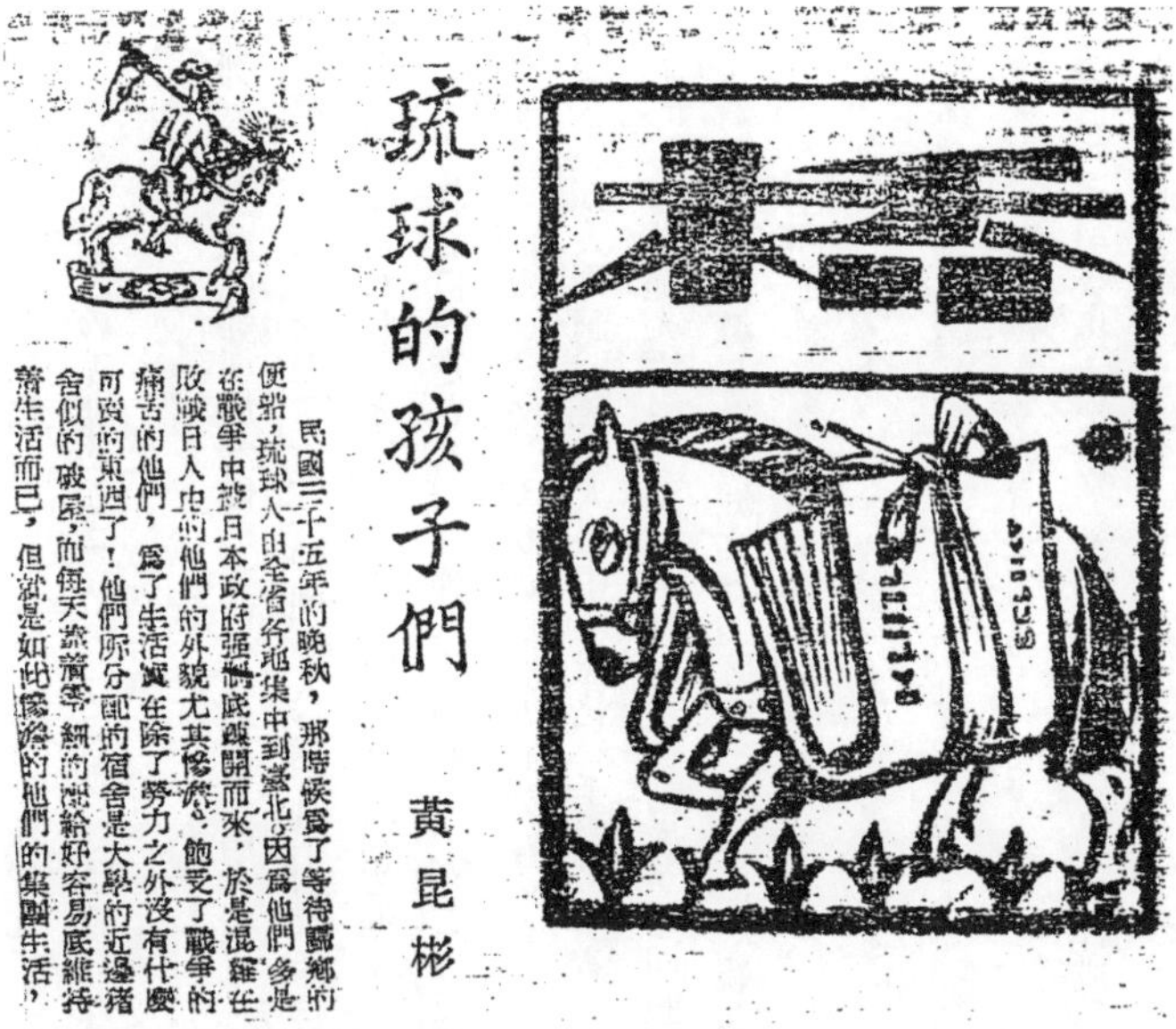

橋

琉球的孩子們

黃昆彬

民國三十五年的晚秋，那時候爲了等待歸鄉的便船，琉球人由全省各地集中到臺北，因爲他們多是在戰爭中被日本政府強制底離開而來，於是混雜在敗戰日人中的他們的外貌尤其慘澹，飽受了戰爭的痛苦的他們，爲了生活實在除了勞力之外沒有什麼可賣的東西了！他們所分配的宿舍是大學的近邊豬舍似的破屋，而每天煮煮稀飯的給好容易底維持着生活而已，但就是如此淒涼的他們的集團生活，

『台湾新生報』「橋」欄に掲載された「琉球の子どもたち」（1948年５月７日）

おくと死をまつばかり」だという切羽詰まった有様が報告されている(29)。

台湾在住日本人の第一次送還は、一九四六年二月から四月にかけて行われ、すでに二八万人以上が引き揚げていた。しかし「台湾ニ居留シタル日本人中沖縄県民ニ付テハ計画還送ヨリ除外別途考慮セラレ日本人ノ一般還送終了後先島列島民ハ一応還送終了シタルモ沖縄本島民ニ付テハ還送スベキ方針示サレタルモ其ノ期日ハ未ダ不明ナリ」(30)という状況におかれていた。台湾各地に居住していた沖縄人は、日本人（「日僑」）とは区別して「琉僑」と呼ばれ、「旧総督府庁舎ニ収容官兵ト共ニ管理セラルルコトトナ」(31)る。

　こうした事態は、沖縄戦による郷土の荒廃と米軍の占領という、引揚者を受け入れる沖縄側の事情もさることながら、沖縄人は「日僑」とは異なる存在であるという、中国側の認識によるところが大きい。「琉球的孩子們」が「同じように漢民族の血液を受け継いだお前たち」への語りかけで結ばれているように、沖縄人は日本人とは異なり、中国人／台湾人との特別な繋がりがあるものと考えられていた。前章で紹介したように、沖縄人と中国人との類似性をめぐる諸言説が、両者への差別意識から日本人によって反復されていた。しかし中国／台湾の側は、差別意識からとりあえずは切り離されたところで、互いの歴史的な関係（沖縄は中国の領土であるという認識も含む）から、沖縄人は日本人ではないと見なしていたのである。植民地において、自己を「日本人」だと強く意識していたにもかかわらず、日本人からの差別的なまなざしにさらされていた沖縄人にとって、中国側のこのような対応は、非常に印象深いものだった。(32)

例えば嘉義の郵便局で働いていた宮古島出身の平良新亮は、一九四四年に補充兵として入隊。敗戦後にもとの職場に戻ろうとしたところ、「沖縄の人は強制引揚げではないから、働きたかったら、琉球人として居残っていい」と台湾人に言われたという。(33) また新竹で終戦を迎えた与那嶺栄幸も、敗戦後は日本人と沖縄人、台湾人の居住地域はそれぞれ別に設定され、沖縄人であるということで優遇された、と回想している。(34) さらに具体的なことはまだよく分かっていないので、今後の調査が必要なのだが、戦後「琉球革命同志会」「琉球青年同志会」を結成した赤嶺親助という人物が、琉球人の中国帰化を手段とする「琉球独立論」を唱え、活動していたという。(35)

もちろん沖縄人すべてが、中国人／台湾人から同胞扱いされていたわけではない。大日本婦人会石垣支部長として台湾疎開を先導した宮城文は、敗戦の翌日に、親しくつき合っていた台湾人の態度が一変し、「琉球ラー何日帰るか」と詰問されたと記憶している。(36) 山城ミエも、八月一五日を境に台湾人が豹変し、これまで雇っていた台湾人から、「これからは、私どもがあなたたちを使うよ」と言われたという。(37) また台湾人作家鄭清文の小説「三脚馬（三本足の馬）」はフィクションではあるものの、敗戦後に「琉球出身の巡査」が台湾人による復讐の対象になったことが、さりげなく書き込まれている。(38)

ところで引き揚げを待つ沖縄人自身によって作成された「沖縄籍民調査書」（一九四六年六月）によれば、帰還を待つ「沖縄籍民」は全部で一万一三三一人。その生計状態は、「多数ノ家族ヲ擁シテノ高物価生活ニ衣類其ノ他残余ノ家財ヲ生活費ニ消費シ其ノ生活状況真ニ逼迫ノ極ニ達シ困窮者続出」し、「残留者ノ大部分ハ右ノ如キ生活ニ依リ帰還実現ヲ願望シツヽ辛シテ維持シ居ル状態ナル為営養方面ニ於テハ之ヲ採ルニ術ナク現在ノ失職者ニ於テハ肉食等思ヒモ依ラズ（豚肉一斤九〇円、牛肉三五円）随テ営養《ママ》底下シ特ニ学校児童或ハ小児等ニ営養不良者多数有ルハ遺憾トスル処ナリ　カロリーハ一〇〇〇カロリ程度ナリ」(39) と報告されている。

劣悪なのは栄養状態だけでなく、住環境も悲惨なものであった。宿舎としてあてがわれていた「旧台湾総督府跡庁舎ト台北市水道町ノ市営住宅」は、「爆撃ノ為破壊箇所多数ニシテ降雨シタレバ各室共雨漏レ多ク且ツ火災ノ為舎内ノ建具全焼シ風雨吹キ流シノ儘ニシテ「コンクリー」へ直接筵ヲ敷キアルハ保健衛生上甚ダ寒心ニ堪ヘズ」。実際に「感冒」や「マラリヤ」など何らかの疾病を抱えている者は、全体の五四％にも及んだという[40]。

このような生活を送りながら、一足先に引き揚げていく日本人を、日々見送らねばならなかった沖縄人が綴った詩を紹介しておこう。

「船は行く」
昨日も今日も　いとしの同胞は／喜びの声を　我々の置土産に／船に乗込む
昨日は彼の友　今日は此の友／続々と我が身辺より　友は離れ行く
昨日迄　共に寝起きをした友も／今日は淋しき　船上の人かな
思ひ出す　帰りし我が友　今何処／何時再びか　会る事やら
元気でね　サヨナラよと　云ひ交す／見送る我も　送られる彼も
今日も亦　船は出て行く　基隆を／見送る我等　何時帰れるやら
噫々社会の片輪者、我儘でも言うて見たい[41]

台北に集結した沖縄人は、県人会組織の「沖縄同郷会連合会」と連繫して「沖縄僑民総隊」を編成。同隊は、初等・中等教育を担当する教育部や、医療を担当する医務部を含む六つの部門からなり、引き揚げまでの不自由な日常生活を全面的にバックアップした[42]。

沖縄人が台湾から引き揚げたのは、日本人の送還から半年以上遅れ、一九四六年一〇月に入ってからであった。一一月二〇日付『留台日僑会報告書　第十報』には、「在台琉僑ノ還送ニ付テハ留台日第八報既報ノ通リ盟軍司令官ヨリ配船セラルルコトト決定シ居リタルトコロ十月十六日ニ至リLST型輸送船ヲ以テ十月二十四日ヨリ還送ヲ開始スル旨ノ通報ヲ受ケ之ガ実施ニ着手スルニ至リタル（中略）概ネ順調ニ進行シ現在迄ニ還送セラレタル[43]」と記されている。一二月二七日の『留台日僑会報告書　第十三報』によれば、「沖縄籍民ノ還送ハ其ノ後順調ニ進行シテ十二月二十三日ヲ以テ終了」し、その「還送人員」は九九二八人であったという[44]。

台湾からようやく引き揚げることのできた沖縄人を待っていたのは、戦後の厳しい生活であった。財産のほとんどを失った引揚者が、なんとか持ち帰ることのできた現金が無効とされたことも、大きな打撃となった[45]。

また植民地帰りの人々を見つめる周囲の視線も冷ややかであった。一九四六年の秋、雑誌『八重山文化』に掲載されたコラムには、「殖民地帰りの娘が、色とりどりの大柄着物に白タビのイデタチで町を歩」く姿を、「チンドン屋のやうだナアー」と「子供」の声によって表現している。戦前、「高貴の姫様の様な身なりをしていらしやる」（前掲注10、先嶋朝日新聞）と揶揄されながらも、都会生活へのあこがれをかき立てる存在であった彼女たちの身なりは、「ゼイタク、不潔、不健康、鈍愚、醜悪、低脳」と罵られ、「殖民地の風俗は放任、無批判、無節操」だと決めつけられたのである[46]。しかし『八重山文化』にはこうした批判だけではなく、植民地から帰郷した彼女らが自らの侘びしい生活を題材にした短歌もいくつか掲載されている。高江洲八重子の連作「つれづれに」から、何首かピックアップしてみよう。

台湾の土地をはなれて一年の日は流れ去るこの島に来て
わが性は悲しきものかさまざまにみだれる心扱ひかねむ
母とわれ涙流してこらへきし日の幾度か人の心に
さまざまに変り行く身よ行先よ憂き事あれど強く生きてよ
こみあげる心語らむ友も無く一年過しぬミシンを踏みて
春来り君とまみえる時あらば何と告げようこのこしかたを

幸のおとづれ待ちしこの我に世のなりはいの余りに悲し
月の夜に琴つまびきし我なるに今の生活は家も地もなし(47)

台湾における優雅な生活と対比したとき、「家も地も」ない現在の暮らしは、いかにも惨めなものであった。また植民地支配の終焉は、生活の激変だけでなく、親しい人間関係を引き裂くことも意味していた。おそらくは敗戦後の混乱のなか、行方もわからなくなった友人を懐かしむ「友と別る」と題する短歌――未来をば楽しく語りて別れたる友は何処か白雲の峯――を、成底秀子は詠っている。(48)「あこがれの台湾での生活」は、多くの沖縄人にとっては、このようなかたちで終わりを告げたのである。

四　八重山における台湾人

ここまでは台湾における沖縄人の足跡を概観してきたが、もう一つ忘れてはならないのが、八重山における台湾人との接触である。植民地に多くの日本人／沖縄人が居住していたように、一九三〇年代以降石垣島には台湾人が開拓者として入植し、その動向が大いに注目されていた（一八六頁写真）。

一九三三年一〇月二一日の『台湾日日新報』には、「台湾からの移民　沖縄で開墾事業」という次のような記事が掲載されている。

沖縄県下八重山郡の未開墾地の開拓に台湾から移民がやつて来てセツセと働いてゐるのが人目をひいてゐる（中略）八重山石垣町の字名蔵にも昨年七月頃から多数の台湾人が来島し、既に数十町歩の良田畑が完全に開墾され、為に現在字名蔵地帯の情景はさながら新生農村の出現を遺憾なく見せてゐる（中略）何れもが台湾人で現

石垣島名蔵に移住した台湾人の住居
（『嵩田――50年のあゆみ』石垣市嵩田公民館記念誌より。石垣市立八重山博物館蔵）

在約百人がらみの大団体で、而も洗練された特殊な米作や耕作方法を見せて一般の興味をそそつてゐる。（中略）既に開田当初の成績は頗る良好なるに鑑み、近き将来には必ず八重山米が台湾人の手によつて目新らしく郡外に移出さるるものと世間でも注目されてゐる

この当時、台湾では経済統制の一環として、各地に林立していたパイン会社を統合し、台湾合同鳳梨缶詰株式会社が設立されていた。台湾でパイン栽培・加工に従事していた謝元徳や林発らは、新たな生産拠点として石垣島に着目。一九三五年、彼らは石垣島の嵩田《たけだ》に大同拓殖株式会社を設立し、小作契約を交わした三〇〇人以上の台湾人が、海を越えてやって来ることになったのである。同じ頃、名蔵の大日本製糖会社の社有地には、陸稲栽培やサツマイモ澱粉の製造のために、六〇〇人の台湾人が自由移民として入植しつつあった[49]。

台湾人入植者の急増に対して、地元紙は深刻な危機感を表明していた。「石垣島に於ける台湾移民の農業経営の現状は、八重山に於ける心ある士々の神経を痛く刺激してゐる」[50]と憂える山中生は、こうした現象が「八重山農村青年男女の台湾出稼を中心とする離村傾向と極めて注目すべき対照をなしてゐる」ことに注意を喚起する。沖縄はこれまで海外への移民によって、過剰人口を送り出してきたが、国際情勢の推移によっては、将来もこれまでのように移民ができるとは考えにくい。問題解決のために八重山開拓が計画されたにもかかわらず、「他の介入者によつて、開拓が始められ、しかも目抜きの場所が彼等の経営に移りつつある現状は（中略）到底黙視しえざる重大問題である」というのが、彼の結論であった[51]。

このような危機感は、台湾人に対する差別意識を助長するものとなった。玻名城長好の「台湾における先輩の御意見（二）」は、「台湾人問題」という見出しをたてて、次のように論じるのである。

八重山郡は昔から南島の宝庫と言はれ　県当局亦此所に着目して振興計画には八重山開発問題が重用視されてゐると聞く　然るに郷里の青年男女が此の宝庫をすて郷里をあとにしてとう〳〵と郡外へ流れ出てゐるのに反して台湾人が多数入り込んでゐると聞く　島外に出てゐる台湾人は一体に質が悪い台湾でも一番悪いのは新竹から彰化までの間だ　員林の如き殊に知能犯の多い所だ

台ワン人の移住の歴史を見るに福建から台ワンへ渡つて来た時　彼らは全くのルンペンで一かいの天びんとモツコとを持つて来たのである

所が彼らは生活の程度低く　水牛のように強い生活力を持つてゐる　今では全国的に有名な金持でも元を糺せばこのルンペンであつた　南京虫といふものはあらゆる消毒薬を使つても退治出来ないものである　根強くはびこつてからはこれを駆逐することは出来ない　雑草も二葉のうちに摘み取らなければ　くひを将来に残す　大体台ワン人はマラリアにもなれてゐる　八重山のやうに豊饒で安価な土地は台ワン広しといへども何所に言《（ママ）》つてもない　こんなよい所はないと続々と移住するのは彼らとして当然である　郡の将来を考へ彼らの将来をかんかへると今のうちに何とかしなければならぬ

大体官庁も警察も台湾人に対するハッキリした認識を持つてゐるだらうか?(中略)南島の宝庫を文化の程度の低い　生活の程度の低い彼らに占領されないように郷里を守つてほしい[52](後略)

同時期に多くの沖縄人が台湾に渡って行ったのは、まさしく台湾の「生活の程度」が高く、「あこがれ」の土地だったためであることは、すでに述べた通りだ。しかし一方、「台ワン人」は「文化の程度の低い　生活の程度の低い」存在と見なされ、「南京虫」「雑草」そして「水牛」に喩えられる。台湾が「あこがれ」の土地であることと、そこに住んでいる台湾人を「文化の程度の低い」存在であると考えることは、玻名城にとっては決して矛盾していないのだ。八重山で醸成された台湾人への警戒意識は、台湾現地において台湾人の「貧しさ」とそれと対照的な日本人の「豊かさ」を目のあたりにすることで、蔑視へと変質していく。上記の新聞記事が「台湾における先輩の御意見(傍点引用者)」であったことは、決して偶然ではないのである。そして植民地/台湾での生活を体験し、帰郷した沖縄人によって、台湾人に対する差別意識が八重山で助長されることになったのではないだろうか。大浜英祐が「引揚者」において的確に描き出したように、植民地というのは、「琉球人であることを、口にも顔にも出さないやうに」「強い」られた沖縄人が、同時に「在住民にたいするくだらない優越感」を抱くよう仕向けられる、重層的な差別構造によって構築された空間であることを忘れることはできない。「あこがれの台湾での生活」は、たしかに故郷では体験できない都会的な「楽しさ」を満喫できる場(「天国」)であったかもしれない。だが同時に、植民地での日常を通じて、宗主国の人間が持つ「帝国意識」に、八重山の人々も深く絡めとられることになったのである。

そして台湾人によって持ち込まれた水牛は、その圧倒的な作業効率のために、石垣島の住民にとって脅威の存在となっていた。当時、八重山では鍬ひとつで畑を耕しており、水牛を操る台湾人にはとても太刀打ちできなかったのである。しかし植民地統治下におかれた台湾人は、国籍上は日本人であり、彼らの移住を法的に阻止することは不可能であったため、地元民の怒りは水牛に転化されることになった。「水牛黄牛の移入は郡畜牛界を阻害す」

（『先嶋朝日新聞』一九三七年八月六日）、「台湾より水牛四七頭　大喜丸満載し来る！　県では断然移入禁止」（『先嶋朝日新聞』一九三八年一〇月二〇日）、「不都合な台湾人!!　家畜放し田を荒らす　排撃の声轟然捲起る」（『海南時報』一九三九年一〇月八日）。地元紙は水牛の害を繰り返し報道し、これと並行して台湾人への排外意識も高まっていった。

一九四〇年九月には、伐採中の薪をめぐって台湾人と地元住民との間で傷害事件が発生する。[53]事態は台湾人開拓者の作った農産物や商店の不買運動、さらには台湾人児童への暴力事件にまで発展したという。[54]台湾人は地元住民との関係改善を求めて、翌一〇月に「八重山台友会」（会員数四一九名）を結成し、日本語の学習や民俗習慣に関する講習会を開催することを通じて、地元にとけ込もうと努力した。地元紙の報道によれば、こうした動きの背後には、八重山警察署の「指導」があったようである。時局柄「滅私奉公尽忠報国の精神を堅持し、皇国々民たるの実を挙ぐることに努め」、大麻奉戴を決定するなど、台湾で進行中だった皇民化運動と同質の動きが、八重山においても顕在化していた。[55]

しかしこうした努力にも関わらず、林発ら主だったメンバーが台湾疎開に行っている間に、大同拓殖のパイン工場は軍によって解体され、建物も宿舎として接収されてしまう。「台湾人入植者達が十余年に亘り言語に絶する苦労と困難を乗り越えてようやく築き上げたパイン産業は、戦争の犠牲となって水泡に帰してしまった」。[56]それだけではなく、戦後に日本国籍を喪失した台湾人は、同時に公民権も失い、開拓した耕地も返還させられた。肥沃な名蔵の土地を失った台湾人は、石の多い嵩田地区に再移住し、新たな山林開墾から戦後を出発しなくてはならなくなったのである。[57]

（付記）本論の脱稿（二〇〇一年九月）後、八重山の唄者である大工哲弘の『蓬莱行』が、オフノートから発売（二〇〇二年）された。このＣＤには注(12)で紹介した「台湾行きかぞえうた」が収録されている。また注(35)に登場する南風原朝保については、孫の与那原恵による評伝『美麗島まで』が文藝春秋社から刊行（二〇〇二年）された。

（注）

（1）岡本達明・松崎次夫編集『聞書水俣民衆史　第五巻　植民地は天国だった』草風館、一九九〇年。

（2）水田憲志「沖縄県から台湾への移住」『地理学の諸相』関西大学文学部地理学教室、一九九八年。以下本論における台湾在住沖縄人の数量的データは同論文による。

（3）関口泰「沖縄及台湾雑感」『台湾時報』一九二〇年九月。

（4）一九四四年七月一四日、沖縄県内政部は「学童集団疎開準備ニ関スル件」を通達。宮古・八重山両郡では、支庁や町村当局が一体となって台湾への疎開が奨励された。しかしこの疎開は決して安全なものではなかった。例えば石垣島から台湾に向けて同時に出航した第一千早丸と第五千早丸は、一九四五年七月三日に基隆沖で米軍機の襲撃を受け、多くの犠牲者を出している。大田静男「台湾疎開」、「尖閣列島遭難事件」『八重山の戦争』南山社、一九九六年、二〇五―二一八頁。

（5）『沖縄県史』第七巻『移民』沖縄県教育委員会、一九七四年所収の「付表」六四―六七頁。これは当時の沖縄県庁のデータによるものだが、実際の人数はこれよりかなり多いと思われる。

（6）水田の作成したデータによれば、一九三五年の時点において、八重山出身者で県外に移住していたのは一九五六人。そのうち台湾は一四八三人を占め、その割合は七五・八二%になる。

（7）「本郡女性の台湾進出女中奉公が断然リード」『先嶋朝日新聞』一九三二年六月二八日。

（8）台湾における八重山出身「女中」に関しては、浦崎成子の研究がある。「日本植民地下台湾における女子労働」『沖縄・八重山文化研究会会報』第三七号、一九九四年六月。「植民地下台湾の女性労働」『琉球新報』二〇〇〇年八月一二日などを参照。

（9）登野城ヨシ『ちるぐわー』自費出版、一九九六年、一九―二〇頁。なお一九二七年の沖縄県における労働賃金（農作日傭）は、女性の平均で三二銭。一四、五歳の少女にとって、一五円という月給は、台湾ならではの高給だった。湧上聾人編『沖縄救済論集』改造之沖縄社、一九二九年所収「沖縄県統計集」の「労働賃金」二八九―二九〇頁。なお注(12)であげる「台湾行きかぞえうた」でも、「台湾ゆきて働けば、もらう月給は十五円」と歌われている。

（10）「南門街に於ける八重山乙女の行進曲――台湾土産は可愛坊や」『先嶋朝日新聞』一九二九年六月二〇日。

（11）「女中奉公してゐる八重山産の乙女は台湾では悪評判だと」（『先嶋朝日新聞』一九三〇年八月二三日）は、「近来八重山から台湾方面へ若き女が袖を連ねて便船毎に行く者が夥しくなり　主に竹とみ村字竹とみや其の他各町村の農民部落から行く女が多数を占めてゐる　台湾方面では基隆へ上陸早々八重山の人間が見当らないことはない殊に近来基隆台北方面では八重山と言へば女中を想起せしむるの傾向を示してゐる」と述べている。

(12) 大山正夫『昭和の竹富』自費出版、一九八五年、一〇九頁。

同書に収録されている「台湾行きかぞえうた」（一〇七頁）がとても面白いので、少し長くなるが紹介しておこう。

一ツとせ　人々羨む台湾へ、婦人処女の区別なく、赴くところは台湾ぞ
二ツとせ　二人の親より金をとり、夜にしのんで逃げてゆく、果てはいづこよ台湾へ
三ツとせ　右も左もわきまえず、商船会社に走りゆき、湖南丸の切符買う
四ツとせ　世の中開けて有難や、台湾ゆきて働けば、もらう月給は十五円
五ツとせ　錨引乗せ船は出る、八重山後に名残り惜しい、竹富後にいざさらば
六ツとせ　向こうに見ゆるあの山は、台湾一の新高山、手前に見えるは金瓜石
七ツとせ　波の上より無事に着き、台北市内に来て見れば、一目見ゆるは総督府
八ツとせ　八重の潮路を乗り越えて、届く手紙のなつかしさ、思いははるか竹富へ
九ツとせ　この月たてば八ケ月、お腹の子供は四ケ月、郷里の親には何と申す
十ツとせ　とうとう仕事も定まりて、親子呼び寄せ台湾へ、ここぞ我等のふるさとぞ

(13) 一九二八年に台南で生まれた仲間功は、小学校四年生のときに、父親の故郷である宜野座村に里帰りし、同年代の子供たちの貧しさに驚いたという。沖縄の農村の貧困ぶりは想像を絶し、それに比べると、台湾における生活は優雅で、衣食住すべてに事足りていた。仲間功「台湾での生活」『宜野座村史』第二巻『資料編一』宜野座村役場、一九八七年、二一五頁。

(14) 「出稼ぎ」として長期間滞在するのでなくても、八重山の人々にとって、台湾とは一度は行ってみたい観光地でもあった。一九三九年より始まる「マーニ景気」によって思いがけない現金収入を手にすると、「男は日収七、回《ママ》もあるのでビールで気焔を上げるし、女は金が出来たら台湾見物に打揃つて出かけるというので出帆《ママ》毎に押すな〳〵の盛況だ」という新聞記事（「農林漁業は荒廃し女は台湾見物」『沖縄日報』一九四〇年三月一四日）がある。「マーニ景気」とは、第二次大戦勃発によって、ほうきやたわし、ロープの原材料として南方から輸入していた製造用の植物繊維が入手できなくなり、代用品として八重山の「マーニ」（くろつぐ）が着目され、大好況をもたらしたことを指す。

(15) 一例をあげると、松本逸が記憶する朝鮮人の生活は次のようなものである。「部落の中は、散歩してほとんど歩いてみた。家と家との間は、狭さも狭さ、横にならないと通られん所が多いですよ。そんなに立て込んでいる。狭い道、そして小さい低い泥家。汚いことが、行って腰掛けるのもいやじゃ。あの部落は、あとでボチボチ満ってきた部落ですね。工場に抱きついてしもうとったんじゃな。子供たちは、裸、はだしで走り回っとった。栄養失調で、腹のふくれてるのも居るしな。鮮人たちの着物は、もう一生それで暮らすという着物たい。夏着、冬着て、持たんかったんですね。冬は、ボロなんかを下げて。ネズミの肉を食べるていうとったですよ」。同注(1)、一八三―一八四頁。

(16) 一九一一年に本島北部の宜野座村の貧しい家に生まれ、高等科へも進むことができなかった金武節子は、戸籍の年齢をごまかして本土の紡績工場へ出稼ぎに行く。昭和一四、五年頃、台湾で暮らしていた姉が病気になり、看病のため台湾へ向かうが、やがて姉は亡くなり、義兄と再婚することになった。夫の勤める製糖工場から使用人が派遣されていた生活は快適なものだったが、その一方で台湾人の生活が質素なものだったことも、彼女は書き残している。金武節子「本土出稼ぎと台湾での生活」『宜野座村史』第二巻『資料編二』二二五―二二八頁。

(17) 台湾における沖縄人をめぐる差別の重層構造に関しては、星名宏修「交錯するまなざし――植民地台湾の沖縄人はいかに描かれたのか」『野草』第六四号、中国文芸研究会、一九九九年八月。および又吉盛清『日本殖民地下の台湾と沖縄』沖縄あき書房、一九九〇年所収の諸論考を参照。

(18) 中間英「人間の壁」第三回『八重山文化』八重山文芸協会、一九四八年七月。小説には、「沖縄人に対する、こうした侮辱は、日本人からも、台湾人からも、永正（主人公の名前、引用者）の長い殖民地生活の中にはいくらもあつた」と書かれている。

(19) 谷蔵三「引揚者（第一部）さかな」『八重山文化』一九四七年二月。

(20) 前掲注12、一一九頁。

(21) 同右、一二七―一二八頁。

(22) 杉山平助「琉球の標準語」『東京朝日新聞』一九四〇年五月二二日。この文章は「琉球の標準語問題」というタイトルで、八重山の新聞『海南時報』にも転載された（一九四〇年六月一一日）。

なおこの「方言論争」のなか、東京で開業医をしている渡口精鴻が、台湾旅行での印象を語った「県民よ台湾に敗けるな！」が、『沖縄日報』に掲載されている（一九四〇年一月二二日）。同文は、「台湾は本県よりも生活程度が高い、農業でも富に於ても格段の差があり本県など問題にならぬ」と、台湾の優越性を認めていながら／いるがゆえに、「沖縄は台湾と比べて先進地だ。その先進地が後進の台湾に負けるとは余程考へねばならぬ。向ふには県人が沢山居るが程度が低く国語も知らぬと、向ふの土民が言ふてゐた。向ふでは何処の家でも国語をつかふように心掛けてをりまた奨励してゐる。これを見ても沖縄は発奮せねばならぬ」と結論づけている。植民地の沖縄人は、日本人だけでなく「向ふの土民」の視線までも、強く意識せざるをえなかったのである。

(23) 沖縄人と「支那人」との「近」さをめぐる論議は、戦後の引き揚げ問題で再浮上する。この点に関しては、次章で触れる。

(24) 例えば劇作家の瀧澤千絵子は、「外地のことば」と題するエッセイ（『文芸台湾』第四巻第三号、文芸台湾社、一九四二年六月）のなかで、「外地に在ては最も正しい日本語」を使用すべしという「持論」から、台湾における「ヒドイ訛だらけの熊本弁」や「台湾の娘さんの言葉」の「聞き苦し」さに対して、嫌悪感を隠そうとしない。

(25) こうした記憶は枚挙にいとまがないほど、沖縄人の回想録や自伝のなかに書き残されている。例えば、昭和初期に基隆の質屋で働いていた嵩本正宜は、しばしば「琉球生蕃」と罵られ殴られた体験を持つ。嵩本正宜『蟻の詩』ミル出版、一九九五年、三七頁。

また与那国出身で台北の看護婦産婆講習所で学んでいた玉城喜美代も、「沖縄人」「琉球人」とさげすみの言葉を同僚から投げかけられたという。松田良孝「台湾・助産婦・参政権　玉城喜美代の半生」第三回『八重山毎日新聞』二〇〇一年一月一一日。

だが同じ沖縄人でも、先島出身者は、日本人からだけではなく、沖縄「本島」出身者からも、差別的な視線を感じていたようである。「台北八重山郷友会」の結成を報じる一九三三年の新聞記事は、台北には県人会があるが、「どうしたものか吾々郷友とは精神的に相和し難いものがあつて郷友の出席者はないと云つてもよい（中略）剰へ一部の人間の口から宮古、八重山人はどうでもいゝと云ふような声を耳にしては県人会に親しめる筈がなく、むしろ或一種の反感さえ起こるのは理の当然」という声を伝えている。「「台湾支局通信」多年の渇望　台北八重山郷友会生る」『八重山新報』一九三三年一月二五日。

(26) 『台湾新生報』および副刊「橋」に関しては、彭瑞金「《橋》副刊始末」『台湾史料研究』第九号、呉三連台湾史料基金会、一九九七年五月。および許詩萱『戦後初期台湾文学的重建——以《台湾新生報》「橋」副刊為主要探討対象』台湾・中興大学中国文学系修士論文、一九九九年、を参照。

(27) 「琉球的孩子們」を翻訳した林曙光は、一九四六年の正月に京都から帰台。一九四七年の秋から冬にかけて、植民地時代の著名な文学者である楊逵を囲む座談会を行うという「橋」の記事を見てこれに参加し、歌雷と知り合いになる。その後、原稿料は著者と折半という条件で、本省人作家の翻訳を担当するようになった。一方、黄昆彬は台南の裕福な家庭の出身で、一九四八年の夏休みに歌雷らと台中、台南、高雄での文芸座談会に参加した。翌一九四九年に四六事件が発生すると、彼も同学期末に逮捕されている。林曙光の回想録「不堪回首話当年」『文学台湾』第四号、文学台湾雑誌社、一九九二年九月。「難忘的回憶」同第九号、一九九四年一月。「感念奇縁弔歌雷」同第一一号、一九九四年七月、より。

(28) 引き揚げを待つ沖縄人が、台湾人と野球の対戦をしたというのは、実際にあった出来事だったようである。太田守良「想い出、あれこれ」『琉球官兵顛末記』台湾引揚記刊行期成会、一九八六年、四二頁。

(29) 「飢餓線上にさまよふ台湾の県人を救へ　沖縄同郷会台北で活躍」『沖縄新民報』一九四六年五月五日。

(30) 「沖縄本島民ノ還送用配船ニ関スル件」『留台日僑会報告書』第四報、一九四六年五月二四日。『台湾引揚・留用記録』第一巻、ゆまに書房、一九九七年、一三七頁。

(31) 「沖縄県民ノ状況ニ関スル件」『留台日僑会報告書』第五報、一九四六年六月六日。同右、一五六―一五七頁。

(32) 『自由沖縄　九州版』第二号（一九四六年六月二五日）には、「琉球人は朋友　好意示す台湾人」という記事が掲載されている。同紙主幹仲宗根朝松の手記という形をとったこの記事は、敗戦後の台湾人の沖縄人に対する対応を、「こういふ乱世にあつても沖縄人に対しては珍しいほど好意をもつてくれた〝琉球人だ〟と名乗れば〝お、琉球か、琉球人はわれらの朋友、あなた方は台湾にゐてもゐゝよ〟と握手する」と伝えている。

(33) 平良新亮「台湾で補充兵となる」『平良市史』第四巻『資料編二』平良市役所、一九七八年、五五一―五五九頁。

(34) 与那嶺栄幸「台湾での軍隊生活」『西原町史』第三巻『資料編二』西原町役場、一九八七年、一五三―一五九頁。同じ回想のなかで、戦争に負けたのは沖縄に多くのスパイがいたためだと日本兵に言われ、与那嶺は大きなショックを受けている。

(35) 又吉盛清『台湾　近い昔の旅』凱風社、一九九六年、九〇頁。
赤嶺親助に関しては、崎原當弘の次のような記述もある。「児玉町で医博の肩書を持つ大きな病院を開業している南風原病院の院長（故人）や、赤〇某（那覇在）らが琉球人協会なるものを組織し、「偉大なる母の国、中華民国のふところに今吾々は帰った」と病院前に立看板を出し、読むに堪えない日本人の悪口を並べ立て、一躍戦勝国民になったつもりで、肩で風を切って出入りする姿は邦人のひんしゅくを買っていた」。崎原當弘「旧海軍駆潜艇に便乗」『市民の戦時・戦後体験記録』第二集、石垣市役所、一九八四年、一一六―一一七頁。「赤〇某」は赤嶺親助を指すと思われる。同時に非難されている「南風原病院の院長」とは、沖縄同郷会連合会副会長の南風原朝保のことだが、同連合会は沖縄人の早期引き揚げに努めており、崎原の回想の裏付けは今のところ確認できていない。

また戦後まもなく台湾の左翼グループによって創刊された雑誌『政経報』には、「在台一琉球人」による「研究資料　琉球略史　琉球圧制小史」が掲載されている。同文は中国と琉球の五〇〇年におよぶ密接な歴史に言及することで、「中国政府は連合国に対して琉球の領有を要求すべきである」と主張し、同時に「琉球人の境遇は台湾人と大差はない」と結論づけたものである。『政経報』第二巻第二期、政経報社、一九四六年一月、一五頁。
(36) 宮城文「惨めな境遇の台湾疎開」『市民の戦時・戦後体験記録』第二集、九〇頁。
(37) 山城ミエ「敗戦を台湾で迎えて」同右、九六頁。
(38) この小説については、注(17)「交錯するまなざし」を参照。
(39) 「沖縄籍民調査書」『琉球官兵顛末記』三二二―三二三頁。
(40) 同右、三一八頁、三五二頁。
(41) 繁夫「船は行く」「台北集中営々内誌」『琉球官兵顛末記』三七九―三八〇頁。なお文中の「／」は改行箇所である。
(42) 田里維成「四十年前の台北集中営の想い出」『琉球官兵顛末記』二六五―二六六頁。なお田里維成は注(39)の「沖縄籍民調査書」を執筆した人物である。
(43) 「琉僑還送ニ付テ」『留台日僑会報告書』第十報、一九四六年一一月二〇日。『台湾引揚・留用記録』第三巻、六二―六五頁。
(44) 「沖縄籍民ノ還送ニ付テ」『留台日僑会報告書』第十三報、一九四六年一二月二七日。『台湾引揚・留用記録』第四巻、二〇三―二〇四頁。
(45) 基隆港で日本への引揚者を送還する業務に携わった比嘉賀友によれば、先島方面には日本本土と同じ船で引き揚げが可能であったが、台湾に長く住んでいた人の高価な荷物に対して、沖縄からの疎開者の哀れな姿が対照的で、所持品も使い古されたタライや鍋、釜などを後生大事に抱えていたという。比嘉賀友「薬と兵隊回想記」『琉球官兵顛末記』一二八―一二九頁。
なお一九四七年六月一三日『うるま新報』に掲載された「交換はダメ!!　台湾引揚者の旧円無効」によれば、「台湾よりの引揚者が持参した旧円及び台湾銀行発行券は相当の額にのぼるものとみられており　交換未払のため一時は全員無償で配給を受けその後就職難により生活能力なく且扶養者なき者の外は逐次救済より除かれていた現状でありその新円交換の払戻しは引揚者全員が一日千愁の想いで待ちこがれていたところであるが軍政府では六月四日知事宛に右新円への交換は認可されない旨指令を発した」という。しかも「法定貨幣にあらざる右の貨幣を所持することは既報の貨幣に関する特別布告の違反となり特別軍事法廷で定罪の上処罰されるので所持者は来る六月三十日までに民政府財政部長に納入せねばならぬ」ものとされた。

(46)「ジープ」『八重山文化』一九四六年九月。

(47) 高江洲八重子「つれづれに」『八重山文化』一九四七年六月。

(48) 成底秀子「友と別る」『八重山文化』一九四七年二月。成底は同号の『八重山文化』に、台湾からの引き揚げ体験を描いた以下の三首の連作「基隆港にて」も発表している。

手を挙げて調べられ居り悲しくも敗戦の吾つゝましく伏す

戦ひに負けし吾等の悲しみを笑ふ如くに日はかげりゆく

春光の波に輝く岸壁に艦は浮かびて日は静かなり

(49) 林発『沖縄パイン産業史』同書刊行会、一九八四年、七―一二頁。

(50) 山中生「沖縄振興と八重山の重要性（二）」『海南時報』一九三六年六月二三日。

(51) 山中生が危惧したように、石垣島に渡って来た台湾人の活躍はめざましく、台湾から運んできた水牛を使って、開墾地を次々に広げていた。こうした動向に対して、「台湾人労働者の八重山進出」によって、「将来の八重山は台湾の八重山化する虞れ」が、地元紙で喧伝されたのである。「台湾人の貸地開墾は八重山の重大問題」『先嶋朝日新聞』一九三六年一一月九日。

(52) 玻名城長好「台湾における先輩の御意見（二）」『海南時報』一九三七年五月一一日。

(53)「又もや台湾人が乱暴極まる傷害事件　断固たる処置を要望」、「乱暴な台湾人　断乎放逐されん」『海南時報』一九四〇年九月二九日。

(54) 西表信「台湾人移住者と地元民の対立」『南嶋昭和史』月桃舎、一九八二年、三四頁。

(55)「八重山台友会誕生」『海南時報』一九四〇年一〇月二三日。

(56) 前掲注49、八六頁。

(57)『嵩田――五〇年のあゆみ』嵩田公民館記念誌編集委員会、一九九六年、一二三頁。

「小使」の位置

――矢田弥八『群島《ばんさ・ばるう》』（一幕三場）の中の沖縄人――

仲程昌徳

一九四〇年（昭和一五）、丸山義二は南洋群島文化協会の招きで南洋の旅に出る。二月から三月にかけての約一ケ月間にわたる群島視察の記録は、同年七月『南洋紀行』として刊行される。同書が刊行された「昭和十五年前後から南方関係の解説書、案内書、旅行記の類の出版物が飛躍的に増大する」(1)という。「南方関係」書の増大は、日本が「南進」政策に踏み切ったことと関係するとされるが(2)、「南方関係」書の中の特に「南洋群島」と関わる書は、「南進」の旗をふったようなところがあるといっていいだろう。丸山の紀行にも、その文字は踊っていた。

南洋群島が「南進」基地として重視されるに従って、南洋群島関係の出版物も増大する。しかし「南洋群島を舞台としたすぐれた文学はとうとうあまりかかれずじまいで(3)」あったといわれる。確かに「すぐれた文学」として評価されるに値する作品は現れなかったとはいえ、一九四一年（昭和一六）には「南洋群島を舞台」としたもので、なかなかに興味深い問題を投げかけた戯曲が書かれていた。矢田弥八の『群島』(4)である。

『群島《ばんさ・ばるう》』（一幕三場）の舞台は、「南洋トラック諸島――四季、七曜の名ある島の一つ」となっている。舞台となった「南洋トラック諸島」は、カロリン群島東カロリンに属し、春、夏、秋、冬の四季諸島そして日、月、火、水、木、金、土の七曜諸島等からなり、四季島の一つ夏島に南洋庁のトラック支庁が置かれていた(5)。その「南洋トラック諸島」のうちの「島の一つ」にある「公学校」を舞台とした劇に登場する人物は、三島準造（公学校校長）、美樹（準造の娘）、牧田俊吾（訓導）、里村はつ（同）、キミオ（教員補）、城間《ぐすくま》源助（小使）、カナ（酌婦）、保定

（役場書記）、メカル（カナカの女）、「島民」児童六名、それに視察団の一行八名などである。

劇は、次のような場面から始まっていた。


ロレンサの声（窓の側にゐるので、胸から上が見える）トウケウノオキヤクサマ、ニッポンノオキヤクサマ、オキヤクサマニハ……トウトウイラッシヤイマシタ。

牧田の声（姿ははつきり見えない）違ふ、違ふ、トホイトコロヲ、ヨクコソイラッシヤイマシタだ。

ロレンサの声　トホイトコロヲ、ヨクコソイラッシヤイマシタ。……ワタクシドモハ、……ワタクシドモハ……


訓導の牧田は、視察団の一行が来校するということで、「島民」児童ロレンサに、歓迎の言葉を練習させている。彼らの熱の入った練習は、しかし、校長の奇行で、すぐにはその成果を視察団の前で披露できないといった状態に陥ってしまう。というのは、当然、視察団の一行を迎えにいっているはずだという牧田の予測を裏切って、校長は裏の林で児童に「島民の唄」を歌わせながら木を切っていた。そして、視察団の一人安川が「けしからん」といって憤慨するように、こともあろうに視察団の前に、大勢の児童たちの後を追って「手拭ひで眼かくしをし、へっぴり腰で」まったく「人を喰つた態度」で登場するのである。歓迎の挨拶など何処吹く風といった風なのである。

『群島』を一風変わったものにしているのは、多くの「公学校」視察記には全くあらわれてこないそのような校長の登場にある。視察団を迎えるにあたって公学校の校長たちがやったことといえば、牧田がロレンサに練習させていた歓迎の言葉でもってはじまる学芸会を開催するといったようなことであった。それは他でもなく公学校児童たちへの国語指導が順調にいっていることを示そうとしたことによる。

学芸会で演じられる島民児童たちの「国語」による歓迎の言葉や劇や歌やお話が、歓迎団の「偉い方達」を喜ばせたのは間違いない。しかし、中にはそれを自然でないと受け取ったものもいた。石川達三の『群島日誌』に見られる記述[6]がその代表的な例であるが、他にもないわけではない。野口正章は「かういふ未開地（ヤップ——引用者注）に来て、毛色、顔色のちがふ子供達に、日本の君が代を聞かされ、日本語の学芸会を見せられる。それも、一つの喜びでないことはないが、そしてわざわざ異を立てる訳ではないが、今云つたやうなこと（実感できない教材の使用——引用者注）は、少し考へて見る必要はないだらうか。何か自然でなく、胸ぐるしいものを、私は感じた[7]」と書いていた。

丸山義二もまた『南洋紀行』の中で次のように書いている。

「東京のお客さま、お客さま方には……」

と、その男の子が気をつけの姿勢でいひ出した時、私は顔をあげてゐることができなかつた。耳をふさぎたいやうな気がし、私は顔を伏せた。何が「お客さま」だと思つた。私たちの方こそ「お邪魔」にあがったのであり、まことに相済まぬといふ態度で、かれらがいかに教科をきき、いかに教科を理解するかを傍から静かに見学するのがほんたうなのだ。かれらの好意は廊下での私たちへの挨拶で十分すぎるくらゐである。先生は自分の可愛い生徒たちに何といふ卑屈な言葉をいはせるのであらう！「東京のみなさん」ならまだしも、「東京のお客さま」とは、言語道断だと思つた。せめて教育者だけなりと、一日も早く、この種の態度を改めてほしいものである。

「卑屈な言葉をいはせる」ことを明らかに拒んでいるとしか思えない『群島』の校長の態度は、「せめて教育者だけなりと」と丸山が望んだ、その望みに呼応する形になっていた。そのことからすると、サイパン公学校を訪れた丸山の感慨は、また矢田のそれでもあったとはいえまいか。

丸山等の南洋「視察」旅行に、矢田が同行したかどうかはよくわからない。丸山が「船室は一等は一等だが、五人同室といふ部屋である。こんど仲間をくんで海を渡ることになつた私たち五人が同室できるといふのは、天井裏のベットへはひあがらなければならないにしても、まづ、心たのしいといはねばならない。五人の仲間といふのは、

K新聞社のK君、N映画のK君、N劇場のE君、それからふるい友人の劇作家であるY君に私だ」と書いている、その「Y君」について、山口洋児は「丸山義二の『南洋紀行』中に劇作家Yとして登場する」のは、『群島』の作者ではないかと思われるとしている。[8] それは、職業およびイニシャルの類似といったこともさることながら、ロレンサが練習していた「トウケウノオキヤクサマ、ニツポンノオキヤクサマ、オキヤクサマニハ」と、丸山が記している「東京のお客さま、お客さま方には……」との間に明らかな重なりが見えることなどからして至極当然な推測といえた。しかし、丸山と同船した「Y君」は、矢田ではない。[9] 矢田が、丸山らに同行したとすれば、丸山らがサイパンに入って以後ということになるが、[10] たとえ同行してないにせよ、「東京のお客さま」といった「島民」児童の言葉には、矢田もまた違和感を覚えないわけにはいかなかった。「人を喰つた態度」での登場という、現実には見られるはずもない校長像の創出は、そのことをよく示しているはずである。

丸山らが、横浜を出たのは一九四〇年二月二三日。サイパンに着いたのが二月二七日。そして「サイパン公学校」へ出かけたのが翌二八日午前。午後テニアン。二九日午後テニアンを発ち、ロタを横手に見てヤップへ。三月二日午前ヤップ着。午後三時パラオに向けて出港。三月三日午前一一時パラオ着。彼らはそこで、「南洋群島文化協会の野口正章君」からパラオにおける「日程表」を渡されているが、それは次のようになっていた。

三月三日　午前中　南洋庁訪問
　　午前零時　昼食
　　自前一時　南洋神社、海軍墓地参拝、アバイ、水産試験場、物産陳列所、占領記念碑、南貿デパート
同　四日　午前八時　コロール波止場（むらさき丸）
　　自前十時三十分至前十一時三十分　アルマテン（南洋アルミ洗鉱所、採掘現場）
　　自後零時至後一時　アイミヨン島民部落
　　自二時三十分至後三時三十分　朝日村（南拓鳳梨工場並に官営植民地）

三月五日　　午後四時　朝日村発
　　　　　　　後六時　コロール着
　　　　　　　後七時　長官招待宴（於長官邸）
三月六日　　　　　　　アンガウル（サイパン丸にて）鉱業所、島民踊
　　　　　　　　　　　サイパン丸コロール着（支庁ランチに乗継）
　　　　　　　　　　　マラカル（築港、南興水産鰹節工場）
　　　　　　　　　　　アラカベサン（紀美水産）
　　　　　　　　　　　コロール着
　　　　　自後六時至九時　座談会（文化協会並に南洋新報社主催）於南洋ホテル
三月七日　　　　　　　サイパン丸発
　※熱研、公・小学校、木工、気象台、受信所、病院、熱帯生物研究所、パラオ松島（鍾乳洞）等は適宜右日程に加ふるものとす。

「昭和十五年度パラオ日誌」[11]をみると、「三月三日、文化使節団一行サイパン丸で来島。六日、文化使節団を中心に群島を語る座談会が本会主催で南洋ホテルに開催」とあり、パラオの視察は日程通り進んだと言えるが、三月七日出港予定が、十日に延期。午前九時乗船、十時出港。十一日ヤップ着。同日午後五時ヤップ発。十三日午後四時テニアン上陸。十四日午後五時サイパン着。十五日午前八時半乗船、サイパン発横浜へ、と彼らの西廻航路をとった南洋の旅は終わっている。

当時の各種使節団の西廻航路日程表といえば、ほぼ丸山ら「文化使節団」のそれと大差ないものであったといえようが、『群島』の舞台となったトラック諸島は、丸山らが廻った「西廻線」[12]の航路上にはなく「東廻線」[13]の航路上にあった。丸山の一行はともかく、南洋にいた矢田には、西廻線と東廻線との違いがよくわかっていたはずであるが、彼が作品の舞台を西廻線上の島ではなく東廻線上にある島にしたのには、それなりの理由がなければならな

かったはずである。

視察団の一人に「児童はどの位ゐるんですかな」と聞かれた役場書記は、「男女合せまして九十人ぐらゐかと」と答えていた。その数は、一九三九年(昭和一四)のモートロック公学校および秋島公学校の在校生数とほぼ一致するものであるが、両校ともその職員数は邦人一、島民一の計二名である。[14]『群島』の職員数邦人三、島民一の計四名(邦人の小使一をいれると計五名)は、児童総数二四〇名いた夏島公学校の邦人四、島民一の計五名に近い。在校生九〇人規模では、職員二名が普通で、四名(小使いを入れると五名)というのは見当たらない。矢田が『群島』の舞台を、どの視察団の一行も必ず訪れたであろうサイパンやパラオの公学校ではなく、トラック諸島の島の一つのそれにしたのには、単に変り者の校長を登場させるのに相応しい場が、西廻線上には見当たらなかったといったことによるのではないであろう。また、九〇名規模の公学校が、たまたまトラックに二校もあったといったことによるのでもないであろう。視察団の一行を迎えに行くのでもなく、歌ってはいけないと訓導が注意する歌を平気で歌わせる校長を登場させるには、「まだよく開けて」いないとされた島が相応しかった。そこには、多分に「土人はまだよく開けてゐませんが、性質はおとなしく、我々にもよくなつき、殊に近年我が国で学校をそこ〻に立てたので子供等はなか〳〵上手に日本語を話します」といった国語読本の中に見られた「トラック島便り」[15]の文章が、影を落としていたと考えられないこともない。

一九四〇年頃の南洋を知るのに、丸山義二の『南洋紀行』ほど重宝なものはない。前に上げた「日程表」からも判るとおり、そこにはいわゆる視察団を名乗って乗り込む一行が、何を見(せられ)たかがよく写し取られているからである。その視察団が真っ先に案内されたのが、他でもなく「公学校」であった。

委任統治下の群島教育が目指したのは「皇恩ヲ感受セシメ国語ヲ教ヘ徳育ヲ施シ生活ニ必須ナル普通ノ知識技能ヲ授クル」[16]ことにあった。それが「南洋庁公学校規則」[17]になって「児童身体ノ発育ニ留意シテ徳育ヲ施シ生活ノ向上改善ニ必須ナル普通ノ知識技能ヲ授クル」に改正されたとはいえ、いわゆる「修身」と「国語」とを重視した教育がなされたことは間違いない。そして前者については「修身ハ近易適切ナル事項ヨリ始メテ人倫道徳ノ要旨ヲ授

ヤップ公学校（『南洋郡島写真帖』1938年，南洋群島文化協会刊より。以下同じ）

ケ漸ク進ミテハ社会ニ対スル責務ノ一班ニ及ホシ以テ品位ヲ高メ志操ヲ固クシ且進取ノ気象ヲ長シ公徳ヲ尚ヒ公益ニ力ヲ尽シ善良ナル社会ノ一員タルノ性格ヲ涵養セムコトヲ力ムベシ」と歌い、また後者については「国語ハ主トシテ近易ナル話シ方ヲ授ケ発音語調ヲ正シ仮名ノ読ミ方、書キ方、綴リ方ヲ知ラシメ漸ク進ミテハ日常須知ノ文字及簡易ナル口語文ニ及ホシ特ニ普通用語ノ練達ニ力ムヘシ」と歌われていた[18]。『群島』の牧田訓導が、両者をよく守ろうとしたことは、挨拶の練習と児童たちをしつける姿にあらわれていた。

「公学校」視察は、いわゆる「島民の日本化」を見てもらうという配慮によっていた。そして彼らは、そこで島民の日本化をうながす基本になると思慮された国語教育が一定の成果をあげていることを実見したといっていい。しかし、中には、大きな問題があるとして疑問をもったものもいないわけではなかったのは先に見たとおりである。

矢田が、「変つた人」を登場させたのは、彼も又そのような教育に問題ありと考えたことによっていよう。しかし、矢田が教育現場の責任者である校長に「変つた人」を据えたのは、「島民の日本化」に疑問を抱いたからであったとはいえない。矢田が、問題だと思ったのは、別にあった。

宮松　これが土人の子の学校かね？　仲々どうして整然たるものぢやないか。

視察団が学校にやってきて発した第一声である。その声に続いて、俳句を詠むために「花の名」を聞く声、校庭を見て「こんな庭のある別荘が欲しい」という声、女に眼を止める声に「体面」を持ち出して口論する仲間を「みつともない、土人に笑はれるぞ」とたしなめる声が続き、

梅田　いや、僕は全く認識を新たにしたね。土人と言へば獰猛な人食人種のやうな奴ばかりかと思つてゐたんだが、仲々どうしてどうして、美人がゐるのには驚いたよ

といった言葉が続く。そして

花村　先づ、小さな匪賊と言ふところかね。

安川　いや、猿だ！

という、飛行機の爆音で教室を飛び出した児童たちの後から子豚を抱えて出て来た一人が、視察団の一向に気づいて引き返すのを見て、交わされた言葉が続く。

『群島』は、「東京のお客さん」のどうしようもなさを照らしだしていた。校長が、視察団の一行を全く意に介さなかったのも、訪れてくる視察団に何一つ期待出来ないことを、よく知っていたからである。それは、「視察団の一行は激昂して帰りました」という牧田に、「かまはん、かまはん……どだいわしや、やれ、視察団ぢやの、調査班ぢやのと、色んな奴等が見えるたんびに、ギヤアック〳〵お祭り騒ぎをしてからに、歓迎せにやならん奴の気がしれんのぢや、わしらはわしらで、当り前にやつて居ればそれでえゝのぢや」といい、続けて「どうせ相手は気紛れな風来坊ぢや。島民がどうの、風景がどうぢやの言うてからに、島の生活を心から考へてくれるやうな奴は一人も居らんのぢや。たまにこいつはと思ふ奴があつても内地へ帰れば、もうそれ限りぢや」という言葉によく現れている。

校長の言葉は、また丸山が、「内地から視察にくる人は、こつちからいろいろときいてゆくばかりか、あとは、なしのつぶてで、さつぱり音沙汰がない。なんのために自分たちの意見をききたがるか。かういう観察者には反省を望みたい」といい、また「ほんの一時間か二時間、やつてきたといふだけの観察者に、なんのかんのと、意見を吐き散らされたんでは、こつちが迷惑千万だ。一晩でもいい、せめて自分たちの家にとまつて、内地の話もきかしてくれ、こつちの話もきいてくれる。さういふ親切な態度であつてほしい」と、書きとめていた言葉と響き合っている。

青年の「なしのつぶて」と、校長の「内地へ帰れば、もうそれ限りぢや」という、視察団に対する評は似通っているが、しかしその指し示している対象は、大きく異なる。青年のそれは同胞に関わるものであったが、校長のそれは島民と関わるものである。同胞に関わる問題すら「なしのつぶて」といった状態では、島民に関わる問題が聞き届けられようはずもなかった。

矢田が、視察団を戯画化したのは、丸山が書いていたような話を経験していたことに発していよう。そして、そこで明らかにされているのが他でもなく島民蔑視である。「土人と言へば獰猛な人食人種のやうな奴ばかりかと思つてゐた」という梅田の言葉はその最たるものである。「匪賊」「猿」も、同然であろう。そして、そのような島民蔑視は、視察団の一行だけに共通していたのではない。源助がそうであった。

はつ　い、いけねいす！いけねいす！
サブラン　(立上がり、はつをニヤリ振り返つて)　イケネイス、イケネイス、ペッ！(逃げ去らうとして源助にぶつかる。源助はずみを食つて尻餅をつく。はつの教室でドッと笑声が起る)
源助　あ、あにするでや？　此の餓鬼！
サブラン　アツハ、転んだネ。ピーツ、ピーツ。(尻を叩いて逃げ去る)
はつ　こ、これ！　ど、どこへ行ぐす？　いけねいすつてば！　こ、これ！……(その後を追ふ)

ヤップ島マキ公学校の教室と島民児童

源助（立上り）ケッ！　忌々しい畜生だ！
　島民のくせにしやがつて……（バケツを下げ
　て下手へ去る）

源助が、登場してくる最初の場面である。彼は、登場するとともに尻餅をついてしまう。あまりさまにならない形での登場は、彼の位置が、そう高くないことを示唆するものとなっているが、他でもなく彼は「小使い」であった。学校職員のなかで、最も地位の低い存在であることで、生徒からも「尻を叩いて」見せられるほどである。その挑発的なからかいに対して、彼は「島民のくせに」といった侮蔑的な言葉を投げつける。

そして、次に登場してくる場面では

（表廊下から源助が大声で怒鳴りながらサブ
ランを追つてくる）
源助　こ、この餓鬼！　逃げようたつて、畜
生！　逃がしてたまつか！
サブラン（教室の中へ逃げ込み源助の鞭を巧に
よけて逃げ廻り）ピーッ！　ピーッ　源助

爺の、デ、シヤグロー。

源助　あんだ？　馬鹿野郎だ？……島民のくせしやがつて！　な、生意気に、もう勘弁さなんねいだ！（むきになつてサブランを追ひかけ廻しつひに一鞭くれる。サブラン、ウォーン！と悲鳴を挙げ階段から転がり落ちる）

はつ　あつ！（サブランの側へ走り寄り）な、なんつうことするんす。子供さこんだらむげいことして……。

源助　……んだつて先生、くせになるだや、此の餓鬼おらが弁当盗み食ひしやがつただ！　日本人の飯さ盗み食ひしやがつただ！

と、サブランを追いかけて登場してくる。

源助の口をついて出てくる言葉は、先と同じく「島民のくせに」というものである。彼が誇れるのは、この一点にある。先に続いて、場面は次のように展開していく。

キミオ（耐へ切れず）　あなた、なにします？（いきなり源助を突き飛ばす）

源助（よろめき）　あれ？　この野郎！　おらがこと突き飛ばしただな。

キミオ　相手子供です、いぢめるの止めて下さい。

源助　あんだ？　止めれ？……フンんだばお前、泥棒さしてもいゝつうのか？　え？　おい！　かまはねいつうのか？……やい？　島民の仲間ぢや許されるかしんねいが、日本人の仲間ぢやゆるされねいだ！

キミオ　私達同じ日本国民です。

源助　へ、ツ、アキザミヨウだ（注、ふざけるな）……そんげんど真黒な日本人さあつてたまつか！

キミオ（身を震はし）　あなた、私達、ぶ、侮辱しますか！（挑みかゝらんとする）

源助（急に怖気づき）　こ、こいつ、おらに手抗ふ気か、え？　おい！　日本人のおらに……

サブラン　先生、喧嘩する、いけないナ。校長先生さう言つたネ。
キミオ（ガツクリとうなだれる）
源助（急に威猛高に）　おい、どうしただ？　手抗はねいのか！　フン、アツシヤミヨウ（注、笑はしやがる）
いくら老ぼれたつてな、おら日本人だ！　やい！　手抗はねいのか？

源助がサブランをつかまえ引きずっていこうとしているのをみて、キミオがとめにはいり口論となる。キミオに向かって、源助が誇らしげに口にするのは「日本人」という言葉である。彼が、キミオに手向かえるのは、キミオがいくら「私達同じ日本国民です」と強調しようと、またたとえ彼が同じ日本国民であろうとも、同じ日本人であるとは思ってないからである。そうでなければ教員補に小使いが手向かうなんてことはできなかったであろうし、体力的にいっても年取った源助が若いキミオにとても立ち向かえるはずはないのである。それを可能にしているのは「日本人の仲間」といい、「日本人のおらに」といい、「おら日本人だ」というように繰り返している日本人ということにある。源助はなぜそのように日本人を強調しなければならないのか。

ところで、丸山の『南洋紀行』をパセチックなものにしているのは、南洋開拓民に対する彼の思い入れの深さにあるが、南洋の開拓民といえば、すぐに挙げられるのが沖縄人であった。丸山はそのことを南洋に行く前に知っていて、「これから訪ねていかうとしてゐる南の島々には琉球の人々がおほいときいたので、南洋群島の農民生活を知るためには、あらかじめ琉球の風俗や習慣を知らなければならぬと、さしあたり、この本を用意してきたわけだ」として『南方文化の研究』を船中で読み続けている理由を書きとめていた。予想通り、南洋に入った彼は至るところの島々で沖縄人を見ている。そして、その印象を『南洋紀行』の中に書きとめていた。

例えば、彼がテニアンで体験したことをしたためた一文。島を一巡しようと出発したところ、途中でスコールに会い、やむなく甘蔗畑のなかの一軒の農家に飛び込む。その農家は、「母屋は中閾のない六畳の一間つきり、床の間もなければ、押入れもなく、むき出しの柳行李が二つ三つかさねてあるだけ」の家で、それぞれ五、六歳ぐらいの鼻汁のたれた男の子と雀の巣のような頭髪の女の子、それに竃の前にいる「一見、五十歳ぐらゐの小母さん」、そして赤ん坊がいた。彼は、小降りになって皆が出ていったので、小母さんに出身地、滞在年数、年齢を聞く。彼女は、彼の問いに答えて、沖縄であること、来島してからちょうど一〇年になったこと、そして三〇歳を出たばかりであるという。彼は愕然とし、次のように書く。

私は、三十歳にしてあのやうにも老け、十年働きつづけながら、しかもこのやうにも原始的な竃でめしを焚いてゐるのだと、あれを思ひこれを思うて、胸がいつぱいになつた。農民は苦労をしてゐるのだと思つた。開拓の事業のなまやさしいものでないことを考へた。
「日本の農民のこの忍耐をみよ！」
私はひざまづいてお礼がいひたいと思ひ、自然に、めがしらが濡れてくるのをおぼえた。

丸山らがスコールに追われて農家に飛び込んだのは二月二九日、その前日の二八日、テニアンに上陸した丸山は一人夜の街に出るが、同行の者たちに見つかって、一緒に一軒の家にあがる。

ガタピシと音がする廊下、赤茶けたやうな電灯の光、塗りのはげたテーブル、私たちはそこでビールを一本づつのんだ。ひさしぶりに「水入らず」になつたやうな感じがするのも不思議である。
女が五人ばかり酌に出てきた。妙に寸づまりみたいな年増女ばかり、眦の切れがまるく、皮膚はずゐぶんと荒れすさんでゐる。なかにひとりだけ比較的に若い厚化粧のがゐて、その女がをどりをみせてくれた。琉球のをどりだといふ。「チンダラ節」をうたひ、蛇皮線をひいたのは、白粉もつけてゐない痩せた女であった。

「琉球のをどり」を踊る「比較的に若い厚化粧」の女、「チンダラ節」をうたい三味線を弾く化粧もしてない貧相な女、彼女たちが沖縄人だとはどこにも書いてないが、三〇歳にしてすでに五〇歳以上に見えた農家の女がそうであったように、「料理屋」の女たちもまた沖縄を出てきた女たちであったに違いない。

南洋視察団は、至る所で、日本人とすれちがったといえるが、その多くが「沖縄出身」であることを知っていたはずである。それは、丸山の記述に、沖縄人が数多く出てくることでも明らかである。

『第九回南洋庁統計年刊』[19]の「邦人本籍別人口」を見ると、総数七万七二五七名のうち四万五七〇一名と、ほぼ六割近くを沖縄出身者がしめていた。それは他でもなく、南洋の甘蔗事業を一手に引き受けていた南洋興発株式会社が、その従業者を沖縄に求めたことによるが[20]、彼らの多くは、十年たってもなお満足な竈《かまど》すら持てない生活を送っていたのである。沖縄出身の多くが下層の生活にあったことは間違いないし、それだけに問題も多かったといっていい。

例えば、能仲文夫が「オキナワは日本のカナカですと言うことを土人の口から直接聞かされた私はわがことのように口惜しかった。海外へ海外へと進出する沖縄人の勇壮な気持ちには大いに敬意を表するものだが、然し恥晒しの侮辱された生活までしてくれとは言わない。恥も外聞もない、ただ働きさえすればそれでよいというのでは、異民族を相手に、そしてまた異民族の中に混じっては海外進出の永続性は望まれない[21]」と書き、石川達三が「サイパン島とテニヤン島とを開発したものは南洋興発会社の大資本の力であつた。広大な土地の貸下げを受けてそこに砂糖黍を植ゑ、進路を開きバスを通し工場を建て社宅とクラブとを設け、病院を造り運動場を造つた。そして沖縄県の労働者を大量に移住せしめたのであつた。いわゞこの島の産業と同時に文化を司るものが興発会社であつたのだ。／しかしながら、皮肉な現象は沖縄県の労働者であつた。彼らは文化を知らなかつた。といふよりも文化を要求しなかつた。カナカ族よりも貧しい暮しに平然として、賃金を郷里へ送りかへすか又は酒代にしてしまふといふ風である。生活の向上といふ考へを彼等は生れた時から持つて居なかつた。徳川時代から何百年にわたる圧政によつて形造られた彼等の性格であつたかも知れない。大資本はこの島に物産と文化とをもたらしたが同時に文化を受けつけない人間を入植したのであつた[22]」と書いていた、沖縄人。

パラオ本島コロール公学校における国語の授業

能仲や石川の沖縄人観は、決して特別であったとはいえない。彼等は、沖縄人に関する情報をまず彼等を案内した人たちから聞いていたからである。石川は、サイパンに向かう船の中で、すぐに沖縄人に関する話を聞いていたし、能仲は島を案内してくれた島民から聞いている。いわば、彼らの書いていた「沖縄人」像は、日本人の仲間たちにわけもたれていただけでなく、「同じ日本国民」である島民にもわけもたれていたといっていい(23)。

源助が執拗に日本人を強調したのには意味があった。彼は日本人の側からだけでなくキミオのいう日本国民の側からも特別視されていたことを知っていたからである。

キミオ　ハイ……（泣声で）私……私、くやしいです。
準造　あーあ？
キミオ　源助さん……私、侮辱します。
準造　なに？
キミオ　私達だつて人間です。私達だつて同じ日本国民です。（泣きじやくる）

準造　さうぢや。日本国民ぢや。それがどうしたと言ふんぢや？
キミオ　それだのに、源助さん、私達を獣扱ひします。私、パラオのコロールで高等科卒業しました。私、教育受けた人間です。源助さん、字も読めない野蛮人です。……それだのに源助さん、私を馬鹿にします。私、もう我慢できません。（大声立てて泣く）

小使いの源助が、沖縄人であるとは何処にも書かれているわけではない。しかし彼が沖縄人であることは、彼の言葉遣いからして明らかであり、それはキミオにもわからないわけではなかった。キミオが我慢できなかったことの中には、「教育を受けた人間」が、「字も読めない野蛮人」に侮辱されるいわれはない、といったこと以上に、さらなる理由がひそんでいたといっていい。

マーク・ピーティーは、「日本人への島民の態度がさらに複雑になったのは、日本人移民の間に微妙な亀裂が数多くあったためである。中でも特に目立ったのが沖縄の下層民の存在だった」と指摘し、続けて「当時の日本の公式の記録や報告は、日本本土の人間が沖縄の人々や各地に散在した朝鮮の人々に偏見を持っていたことに、いっさい触れていない。朝鮮人が長く日本人の偏見の対象になった半面、沖縄人は普通の日本人の意識に上ることさえほとんどなかった。このため、南洋に移民した日本本土の人には、沖縄の人々のマナー、独特の言語、生活スタイルはちょっとした驚きの的であった。沖縄人特有の騒々しさ、話し方の粗野のこと、貧しい身なりなどに仰天して、本土の日本人はそれをさげすんだ。／こうした状況によって、三つのかなり明確に区分された階級が一九三〇年代の南洋に生まれた。頂点に位置したのは日本本土から来た日本人、中間に位置したのが沖縄人と朝鮮人、最底辺に位置したのが島民である。沖縄人と朝鮮人には島民よりも高い地位が与えられたが、彼らの職業や教育程度は、島民から見るとうさん臭い感じに映った。例えば、多くの沖縄人が従事したある種の肉体労働は、島民のエリート層からみればやや軽蔑すべき職業であったし、かなり上手に日本語を操れた若い島民にとっても、朝鮮の田舎から来た朝鮮人が文化の片鱗も感じさせず、日本語もほとんど話せないのは全くの驚きだった。観察眼の鋭い島民は、朝鮮人や沖縄人の中に見られる文化的な劣等性と、それにもかかわらず彼らが島民に与えられない特権を享受していることとを、鮮やかに対照的な印象として深く心に刻んだ。沖縄人はよく「泡盛」と呼ばれる沖縄独特の酒に酔いつぶれるまで飲んだが、島民には一滴の酒も許されていなかった[24]」と書いた。

同じく川村湊も、「植民地社会は、また明白な階層社会でもあった。内地から移住してきた南洋庁の役人、南洋興発（南洋群島の最大の企業として主に製糖業を行ったが運輸業、貿易なども行った）などの大企業の社員や商工業者などを最上層として、その下に内地からの農業、漁業移民、鉱山、製糖工場などの労働者移民がいて、さらに沖縄出身の肉体労働者、商売女の層があり、その下に朝鮮人の労働者、娼婦、そして最末端に現地人のカナカ人の階層があるという構造である。同じ皇国臣民でありながら、内地人、沖縄人、朝鮮人、現地人という四つの大きな階層が、南洋群島には歴然と存在していたのである[25]」と書いているように、内地人のなかに入らない内地人、日本人であって日本人とは異なる存在として沖縄人は受け取られていた。

源助が日本人を強調し、いいつのったのは他でもなく、日本人の中では日本人としての扱いから外されていたからに違いない。日本人であるとされながら日本人とは見なされない存在であったがゆえに、いよいよ日本人に固執したといっていい。源助が日本人であるとする指標には膚の色があったが、それはまた源助を含めて沖縄人が内地人ではないとされる指標のひとつであった。源助は、源助自体が区別されたもので、相手を区別したのである。そこには、「内地」と「外地」の境界線上で宙づりにされていた沖縄人のありようが浮き彫りにされているといえよう。

『群島』が描こうとしたのは、しかしその区別されると同時に区別する側にもなる沖縄人の問題ではなく、移住者たちの信念と努力、その結果としての群島居住民の「日本化」の実現にあった。それは、

(1)視察団の一行に「実にけしからん」と非難され、訓導牧田に「僕達がこつ〳〵と築き上げて行くものを、後から後から破壊して行く」ばかりか、「児童の向上と言ふことなぞ少しも念頭に置いてはゐない」として非難されている校長が、「人はわしを掴まへて野蛮人ぢゃの、島民ぢゃのと言ふけれど、……こつちが素裸になつて、奴等の

生活に飛び込まにゃ、本当の教育は出けんのぢゃ」といい、「熱帯の植物を内地の風に当てれば枯れてしまふやうに、南洋の子供達には南洋の教育方針があつてもえゝ筈なんじゃ。こつちの子供達に、咲いた咲いた桜が咲いたと言うたかつて、富士の山が高いと教へたかつて、何が何だかさつぱり判らん。……太陽の子は太陽の下で、鋤をとり鍬を握る、こいつを教へ込むのが先づ〳〵必要な仕事なんぢゃ」といった信念を秘めていたこと、

(2)視察団長が、「方々の島々を廻つて感じたことだが、遠く祖国を離れた、こんな小さな島に、しかも寂しい不便なところに、みんなよく辛抱してゐてくれるもんだ。殊に開発の、現状を眼のあたり見て、その逞しい精神と、根強い忍耐力には、知らず〳〵頭の下がる思ひがしたんだ。……有難いことだ、全く有難いことだ。……いくら宝の島だからと言つたつて、黄金が出るわけぢゃなし、ダイヤモンドが埋まつてゐるわけでもない。炎熱の下で、あらゆる困難と闘ひながら、こつ〳〵と鋤をとり鍬を握る……自分一人の幸福を考へてゐたのでは、到底出来ぬ事だね」といい、「わしは此処の公学校を拝見させて貰つて、実に心強い気がしたんだ。みんな去勢されずに、すく〳〵伸びてゐる。殊に嬉しいことは土に親しむことを知つてゐる事だ。よその島の子供達は、兎角ォドォドと日本人を恐れて居る。あれぢゃいかん、あれぢゃいかんのだ。萎縮させる事が教育の本質ぢゃない、萎縮させずに、日本の偉さを知らす」のが大切だといい、「里村さん、今の日本にとつてはね、蒼白いインテリを十人作ることよりも、百人のいや千人の農夫を育て上げることが肝要なんだ。……南方発展が叫ばれ、表南洋進出が実行に移されようとしてゐる今日、第一線に立つて雄飛するのは、こゝの子供達だ、貴女方が精根こらして育て上げた、こゝの強者達だ……里村さん、頑張つて下さいよ、頑張つて下さいよ。貴女方の使命は、貴女方の任務は重大なのだからね」と語っていたこと、

そしてそのハイライトとでもいうべきものが、

(3)「どうしてお前達はさう判らないんだ」と訓導を嘆かし、視察団の一行から「小さな匪賊」「猿」だと酷評された児童たちが、日本から送られてきた人形が吹き飛ばされないかと心配して、「お人形危ないナ」「日本のお客様危ないネ!」と口にして、危険な嵐の中を出ていき、崩れる教室から怪我をしながら無事人形を持ち出すこと、

(4)源太に侮辱されたキミオが、赤ん坊を残し川に入って死のうとした源太の娘、落ちぶれ果てた酌婦カナを児童たちと一緒になって救助したことで、ことあるごとに「島民のくせに」と「島民」たちを見下していた源太が、「お、おら、鬼だ！……お、おら悪魔男だつただ！」といい、「お、おら、無性に、子供達が憎くてなんねかつただ！……日本人のおらが、苦しんでゐるに……島民のくせしやがつてと……おら、罪科もねい子供達を」と身もだえ、心から悔悟する、

といったかたちでみられた。(1)(2)では、校長のいう「本当の教育」によって生徒たちが「すく〳〵伸びてゐる」という印象を団長に与えたことが書かれ、(3)(4)では、生徒たちがまさに「すく〳〵伸びている」様子を描いていた。そしてそれは、(3)(4)から読みとれるように「すく〳〵伸びている」生徒たちの無償の行為によって新たなる関係が結ばれていくといった、いわば統率者が望んだありようが実現していく姿を描いていたといっていいだろう。

丸山らが南洋に渡ったのは南洋群島文化協会の招きによるものであった。彼らは、三月六日「文化協会並に南洋新報社主催」になる座談会に出席、そこで『南洋新報』に「挨拶の言葉」を書くことを依頼されているが、丸山は「南の島の皆さんへ」として、自分が農民文学懇話会[26]に属する作家であること、農民文学懇話会というのは「日本の農民の生活をすこしづつでもひきあげたいとねがふ、さういふかんがへのなかから、文学にたずさわつてゐるものの団体である」が、自分はその一人として「南洋群島における農民諸君を訪れ、諸君のかざりけのない日常生活にふれ、親しく意見を聞きたい」と思ってやってきたと書いていた。丸山の『南洋紀行』は、その仕事を過不足なくやり遂げたといっていいものである。そして、矢田の『群島』は、丸山の『南洋紀行』に呼応する形で書かれたものであったといっていい。丸山の『南洋紀行』が、一九四〇年前後の、「南進文学」の典型的な一冊となっていると同じく、矢田弥八の戯曲『群島』もまさしくそうであったといえるが、そこには、小使いの源助は、何故沖縄人でなければならなかったのか、そして、何故彼の娘は落ちぶれた子持ちの酌婦でなければならなかったのか、という大切な問題が潜んでいた。

群島居住者たちが「日本国民」として一体化していくには、他でもなく群島の大集団である沖縄人たちの問題が

あった。南洋にいた矢田はそのことをよく知っていたといっていいし、南進の基本が、「内地」と「外地」との融和実現にあったとすれば、この「内地」とも「外地」ともいいようのない沖縄を出身地とする大集団を視野の外におくことはできなかった。もっとも問題になるのがその「外」とも「内」ともつかない状態であるが、南洋群島における沖縄人は、まさしくそのようにあるものとして見られていたといっていい。「小使い」の位置は、そのことを象徴的に語るものとなっていた。『群島』は、その「小使い」の悔悟を描くことによって、内地と外地の一体化の一つのかたちを描き出したが、そこには図らずも、沖縄が日本の版図には必ずしもしっくりと収まることのないものであったことが露呈されていたといっていいだろう。

（注）

（1） 竹松良明「喪失された〈遥かな〉南方――少国民向け南方案内書を中心に」（木村一信編『文学史を読みかえる4・戦時下の文学』所収、インパクト出版会、二〇〇〇年二月）。竹松は、南方関係書の増大を「日本陸軍の外地に対する基本的戦略方針が、明治以来の伝統的な「南守北進」から「北守南進」へと急速に転換された」ことに見ている。

（2） 矢野暢『「南進」の系譜』（中央公論社、一九九七年六月）。矢野は、「日本が決定的に「南進」政策に踏み切ったのは、昭和一五年七月二二日に第二次近衛内閣が成立した直後のことであった」と指摘している。

（3） 矢野暢『日本の南洋史観』（中央公論社、昭和五四年八月）。矢野は、「南方文学」或いは「南洋文学」という「タームが日本文学史のうえで正式に成立するかどうかわからないが」としながら、南洋を舞台にした作品が明治から昭和戦後まで書かれてきたが、「文学という名に値するだけの作品がどれだけその中に含まれていたかは多分に疑問である」としている。

（4） 矢田弥八『群島』（昭和一七年九月）所収。『群島』には、表題作（昭和一六年二月作）の他に同じく南洋群島（サイパン島）を舞台にした「南風」（昭和一五年一一月作）「南洋甘蔗」（昭和一六年九月作）が収められている。『群島』は「大衆文芸叢書」の一冊として出されたものである。

（5） 窪田精『トラック島日誌』（光和堂、一九八三年八月）。同書は、トラック島に送られた「囚人」たちを書いた小説であるが、トラック島の概要があって、その全体を知るのに簡便である。

（6）石川達三は「群島日誌」（『赤虫島日誌』所収、東京八雲書店、昭和一八年五月）に、パラオの「公学校」を参観したおり、そこで高等科の少女等の歌った唱歌を聞いて「少女たちは愛国行進曲をうたひ、軍神広瀬中佐をうたひ、児島高徳の歌をうたつた。日本の伝統を感じ得ないこのカナカの娘たちにとつて、八紘一宇の精神や一死報国の観念が理解される筈はないのだ。美しい鸚鵡の合唱であつた」と書いていた。矢野暢『日本の南洋史観』及び川村湊『南洋・樺太の日本文学』（筑摩書房、一九九四年一二月）参照。

（7）野口のそれは、ヤップの「公学校」でのことを報告したものである。『現地報告　今日の南洋』昭和一六年四月。

（8）『群島』の項目（『日本統治下ミクロネシア文献目録』所収、二〇〇〇年九月）

（9）丸山は、「Y君」について、「映画『土』のシナリオはかれが書いたのである。鈴木尚之『私説　内田吐夢伝』（岩波書店、一九九七年九月）の、『土』と関わる記述を見ると「そのシナリオは八木隆一郎と北村勉によって完成された」とあり、「Y君」は、八木であることがわかる。また、坪田英二「パラオだより」（『南洋群島』第六巻第四号　昭和一五年四月）に、「三月の月は、而も折り重つて馬鹿に東京から珍らしいお客さんが多く、群島の首都コロールは全く大変な賑やかさであつた。即ち南洋庁招聘の南洋群島文化使節団一行五名に踵いで」云々と、丸山らの来島と関わる報告の中に、「映画製作家小林好雄君はコロールを見て『私は驚いたのである』と冒頭して、腹薬やその他日用品に満腹した重いトランクを持て余し、映画シナリオ作家八木隆一郎君は『絵に描いた南洋』程度の恐るべき想念を暴露してゐるのである」とあるように、「Y君」が八木隆一郎であることはほぼ間違いないかと思う。

（10）矢田は「嘗て六年近くも群島に居住してゐた」（「綺堂賞を戴いて」『文学報国』第四五号、昭和二〇年二月一日）と書いている。居住していた年代は明確ではないが、明大商科卒の学歴からして、卒業と同時に群島に渡ったとしても、丸山らの来島当時は、南洋にいたのではないかと思える。

（11）『南洋群島』第六巻第一二号、昭和一五年一二月。

（12）西廻線は、神戸、大阪、門司、横浜、サイパン、テニアン、ロタ、ヤップ、パラオ、アンガウル、メナード、ダバオ、タワオ間往復（日数三五日）で「年四十回内三十二回はパラオを終点」とした。南洋庁『昭和十四年版　南洋群島要覧』（昭和一四年一二月）参照。

（13）東廻線は、神戸、大阪、門司、横浜、サイパン、テニアン、ロタ、トラック、ポナペ、クサイ、ヤルート間往復（日数五四日）で「年十九回」回航した。南洋庁『昭和十四年版　南洋群島要覧』（昭和一四年一二月）参照。

(14) 南洋庁内務部企画課「第九回南洋庁統計年鑑　昭和十四年」（昭和一六年八月）の「九五　公学校」の項をみると、児童数九〇名前後の学校は、トラック・モートロック公学校の九〇名、同じくトラック・秋島公学校の八九名、ポナペ・キチー公学校の九〇名などが見られるが、キチーの職員三名（邦人二、島民一）にたいし、モートロックも秋島も二名（邦人一、島民一）である。『南洋庁統計年鑑　第四巻』所収、一九九三年一一月。
(15) 『尋常小学校　国語読本』（第三期、一九一八―一九三二）巻九の第二課。川村湊前掲書参照。
(16) 「南洋群島島民学校規則」大正七年六月一五日南洋群島民政令第一号。
(17) 「南洋庁公学校規則」大正一一年四月一日、南洋庁令第十二号。「公学校規則と従来の島民学校規則と異る主な点は、島民学校規則では島民児童に、皇恩を感受せしむることを主眼とする事を明確に定めて居たが、公学校規則では之を削除し、公学校に於ては児童身体の発達に留意して、徳育を施し生活の向上、改善に必須なる知識技能を授くることを本旨とした」と、南洋群島教育会編『南洋群島教育史』（昭和一三年一〇月、『旧植民地教育史資料集1　南洋群島教育史』一九八二年一月）は解説している。
(18) 「南洋庁公学校規則」大正一一年四月一日、南洋庁令第三一号。
(19) 南洋庁企画課、昭和一六年八月。前掲書。
(20) 松江春次『南洋開拓拾年誌』（南洋興発株式会社、昭和七年一二月）。松江はそこで「沖縄県から移民を採ることに決めた」理由を「急速に多数の移民を求めるには、内地の中でも最も人口過剰に苦しみ、早くから海外思想が発達し、既にサイパン島にも相当の進出を行つて居た沖縄県人を最も適当としたこと」等三項目にわたってあげていた。
(21) 能仲文夫『赤道を背にして　南洋紀行』中央情報社、昭和九年一二月。小菅輝雄編復刻版、一九九〇年五月。
(22) 石川達三「航海日誌」前掲書所収。
(23) 土方久功は「青蜥蜴の夢」の中に収められた「ガルミヅ行き」に、「蛸の木はどこに行ってしまったのだ。みんなあの沖縄がへし折ってしまったのだ。そして試験場の人もなんていたずら者だろう。あのガルバケヅサオをあんな風にして沖縄の人達にやってしまうなんて。私は今の今、昔のままのガルバケヅサオをここから見下したく思うよ。それにあの沖縄達はまたなんと馬鹿だろう。日曜もなしに朝から晩まで山を崩して崩して、土を運んで石をころがして、あの小屋の中でがりがりつぶして、ああ、あぶないあぶない人がいてもなんでもかまわず、あの切岸からなだれおとして……そして一体どうしようというんだろう」という、島民の娘ゲルールの言葉を書き留めている。『土方久功著作集　6』（三一書房、一九九一年一一月）所収。

(24) マーク・ピーティー、浅野豊美訳『植民地　帝国五〇年の興亡』読売新聞社、一九九六年一二月。マーク・R・ピーティ、大塚健洋訳「ミクロネシアにおける日本の同化政策」ピーター・ドウス、小林英夫編『帝国という幻想――「大東亜共栄圏」の思想と現実』青木書店、一九九八年八月、所収参照。マーク・R・ピーティー、我部政明訳「日本植民地支配下のミクロネシア」『岩波講座　近代日本と植民地1　植民地帝国日本』一九九二年一一月。

(25) 川村湊前掲書。

(26) 一九三九年版『文芸年鑑』には有馬頼寧「農民文学懇話会の発会に臨んで」、島木健作「国策と農民文学」、伊藤永之介「農民文学の現状」が収録されている。発会とともに、多くの作家が属した。

ブラジルへの沖縄移民史をめぐる二つの小説

――大城立裕「ノロエステ鉄道」から山里アウグスト「東から来た民」へ――

浅野卓夫

沖縄移民と文学／大城立裕「ノロエステ鉄道」

沖縄は、しばしば「移民県」と称されるように、一八九九年のハワイ移住を皮切りに、南北アメリカ大陸やアジア太平洋州など実にさまざまな地域へ、つい三十年前まで数多くの海外移民を送り出してきた。主要な移住先としては、ハワイのほかに、メキシコ、フィリピン、仏領ニューカレドニア、カナダ、合衆国本土、ブラジル、ペルー、シンガポール、オーストラリア、キューバ、ボリビアがあげられるが、こうしていくつかの地名をざっと列挙するだけでも、沖縄移民が辿った道程の広大さと多様性をうかがいしることができる。もちろんこうした民族離散現象が起こったのは、日本という国民国家に併合された一八七九年の「琉球処分」以降、近代植民地主義の政治的・経済的な支配に翻弄されるなか、沖縄の人びとが生活の手段を奪われ、労働力として島の外へ出ざるをえなかったという歴史的条件が存在したからにほかならない。近代化にともなう伝統的共同体の崩壊、黒糖の単一耕作経済の破綻、「ソテツ地獄」と呼ばれる深刻な不況、第二次世界大戦時の全島壊滅、それにつづく米軍政府による占領政策――ほぼ百年のあいだに、この島に襲いかかった歴史の津波が、沖縄からの海外移民を加速度的に促進させたことは改めていうまでもないだろう。それゆえ沖縄の生活文化のなかには、さまざまな土地へ離散した親戚や知人をめぐる物語がいまも数多く残されている。現代沖縄の表現行為を見渡してみても、こうした海外移民の歴史を背景に生み出された小説や音楽や映画が少なくないことに気づかされるが、ここで話題を文学に限定すれば、その代表的な作品といえるのが大城立裕の『ノロエステ鉄道』（一九八九年）だ。

作者自身による南米移民の取材体験をもとに執筆された表題作「ノロエステ鉄道」は、第一回移民としてブラジルへ渡った沖縄出身の老女による自伝的語りという形式をとる作品。ブラジルへの日系移民史を題材にした小説といえば、石川達三『蒼氓』や北杜夫『輝ける碧き空の下で』、岡松和夫『異郷の歌』などが思い浮かぶが、この作品は日系移民をめぐる文学表現史上、はじめて沖縄移民の声を前景化させたという点に大きな歴史的意義がある。

明治四一年（一九〇八）六月一八日、日本からブラジルへの最初の移住船「笠戸丸」が、五二日間の航海を終えサントスの埠頭に入港した。この第一回移民の総数七八一名のうち、ほぼ四割に相当する三二五名が沖縄県出身者だったが、かれらは上陸後、サンパウロ州のコーヒー大農場へ契約労働者として配耕された。しかし奴隷制の慣習が残るコーヒー農園の厳しい労働環境（ブラジルの奴隷解放は一八八八年に実施された）と異文化・異言語に囲まれた生活が強いる辛酸をなめ、また「ブラジルには金のなる木がある」という歌い文句が幻想に過ぎないことにも気づいた笠戸丸移民は、到着後まもなく耕地からの集団逃亡をはかる。異郷の地でさらなる離散と流亡の生を余儀なくされた沖縄移民のなかには、サントスへもどり港湾荷揚げ人夫に転職したものもいれば、ブラジルに早々と見きりをつけてアルゼンチンへ再渡航するものもいた。大城立裕が小説のタイトルに用いた「ノロエステ鉄道」というのも、こうした逃亡移民が流れ着いた先の一つだった。サンパウロ市近郊バウルー市から北西部を一直線にぬけ、州境のパラナ川を横断しマットグロッソ州最深部にのびる、走行距離一〇〇〇キロに及ぶこの長大な鉄道の敷設工事には多くの笠戸丸移民の沖縄人が参加したことで有名だ。だがかれらを待ちうけていたのは、低湿地帯の原始林における重労働とマラリアなど熱帯性風土病による死の恐怖という、想像を絶する苛酷な境遇だった。「ノロエステ鉄道」という作品タイトルは、具体的な路線名を指し示す以上に、沖縄移民の開拓者が辿った苦難の道のりをそのまま象徴的にあらわしているともいえる。

小説「ノロエステ鉄道」では、こうした第一回沖縄移民の集合的な経験が、一人の老女の苦渋に満ちた記憶を通して語り直される。話し相手は、「皇太子殿下」からの表彰式典への参加を求める、サンパウロ総領事館の「お役人」。この二人の複雑かつ微妙な政治的関係性のなかで、沖縄移民女性の回想の物語は静かに語られる。彼女の記憶の物語にとりわけ暗い影を投げかけるのは、日本国が要請する徴兵制から逃れるために沖縄から移民募集に応じたはずなのに、大戦後、「神州不滅」の信念を頑なに信じ、ブラジルで日本人の負け組み征伐に没入していった亡き夫をめぐる思い出だ。この苦い記憶を媒介にして、老女自身の抱える自己意識の亀裂（日本人／沖縄人）が、ながい独白のあいまに悲痛な叫び声をあげる。語り手の彼女は、自分たち夫婦を徴兵のがれの「非国民」と呼び、式典への参加を頑なに拒絶する。戦前の日系移民社会では、祖国から切断された境遇が逆に起源や伝統への強い帰属意識と天皇崇拝を中心とする排外主義的な遠隔地ナショナリズムを生み、結果的にそれは戦後の「勝ち負け抗争」（日本敗戦後も祖国の勝利を信じる日系グループの過激派が、敗戦認識派の人々を暗殺した事件）にもつながるのだが、そうしたなかで沖縄移民は、本土出身の移民と日本政府機関から人種差別の攻撃対象にされた文化的・言語的な差異、すなわち「沖縄性」を徹底的に抑圧し、「日本臣民」へと過剰に自己同一化しなければならなかった。当然、徴兵逃れのためにブラジルへ渡ったなどというのは、許しがたい恥と見なされた。小説「ノロエステ鉄道」の重みは、遠い異郷ブラジルに生きる一移民女性の記憶と証言という私的な領域にさえ、近代の植民地主義的暴力によって「沖縄」の歴史に穿たれた裂傷が、そのまま寓意として生々しく映し出されている点にある。

しかし、この老女の語りは、アイデンティティの葛藤をめぐる過去の苦い記憶だけに閉じていかない。小説の最後、彼女は、夫が植えた「アカバナー」の花を一枝たずさえ、鉄道機関士の孫アントニオが運転する汽車にのってサンパウロの式典へ出掛けることを決意する。いつも孫から聞かされるさまざまな沿線の風景の映像に、ありえたかもしれない過去の自分の若々しい姿を重ね合わせることで、故郷沖縄の海からブラジルへの旅の日々を、もう一度想像的に生きなおすために。それはまた、異郷の地で命を落とした夫や幼い子供たち、流浪する沖縄移民の霊（マブイ）たちを、物語によって鎮魂し、「恥と後悔の足跡」を希望の物語につくりかえ、世代や国境を越えてそれを未来のブラジル人の子孫の生につなげようとする力強い意志のあらわれでもあった。「ノロエステ鉄道」の文学的な達成は、この作品が沖縄移民の歴史的記憶と経験の発掘にとどまらず、このような「語り」という行為のもつ越境性と未来志向性の力を表現しえたことに由来する。

ところで二〇〇二年のブラジルで、やはり笠戸丸の沖縄移民史を主題化した文学作品が完結した。沖縄系戦前二世の日本語作家、山里アウグストによる長編歴史小説「東から来た民」がそれだ。サンパウロの邦字紙「ニッケイ新聞」に、一九九八年十月からほぼ四年間連載された、計九〇八回にわたるこの壮大な作品は、今年度、日系社会の最も権威ある文学賞、「コロニア文芸賞」を受賞している。沖縄系ブラジル人作家が、沖縄移民の歴史の特異性と混血ブラジルの文化的多様性の視点から移民史の大胆な書き換えに挑戦した文学作品。以下にその具体的な内容をみていこう。

歴史小説「東から来た民」

「東から来た民」は、日系移民史関係の文献と笠戸丸沖縄移民からの聞き書き資料を下敷にして、そこにドラマの展開に必要なさまざまな文学的脚色を書き加えた、ノンフィクションとフィクションが混合する物語作品だ。ここでは日系移民史の暗部ともいえる、沖縄移民に対する内地移民と移民会社からの人種差別を中心とするさまざまな暴力の記憶も描かれる。主人公は沖縄久米島出身の青年、大城栄造。幼少の頃、移住先のハワイから帰還した親戚や東アジア一帯で広く貿易業を営む叔父からさまざまな冒険談を聞かされ、いつも彼方に別の土地を想像し、海を越えることを夢見つづけてきた栄造は、たびたび「海外雄飛」の機会をねらうのだが家族の同意がえられない。ところが明治三七年(一九〇四年)に日露戦争が勃発すると、久米島からも多くの兵役適齢期の男子が戦場に駆り出され、ほとんどのものが戦死し、わずかに帰還した復員兵も手足を失い発狂する現実を目の当たりにして、島民のあいだに徴兵忌避の機運がにわかに高まる。そうしたなか栄造が一七歳になった年、両親も息子の海外進出を許可し、彼は「一攫千金」の夢と希望を抱いて第一回移民としてブラジルへと旅立つことになった。

物語の前半は、ブラジルをめざす移住船笠戸丸をおもな舞台とし、内地移民の側からの差別に対して沖縄移民の集団が抵抗するなか、夫から博打の借金のかたにされた本土出身の娘沼越ナミエと、彼女の救出に奔走する大城栄造とのあいだに生れる、境界を越えた困難な恋愛を中心に話は進行する。それゆえ栄造は、内地移民からは「沖縄野郎が日本人の妻を姦通した」とありもしない嫌疑をかけられ、いっぽう沖縄県人からも「ナイチャーの娘に手を出したウチナンチューの恥知らずめ」と軽蔑されることになり、「おれはヤマトゥンチューでも、ウチナンチューでもない」と自分の寄る辺のなさを痛感する。さらに日本人による「新平民」に対する過剰な排斥行動、沖縄県人社会内部にひそむシマ同士のいがみあい、指名手配中の亡命社会主義者と日本の官憲につながる上級船員の水面下の攻防、中国人や朝鮮人の火夫が移民会社の横暴に抗して起こした船内暴動事件など、まわりの人間たちが演じる紛争の渦中に巻き込まれるなか、一人の「南海の少年」にすぎなかった栄造は、「笠戸丸」という人種・階級・思想・地域性をめぐるさまざまな差異がせめぎあう空間で、はじめて他者に向けられる差別と憎悪の不条理にぶつかる。

ついで後半では、小説「ノロエステ鉄道」とも共通する、笠戸丸移民のブラジル到着後の失望と落胆、農園における労働争議から耕地逃亡にいたる軌跡がおもに描かれる。ここでも日本人通訳官と沖縄移民の意志疎通の齟齬、移民会社による沖縄移民の郷里送金の依託金横領事件など史実に基づく挿話を通して、内地移民と沖縄移民の敵対関係が続く。大城栄造は、農園主が派遣するジャグンソ（殺し屋）の追跡の手をたくみに逃れつつ、耕地から沖縄移民たちをつぎつぎと引き抜き、密林をぬけノロエステ鉄道の工事現場へ導くという、危険な仕事に関わりながらさまざまな冒険と遍歴を繰り返す。もう一人の主人公、沼越ナミエはサンパウロの資産家に才覚をみとめられ、華々しい都市の社交界にはいってゆくのだが、ブラジルの植民地主義的な階級格差によって、彼女と一介の移民にすぎない栄造との関係は永遠に引き裂かれてしまう。「一攫千金」の夢と恋に破れ、沖縄移民社会にも内地移民社会にも所属しないまま、ブラジルのさまざまな土地を放浪し、郷愁の熱にうなされるようにして故郷の島に連なる海を求め、サントスの港町に流れ着いた大城栄造。日本政府の人種差別政策によって沖縄移民が禁止・制限された（当時の政府は移民の成績不良の要因を暴力的に沖縄人の「特殊風俗」に帰した）と聞かされ深い喪失感を味わいながらも、「もう、そうそう簡単に郷里には帰れないんだ」と永住の決意を新たにする彼の目の前に、第二回移民船「旅順丸」に密航者として乗船し、ブラジルへ渡航した久米島の親戚が思いがけずあらわれた場面でこの物語は終わる。

　ところでこの小説の特に後半部のなかで明らかにされるのは、主人公大城栄造の両義性が象徴する、日本人／沖縄人という二項対立の構図を一つの軸とした笠戸丸移民の歴史的足跡の複雑さという以上に、実はかれら雑多な移民がブラジルで遭遇する、さまざまな人種的・民族的「他者」の表象の多様性だといったほうがいい。ざっと列挙すれば、ブラジル人の農場主と監督官、フランス語を話す上流階級の知識人、混血土着民（カボクロ）の農夫、黒人奴隷の末裔、インディオの部族、イタリアやロシアやスペインからの移民、離散ユダヤ人、都市の異人娼婦たちが背負う歴史や文化も、笠戸丸移民の人生の物語と複雑に絡み合うのだが、こうしためくるめく異文化接触が引き起こす複数言語間の相互交渉過程を描いた興味深い例の一つが、たとえば次に挙げるような挿話だ。

耕地から脱走した笠戸丸移民が多く集まる奥地の密林地帯ノロエステ鉄道の工事現場。ある日、日系移民に恨みをいだくロシア移民の一味に、日本人の異人妻が強姦され、虐殺される。彼女カロリナは、リトアニアの貴族家庭に生まれたのだが、ゆえあってポーランド移民の集団に混ざってブラジルへ流れ着いた女性だ。彼女の死後、この奥地の地方一帯に、カロリナの霊があらわれたという噂が流れ、いつからか女性の守護霊として崇められはじめる。さらにそれがブラジルの民衆的な奇跡信仰と結びつき、彼女の墓碑は遠方からも数多くの信者があつまる聖地に変わる。民衆カトリシズムの伝統と結びついた心霊主義的な空気をとおして突然神懸りにあい、「聖カロリナ」の霊媒になった不思議な沖縄移民の女性のもとへカロリナの夫が訪ねて来る。沖縄語を知らない日本人と日本語の話せない沖縄人との不透明な対話がひとしきり交わされ、何とか男の要求を読み取った神女（カミンチュ）がリトアニア系移民女性の霊を沖縄語の古語を交えて呼び出すと、彼女の霊はポルトガル語という異語を使い、この沖縄女性の声を通して日本人の夫に応答する。あるいはもう一つ別の場面。主人公の大城栄造は沖縄移民を蔑視する内地人の仕掛けた陰謀によってノロエステ鉄道の現場から追放され、二人の混血土着民（カボクロ）の少年と心の交流を深めながらともに放浪生活を送るのだが、かれら少年は道中、栄造から「ヤマトゥンチュー」に対する沖縄語の罵詈雑言を教えられる……。

小説「東から来た民」がその本領を発揮するのは、まさにこうした言語的雑居状況をめぐる細部の執拗な記述だといえるかもしれない。この作品の表面的には日本語に見える文章の背後に反響する多言語性は、そのまま物語が提示する歴史観＝世界像の多様性に対応する。「東から来た民」の笠戸丸移民たちは、ブラジルという「人種のるつぼ」を背景とすることによって、「世界」の多様性そのものを凝縮したような混沌を生きることになる。それゆえかれらの物語は、通常の歴史書がそうするように、日系移民の局所化された声によってだけ語られるものではなく、かれらと接触した別のことばを話す他者たちの声によっても、語られる必要がある。だから沖縄移民の歴史的記憶と体験の証言は、極端にいえば、霊界から呼びかけるリトアニア移民女性の声のなかにも、カボクロの少年が手に入れた第二の舌のなかにも探られなければならないのだ。こうした脱中心的な視点から見れば、「東から来た民」の作品全体を通した主人公大城栄造の寄る辺のなさも説明がつくのではないだろうか。つねに移民集団と移民集団のはざまをさまよい、躍動する混血世界の濁流に翻弄されながら他者との衝突と対話を繰り返し、島への帰還を断念しつつ異郷の地で逞しく生きる彼の姿こそ、この小説の作者が書き残したかった移民像の象徴なのだろう。人間の移住の歴史を文化的交通の経験の側から書き換え、その記述に雑多な言語の響きの痕跡を残すこと。それは、戦前沖縄移民の「うちなーぐち」世界に育まれ、ポルトガル語／日本語の二言語併用者として自己形成を遂げたという、複雑な言語意識を抱える離散沖縄系作家だからこそ到達しえた、一つの特異な歴史記述の認識だといえる。

沖縄系ブラジル二世作家、山里アウグスト

山里アウグスト繁は、一九二五年、ブラジルの港湾都市サントスの戦前移民家庭に生を受けた沖縄系ブラジル人二世だ（ちなみに大城立裕も同年生まれ）。少年時代は沖縄語とポルトガル語しか知らなかったが、家族が日系農業集団地に移転したため、そこではじめて「日本人」と「日本語」の世界に出会い内面的な葛藤にぶつかる。ある自伝的なエッセイのなかで山里アウグストは、このときにはじまるアイデンティティ意識の彷徨について書いている。以下に引用するのは、少年時代、日本語教師がさかんに唱える「やまとだましい」なるものがどういう魂なのかわからず、ある日疑問をはらそうとしたときの挿話だ。

「先生、『やまとだましい』とはどんな魂ですか」と（私は）尋ねた。すると、先生は顔を怒らせ、「バカモンっ、そんな質問するやつがあるかっ。『やまとだましい』とは『やまとだましい』だ。知らんのか」

と、頭からどやされた。「沖縄の奴らには、『やまとだましい』なんかわからないんだ」といって学友たちに軽蔑されたことがあった。(「日本人の伝統精神の真髄を求めて」)

この話は、琉球処分以降、「学校」という権力空間で「ヤマトゥ」から沖縄人子弟に加えられた規律と暴力が、ブラジルの日系移民社会にも同じように存在したことを示す象徴的な例だが、「やまとだましい」をめぐるこのトラウマ的な体験は、青年期の山里アウグストにもつきまとう。ブラジル人からは「ジャポネイス」と排斥され、また日本人(日系人)からは「オキナワ」と差別されるなか、彼は「いったい自分はブラジル人か、日本人か、それとも沖縄人なのか」という実存問題につきあたる。さんざん悩みぬいたあげく、青年アウグストは「日本人」というポジションを選択するのだが、日常語はポルトガル語と沖縄語、習慣も沖縄式という家庭環境にいる彼は、みずからの選択に確信をもてないまま煩悶の日々を過ごす。第二次世界大戦中は、「やまとだましい」への積極的な自己同一化を試みるのだが、それも祖国日本の敗戦によってあえなく宙吊りにされ、「ひがみと劣等感」だけが彼の心に残されたという。最初の項でも述べたように、一九二〇年代以降の戦前沖縄移民社会をとりまく時代状況において、「日本人になる」というアイデンティティ改変作業は、差別撤廃のために当時の沖縄人・沖縄系人が集合的に取り組まざるをえなかった苦汁の事態だったが、山里アウグストが語るようにそこにさまざまな矛盾や亀裂が生じたことはいうまでもない。小説「東から来た民」において、主人公大城栄造が「おれはヤマトゥンチューでも、ウチナンチューでもない」と嘆くシーンは、作者自身の寸断された自己意識があげる悲鳴でもあるのだろう。

戦後の一九四八年、山里アウグストは南米時事社に入社し編集部に勤務しはじめる。仏教と実存哲学関係の書物、さらにニーチェの著作を読みふけり、アイデンティティの裂傷の痛みを慰めようとするのだが、ちょうどこの時期家族の死に会い、深刻な精神的危機に直面する。一九五二年、二七歳の山里アウグストは、宗教に救いを求め、とうとう日本の大学院に留学し、仏教学の研究に専念する。以降、仏教をとおした人間の精神性の探求がはじまるのだが、もう一つこのときの彼の救いとなったのが、「文学」だった。

一九五八年、開教使としてブラジルに帰国後、日系社会の新聞や雑誌に精力的に小説を発表しはじめ、二世の日本語作家として注目される。家庭崩壊による日本人移民一世の鬱屈した心理が祖国への強い郷愁と過激な天皇崇拝に変化する姿を描いた小説「崩壊」が、一九六一年、当時の日系ブラジル文壇最大の文学賞、「パウリスタ文学賞」の佳作となり、同年、異民族結婚をめぐる奥地農村の年老いた移民の親と都会の大学に通う二世の息子との確執を描いた「老移民のこの日」が、雑誌『農業と協同』の文学賞に入選する。ついで一九六三年から一年半、日系メディア「ラジオ・サント・アマーロ」から、ラジオ小説「笠戸丸移民」を放送。この時期、サントスの港町やマットグロッソ州カンポ・グランジ市に居住する第一回沖縄移民の聞き書き取材と日系移民史の研究に没頭し、以後三十年ものあいだ日本語とポルトガル語で著述活動を行うかたわら、「東から来た民」の原型となる小説を書きついできた。こうして山里アウグストの文学的道程を改めてふりかえると、彼の分裂した自己意識を決定づける三つのポジション、日本人／二世ブラジル人／沖縄人が、それぞれの作品（「崩壊」／「老移民のこの日」／「東から来た民」）の主題と人物造形にはっきり投影されていることがよくわかる。この意味で、彼の小説は自伝的だ。彼にとって「文学」とは、「自分」は何者なのかという問いをめぐる思索と経験に物語という形をあたえ、それを共有化することで、同じようにアイデンティティの動揺に苦しむ人々と痛みをわかちあうための方法だったにちがいない。

ところできわめて興味深いことに、山里アウグストは「東から来た民」の執筆中、ブラジルの歴史的・社会的背景を描くにあたって、社会史家ジルベルト・フレイレの著作を大いに参考にしたという。『大邸宅と奴隷小屋』などの主著において、フレイレは植民地主義時代の奴隷制と熱帯プランテーション社会における人種間の接触と融合の過程を広範な歴史的・人類学的知見からあきらかにし、植民者ポルトガル人／黒人奴隷／インディオの三人種をもとにしたブラジルの混血人種を未来の「宇宙的人種」の理念型として（たとえ現実的にはブラジルにも人種差別があるにせよ）主張したが、山里アウグストの「東から来た民」はこの「混血ブラジル」のヴィジョンのなかに笠戸丸に乗船したはじまりの日系移民、沖縄移民の歴史を位置づけようとする刺激的な試みとしても読める。ブラジル人としての「ナショナル・アイデンティティ」を積極的に前面に出すとき、ジルベルト・フレイレの「混血の美学」を援用する傾向は、日系二世の知識人にひろく見られる現象だが、そう考えれば、「東から来た民」におけるフレイレへの言及は、山里アウグストの「ブラジル人性」の表現ともとれる。いずれにせよ、このような混血的世界像を基盤に据えた「沖縄系ブラジル二世」の作家ならではのダイナミックな話法こそ、沖縄の作家大城立裕の小説「ノロエステ鉄道」との大きな対比点だ。ほぼ同じような主題と取材源（大城立裕が小説のモデルにした人物からは山里アウグストも詳細な聞き書きを行った）を選びながら、大城立裕があくまでも沖縄移民女性個人の声と内面にこだわるのに対し、山里アウグストは沖縄移民の若者が参入するブラジルの文化的多様性の世界を描き尽くそうとする点に、それは明瞭にあらわれているといえるだろう。

（参考文献）
大城立裕『ノロエステ鉄道』（文芸春秋社、一九八九年）
ブラジル沖縄県人会編『ブラジル沖縄県人移民史——笠戸丸から90年』（ブラジル沖縄県人会、二〇〇〇年）
ブラジル日系文学会編『コロニア随筆選集第一巻』（ブラジル日系文学会、二〇〇〇年）
山里アウグスト「東から来た民」（『ニッケイ新聞』、一九九八年一〇月一四日—二〇〇一年七月二日）

Ⅲ

漂うひと、流れる歌

基地、都市、うた
——沖縄とプエルトリコの人々の経験から——

東　琢磨

彼らから、我々は文化とは支える力であり、日常的な計量であることを学んだ。
（ジャン・ベルナベ、パトリック・シャモワゾー、ラファエル・コンフィアン）[1]

一　百年の歴史と地政学——植民地と基地

一九九九年の六月のある日、私はマイアミの南フロリダ歴史博物館にいた。「ミデム・アメリカス」という音楽見本市の取材で訪れたのだが、空いた時間を使って見学に寄ったのだった。折しも、そこでは「古地図のなかのキューバ[2]」という特別展が開催されていた。三百数十枚に及ぶ古地図を駆使しての展示はなかなかに興味深いものだったが、なかに一枚、非常に印象に残る地図があった。

一八九八年、米西戦争終了直後に描かれたアメリカ軍によるもの。小さな地図のなかに、まったく距離を無視して、アメリカ〜カリブ海（キューバ、プエルトリコ）〜太平洋〜フィリピンが線で結んであるものだ。まるで日本の地方の民俗資料館で見かける双六のようなデザイン。今にして思えば、二〇〇一年の秋以降に最も露骨なかたちで示されることになったアメリカ合衆国政府の〈世界観〉の祖型がそこにあるかのような地図だった。

「侵略者（米軍のこと）はプエルトリコに関して、わずかな知識しかなかった。戦争の直前に西インド諸島についての本を書いた、同情的なアメリカ人地理学者ロバート・T・ヒルは事態を見守っていた。つまり、アメリカ合衆国側がこの島について「日本やマダガスカルについてよりも」知識がなく、「フンボルトの時代から書かれてきた科学的な記述をすべてかき集めても、この本を満たすことはできない」のだ」[3]。

歴史家アルトゥーロ・モラレス・カリオンはこのように記している。アメリカ合衆国側の単純な〈世界観〉と、それと裏腹な知識の不足は、双六のように図像化された世界観にもはっきりと現れている。もちろん、後にヒルのようなタイプの学者・専門家も巻き込まれていくことになるわけで、世界便覧的なものとしてオープンにされているCIAのホームページはたしかに世界中の情報を提供している。とはいえ、「歴代の大統領のなかで最も教養のない男」[4]ブッシュ・ジュニアの言説――言説が暴力そのものであることを示した最上の例でもある――が、ペキンパーが『ワイルド・バンチ』などで描いてみせたそれではなく、古典的な西部劇のようなドラマツルギーで、最終的に暴力的に敵‐味方の線を引いていくことを今さらながら確認させられた。そういう世界の現在に私たちは立っている。

その単純きわまりない世界観[5]が巻き込んでいく〈世界〉は非常に複雑なものでもあるがゆえに、単純さが及ぼす暴力はいっそう苛烈なものとなっていく。服従と抵抗の苛烈な二者択一。服従のあとは、貢献‐承認というプロセスが待ち受けている。

USAスペイン帝国主義戦争と呼ぶ向きもある米西戦争は、近年ではスペイン‐キューバ‐アメリカ‐フィリピン戦争と称する動きもあるように[6]、その世界的な波及の大きさと歴史的な意味があらためて検証されはじめている。距離を無視して図案化された心象的な地図がそうであるように、米西戦争という簡単なことばでは、その戦争の複雑な内実は見えてこない。そうした不可視化する力へのささやかな抵抗が、いくつも地名・国名をハイフンでつなげた新しい名称には表われている。

この戦争により、キューバはスペインから独立するもののアメリカ合衆国の保護領となり、プエルトリコ、グアム、フィリピンがアメリカ合衆国に組み込まれ、前後してハワイもその領土となる（後に、北マリアナ諸島、USヴァージン諸島、アメリカン・サモアといった島々も組み込まれる。特に北マリアナ諸島は、日本‐沖縄とも縁の深い所だ）。

米西戦争は、植民地の独立を阻止し、同時に世界的な覇権の新しい分割を意図した戦争であったことを考えれば、現在に通じるアメリカ合衆国の世界戦略が本格化した年として一八九八年は想起されなければならない。

そのことを踏まえて、いくつかの視点を確認しておきたい。

一九五〇年代に米国務省の招きでアメリカに出かけた作家の島尾敏雄は、自らが暮らす奄美の「さとうきび」の風景の共通性から、琉球弧と、アメリカの「離島」であるハワイやプエルトリコの親和性について記している。(7) さとうきびは、植民地政策のなかでもモノカルチャー農政の特徴的なものであり、さとうきび畑の風景は広く、南の島々を今でも覆い尽くしている。同時にクリスチャンである彼はキリスト教的な風景にも感応している。歴史や状況ではなく、徹底して「風景」に感受するのみの島尾の記述は、しかし、ある意味で柔軟に〈世界〉の姿を正確に捉えていたとはいえないだろうか。私たちは、どのような〈世界〉のなかにいるのかという、単純で強烈な感受。

また、「復帰」前後に沖縄に渡り、さまざまなメディアやレコード会社を巻き込んで、「本土」への紹介に務めた人間がいる。「ルポライター」という言葉の生みの親である竹中労である。彼は「復帰」をめぐるさまざまな政治陣営の挑発も繰り広げながら、「花をもって武器とする」、「琉球共和国」の夢を激烈に謳っていた。竹中は一九七五年の時点でこのように書いている。「沖縄はキューバであった、宮沢賢治の理想郷イーハトーヴォであり、ひばりの『哀愁波止場』であり、チャーリー・パーカーも、ザ・ビートルズ狂踏のリズムも、音楽のすべてがそこにあった。風は再び旋律となり、少年のこころに私は還った。いわゆる音楽運動への幻想は終わった、わが半生のうたの旅は嘉手苅林昌に総括されたのである(8)」。

こうしたいくつもの関係性のなかで、沖縄とプエルトリコを比較する対象としてみたい。

まず、米軍基地の現前の問題を抱えている島（島々）であること。それに関連して、それぞれの政治的な地位に似通っている部分があること。文化的アイデンティティの問題として、ディアスポラ体験が刻印されながらも、現在も〈ホーム〉である「島」があり、〈ホーム〉と移民先のあいだでの関係性をも抱えていること。そして、移民経験のなかでそれぞれ音楽文化の構築において共通性を持っていること。以上が比較の主な理由である。(9)

二　「動員」される島々、プエルトリコ・ビエケスと沖縄・名護

プエルトリコの東一〇キロほどのところに浮かぶビエケスは、東西四〇キロ弱、南北一〇キロ弱ほどの小さな島だ。人口は約九千人。補給エリア、実弾演習場を加えると、ほぼ三分の二が米軍基地というすさまじい島だが、観光案内を見るだけなら、非常に美しい島のように思える。第二次大戦中から基地の建設が始まり、耕地が潰され、住民たちは移住させられる。五〇年代には米兵による住民らへの殺傷事件も起きており、七〇年代末からは漁師たちが先頭に立った反基地闘争が激化していく。

こうしたなかで起きたのが、一九九九年四月の実弾演習場における誤爆事故である。この事故によって、プエルトリコ人軍労働者一名が死亡、四名が負傷する。

この事故をきっかけとした、実際のところはほとんど力をもたないとすらいわれている独立派が主導したその後の反基地闘争の盛り上がりは、州昇格派までも巻き込む運動となっていく。音楽でいえば、ダヴィド・サンチェス（ジャズ／ボンバ）、イスマエル・ミランダ（サルサ）、アンドレス・ヒメネス（ヒバロ）などが関連した作品を発表するなど、こちらにいても、大新聞の報道から音楽関係の情報までいろいろなルートから伝えられるようになった。

世界最大の海軍基地に対する抵抗運動へのサポート・ネットワークの強靱さと広がりは参考になる。リッキー・マーティンや、女優ロシー・ペレス、ボクサーのティト・トリニダー、チェギ・トーレスらも積極的に発言している。ひとつには、ニューヨークという、プエルトリコ系人口の多い都市が後ろに控えていることであり、ここからさまざまな運動との連帯が可能となったようだ。

近年、沖縄における反基地運動が高揚したのは、九五年の米兵による少女暴行事件からだろう。私が沖縄に通っ

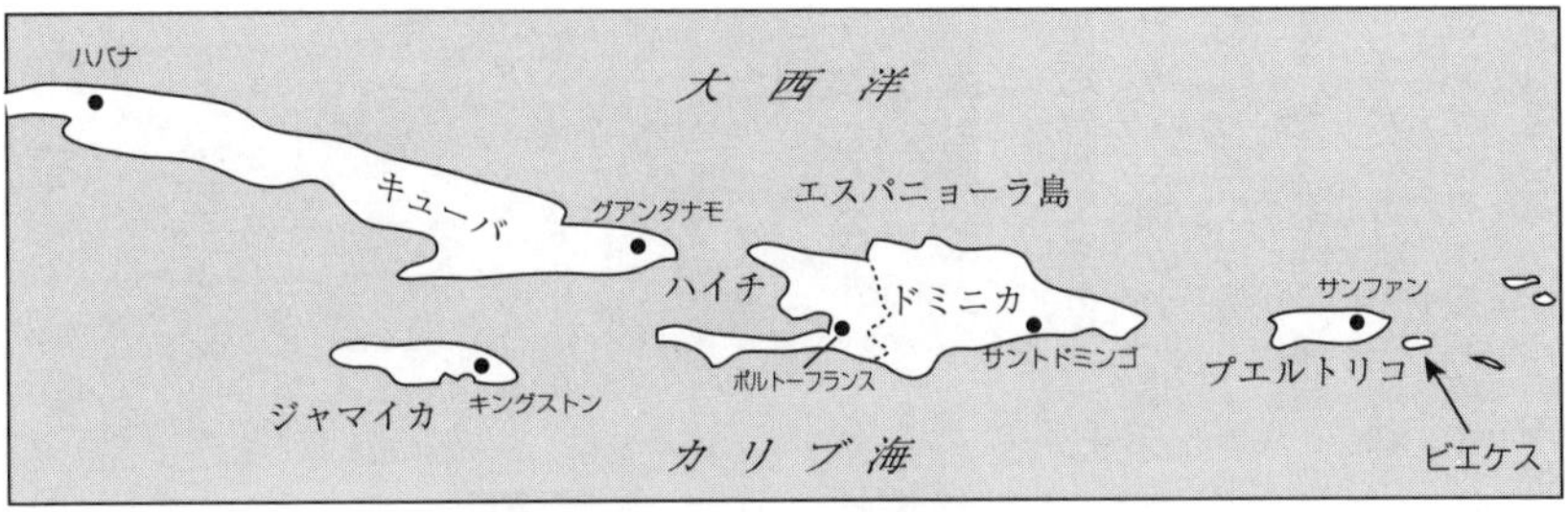

カリブ海に浮かぶ米軍基地の島，ビエケス島

たのはその直後のことで、基地のない石垣島でもデモに出会った。時代や状況が変わるとすれば、なんらかの偶発性が作用することもありうるが、しかし、逆に、保守派の猛烈な巻き返しの方が事態を潰していく方に進んでいってしまう。サミット／普天間→名護へとなし崩しになっていったのはなぜだったのだろう。たしかにビエケスにおいて州昇格派のロセージョ知事までが合衆国連邦政府及び米軍当局との交渉に乗り出したことを考えてみれば、米軍高官による沖縄県政上層部への「腰抜け」発言などは、素直に納得がいくことでもある。

　興味深いのは、名護の基地問題が経済問題にすりかえられるのに比べると、ビエケスの運動では、そうしたすりかえがあまり正面に出てこないことだ。プエルトリコの経済はラテンアメリカのなかでは高水準、アメリカ合衆国のなかでは低水準であり、どのような進路を取るにしろ、経済的自立が大きなテーマということでは、沖縄と非常によく似ている。二〇〇六年には撤廃されるという優遇税制もあって、現在は製薬産業を中心にある程度は経済的な安定を得ている。「ハイチ化」といわれるようなカリブ地域特有のジレンマが、この地の独立を妨げているという意見もある。

　とはいえ、ビエケスの反基地闘争の中心には漁師さんたちが立っていて、住民やサポーターらアクティヴィストは米軍と直接対峙している。そのためか、沖縄と同様に、第二次大戦終結後からの長い歴史を持つビエケスの基地に対する闘争は激しい。逮捕者および予防拘禁による不当逮捕も数多い。ジャーナリスト、リサ・ムレノーによる『一発でも、もうたくさん！』[10]には、激突する写真も収められている。

　しかし、ビエケスの反基地闘争が一定の成果をあげることが可能になったのは、

リサ・ムレノー著『一発でも，もうたくさん！』（Peninton Press, 2000）の表紙。砲丸が直撃して死傷者が出た疑似目標の戦車。

「沖縄経済のため」とかいって介入してくる中央・地方のいろいろな連中がいなかったこともあるのだろう。ただ、これはもちろん沖縄だけの問題ではない。海洋博の以前から、県知事選挙、サミットと、機会があれば沖縄をしゃぶりつくす連中がいて、一方で、この期に及んで「景気さえよくなれば」といっている、「本土」側の私たちも含めての問題だろう。

そういう点で、目取真俊が見せる強烈な苛立ちは非常によく分かる。彼のような仕事や浦島悦子さんたちの推進する女性たちの運動を見ると、[11]可能性を感じるが、その波及はビエケス運動と比べてあまりにも弱い。

もちろん、沖縄とプエルトリコの政治的な位置の違いなども考慮に入れなければならない。前者は「日本国」のひとつの県でしかない。それに比して、後者はアメリカ合衆国の自由連合州であり、一四九三年以来「植民地」でありつづけながらも、カリブ／ラテンアメリカ社会に対してよくもわるくも開かれた場所として機能し、現状維持のほかに政治的選択の「オプション」としては州「昇格」、独立もあげられている。ニューヨークに巨大なコミュニティを持ち（それは即中央政府への圧力団体となる）、他のマイノリティ集団の運動との連帯も形成できる。

また、沖縄が「琉球王国」の歴史を持っていて、アジアに開かれた国家であったことを主張したとしても、現在は完全に日本の国境のなかに取り込まれた一地方であるにすぎない。一方で自由貿易ゾーンという経済政策も主張されているが、この選択は、アジア諸国やUSA－メキシコ国境のそれと同じく、非常に危険な選択肢でもあるだろう。アジアと沖縄の紐帯など、現在のプエルトリコと他のカリブ／ラテンアメリカ社会とのつながりにくらべることができるほどのものでもない。いつものように「本土」にしゃぶられて終わりになりかねない政策だ。

一方で沖縄が、土地が戦場となった近代戦において、非戦闘員を含む二〇万といわれる戦死者を生み出したのに比して、プエルトリコはカリブ世界特有の〈ホロコースト〉が歴史の記録にあるものの、その土地での近代戦で無数の死者を出してはいない。

ちなみに、米兵として出兵した戦争では、以下のような出兵数／戦死者数が報告されている。(12)

第一次世界大戦　一七、八五五／一
第二次世界大戦　六五、〇三四／二三
朝鮮戦争　六一、〇〇〇／七三二
ベトナム戦争　四七、〇〇〇／三四二

朝鮮、ベトナムでの戦死率は、全米平均の二倍近い。沖縄が第二次世界大戦において経験した「動員」の圧力を、プエルトリコもまた味わっていることになる。沖縄と比べて、いかほどのものか、という声もあるかもしれない。しかし、これは「望まない戦争」に対する「貢献‐承認」という暴力に既にさらされている、沖縄だけではない「日本」の私たちが直面している数字なのだ。

そのなかでなにができるだろう。そうしたなかに置かれてきた「うた」が何を訴えてきたのだろう。二〇世紀の覇者を目指した新しい帝国の小さな地図に次々と書き込まれていった島々を、もう少し違う角度から見ていきたい。つまり、上から眺めた空間の配置のなかで、動き回り、暮らした人々の生活や想いの痕跡を音楽やうたに追い、その新しい展開を見てみようということだ。

三　島々と都市（一）——ニューヨーク一九三〇年、「ラメント・ボリンカーノ」

沖縄もプエルトリコも多くの移民を輩出している。具体的に彼／彼女らが交錯した場所（接触領域）は、少なくともふたつ考えられる。ハワイのプランテーション労働と沖縄の米軍基地とその周辺である。ハワイでは、日系の移民たちがプエルトリコ系移民の音楽を指して「カチカチ」と呼んだという記録が残っている。この「カチカチ」とは、クラーベス（拍子木）などのパーカッションの音の特徴を聴き取ったものだ。また、ペルー生まれの沖縄系である、ディアマンテスのアルベルト城間《しろま》は、コザ（沖縄市）のクラブでのプエルトリコ系をはじめとしたラテン系の米軍兵士たちが彼らのオーディエンスであったことを語っている。

そうした具体的な接触の歴史とは別に、都市への移民経験がむしろ鮮明に島の文化や記憶を描き出すという点において、沖縄とプエルトリコは非常に似たものを持っている。沖縄と大阪（あるいは横浜・鶴見）、プエルトリコとニューヨークである。一方で、島々《しまじま》からメトロポリスへの移動が、郷愁と同時に統合された故郷を創出することになる。シマにいるだけでは生まれなかった、あるいは意識されなかったアイデンティティが生成してくるのだ。すっかり定着している沖縄の「島唄」という呼称も、奄美からもたらされたものであるといわれている。(13)もともと、島の唄ではなく、シマ（縄張りを「シマ」という感覚に近い）のうただったということだ。つまり、奄美における「しまうた」とは、集落をさす「シマ」のうたという意味であり、それだけ多様に集落のうたが存在していたことを明かしてもいる。

ルース・グラッサーの『マイ・ミュージック・イズ・マイ・フラッグ』(14)では、「ラメント・ボリンカーノ」の詳細な成立過程が記され、同時にその持つ意味が論じられている。

ラファエル・エルナンデス（一八九八—一九六五年）はプエルトリコに生まれ、ニューヨーク、キューバ、メキシコ、プエルトリコと移動しながら、後に故郷のみならずラテンアメリカで最も有名な作曲家となっていく。

一九一九年に家族とともにニューヨークに渡ってきた彼の姉妹ビクトリアは、縫製工場で働き、ピアノを教えたりしながら、一九二七年ニューヨークにミュージック・ショップを開店している。「ミュージック・ショップ」とは、今でいうクラブのようなものであり、ビクトリアの店が位置したイースト・ハーレム界隈には数軒あったようだ。こうした店では、移民たちにそれぞれの故郷の音楽が提供され、ミュージシャンたちはそこでレパートリーのハイブリッド化を積み重ねていく。ラファエルたちにとっても重要な拠点として機能し、ビクトリアは店のオーナー、プロモーター、レコード・プロデューサーとして彼らの活動を支えていく。

そうしたなかで生み出された「ラメント・ボリンカーノ」の初録音はビクター。一九三〇年七月一四日。ギター、マラカス、クラーベスという簡単な編成。マヌエル〝カナリオ〟ヒメネス名義で、当時一八才のダビリータが歌手。その後、より凝ったアレンジでブランズウィックに録音がされた。カナリオは、さまざまなレパートリーをこなす〈芸人〉タイプだが、彼もまた今では非常に大きな存在として敬意を払われている。また、ダビリータも後に大歌手となる人だ。

同じ頃にポピュラーな存在となった「エル・マニセーロ（南京豆売り）」のリズムに比して、「ラメント」が詩の問題であったこと。「ラテンアメリカで最初に作曲されたプロテスト・ソングである」（ドミニカ系プエルトリコ人の作家ホセ・ルイス・ゴンサレスの表現）こと。一九二〇年代末に流行りはじめた「愛国（愛郷）ソング」の変形であったことなどをグラッサーは指摘している。では、それは、どのような歌詞なのか。

「ラメント・ボリンカーノ[15]」

幸せに満ちあふれ、すべての売り物とともに街に向かって旅立つ時彼の想いのなかでは、
すべての世界は、幸せに溢れていた。幸せに。
これで家の暮らし向きはよくなるはず。

まったくの夢見心地。
歓びとともに。ヒバリートはそう思い、そう語り、そう歌う。道すがら。
おお、神よ。もし、商売がうまくいったなら、妻のために新しい服を買おう。

朝がそのまま過ぎていく。誰も足を止め買物をすることもない。
すべては渇き、貧しさで街は死んでいる。貧しさで。
そこらじゅうでこの哀歌を聴くだろう。私の哀れなボリンケンのそこら中で。
哀しみとともに。ヒバリートはそう思い、そう語り、そう涙を流す。道すがら。
おお、神よ。私のボリンケンよ何処へ？　私の子供たちは？　私の住処は？

ボリンケン、エデンの地。
偉大なるゴーティエは「大洋の真珠」と謳ったものだ。
今や、苦悩とともに死につつある。
私もあなたのために歌おう
私もまた。

歌詞や「プロテスト・ソング」という評言から受けるイメージとは異なり、この曲自体は、非常に軽やかにまたメランコリックに歌われることが多く、訳詞では出ない韻や言葉の響きも効果的だ。ちなみに「ボリンケン」は、古くからのプエルトリコの呼称で、現在でも愛着を持って用いられている。ヒバリートは「ヒバロ」の愛称。ヒバロとは本来クリオージョ系の山岳農民を指すが、「よきプエルトリコ人」の表象、あるいはクリオージョ系農民音楽 Musica Jibara として音楽ジャンルの用語ともなる。ヒバリートの語は現在も使われているが、人種的・民族的な議論が盛んになってきている近年では、若干の留保を加えられることもある。それは、「ヒバロ」というプエルトリコ人全体を表象することばがヨーロッパ系であることだけでなく、もうひとつにはこの曲が選択した混淆的な、だが限定的なスタイルにもある。

グラッサーの説明に耳を傾けてみよう。「ソロとコーラスの構造は典型的かつ非常に北アメリカのポピュラー・ソング的なものだった。メジャーとマイナーがひとつの節のなかで切り替わる（これはエルナンデスのトレードマークのひとつでもある）が、エモーショナルな高音と低音よりも、ポピュラー・ソング的なシンメトリーによって整えられていた。〝ラメント・ボリンカーノ〟は、軽オペラとダンサ的なメジャー／マイナーの転位を混ぜ合わせ、ヒバロの伝統の記憶である民謡的な歌い方と簡素な楽器編成を組み合わせたものであった。くわえて、メランコリーと不吉な予言の感覚が伝わるあいだ、ギター・ラインはスペイン風ダンス・スタイルの趣きと軽いアフロ・カリビアンなシンコペーションで進んでいく」。

こうした曲であり、後にラテンアメリカ中で共感を得たこの曲をどのように作り替えるか。ビエケスの反基地闘争への連帯を力強く発言し続けているダヴィッド・サンチェスは、「ラメント・ボリンカーノ」を、最もアフリカ色の強いボンバのパーカッション群によるリズムで演奏することで、名曲がそれとなく隠蔽してきた人種・民族的な問題を正面に引き出し、鍛え直す[16]。

四　島々と都市（二）――大阪一九二七年、太平丸福レコード

「ラメント・ボリンカーノ」の歌詞の中の「プエルトリコよ何処へ？（¿Que Sera de Borinquen?/What will become of my Puerto Rico)」は、一九二八年に伊波普猷（一八八七―一九四七年）がハワイ／北米で行った講演「沖縄よ何処へ[17]」と響きあいもするだろう。

大阪の自宅で行われた普久原朝喜（右から2人目）の録音光景。1932年（『ヤマトゥのなかの沖縄（ウチナー）』大阪人権博物館，2000年より）

伊波普猷が「沖縄よ何処へ」と移民たちを前に問いかける前年、ビクトリア・エルナンデスがニューヨークで店を開けたのと同じ年の一九二七年、沖縄・越来村で生まれた普久原朝喜（一九〇三―一九八二年）が、出稼ぎに来た大阪で太平丸福レコードを興す。[18]「チコンキー（蓄音機）」フクバルといわれるように、彼もまた「音楽」そのもの及びそれの複製を再生する道具を商いとしたのである。しかし、ニューヨークという、よりコスモポリタンな都市空間で、なおかつスペイン語という共通言語の存在もあって、ある意味でオープンな拠点を持つことが出来たエルナンデスたちと比べると、大阪の沖縄人たちの状況はより過酷なものであったことは明記しておいていい。エルナンデスたちは「故郷」の音楽にさまざまなものを取り混ぜることが出来た。また、エルナンデス一家と普久原は階級的にも同じではない。「同化」の圧力もより強いものが働いていただろうし、そのため、差別も強烈であった。「押し入れのなか」で沖縄の音楽を聴くという状況のなかで、普久原は、沖縄人のために音楽を作り歌い、音盤に刻み込み、蓄音機を売って歩いたのである。しかし、一方で普久原が、さまざまなシマジマの記憶を統合しつつ「作った」ということには、あらためて注意を喚起しておきたい。

念のために確認しておくと、「沖縄民謡」といわれているものも、実はいくつかの系統に分かれる。まずは、一般に「沖縄民謡」と思われていても、「宮廷古典音楽」「伝統的な民謡」「新民謡」「歌曲的民謡」のようにわけることができるし、これにまた、琉球音階をつかったものであるか否かや、地方や島別の多様性などの区分も入るが、同時に長い歴史の流れや空間の移動のなかでそれぞれがさまざまに相互浸透を起こしてもいる。

普久原が作り歌ったのは、「新民謡」といわれるもので、これは沖縄民謡風流行歌とでもいうべきものだ。ルース・グラッサーがニューヨークのプエルトリコ系の音楽を評して「フォークロアをポピュラー化し、ポピュラー・ミュージックをフォークロア化することで、学者によるカテゴリーをすりぬけてきた」という言い方は、そのまま普久原の音楽にもあてはまるだろう。普久原と彼の作った音楽に、民族音楽学者は、「伝統」や「民謡」のオーセンティシティを見出さなかっただろう。また、音楽評論家は、そうした存在を、エスニシティやコミュニティ性が強いといって、あるいは、「商業」的な規模の小ささをあげて、「ポピュラー・ミュージック」のなかに入れないということは今でも少なくない。

エルナンデスや普久原の作った音楽は、カネが生み出した音楽であり、同時に生々しい証言でもある。望まない戦争（それも「自らのクニ」のものですらない）に動員され、生活のために投げ込まれた異郷の都市のなかでの格闘や想いや郷里の記憶が込められたものなのである。

また、沖縄人たちの移民・移住・出稼ぎ先は大阪に限定されたわけではなかった。南太平洋、南米……。まず、普久原の時代の他の作者の詞を見てみよう。筆者は読者には失礼して、嘉手苅林昌の七五年録音を聴きながら執筆させて頂く。

「南洋小唄」（比嘉良順優作詞[19]）

恋しい古里の　親兄弟と離れ離れになり

嘉手苅林昌『風狂歌人：ザ・ベスト・オヴ・リンショー・カデラク』（ビクター，VICG-60265）。嘉手苅林昌による「南洋小唄」を収録。

憧れの南洋に　出稼ぎに来た
苦しくとも　ここまで来たからには
一旗揚げたい決心だけは　貫くつもり
だから恋人よ　離れていても変わるなよ
ありがたいこの文は　貴女の情け
明けて初春の　桜の花の満開の頃
故郷に錦を飾って　帰るからな

こうした人々の想いを受けて、普久原朝喜も「移民小唄」「ハワイ節」「無情の唄」などの名曲を生み出していく。漠然とした想いをひとつのスタイルにまとめあげていくのが、うたの作り手や歌い手の務めであるとすれば、普久原の仕事はまさにそうしたものであるばかりか、彼のうたのなかに、「沖縄」が発生したといっても過言ではない。

最上の例のひとつを見てみよう。終戦直後、普久原朝喜が妻の京子とともに吹き込んだ名作「懐かしき故郷」だ。本人たちによる録音は現在テープ（『朝喜・京子の世界』、マルフクCCF-22）でしか入手できない。さきにあげた「ラメント・ボリンカーノ」を収録した丁寧なCDのようなものがすぐさま作られるべきだろう。また、同テープには「移民小唄」「ハワイ節」が、ヴァイオリンを入れた当時の「壮士演歌」にも影響を受けたのだろうスタイルで収録されており、そちらも興味深い。「移民」ものに洋楽器という発想だったのかもしれないが。

「懐かしき故郷[20]」
夢に見る沖縄は　昔のままであるが
風のたよりに聞く沖縄は　変わり果ててしまっている
行きたいものだ　生まれ島に
ここはあそこのことを思い　あそこはここのことを思い
思いの果てもない　ここもあそこも
行きたいものだ　古里に
平和になったのだから　もとのように自由に

『朝喜・京子の世界』（マルフクCCF-22，ジャケット）

沖縄へ行く船に　乗せて下さい
行きたいものだ　生まれ島に
いつになったら自由になり　親兄弟揃って
笑いあい　暮らすことができるのであろう
行きたいものだ　古里に

この録音にこもった情感には呆然・陶然とさせられる。京子の高音の裏声と朝喜の低音がそれぞれ絞り出すように交錯する。この頃の「うた」には、さまざまな位相（男女、家族、故郷、土地と土地／場所と場所）の距離が巧みに重層化されている。

さきに述べたようにプエルトリコ音楽においては、人種・民族的なものが階級と交錯し、同時にジェンダー的な表象をされていくのに比して、沖縄/琉球弧の内部においては人種・民族的なものはさほど激しく現れてはこない(21)。沖縄/琉球弧においては、階級化された地域間格差や女性の不可視性の方がむしろ大きな問題であるだろう。とはいえ、プエルトリコの音楽文化において、ジェンダーの問題やアフロ・カリビアン性が大きく浮上してきていることと、沖縄/琉球弧の音楽における以下のような事態はパラレルであるかもしれない。

近年、本島のコザを中心にしたものよりも、むしろ、先島(八重山、宮古)や奄美のうたの方が表に出てきていることや、高嶺剛監督の映画『夢幻琉球・つるヘンリー』における、民謡歌手・大城美佐子の見事な造形ぶりといったことである(22)。

五　終わりに——うたを作り続けること/こたえること

そう考えてみると、さきに述べた、エルナンデスと普久原の対比において、福原京子さんに関する記述にあまり出会えなかったのはなぜだろうか。とはいえ、ビクトリア・エルナンデスの活動ぶりが明らかになったのも、ルース・グラッサー(彼女はユダヤ系の在野の歴史学者)という女性の研究者によるものが大きいことを考えれば、京子さんの果たした役割などにも、これから光が当てられるようになるのだろう。

ここでは、補強する意味も込めて、山入端つるさんの記録にふれておきたい。山入端つるは、山原《やんばる》の名護の近くに生まれ、辻遊廓で下働きをし、宮古へと流れ、横浜—東京へと辿り着く。芸のうえでも伴奏の三味線弾きである地方《じかた》を務め、家族はメキシコにまで移民している(23)というから、その存在は周縁性を一身に体現しているといってもいいかもしれない。この彼女の「記録」には実はいろいろと個人的な成立過程があって、そのことがまた、沖縄の女性の置かれてきた位置の複雑さを象徴しているかのようだ。伊波普猷を始め、何人かの人々が「沖縄女性史」を記してきたし、『琉球弧の女たち』（一九八三年、冬樹社）、『赤瓦の家』（一九八七年、筑摩書房）などの川田文子の仕事のように、沖縄の複雑さと、そこにおかれた沖縄だけではない（朝鮮人従軍慰安婦などの）女性たちの位置の複雑さに踏み込んだ力作もある。それは、さきの浦島や高里鈴代たちの運動[24]のように、トランスナショナルな女性の運動へとつながっているといえるだろう。

ビクトリア・エルナンデスと同じ時代を生きた女性詩人・活動家フリア・デ・ブルゴス（一九一七―一九五三年）の「有色の女性たち」の文化／社会運動の文脈での再評価を見ても、まだまだ私たちがいろいろなものを見つけ、つなげていかなければいけないことを痛感させられるのだ。

立命館大学で行われた連続公開講座「国民国家と多文化社会」で、ラテンアメリカ、沖縄と、それぞれの最後のコンサートにも出演した大島保克は、普久原朝喜や嘉手苅林昌の話から、最近、こんなふうに語っていた。「やはり、歌は作って歌い続けていかないといけないと最近、考えています。今、歌われている歌だって、もともとはその時代その時代に作られたものですよね[25]」。

大島保克『島時間』（ビクター，VICG-60505）

彼もまた嘉手苅林昌の深い聴き手である。なぜ、決して政治的でも運動のなかにもいない一歌い手たちが、深々と「沖縄」を呼び覚ましてくるのか。これは竹中が「いわゆる音楽運動への幻想は終わった」と記していることと共振している。とはいえ、一方で、意識化された回路もまた構築されなければならない。どのようにして？　ごつごつとぶつかりながら、としかいえないかもしれない。

批評とは実践のプログラムを練りあげることでもあれば、うたになっていないものを歌うことや、あるいは替え歌を作っていく行為でもある。沖縄が「複数」であるとすれば、それは島々／シマジマの広がりや多様性の謂いであるだけではなく、「ひとりではないよ」と応え、〈他〉へとつなげる実践を誘いかけてやまないからである。

（注）

（1）ジャン・ベルナベ、パトリック・シャモワゾー、ラファエル・コンフィアン著、恒川邦夫訳、『クレオール礼讃』平凡社、一九九七年。

（2）図録が展示に間に合わず出来上がっていなかったので購入することができず、手許にないため記憶で説明するしかなかったが、現在は図録も出版されている。Emilio Cueto, "Cuba in Old Maps", Historical Museum of South Florida. (http://www.historical-museum.org/)

また、同じ博物館で知ったセミノール・マルーンの存在にも、ここでふれておいてもいいかもしれない。一九世紀フロリダで、インディアン（ネイティヴ・アメリカン）と逃亡奴隷が共同してUSに抵抗するが、その後、テキサスへと移住した一部のセミノール・マルーンはUSの黒人兵部隊セミノール・ニグロ・インディアン・スカウトとして組み込まれ、「インディアン討伐」で名を馳せる。「バッファロー・ソルジャー」として知られることになるその部隊の歴史を顕揚したのが、ジャマイカ系黒人のコリン・パウエルである。不可視のマイノリティのアメリカへの貢献の承認である。米連邦／米軍の米西戦争以前の〈南部〉でのマイノリティへの対し方は、現在にいたるまでにますます巧妙になってきているといえるが、これはその原形といってもいいだろう。また、セミノール・マルーンたちが腰を落ち着けたメキシコ・コアフィラ地方は、現在ではNAFTA締結によって膨張する自由貿易ゾーン、マキラドーラ地帯ともなっており、新しい労働／人権問題の舞台となっている。セミノール・マルーンについては以下参照。西江雅之著『伝説のアメリカン・ヒーロー』岩波書店、二〇〇〇年。Kevin Mulroy, *Freedom on the Border : The Seminole Maroons in Florida, the Indian Territory, Coahuila, and Texas*, Texas Tech U. P., 1993.

（3）Arturo Morales Carrion, *Puerto Rico : A Political and Cultural History*, W. W. Norton, 1983.

（4）レバノン系アメリカ人ミュージシャンである知人の発言。

（5）「グローバル・ヴィレッジ」やそれの発展形ともいうべき「百人の村」もまた、アメリカのアッパー・クラスが生み出したものであることを考えてみると、双六型世界地図を作った米軍の世界像とさして変わらないものであることに気がつくだろう。〈世界〉を単純化（要約なしで）しても、理念・理想／現実を〈教育〉することは、いかにすれば可能か？

（6）例えば、以下を参照。キム・チョンミ（金静美）著、『故郷の世界史：解放のインターナショナリズム』現代企画室、一九九六年。Agustin Lao-Montes & Arlene Davila (eds.), *Mambo Montage : The Latinization of New York*, Columbia U. P., 2001.

前者は「USAスペイン帝国主義戦争」、後者の編者のひとりラオ‐モンテスは総括論文において「スペイン‐キューバ‐アメリカ‐フィリピン戦争」を採用している。

（7）拙稿、「きっかけとしての『ヤポネシア』」、『ユリイカ』一九九八年八月号、参照。

（8）竹中労『嘉手苅林昌全集：沖縄島唄の伝説‐海恋戦』、ビクターエンターテインメント、VICG-60284～91、一九九九年、ライナーノート。執筆は一九七五年。キューバのミュージシャンたちを主役とした『ブエナ・ビスタ・ソシアル・クラブ』を受けて、当時、竹中と親交のあった沖縄の民謡歌手・大工哲弘は、この時の竹中の主張をも「再発見」したと語っていた。非武装中立国である中米コスタリカに沖縄の理想のモデルを見い出そうとする動きもある。ただ、私自身はこうした見方にあまり有効性を感じることができない。現在置かれている状況とそこでのたたかい方が見えなくなるのではないかと思うからである。沖縄とアイルランドの比較や交流も、文学・音楽の領域で行われており、これは一定の成果をあげているようである。また、竹中の沖縄音楽論は以下も参照されたい。竹中労『ニッポン春歌行』伝統と現代社、一九七三年。同『琉歌幻視行』田畑書店、一九七五年。同『にっぽん情歌行』ミュージックマガジン社、一九八六年。

（9）沖縄の置かれている状況について、一九一〇年代に「琉球人の解放」を黒人奴隷解放と重ねて伊波普猷が論じ、それとも関連するが、竹中労などがブラック・ミュージックとの類似性を論じている。筆者も共感するものではあるが、筆者の個人的な思い入れと、ここにあげたいくつかの共通性からあえて比較対象としてプエルトリコを選んだ。注6も参照。また、第二次世界大戦後の米政府／米軍の世界戦略とさまざまな島々の政治的・文化的な問題という点では、台湾、済州島なども視野に入ってくるだろう。

（10）Lisa Mullenneaux, *Ni Una Bomba Mas!: Vieques vs. U.S. Navy*, Peninton Press, 2000. その他、ビエケスの運動及びプエルトリコの地位関連は以下も参照。

Christina Duffy Burnett, Burke Marshall (eds.), *Foreign in a Domestic Sense: Puerto Rico, American Expansion, and the Constitution*, Duke U. P., 2001. Andres Torres and Jose E. Velazquez(ed.), *The Puerto Rican Movement : Voices *from the Diaspora*, Temple U.P., 1998. Mario Murillo, *Islands of Resistance: Vieques, Puerto Rico, and U.S. Policy*, Seven Stories Press, 2001.

(11) 名護の問題および運動に関しては以下を参照。浦島悦子著『豊かな島に基地はいらない』インパクト出版会、二〇〇二年。目取真俊著『沖縄／草の声・根の意志』世織書房、二〇〇一年。

(12) 統計数値は以下による。Juan Gonzalez, *Harvest of Empire : A History of Latinos in America*, Penguin, 2000.

(13) 「しまうた」に関しては、以下を参照。仲宗根幸市著『琉球弧の民謡入門「しまうた」流れ』ボーダーインク、一九九五年。

(14) Ruth Glasser, *My Music is My Flag :Puerto Rican Musicians and Their New York Communities 1917-1940*, California U. OP., 1995.

(15) Glasser 前掲書および、Various Artist, *Lamento Borincano /A Tale of Two Cities : A Revolution in Puerto Rican Music (1916-1939)*, Arhoolie, CDS7037&8. ブックレットより翻訳。このＣＤは初録音のものを収録している。

(16) ダヴィッド・サンチェス『オブセシオン』、ソニー、SRCS-8681.

(17) 伊波普猷著『沖縄歴史物語』（平凡社ライブラリー版）一九九八年。同『沖縄よ何処へ』世界社版／「沖縄よ何処へ」復刻頒布会、一九七六年。

(18) 一九二五年説もある。

(19) 嘉手苅林昌『風狂歌人：ザ・ベスト・オブ』、ビクター、VICG-60265、ブックレット。および、上原直彦著『そぞろある記　語やびら島うた』那覇出版社、一九八六年。ヤマトーグチへの訳は前者から。ただし、この二者の表記では、「比嘉良順」（前者）、「比嘉良順優」（後者）と異同がある。沖縄のラジオ局のＤＪを永年勤められた後者の著者のものをここでは採用した。

(20) ヤマトーグチの訳詞は以下より引用。「懐かしき故郷」も。仲程昌徳著『島うたの昭和史』凱風社、一九八八年。

(21) もちろん、「沖縄人」という存在のなかでは、という意味合いで、である。「日本のなか」での「沖縄人」はもっとも人種的・民族的なものであり続けてきた。沖縄／琉球弧のなかでの人種・民族的な問題は、台湾、朝鮮、フィリピンとの関係、移民先からの逆流、米兵との関係において生起してくる。うたや音楽に関してもそうだが、広告代理店やメディア・音楽関係者、ファンだけではなく、「進歩的」と自認している人たちもが、「楽しい」イメージばかりを強調する沖縄とそのイメージのあり方に、私は日々、違和感を募らせている。哀しいことを呑み込んで、それでも艶やかである「うた」の力を自ら手放してしまってはいないだろうか。

(22)　高嶺剛／大城美佐子に関しての私の解釈は、拙稿「『なる』ためのルートとプラクティス――声とカラダの記憶をめぐって」（『ユリイカ』二〇〇一年八月号）も参照されたい。また、最近の以下のような動向にも注意を向けておきたい。大工哲弘（八重山）、大島保克（八重山）、国吉源次（宮古）、元ちとせ（奄美）などへの注目の集まり方。また、むしろ、本土を乗っ取るかの勢いのJポップのメインストリーム勢、パンク／コア系、ラップ系の隆盛をどのように判断するかは、ここでは詳しく検討する余地がない。機会を改めて論じる予定だが、手短かに補足しておく。

極端なユースカルチャー化を見せているかに思えるこの国でのメインストリームのポピュラー・カルチャーだが、社会的には若年層は極端に周縁に押し込まれていることと無縁ではないだろう。たとえば、UAやCOCCOといった「島うた（民謡）」系ではない女性歌手の方が、よりよく「島うた」性を体現していると考える方が妥当性を持っているかもしれない。これは逆説的だが、オトナが考えるほど、コドモはオトナが与えるものに満足していないという徴候だろう。感情（あるいは衝動）は簡単には企業側が買い占めることができないものなのだ。音楽商品が売れないのは携帯やゲームのせいだけではない。つまらないからであり、また、アクセスするリテラシーが奪われているからである。

(23)　山入端つる著／東恩納寛惇校閲『三味線放浪記』ニライ社、一九九六年。

(24)　高里鈴代著『沖縄の女たち――女性の人権と基地・軍隊』明石書店、一九九六年。

(25)　「語るように歌うこと」（筆者とのインタビュー）『ミュゼ』三六号、タワーレコード発行、二〇〇二年。大島保克『島時間』、ビクター、VICG-60505.

＊本稿執筆にあたり本山謙二さんに助言を得た。記して感謝する。

〈参考文献〉


仲程昌徳著『島うたの昭和史』凱風社、一九八八年。

展覧会図録『ヤマトゥのなかの沖縄』大阪人権博物館、二〇〇〇年。

De-Musik. INter. 編『音の力：ストリートをとりもどせ』インパクト出版会、二〇〇二年。

いくつもの「故郷」へ／いくつもの「故郷」から

崎山政毅

一　歌のなかの「故郷」

一九九〇年八月以来、五年に一度沖縄で開かれている、「世界のウチナーンチュ大会」という大規模なイベントがある。このイベントには、第一回は二四〇〇人、第二回（一九九五年十一月）には三四〇〇人、第三回（二〇〇一年一一月）(1)には三七〇〇人と、回を重ねるたびに海外からの参加者を増しながら、世界各地に生きる「県系人」——沖縄にルーツをもつ人びと——が集っている。その第二回、第三回にテーマ・ソングとして選ばれた歌が、「ディアマンテス」のヴォーカル・アルベルト城間《しろま》が歌う「片手に三線《さんしん》を」だった。

遠く聞こえる　潮風は
波の彼方へ　夢運ぶ
この故郷《ふるさと》から
旅立ってゆく
満たせぬ心　包んできた
青年《にせた》よ　三線持《む》ち立てぃ

弾ち鳴らし
世界《しけ》に向かてぃ　共《とぅむ》に
かりやしぬ　船出《ふなでぃ》さな

（作詞・アルベルト城間、ボブ石原、伊狩典子、作曲・アルベルト城間）

現在では三二カ国、三六万人におよぶと言われている沖縄からの「移民の歴史」が、この歌詞にもあらわれている。よくとおる澄んだ声で自作のテーマ・ソングを歌ったアルベルト城間もまた、ペルーへの移民の三世であった。沖縄移民の歴史は、たしかに「島唄」にも刻み込まれている。第二次世界大戦後に「マルフク（丸福）レコード」を興し、戦後沖縄歌謡に大きな足跡を遺した普久原朝喜《ふくはらちょうき》による、有名な二曲がその好例だろう。

なれし古里　沖縄の
想い出深き　那覇港《みなと》
泣いて別れて　両親《ふたおや》と
八重の潮路を　押し渡り

（作詞作曲・普久原朝喜「移民小唄」）

二人《ふた》いぬ子《くゎ》ぬちゃー
頑丈《がんじゅう》やみ
嫁《ゆ》みん孫《んまが》ぬちゃーん
かなとんな
あがとー南米　国遠《どう》さ

いかな思《うむ》てぃん
自由《じゆ》ならん
我《わん》ぬー淋さぬ
朝ん夕《ゆ》さん
とぅるばとーさ

（作詞・普久原ウシ、作曲・普久原朝喜「南米節」）

［二人の子供たち、元気にしているだろうか。嫁も孫も達者だろうか。南米ははるかに遠い、行こうと思っても自由にはならない。わたしは淋しくて、明けても暮れてもうつろな心ばかりだ］

だが、普久原朝喜とアルベルト城間の歌を、たったひとつの歴史の線で結びつけることができるだろうか。「島唄」のさまざまな流れのなかで、これらの歌を結び合わせることができるだろうことは、言うまでもない。それでもなお、「故郷」を鍵とするその結ぼれは、たったひとつの線を描いてはいない。

普久原の名をいまにとどめる、一九四七年につくられた歌を重ねると、そのことが明らかになるだろう。

夢《いみ》に見る沖縄《うちなー》
元姿《むとぅしがた》やしが
音《うとぅ》に聞《ち》く沖縄《うちなー》
変わてぃ無《ね》らん
行ちぶさや生《んま》り島《じま》

（作詞作曲・普久原朝喜「懐かしき故郷」）

［夢にみる沖縄は元の姿のままだけれど、伝え聞く沖縄は、見る影もなく変わってしまった。帰りたい生まれ

故郷の島へ」

これは一九二三年に大阪へと出稼ぎにいき、ヤマトで日本の敗戦をむかえた普久原が、沖縄戦によって一〇万人もの住民の犠牲を出し焦土と化した故郷のことを聞いて生み出した歌である。異郷から切々とした思いを込めて歌われた普久原の「故郷」、彼の「生り島」は、「ひとつの沖縄」に収斂していく。

それに対して、アルベルトの——ディアマンテスの——「故郷」はいくつもの故郷に開かれている。普久原の歌とアルベルトたちの歌のどちらがより優れているのか、が問題なのではない。実定的な空間としての沖縄という「ひとつの故郷」への思いと、沖縄を「故郷のひとつ」として抱え持つ越境経験との間にある移ろいを、考えたいのである。そして、具体的な歌い手の移動のなかから、「故郷」がいくつもに開かれていくさまを見てみたいと思う。

二　「日本人ペルー移民史」の落とし穴

ここでいったん、「移民史」の問題点という迂回路を通っておきたい。それはアルベルト城間が名護出身のペルー移民の三世だからでは、ない。これまでの主流的な「移民史」の記述をいかに深く穿とうが、どれほど掘り起こそうが、そこからはアルベルト城間の軌跡にはほとんど接近しえないことを、きちんと確認しておくためである。

さて、対ペルー日本人移民についてのこれまでの歴史記述を繙くと、第二次世界大戦終結以前にかんしては、ほとんどの場合、次のような経過が述べられている(2)。

日本からの近代海外移民は、まずハワイへと向かう。しかし、日本人官約移民の受け入れを表明していたハワイ王朝は「滅亡」し(させられ)、ハワイは、ごく短期の「共和制」を経て、一八九八年にアメリカ合衆国に併合されることとなる。契約労働者の入国を禁じる合衆国本土の法律がハワイに適用されれば、日本人の渡航・移住は不可能となる。存亡の危機にさらされた移民会社は、移民送出先としてペルーを認可するよう日本政府に強力に働きかけた。一方、日清戦争を経て帝国として対外的な国威発揚を求めており、ハワイ移民の経験蓄積をもとに「移民保護法」をはじめとする法的基盤をスムースに整えていた日本政府は、ほとんど即応といってよいほどのスピードで、殖民先としてペルーを認可する。

一八七二年の「マリア・ルス号」事件を契機として日本とペルー両国間の外交関係はすでに始まっていた[3]。植民地期以来の伝統的なアシエンダで使用する労働力を求めていたペルー政府にとっても、日本政府の決定は歓迎されるべきものだった。

一八九九年に最初の「日本人契約移民」七九〇名がペルーに向かう。この「第一航海」と呼ばれる初回移民が交わしていた「契約」は、就業から四年間を年限とし、「農業又ハ製糖業」を目的に「耕地ニ在リテハ毎日十時間、砂糖製造所ニ在リテハ十二時間……場合ニ依リ定時間外ノ労働ニ従事スルトキハ一時間英貨弐片半ノ割合ヲ以テ増賃[4]」などとされていた。

ともあれ、国家間の協約にしたがって送りだされる人びとは、国家の眼差しの下では当然のことながら一括された「日本人契約移民」でしかなかった。沖縄からの移民は一九〇八年にようやく二〇〇名台にのぼる「遅れてきた移民」ではあったが、一九二四年にペルー政府によって契約移民が禁止されるまでに、全契約移民数一万八七二七人中、二〇パーセント強の三八〇二人を占めるほどに増加する[5]。

契約移民の禁止後も、ペルーに生活の基礎をかためた人びとによる家族の呼び寄せ（非契約移民あるいは自由移民）がつづく。だが、一九三〇年の蜂起によって大統領の座を襲ったサンチェス＝セロ政権初期の暴動・略奪事件以来、日本人移民排斥の機運がたかまっていく。

一九三三年、大阪の「日綿貿易」がリマで企画した展示会を一契機として、繊維製品の貿易不均衡を背景に、翌年はじめからペルーの大新聞『ラ・プレンサ』紙上で反日・排日キャンペーンが大々的にはられることになる。その後も実質的には貿易関係はつづくものの、排日キャンペーンが展開された三四年をもって日本とペルーの通商条約は破棄される。

一九三六年六月二六日には、アジア系移民を制限し、とくに日系移民が進出していた商店にかんして、経営権の委譲をペルー人にのみ限定する法令が公布される。この法令公布にたいして、二五〇〇名を超える日系青年たちがペルー国籍取得の申請をおこなった。おおきな衝撃を受けたペルー政府は「世論」の後押しのもとで、三六年六月二六日以前に生まれた在ペルー外国人のペルー国籍登録を中断する法令八五二六号を三七年に公布した。

一九三八年には閉鎖を命じられたリマの床屋の店主が、強制的な日本への送還をのがれ再度床屋を開業したことに憤激した周辺住民の襲撃がおこり、店員のペルー人女性が死亡する。新聞はこれを店主の責任として、さらに反日キャンペーンを展開した。

一九四〇年初頭、日本人がこっそりと武器弾薬を調達し、ペルーを奪取しようとしているという噂がリマで広がり、五月一三日、高校生の反日デモを引き金に、大規模な襲撃がおこる。

四一年一二月、日本の対英米戦勃発に伴い、日本人資産の凍結が国会で決議され、翌年一月に商業・金融活動の禁止、商店経営権のペルー人への譲渡を命じる法令が発布され、五月には日本人資産の没収がはじまる。六月には排斥がさらに進み、二世を含めた一四二九名がアメリカ合衆国の強制収容所に送られることとなった。

これら一つひとつの事件は歴史的な事実である。だが、それらを繋ぎあわせる「歴史をみる眼差し」には、大きな違和感を感じざるを得ない。

どのような違和感かといえば、まず第一に、ペルーの日本人移民だけでなく「ペルーそのもの」を、リマが一括して代表してしまっている点である。たしかに、当時にあっては、リマ県（リマ市と大規模貿易港であるカヤオ市）に九割近い日本人移民が集住していたという点は見過ごすことはできない(6)。

しかし、そのことと、日本人移民にとっての「外部」であるような単一の共同体としてペルーをとらえることの間には、大きな懸隔が存在する。じっさい、ペルーが単一の共同体でなどなかったことは、日本人移民が経験した、

あるエピソードからも明らかである。(7)

それは、一九一九年にリマの日本人学校で開催された「移住二〇周年記念式典」のさいのことだ。式典に招かれた、ときの大統領・独裁者アウグスト・レギーアに自分たちの窮状を訴えるべく、三人の先住民青年が会場の雛壇に駆け上がったのだった。彼らはすぐさま国家的な式典を妨害し混乱に陥れたとして逮捕されたのだったが、なぜ日本人移民の儀式を狙ったのか、という取り調べに対して、ごく素直に、「われわれと彼らは似ているからであり、日本人移民に対しては何ら含むところはない」と述べている。

彼らの「似ている」という主張は外貌や皮膚の類似を標徴とした「分類」を旨とする人種主義との共振を示しており、その主張に対する日本人移民からの共感はまったくなかった。だがその「論拠」をもとにした彼らの介入は、クリオージョ（白人系）の父権的権力をふるう大統領と、植民地を領有する帝国として「上り坂」にあった日本からの移民の二者が、それぞれ「ペルー」と「日本」の立派な代表・表象として対面する儀礼を、その両者の間に走っている、国家間のやりとりの領域に押し留められない亀裂を「人種的に示す」ことで、みごとにぶち壊しにしたのであった。

そして翻ってみれば、相手を一枚岩の人種主義的な「ペルー社会」として描くその裏面に、「日本人移民」を一体のものとして構成する力がはたらいているのである。その力のもとでは沖縄からの移民の固有な姿や歴史性は、ほとんど消え失せてしまう。

仲里効は、歴史の中での沖縄の位置を次のように述べている。

明治の琉球処分はそれまでは日本の外部であった沖縄を取り込んでいく。それは沖縄から見れば強制力による併合という形をとった。その後はいわゆる同化政策、植民地政策を沖縄に実施していくことによって疑似内部をつくった。／戦後は逆に沖縄を切り離し、日本のフレームの外部に置くことによって縮小存続という形ではあれ、日本は生き延びていった。さらに七二年復帰で再度日本の内部に取り込む。いわば日本の近代は沖縄という疑似内部―外部を必要としたということです。そのことは現在も変わりはない。沖縄はこれまで日本との関係で取り込まれたり弾かれたり、内部であったり外部であったり、内部でもない外部でもないという、奇妙な揺れ方を体験させられてきたわけです。しかも歴史が沖縄の人々の内面にまで深く食い込んでいることがやっかいなんです。しかし、そうした奇妙な場所をネガティブにみるのではなく、可能性に転じてみようという思いがエッジという言葉に込められています。／……一言で沖縄と言っても、一つの物語で完結しているわけではなく、多様な眼差し、切り口を持たなければいけないと思うんです。日本の近代あるいは現代の成り立ちが、単一性を無意識に前提にしたり、仮装《ママ》したりしているところがありますが、沖縄のポジションというのはそういう無意識の前提に刃を入れる、切り込んでいくというところがあるんじゃないかと思うんです[8]（／は原文改行箇所、以下同じ）。

仲里の言う「沖縄のポジション」は、日本との歴史的な関係において語られている。だが、それは単一性に貫かれた「日本」の外延としての「日本人移民」を主人公にした「ただひとつの物語」の関節をはずしてしまうものでもある。そして同時に、「沖縄のポジション」がもつ多様な眼差しや切り口は、沖縄（人）を単一の「沖縄（人）」に閉じこめることなく、開きさらしていく力にもなっている。

三　「移民史」にこびりつく「日本」

しかし仲里に心から同意したとしても、「移民史」において「日本」なるものがもつ求心性が、じつに強く働いている事実がすぐさま消え失せるわけではない。ここで酒井直樹の的確な指摘をみておこう。酒井は以下のように述べる。

「日本の思想」は直接に研究者には与えられていないし未知のものであることになっているのに、「日本の思想」を研究できることになっている。ところが、例えば「火星の思想」は直接に与えられておらずまた未知のものであるが、「火星の思想」が研究分野を形成することはありえない。この違いは、「日本人」や思想の環境としての「日本文化」なるものの存在を「日本の思想」の存在に転嫁しうるのに対して、「火星の思想」にはそのような転嫁しうるような存在がない、ことからくる。少なくとも、現在の私達の知見では、火星には火星人も火星文化も存在しないからである。ということは、「日本の思想」の場合、とりあえず日本を地理的な領域と考えたうえで、そこに住む人々が集団をなし、その集団内で産み出された思想とでも大雑把に規定される何物かが、あらかじめ存在すると考えられているからであろう。未知で直接に知られることのない対象であるにもかかわらず、「日本の思想」を問い続けることを許しているのは、ひとつには「日本人」とか「日本文化」、あるいは漠然とした「日本」の存在が前提されているからであるといえるだろう。／しかし、いうまでもなく、一定の地理的な範囲を示す名辞が存在することと、その領域に住む人々が集団を作っていることとは全く別の事態である。日本という名辞、あるいは、それに相当する「倭」とか「和」という名辞が存在することから、統一された集団の存在を結論することはできない。名辞が示す概念の存在がただちに集団の統一の存在であるわけではないからである。もちろん人間の集団は名辞や象徴に媒介されなければ存在しようがないが、だからといって、名辞の示す概念の存在がそのまま集団の存在を保証するわけではないからである。(9)

ここで酒井は「思想」(「日本思想」)という抽象的だが歴史的な知の構築物を取り上げているのだが、直接に対面することが可能であり実体的にも存在している「日本人移民」についても、同様のことがいえる。たしかに、日本国籍をもつ人々のペルーへの移民があったことは事実として否定できない。だが、その事実と、その人々をあらかじめ「日本人移民」という名前によって集団として一括りにすることとの間には、それらを自明なものとしてつなぐ力——物質性を有する国民主義的な思考枠組——は存在しても、それらを平滑に結び合わせる論理的な連続性が存在しているわけではない。「日本人」なるものを軸とした漠然とした集合性が前提されていないかぎり、「日本人移民」を対象として構成し、その歴史を探求するという作業がはたされはしないのである。

これは「沖縄系移民」という、じっさいに存在している人々にあてられた名付けや範疇の問題にもあてはまる。エスニシティ論にみられるような問題設定の浸透を背景に、文化的な多様性や差異に迫る移民研究は、この間いくつものすぐれた成果を世に問うにいたっている。[10] そのような積極的に受け入れるべき展開があっても、それらの研究にみられる視座には、今なお、「沖縄」を「日本」に回収してしまうバイアスが働いていないとは言い切れない。

「つねにすでに」集合性をともなってしまう設定とは別の仕方で、考えをめぐらせる必要があるだろう。このことはすなわち、個々の移民やその子供たち・孫たち一人ひとりが「日本人移民」になっていく過程、もしくは「日本人移民」ではなくなっていく過程を、それぞれの生の「旅＝遍歴」に寄り添いながら考えなければいけないということでもある。[11] そのとき、ひとつの定住地から別の定住地へという、移動の過程や歴史を簡単にやりすごし、定住地を中心にすえて考える「移民」ではなく、能動的な現象として越境をはたしホスト社会に根付こうと試みる「移動する人びと」の姿がはっきりと見えてくるのではないだろうか。[12]

「移民」のあり方をとらえるさいに同時にふまえておかなければならないことは、ホスト社会であるペルーはけっして単一の「ペルー」ではなかったということである。このことは、たんにペルーが多民族多文化の社会であるという一般的な問題におわるものではない。「複数のペルー」があるという視座は重要であるにせよ、それはただその複数性が平坦に持続したことを意味してはいないのである。

たとえば、日本人移民排斥というかたちをとった人種主義の昂揚は、その諸々の文脈のなかに、「敵」である「彼ら」を見出すことで「われわれ」をつくりあげるエスノ・ナショナリズムの動きをともなっていた。この動きはペルー全体を完全に覆い尽くすことはなかったかもしれないが、日本人移民に対する襲撃がおこった小地域では、ある時点で、支配的へゲモニーの強力な効果をおよぼすものであっただろう。

日本人移民とそのさまざまな隣人たちが暮らす、人の目の高さをもつ具体的な社会空間において、ときには恐怖を身体的な「根拠」とする排外主義的なヘゲモニーの効果は昂ぶり、ときには平穏さにみちた「葛藤なき併存」の状態がつづき、さらに、ときには友愛や庇護の関係が築かれもするという、複合的な変動があっただろう。何らかの単線的で一様な社会状態を本質としているようにペルー社会をみてとることは、仮説としても説得力をもちえない。

四　移民が生きた「別の物語」

さて、これまでの「移民史」の物語に対する違和感の第二は、日系排斥に論点が集中し、被害をこうむり迫害を受けた「日本人移民」の側に記述の流れがかたよってしまっているために、みごとな「犠牲者の過去の物語」になってしまっている点である。

むろん、私は、数多の苦難があったことを否定しているわけではない。しかしその苦難を引き起こしたメカニズムの解明は、現在につながるような意義ある教訓を引きだすことができるものであるとしても、すすんではいないように見える。

マイノリティの流動性と移民という世界的な現象をもとに賃労働史・賃労働論を書き換えようと試みている、ヤン・ムーリエ・ブータンの言葉を引いておこう。

地方政府の発する禁止命令（住民一人あたりの空気量を盾に取ったサンフランシスコの名高い法律のような）がもつ深い系統的論理（当局側は白人群衆 mob の怒りを統制できないというばかげた言い訳をして事態を放置する）、要するに一連の苛酷な手段のすべては、アジア系移民が金採掘者のチャンスを奪うと考えられてきたことを考慮に入れなければ掴めないだろう。当局は中国人移民を農業か鉄道建設に従事させておきたがり、金という対角線から彼らを遮断した。しかしヨーロッパ系移民に対してはそれができなかった。というのも、農業という対角線に取って代わる、白人固有のこの対角線がなければ、米国東海岸で賃労働関係に入ろうとする移民たちの最初の波を、とりあえず穏やかにすることもおぼつかなかったからである。／この図式は立法措置の展開が細部においてどういう意味をもっていたのかを理解させてくれるはずである。また行政当局の寛容と不寛容との間の揺れ動きや、人種差別の突然の爆発、人種間抗争についても理解を深めさせてくれるだろう。(13)

彼の言う「対角線」とは、継起的・二元的あるいは単線的な（人の移動）運動という認識装置に対抗して、人の移動が示す独自の軌跡を表わしている。移民が彼あるいは彼女にとっての「よりよい生活」をめざし、従属状態からの脱出と自由とを求めて「対角線を描く」運動は、ルイ・シュヴァリエが『労働階級と危険な階級』（一九五八年）でみごとに浮き彫りにしたように、さまざまな欲望が抗争を引き起こす猥雑な喧騒にみちている。その対角線運動のなかに、主体的な能動性や解放の契機を見出そうとするさい、もっともきびしい物質的な問題として立ちはだかるのが、法的措置をはじめとした人種主義的な壁である。人の移動がもたらす揺動や抗争、あるいはその最中に生まれる友愛や連繋という交通形態をぬきに、その壁の理解（つまり壁を打ち壊すための理解）はありえない。

その理解のもとでは、ペルー社会全体にわたって単線的に増幅していく排斥と、その動きの中で「犠牲者」へと純化させられるペルー移民、という物語は、完全に否定されることはないにしても、変更を迫られる。大濱直子による、北部海岸地域の都市チクラヨでの移民たちの隣人（ペルー人）が移民に対して抱いたイメージの聞き取りをもとにした分析は、その好例である。(14)

チクラヨは、一九世紀末から、外国のみならず国内のさまざまな土地からやってくる多くの移民を主には農業労働力として迎え入れた、広大な砂糖耕地をもつ都市である。一九二〇年代に日本人移民が数多く流入した首都リマの切迫し異なる人種がひしめきあっていた状況にくらべて、ホスト社会側が日本人移民をじっくりと「観察」できる時間と空間が存在していた、と大濱は言う。

さて、アメリカ合衆国でのメディアによる排日キャンペーンと同様に、ペルーの新聞をにぎにぎしく飾った排日記事では、日本政府・日本人・日系移民が混同されて扱われていた。日本政府と一体の日本人がそのまま日系移民に重ねられていたわけである。その混同のもと、日系移民は日本政府の尖兵であり、社会・経済・人種の各側面において「脱ペルー化」をはかる「ペルーの敵」であると描かれたのだった。軍事的な面でも、日系移民はペルー占領に向けて「潜伏」している「敵兵」として表象されている。

このような中央から届けられる「情報」が描き出す「ペルーの敵」あるいは「敵兵」としての日系移民と、チクラヨの住民たちが移民に対して抱いたイメージとの間には、大きな食い違いがあった。チクラヨに暮らしていた移民の「隣人」たちは、具体的な生活の場でつむがれる移民との関係のなかで、自らの価値規範にのっとって移民という存在を解釈しており、そこから生まれる移民像は、「地域の安寧を脅かす敵」などではなかったのである。

チクラヨの人びとの価値規範では、「（悪党の）抜け目なさ picaro」「機知 viveza」「男らしさ macho」が重要な位置をしめていた、と大濱は分析している。その規範からすれば、チクラヨのペルー人にとって、日本人の体躯や行動様式、勤勉さや実直を重んじようとする移民たちの価値基準は、「ペルーをいずれ占領しようと目論む敵兵」の「抜け目のない悪党で、機知にとみ、男らしい」イメージとは、結びつきようもなかった。

こうした解釈が地域に一定の社会性をもって受けとめられた背景には、チクラヨの日本人移民の入植や逃亡、定住への努力、日本人移民同士の結婚や砂糖農場で出会ったメスティーソや先住民の農業労働者との婚姻（混血）を目の当たりにする経験がはたらいていただろう。さらに、さまざまな人種で構成される移民集団と古くからの地域住民が混住・共存する地域社会にあっては、日本人移民たちは多様な移民集団のうちのひとつとしてとらえられており、歴史的に築き上げられた人種社会において、対立する人種間の緩衝となるような、ある種の「下からの調停者」的な役割をもはたしていた。

チクラヨには沖縄からの移民もやってきており、農業労働者として生活を営んでいたが、旧来からの住民にとってみれば、沖縄—日本の違いや歴史的関係などは何の意味もなかっただろう。移民たちは大雑把な「人種」観のなかで区別され、古くからの住民たちからすれば、彼らは「日本人移民」でしかなかったのである。

だが、移民たちがそれぞれに地域のなかでそれなりに平穏な生活の場を築いたチクラヨにも、アメリカ合衆国の強制収容所へ日系移民を連行せよという通達がなされる。そのさい、現地の人びとが行なったのは、連行だけではなく、移民を自宅に匿ったり、官憲の手の届かないところへの逃亡の手助けもあったのである。

大濱が辿りついたこの事実は、たとえば「排日暴動」のさいに襲撃に加わったペルー人を「暴徒」とし、日系移民を「犠牲者」とする両極化に対して、重要な留保を求めるものである。

ここで、オーストラリアの歴史人類学者マイケル・ロバーツが、スリランカで一九八三年に起こった大規模な「反タミル・ポグロム」における流血の経験をふまえて書いたモノグラフの一節をおさえておきたい。ポグロムに加わりタミル人を殺傷したシンハラ人を「血に飢えた凶徒」「偏執症者たち」といった言葉をもって描く修辞法について、ロバーツはこのように言う。

> これらは人々をステレオタイプ化したうえで隔離する言語であり、正常性の枠外にいると見なされる人々へ責任を転嫁しようとする試みにほかならない。そしてこの種の隔離や転嫁は、非常に多くの人々――彼らが犠牲者であるか目撃者や解説者であるかにかかわらず――が一般に襲撃者の群衆を「犯罪者集団」と描写しがちであることにも支えられている。／私が主張したいのはこうした隔離が誤解を招くものであるということである。ある特定の条件下では、殺人を犯す可能性はごく普通の人の内に潜在するものであり、ポグロムは正常な社会関係や人間存在そのものの内にその可能性を眠らせている。すなわちポグロムは「別個の手段をもってする政治と平和の継続」にすぎないのだ。／この点を把握し、どのような条件下でそのような潜在可能性が引き出され、人々が実行に移すことになるのかという問題と取り組むためには、分析者は（もしあればではあるが）自分がまかり間違えば他の誰かを襲い、殺しかねなかったような状況のことを、あるいは自分が他人の死を憎悪を込めて願った時のことを、思い出してみる必要がある。[15]（強調はロバーツ）

チクラヨの経験は、ロバーツの指摘の正確な裏面を示しているだろう。外的な力にそそのかされてであれ、内側から沸き上がる情念に衝き動かされてであれ、人種主義的な憎悪を物質的な敵対や殲滅に転じることが人間のごく普通の可能性であるならば、侮蔑や格差にもとづいてであれ、友愛や親密さによってであれ、憎悪とは遠く離れた気持ちを抱き抗争や排除を避けることもまた、ごく普通の可能性なのである。そして後者の可能性に、開かれた自由や自家中毒に陥らない共存を現勢化する歴史的経験の源泉をさぐることもできるのではないか。

五　切り離された「戦後」

「移民史」への第三の違和感は、第二次大戦前と戦後とが、みごとなまでに「切断」されていることにある。連続的であったらよい、と主張したいわけではない。その「切断」がどのような効果をもっているのかがはっきりと意識されずに、「切断」を当然とする「移民史」が正統な歴史記述とされる前に、考えておくべき問題があるように思う。

言うまでもないことだが、史料をもとに実証的に事象を構成しようと試みる歴史記述には、どうしてもいくつもの空隙がつきまとう。だが、その空隙はマルク・ブロックが言うように「諦めて受け容れつつ、しかしまたそこにうかがわれる変化の動きを尊重する決意を固めて、巻き戻していかなければならない」[16]ものであり、あたかも自明なことのように持ちだされる「切断」とは、まったく質を異にする。

とはいえ、その「切断」を即座に否定することはできない。「戦前」と「戦後」を切り離し、前者に排斥、後者に民主主義という本質を貼り付けることは、「戦後」の開始を移民たちにとっての、新たな根付きと共存のための道具とするような政治でもありうるからだ[17]。

だがその政治を支える歴史の「切断」は、暴動や排斥が引き起こされたメカニズムの解明という課題をあいまいにし、暴動・排斥に結びつくものとは異なる社会関係が存在したことを覆い隠してしまわないだろうか。

とりわけ気にかかることは、統合的にとらえられた「ペルー」や「日本」——たとえそれらの地理的領域に住む人々の多様性が「認められ」ていても、それはあくまで「国民」という単一の上位範疇があってはじめて許されるものにすぎない——が、かわらずに前提におかれている点である。あらかじめ設定された静的な「ペルー人」「日系」が、何の留保もなく、ただ称揚されてしまうのでは、暴動・排斥という現実の歴史的出来事が民主主義という（ペルーでも日本でもいまだ十分に実現しえていない）理念におきかえられた事実が残るのみだろう。あるいは、苦難を耐え忍びながらペルーに定着し立派に生きてきた移民集団という像が、古くさい「偉人伝」よろしく、うちたてられる。それでは、「偉人」は最初から偉かったという、ばかげたお話にすぎない。

個人の場合、こう考えてみれば、そのばからしさはよくわかる。夏目漱石は生まれながら、漱石といわれてわれわれが思い浮かべるであろう「あの夏目漱石」ではなかった。夏目金之助という人間が、夏目漱石という作家に「なる」過程、そしてわれわれが「あの夏目漱石」を思い浮かべることができるように「なる」過程が、たしかに存在するのである。

ましてや、集団的な過程——移民の集合的アイデンティティの形成が好例だろう——は、単純なものではない。「ペルー人」であること、「日本人」であること、「日系」であること、「沖縄人」であること、「沖縄系」であること、「男」であること、「女」であること……。それらは一つひとつ別のものではなく、集団と個人との融合や相克のなかで重なりあう。そこに、「階級」や「世代」、「経験」や「資質」、生まれ育った「地域」や「教育」など、さまざまなファクターが移り変わっていく時間のなかではたらきかける。さらに「〜であること」ができあがる過程には、意識的にであれ無意識的にであれ「〜になること」が、同様にいくつも重なり合いながら、起こってくるだろう。

理論—文化—政治—経済—社会という連関のなかで、ラテンアメリカとカリブにおける集合的アイデンティティと差異の問題をとらえようとするベネズエラの研究者ダニエル・マトは、このように言う。文化・政治・経済・社会がそのものとして存在しているのではない。文化「なるもの」・政治「なるもの」・経済「なるもの」・社会「なるもの」という、象徴的な社会的構築物の織りなすなかに、人は生きているのであり、そこにアイデンティティと差異が生み出されていく動的な動きがあるのだ、と。(18)

マトが言う「構築」には、おそらく截然と分かつことができない二重性をもった二つの側面があるだろう。第一には、能動的な構築作業と入れ子になった受動的な構築過程であり、第二には、個人的な投企と相互作用をときに生み出す集団的な行為である。先にふれたムーリエ・ブータンがその事態をうまく表現している。

農奴が策を弄して市場で生産物を売るのは「謄本保有農」になるためであり、そうなれば自由農――自由保有権者、つまり自分の家と土地と農具を持つ農民――への道も開けるだろう。奴隷が自ら働き、わずかばかりの土地でいくばくかの稼ぎをなすだけの生産を行なうのは、自分を買い戻すためである。志願兵が雇い主に服従するのは、雇い主はその契約を売り渡すことができ、そのときには負債が減って他所へ行けるかも知れないからである。不法移民がニューヨーク、パリあるいはミラノの危険なスウェットショップで働くのは、身分証明書を買って、もっと高値をつける人物に自分を売るためである。到着間もない合法移民が残業に勤しむのは(おそらく長年働いている職場の同僚を苛立たせることになるだろうが)、不安定な時期を短縮して、その国に自力で落ち着くためである。/歴史上のどの時代にも、規範を外れた行為を発明したり逆に何らかの行動規範に従ったりすることと、従属状態からの脱出を求める欲望との間には一つの関係が存在している。金銭と富が追求されるのも、(アダム・スミスが述べたように)必需品の購入が可能になり、快適な生活が送れるようになるからだけではなく、金銭と富によって地位と所有関係の変更が可能になるからでもある。(19)

利己的な追求は、誰か一人の成功や失敗でおわらない。かならず追随者あるいは模倣者をともなう。ペルーに根を張ろうとして(あるいは故郷に錦を飾ろうとして)、それぞれの移民の第一世代・第二世代は必死にはたらき、そのなかで多かれ少なかれ利己的な追求を行なったことだろう。同じ出身地の移民であっても、ときに蹴落としたり見捨てたりもしたかもしれない。しかし同時に、同じ出身地同士で助け合ったり、うまく生き延びる方法を教えあったり、金銭や物資あるいは暖かい言葉で救いの手をさしのべたりもしただろう。

利己的な追求を行なう個々人は、自らが帰属していると感じているさまざまな社会集団の規範と自分たちの行為とをどうにか合致させる方策を探し、ときには妥協が、ときには規範そのものを変更させようという試みが生まれる。そして、貧富や幸不幸の明暗をわけながらも、生活を営んでいく。これはあたりまえのことである。

そのうえに（あるいはその後に）登場する第三世代・第四世代は、すでに成り立った生活環境を当然のものとして受け取りながら育つ。第一・第二世代が思いもしなかった選択（「いまどきの若いやつは……」という嘆きが年長者から投げ掛けられるような行動を含む）をして、父母・祖父母・曽祖父母の移動や変容とは異なる移動や変容の経験への道筋を歩むかもしれない。たとえば、日本にデカセギ労働者として旅立つように。

個々の軌跡は、それが描かれる過程でたしかに社会化の力をうけとめることになるが、たんに受動的なあり方のままにすすんでいくわけではない。紆余曲折、と一言ではくくれない分岐点をいくつも通過しながら、何かに気づいていく経験を繰り返す。

そして、その軌跡はすでに「移民史」に組み込むことができない運動となっているはずである。

六　日本へ、そして沖縄へ――アルベルト城間の軌跡

モンタージュの手法のように場面をすっかり切り替えることから、再度出発点にもどりたい。

「世界のウチナーンチュ大会」第三回を翌年に控えた、二〇〇〇年八月二九日付けの『琉球新報』第一面に、アルベルト城間のインタヴューをもとにした、次のような記事が掲載された。タイトルは「若者も移民国訪問を／

ルーツにこだわる1、2世」となっている。

「ディアマンテス」のボーカル、アルベルト城間さん（三四）は、一九九五年の第二回世界のウチナーンチュ大会のオープニングセレモニーで大会テーマ曲「片手に三線を」を歌った。／「本当に誇りに感じた。おじいさん、おばあさんのことを思い浮かべながら歌った。いろんな思いが込み上げてきた」。ウチナーンチュであることの喜びを実感した瞬間だった。／名護市出身の祖父母をもつ三世。十九歳の時、生まれ育ったペルーを離れ、沖縄を拠点に活動の場を広げてきた。その城間さんが、二十五カ国から集まった約三千四百人の世界のウチナーンチュたちと、歌を通して〝再会〟した。／ペルーでは沖縄を意識することはなかった。「日本人の孫という意識しかなかった。二世と違って三世はウチナーンチュという言葉を使わない。日本人会とは別に沖縄県人会があるのも疑問だった」という。／なぜ、一世、二世は自らのルーツにこだわるのか。疑問は、八六年に沖縄を訪れることで解けた。エイサーなど世界に誇れる伝統芸能。貧しさゆえの移民、沖縄戦の苦難の歴史。心の傷を引きずりながら生きる人たち。「ウチナーンチュとは、こういうことだったんだ」と気付かされた。九〇年に開催された第一回大会ではテーマ曲の歌詞の審査を受け持った。大会の印象は「すごく面白い。沖縄らしいなぁ」。五年後、城間さんはテーマ曲を掲げ、第二回大会に臨んだ。／来年の第三回大会。城間さんは「まず、沖縄の若者が移住国を訪れ、ウチナーンチュがどれだけ頑張っているかを見てほしい。その上で世界のウチナーンチュを沖縄で迎えてほしい」と提案する。未来へつなげる大会にしてほしい、という思いがある。／「片手に三線を」で城間さんは「ペルーから来た私が沖縄の青年に伝えたいことを歌った」という。ペルー生まれのウチナーンチュの思いを沖縄の伝統文化の象徴である三線に託した。／「青年よ　三線持ち立ち　弾き鳴らし、世界に向かって共に　かりゆしぬ　船出さな」と歌詞は結んでいる。[20]

すでに固められている、ある流れに沿って記事が書かれていることは事実としても、引かれている城間の言葉には、彼の変化がすなおに出ているだろう。「日本人の孫という意識しかなかった。二世と違って三世はウチナーンチュという言葉を使わない。日本人会とは別に沖縄県人会があるのも疑問だった」。その彼が沖縄をはじめて訪れたさいに「ウチナーンチュとは、こういうことだったんだ」と気づいたのだという。

この城間の気づきは、記事のなかではそのまま沖縄県あげての大イヴェントに流し込まれている。記事のなかでの「ペルー生まれのウチナーンチュ」という表現は、「ウチナーンチュ」なるものの「本質」への包摂を下敷きにしているだろう。だが、その表現には、包摂とは別の広がりや揺らぎが入り込んでいる。その広がり、揺らぎとは、ペルーで彼をとりまいていた環境、ペルーから日本への旅、沖縄を訪れての経験や感覚などが混淆してできあがったものである。

城間は東琢磨とのインタヴューのなかで、こう語っている。長きをいとわずに引用しておきたい。

城間　……とにかく、子供のころから、ラジオで流れているスペイン語の歌を歌っていた記憶があるんですね。十四、五歳ぐらいからダンス・パーティに行くようになるんですが、トロピカル系の音楽［カリブ地域系のダンスを中心としたポップミュージック］というのはそれからですね。リマ市ではサルサはあまり聴かれなかったんだけど、当時からラジオとかでかかるととても好きで、ここ十年ぐらいはずっとサルサですね。今では八割ぐらいの割合でサルサです。とにかく、いろんな音楽でしたね。ビートルズとかもあったし、十五くらいから二十歳ぐらいまではずっと演歌。沖縄の民謡というのは、あまり聴いてなかったんですが、なぜか、カチャーシーは踊れました。お母さんとおばあさんが、県人会とかで踊りを教えなければいけなかったもので。／……僕は八歳ごろからギターを習い始めるんです。そうするともうバルス［歌謡を中心にした、「ペルー化されたワルツ」］ですね。ギター習う時は大体初めがバルスなんです、ペルーでは。僕は十七歳の時に日系人の合唱団に入ったんですよ。その合唱団の中にフォルクローレ［アンデスの民衆音楽］とかムシカ・クリオージャ［ペルー太平洋岸部＝都市部でのヨーロッパ系・アフリカ系音楽］とかやる人たちがいたんですよ。そこで、パーカッション、それこそカホン［木製箱型の打楽器］とかも習いだして。それから、県人会とかでやり始めたりして。僕のおじいちゃんは沖縄の名護の生まれなんですけれど、県人会の中にまた別に名護の人たちの集まりがあるんです。名護の生まれの人たちは歌のうまい人が多いんですよ。そこで、カホン出したり、マリネーラ［ペアダンスをともなう、ペルーの「国民音楽」的なメスティーソ系音楽］踊ったり、演奏したり。ペルーの中の沖縄とか、県人会とかの中で、沖縄民謡を歌う人は少ないですよ。ただ、テープを流して踊るとか、雰囲気だけはあったですね。

東　おじいさん、おばあさんともに沖縄の人ですか。

城間　そうです。それで両親ともに二世です。

東　言葉の方はどうだったんですか。

城間　日常会話はすべてスペイン語で、日本語やウチナーグチを使うということはほとんどなかったです。おじいちゃん、おばあちゃんはもう亡くなったんですけど、僕は子供のころから、おじいちゃん、おばあちゃんとスペイン語しか喋ってないよ。日本に来て日本語を覚えましたし、沖縄に来てからウチナーグチを知ったという感じです。興味はあるし、出来れば喋りたいと思うんですけど、標準語で精一杯です（笑）。ウチナーグチで歌えるようになったら最高ですね[21]（［　］内は崎山、以下同じ）。

「民族的な伝統」を背景とした踊りのような身体技術、言葉、あるいは音楽は、エスニック・アイデンティティ形成の大きな契機になりうる。それだけではなく、身体技術、言語、音楽などの十全な理解、習得、使用が、さらにはそうした「文化」を生み出した場の十全な理解、その場への十全な溶け込み、その場の十全な使用が、そのアイデンティティを身にまとうさいの「本質的な資格」に変質してしまうことさえある。

そのときの集合的アイデンティティは、「夾雑物」をゆるさない「純粋さ」を求めるベクトルをしばしば内包した、凝縮しひとつにまとまっていく、粘着性をともなったものである。奪われてきた「正統な起源」「失った故郷」を「取り戻す」、つまり新たに創造し想像すること――それは抑圧されてきたものが抑圧に抵抗しようとするさいの武器にも転じうるのだが――を否応なく要請する力でもある。

アルベルト城間はカチャーシーを上手に踊れるのだが、そのことを彼の母や祖母がペルーの沖縄系社会組織で担っていた役割で説明しながら、「なぜか踊れた」と語る。そして、このすぐれた歌い手の音楽には、さまざまな要素がへだてなく流れ込みながら混在している。言葉に関していえば、「ウチナーグチで歌えたら最高だ」と言いながらも、「標準語で精一杯」と笑い、「興味はあるし、出来たら喋りたい」という、無頓着にさえ思われる希望をもってつきあっている。

誰かからある種の期待をもって「彼／彼女は〜です」とその帰属のありかを差し向けられるとしたならば、アルベルト城間に向けられた「ペルー生まれのウチナーンチュ」という範疇規定、「ウチナーンチュ」という名辞は、閉じこもらずに移動し変容を受けとめていくものにならざるをえない。それは「文化的本質」をいったん認め、それを受け容れながらも、その呪縛から逃れる動力をしなやかに備えた、「文化的な場所」への「入り口」でありの「出口」でもある何かに変わっている。

彼がもっているこのフレキシビリティは、リマから東京へ、東京から沖縄コザへ、という移動の経路がもたらした経験のなかになりたっている。同じインタヴューの記録から、それぞれの経験について城間が述べるところを見ておこう。

十九歳の時ですね。第三回目のパン・アメリカン大会というのがリマであって。アメリカやブラジルから日系人が集まって、音楽やスポーツの大会をやるんです。日系人だけのサミットですね。ブラジルから来る人は歌の上手い人が多いよ。僕が優勝したのは、一九八五年だったかな。その優勝したご褒美というのが、日本への航空券だったんです。(22)

僕は演歌歌手になりたいというか、なれればな、ぐらいな気持ちはあったんだけど。でも、インタビューとかで、東京で演歌歌手になろうとして挫折したみたいな話をすると一種のセンセーショナリズムみたいでおもしろいけど（笑）。まあ、そういうことがあったから今があるんだけれど[23]

僕がまだコザに来てすぐ、歌手になろうとしていた頃、手本になる人を捜すんですよね。車を持っていないから自転車でよく民謡クラブに行ったんですよ。彼らは今まで歌ってきてもちろんプロなんですね。お店があって、お客さんが入って、歌って、お金払って。でも、厳しいんですよね。音楽だけではやっていけない。それでもやっていく。音楽愛していて、沖縄の音楽愛していて、やり続ける。それは好きじゃないと出来ない。音楽好き。ウチナーグチで歌うのが好き。公務員やったとしても、タクシーの運転手さんやったとしても、夜になると着物着てさ、三線を持って、店に出て二時、三時まで歌って家に帰って風呂に入って寝て、また仕事に行く。それはなんでしょうね。沖縄のすごく不思議なところ。[24]

この移動の経路のなかで、城間も日本社会の人種主義に出会い、「挫折」を感じた一人であっただろう。だが、その「挫折」を追放することなく笑いの中に包み込み、人種主義の貧困さを超える能力を人が普通にもちあわせていることを示すのである。そうした彼の言葉からは、「正しさ」にしがみつくことのない変化や経験が重ねられていることが、まっすぐに受け取れるだろう。

さらに、「それはなんでしょうね。沖縄のすごく不思議なところ」と、わからないことを感じとめ受け容れるあり方。[25]そのあり方は、理解することで支配しようとする欲望に衝き動かされない（憑き動かされない）、アルベルト城間が人やものごとに対するさいの固有な関係の結び方にも思われる。

七　「沖縄の現在」との向き合い方

アルベルト城間のそうしたポジションや姿勢は、彼が音楽をつうじてはたらきかけている沖縄の状況から遊離しているわけではない。その逆に、彼（そして彼の仲間たち）のはたらきかけの方向性は、暴力の歴史を何度となく重ね書きされてきた「現在」とわたりあうための試みでもありうる。

基地の町コザを拠点とするアルベルト城間たち（ディアマンテス）の経験は、とくに一九九五年の米兵による少女レイプ事件をめぐって、その自然体でのわたりあいの経緯を浮き彫りにするものである。

東　コザというと、米軍の基地の町というか。どうですか、以前、ディアマンテスのライヴにはラテン系の米兵が多いという話でしたが。

城間　最近は九五年の少女レイプ事件以来減ったね。……米兵が日本人に気を遣っているみたいね。基地にいるラテン系の人たちは、前はお客さんの半分ぐらいいたんだけど、今［九七年当時］は一人二人。あの事件はやっぱり大変な事件だったから。でも、基地の中にはいい奴一杯いるよ。ラテン系でもそうでなくても。その人たちともね、一緒になれるといいんだけどね。でも、難しいよね。一度、あの事件の後に基地の中でやったんだけど、メチャクチャ言われた、周りの沖縄の人たちに。デリケートな立場ですよね。でも音楽やってて、あなたたちの前ではやるけど、あなたたちの前ではやらない、とは言えない。選んでなんて出来ない。みんなに聴いてほしい。だから、そういう壁を破らないと。僕らそういう仕事やってると思うんですよ。

東　その時のライヴでの米兵の反応はどうでした。

城間　すごく喜んでました。ありがたいと思ったんじゃない（笑）。まだ、そういう場が出来るということで。

その後スーパーで買い物をしていたら、黒人が話しかけてくるわけ、英語で。「アー・ユー・ディアマンテス?」って言って。彼は沖縄の人と結婚しているんだけど、「基地の中には君たちを応援している米兵がいっぱいいるよ」って。それはすごい嬉しかった。そういうこともあるよね。だから、立場とか、国とか、そういうのをもっと越えて、人と人を大事にしないと。音楽まで線を引いてしまうと良くないよね。僕らのステージに来る米兵は一生懸命、日本語で歌おうとするんですよ。日本人のお客さんもそれを見て「歌」っていいな、と思う。[26]

歌が聞こえてくること、その歌に耳を傾けることを妨げるには、基地のフェンスはほとんど役にたたない。城間の音楽に対する愛と確信は、じっさいにフェンスの内外を行き来した事実に支えられている。だがその事実は、基地が沖縄にありつづけてきた歴史を無視・軽視するようなものではない。

基地のない沖縄を望むだけでなく、沖縄にとどまらない(だがしかし沖縄の固有性を相対化しない)解放の可能性として考えるならば、「基地は出ていけ」[27]でも米兵を殲滅することでもない、理念ではなく社会関係としての平和や人間的な和解を能動的につくりあげていく試みがさぐられなければならない(付け加えれば、沖縄を「基地問題」や「安保問題」に単純化・矮小化するような惰性にみちた思考は、具体的で多様な人びとのあり方を排除しているだけでなく、きわめて植民地主義的・人種主義的な観点を根底においている)。

その試みにつながる可能性への糸口は、たとえば、先に述べたチクラヨでの経験(「敵ではない関係」)を肯定し自らのものとして彫琢することにあるだろう。国家(国民 - 国家)に容易に還元されない領域を開いていく(拓いていく)ことと言い換えてもよい。城間の言葉は、まさしくそうした「独立」した試みのユニークな実践を示しているといえよう。彼(彼ら)が運動をおこす位置は、自分(たち)の生きてはたらく場そのものをより自由な場へと組み替えていく潜勢力もあわせもっているだろう。

そうした城間たちディアマンテスの位置を、批評家・新城和博は、沖縄の「独立」の可能性と絡めてこう語る。

日本からの独立ということで沖縄の独立をイメージしてもしょうがない。もっと全然違うところでの独立、沖縄のあり方、存在を考えないと、沖縄が政治的、社会的に自由になれない。国家論にしてしまったらとても難しい。……発想だけじゃなくて［国家として自立するというかたちでの］やり方もです。そういう意味では音楽はすごく重要な位置を占めると思うんです。居直った言い方をすれば、沖縄には沖縄の音楽があるから日本から独立しているんだ、他の国々、島々ともつながれるんだと考えられると思います。……ディアマンテスなんか絶対に沖縄から離れられないと思うんです。拠点をどこかに移すなんてできない。やっている音楽のジャンルだけを考えれば、別に沖縄じゃなくてもいいはずなんですけど。[28]

新城がこだわり、ディアマンテスにとって必要だと述べている「沖縄」は、自由なあり方を求める場の謂いであろう。そうした場は、たんなる地理的な場でもたった一つの社会的境界に接する文化的空間でもなく、じっさいに体を動かしものの捉え方をたえず刷新することから生まれる、いくつもの境界領域が輻輳する「運動」でもある。

八　いくつもの「故郷」

アルベルト城間たち（と彼らの音楽）が生きる、この「運動」としての場は、この世界のさまざまな地域での実践とも、地理的に隔たっていても「隣接」し共振している。たとえば、カリフォルニアからアメリカとメキシコの国境をまたいで活躍する、パフォーマンス・アーティストであり理論家・批評家でもあるギジェルモ・ゴメス＝ペーニャが自分たちについて、自分たちの場について、そして自分たちの運動について――それらが互いに絡まりあった実践をゴメス＝ペーニャは文化的な「地図作成術」と呼んでいる――述べていることとも響きあっている。

私は、ふたつの世界の間にある裂け目じみたところに、つまり感染した傷口に生きている。それは西洋文明の果てから半ブロック、メキシコ／アメリカ国境の始まりから四マイルの地、つまりラテンアメリカの最北地点である。それでも一個のリアリティである、バラバラにされた私のリアリティのなかでは、そこに併存しているのは、徹底的に対蹠の位置に置かれている二つの歴史、言語、宇宙観、芸術の伝統、そして政治システムなのだ。ヨーロッパやアメリカ合州国にいる「脱領域化された」ラテンアメリカ出身のアーティストの多くは、「インターナショナリズム」（ニューヨークやパリに出自をもついくつもの考え方のうちで「最も先進的なもの」に基礎をおく、一個の文化的アイデンティティ）を選んできた。一方、私はというと、「境界性」を選び取り、自分の役割を引き受けている。つまり、チランゴ（メキシコ・シティ出身者を指す俗語）である私の世代は、メキシコ・シティのさしせまった生態学的・社会的破局を逃れて「北 El Norte」へとやってきた者たちだが、その他いろいろなものの中身に接ぎ木された他のメキシコがチカーノ - 化されるようになったことを探し求めつつ、他者性のなかに自らを徐々に統合したのだった。私たちは、私たち自身をメキシコに即して理解する Mexi-understand ために、自らを脱メキシコ化したのだが、それを望むことがなかった何人かのほかは、目的をもってそうしたのだった。そしてある日、国境が私たちの家、実験室、そして文化省（あるいは対抗文化省）になった。／私がメキシコを発ってから八年が過ぎた今日、人びとが私の国籍やエスニック・アイデンティティを問いかけても、一言でこたえることはできなくなっている。というのは、私の「アイデンティティ」は今や多岐にわたるレパートリーをもっているからだ。つまり、私はメキシコ人であるばかりでなくチカーノでありラテンアメリカ人でもある。国境ではひとは私をチランゴとかメヒキージョ［メキシコ野郎］と呼ぶ。メキシコ・シティではどうかというと、呼び名はポチョ［英語かぶれ］とかノルテーニョ［北の人］である。そしてヨーロッパでは、スダーカ［南米野郎］だ。アングロサクソンたちは私を「ヒスパニック」とか「ラティーノ」と呼ぶし、ドイツ人たちは、一度ならず何回も、私をトルコ人やイタリア人と間違えてきた。私は、私のアメリカ的ポストモダニティのバベルの塔の瓦礫の真只中を歩いているのだ。／私の個人的かつ集団的な地図作成術の要諦は、アメリカ合州国にやってきて以来、私にとっての文化的強迫観念になってしまった。私は私の世代のいろいろな痕跡を捜しているが、それがもつ距離はメキシコ・シティからカリフォルニアまで延びているだけでなく、過去から未来まで、コロンブス到達以前のアメリカからハイテクまで、そして「スパングリッシュ」を経由しつつスペイン語から英語にまでおよんでいる。／この過程の結果のひとつとして、私は文化的地図製作者、越境者、さらに神話の渉猟者になったのである。そして私が自らを見出す場所は、それがカリファス［カリフォルニアをさすチカーノの俗語表現］であれメキシコ・シティであれ、バルセロナであれ西ベルリンであれ、何の問題もない。私はつねに私が同じ一つの生物種に属していると感じている。その生物種とは、癇の強いやんちゃなガキどもからなる移民種族である。(29)

カリファス（カリフたちの町、という意味もある）を「拠点」とするゴメス＝ペーニャは、しかし、カリファス以外のどの場であれ自らを見出すのに何の問題もない、と語っている。この言明は、自分（たち）が「拠点」に根をおろしていることは、どこへ赴いても、その移動を受け容れ、その場を同じく「拠点」としてつなげていこうとする作業の根でもあるという確信に裏打ちされているのだろう。自分の場を見つけ変えつづけていくことが、その場に閉じこもるのではなく、さまざまな場に開かれる力を呼びさますことに転じるのである。

こうした確信はまた、アルベルト城間とも分かち合われている。城間は言う。

もっとね、僕たちも世界に出なければなと思います。沖縄の人も沖縄の中にいるだけじゃだめ。日本も沖縄も、日本の中とか沖縄の中だけじゃ全然ダメ。僕らも、アメリカ行ったり、ペルー行ったりして直接自分の声で言うよ。……アメリカの中のチカーノ。日本の中の沖縄。というと、日本の沖縄のディアマンテスでしょ。いろんな人種が混ざり合って、何か新しいものを作り出すという。来年はまったく違うことやるかもしれない。演歌やるかもしれないし(30)（笑）。

アルベルト城間（ディアマンテス）の歌が、さまざまな地に向けられると同時に、さまざまな地から発せられる人の動きの表現になっていることは、けっして不思議なことではない。

誰も歩いていない夜
僕は二個のカバンを持ちながら
DC―10の出発を待っている
夢も幻想も
そして借金もあるラモンは
太陽の生まれる国へ
仕事を求めて旅立つ(31)

（原詞はスペイン語、作詞・アルベルト城間／岩村健二郎、作曲・アルベルト城間「ガンバッテヤンドGambateando」）

「ガンバッテヤンド」は動詞 gambatear の現在分詞形である。すぐに思い至ることができるだろうが、この言葉は、「頑張って」に -ar という語尾をつけてスペイン語化した造語で、城間たちの発明ではない。スペイン語圏のラテンアメリカに生きる日系の人びとの間でも用いられてもいる。いわば、体系だたない二重言語の例といえる。そして、この造語動詞に込められた人のあり方、日本へとデカセギに行くラモン（＝僕）を描く歌詞は、アルベルト城間自身の「旅＝遍歴」の姿でもある。この歌は、ペルーの人びとに対して、日本の人びとに対して、沖縄の人びとに対して、基地の中の米兵に対して、とさまざまに向けられている。そればかりではなく、ペルーから、日本から、沖縄から、基地の中から、具体的な人の声でこだまが返ってくるものでもあるだろう。一方通行ではなく、分岐し変化を経て還りくる、独自の軌跡。

それは、沖縄を含むいくつもの「故郷」へ向けられ、それらいくつもの「故郷」から応えがなされる、移動し変化をおこし変容を受けとめることができるような、人と人とのさまざまな関係の表現にほかならない。

（注）

（1）　第三回が二〇〇一年になったのは、九州・沖縄サミットのスケジュールにあわせてのことである。この「延期」に、沖縄を「政治的道具」としてみるヤマトの姿勢と、それへの県レベルでの「沖縄からの戦略的適応」をみてとることもできよう。

（2）　すぐ後段で述べる日本人移民排斥を焦点としたものとしては、以下を参照。アメリア・モリモト、今防人訳『ペルーの日本人移民』日本評論社、一九九二年。伊藤力・呉屋勇編著『在ペルー邦人七五年の歩み』リマ、ペルー新報社、一九七四年。日本人ペルー移住八十周年祝賀委員会編『アンデスへの架け橋――日本人ペルー移住八十周年記念誌』リマ、日本人ペルー移住八十周年祝賀委員会、一九八二年。

（3）　「マリア・ルス号」事件は、二三五人の中国人苦力をのせてペルー・カヤオ港をめざしてマカオを出たマリア・ルス号が故障と悪天候によって横浜港に緊急避難したさいに起こった（一八七二年六月）。同船から逃げ出し英国船「アイアン・デューク号」に救い上げられた一人の苦力をイギリス領事が保護、マリア・ルス号での苦力たちに対する虐待を問題化し、日本側当局への非難もたかまったため、日本政府が介入し、交渉のすえ、清国代表の保護下に苦力全員を引き渡すこととなった。同事件については、以下を見よ。武田八洲満『マリア・ルス号事件――大江卓と奴隷解放』有隣堂、一九八一年。森田三男「アジアの人権問題――マリア・ルーズ号事件について」、『創価法学』第一八巻第一号（一九八八年）。

（4）　契約書の全体像をつかむには、以下を参照。園田安賢警視総監発、西徳二郎外相宛「移民契約書訂正届出ノ件」（一八九八年六月八日付）付属書「契約書雛形」、日本国際連合協会編『日本外交文書』日本国際連合協会、一九五四年、一二九頁。室田義文在秘露弁理公使発、大隈重信外相宛「日本移民ニ對スル秘露國情報告ノ件（一）」（一八九八年八月二七日付）付属書「契約書訂正及追加案」、同上書、二三五頁。移民取扱人森岡眞発、青木周蔵外相宛「秘露國移民出發予定期日届出ノ件」（一八九八年一二月二六日付）、同上書、一四〇頁。

（5）　契約移民数に関しては、赤木妙子『海外移民ネットワークの研究――ペルー移住者の意識と生活』芙蓉書房出版、二〇〇〇年での計算にしたがった。

(6) 一九四〇年のペルー人口センサスによれば、在ペルーの外国人総数六二、六八〇人中日本人は一七、六三八人をしめ、その約九〇パーセント一五、五九三人がリマ県に集中していた（モリモト前掲書、一二二頁）。

(7) 臼井書記生『秘露國事情』外務省通商局、一九二八年、四八—五〇頁。

(8) 仲里効（平井玄とのインタヴュー）「エッジからエッジへ」、DeMusik Inter. 編『音の力　沖縄：奄美／八重山／逆流編』インパクト出版会、一九九八年、一四七—八頁。

(9) 酒井直樹『「日本思想」という問題』岩波書店、一九九七年、三八—九頁。

(10) 村井孝夫「沖縄移民をめぐる差別の底流——沖縄移民史研究ノート（第一〜三部）」、『季刊海外日系人』第五号（一九七九年五月）、第六号（一九七九年一〇月）、第七号（一九八〇年五月）。柳田利夫編著『リマの日系人——ペルーにおける日系社会の多角的分析』明石書店、一九九七年。山脇千賀子「語られない文化のベクトル——沖縄系／日系ペルー人の文化変容」、駒井洋編『講座　外国人定住問題——日本社会と移民』明石書店、一九九六年所収などを参照。

(11) 旅＝遍歴（itinerario）という言葉については、新原道信『ホモ・モーベンス——旅する社会学』窓社、一九九七年、とくに序章を参照。移動し越境する一人ひとりのあり方へと迫り、その人びとの痕跡を辿りなおすことを経て、その地点から「沖縄系移民」「日系移民」といった集合的な名辞や範疇を再構成できるか、その名辞・範疇が本当に必要なものなのかを問い直す、ゆっくりとした「地を這いながら動く作業」が「研究」にも必要なのではないか。この論点については、一九九三年九月の現代エスニシティ研究会の席上で、新原道信氏からいただいたコメントに拠る。

(12) 「移民」ではなく「移動する人」「旅する人」（ホモ・モーベンス）としてとらえる観点については、新原同上書、序章を参照。

(13) ヤン・ムーリエ・ブータン、市田良彦・箱田徹訳「あらゆる壁の敵意と敵意の壁の間——マイノリティの流動性の対角線」、『トレイシーズ』第二号（『別冊・思想』第九二八号）、九〇—一一一頁を参照。

(14) 以下の叙述は、イベリア・ラテンアメリカ文化研究会（Secilla）関西地域第六回例会（二〇〇二年四月六日、於・キャンパスプラザ京都）で大濱直子が発表した「第二次世界大戦期におけるペルー人の日本人表象——〝敵の姿〟と北部における表象の差異において」に基づいている。なお、大濱の論文 “Presentación de los japoneses en Perú acerca del problema de la deportación de la Segunda Guerra Mundial: Comparación entre la costa norte y la opinión generalizada del japonés como enemigo”（神戸市外国語大学大学院イスパニア学研究科二〇〇一年度修士論文）も参照のこと。

(15) マイケル・ロバーツ、大杉高司訳「ナショナリスト研究における情動と人」、『思想』第八二三号（一九九三年一月）、一三三頁。

(16) Bloch, Marc, *Les caractès originaux de l'histoire rurale française*, Nouv. éd., Paris, A. Colin, 1968 [c1956], tome 1, p. xii.（河野健二・飯沼二郎訳『フランス農村史の基本性格』創文社、一九五九年、四頁）。また、空隙の問題については、フローベールの『感情教育』における有名な「空白」をとりあつかった、カルロ・ギンズブルグの論文「空白を解読する」を参照（上村忠男訳『歴史・レトリック・立証』みすず書房、二〇〇一年、第四章）。

(17) 日系のアルベルト・フジモリの大統領当選（およびそれ以降の非民主的な暴力政治）や、「移住百周年」をめぐる日系移民のプレゼンスなどをともなって、この一筋縄ではいかない政治の影は、歴史記述の制限や抑圧にもつながっている。

(18) Mato, Daniel, "Estudio introductorio : Teoría y política de la construcción de identidades y diferencias en América Latina y el Caribe", en idem. [coodinador], *Teoría y política de la construcción de identidades y diferencias en América Latina y el Caribe*, Caracas, UNESCO/Editorial NUEVA SOCIEDAD, 1993, pp. 13-19.

(19) ムーリエ・ブータン前掲論文、九七頁。

(20) この記事の著者は、『琉球新報』編集委員・子那覇安剛。ここでの引用にあたっては、http://www.ryukyushimpo.co.jp/uchina/uchinanchu/kizimirai1.htm を参照した。

(21) アルベルト城間（東琢磨とのインタヴュー）「アメリカのチカーノ、日本の沖縄。僕らは日本のロス・ロボスだ」、前掲『音の力　沖縄：奄美／八重山／逆流編』、一〇八―九頁。

(22) 同上、一〇九―一一〇頁。

(23) 同上、一一一頁。

(24) 同上、一一二頁。

(25) 新原前掲書、「わからなくてもとりあえずグイッと飲み込む」（第1章第1節）を参照のこと。少し（少しだけ）考えてみれば、私たちが歩いたり喋ったり人間関係を結んだりすることを失敗を繰り返しながら身につけてきた過程と、ものごとに近寄り、寄り添い、そのものごとを考え、何かをはじめることとは、通じ合うものがあるだろう。

(26) 前掲インタヴュー、一一二―三頁。

(27) このスローガンには「どこへ？」という問いが投げ返されなければならない。それはリアル・ポリティクスの「行き場所がないから沖縄には我慢してもらいましょう」という開き直りではなく、沖縄にとって基地がいらないならば、他の場所にとってもいらない、という接続する構想力が必要とされる。

(28) 新城和博（東琢磨とのインタヴュー）「沖縄で「沖縄」を考える」、前掲『音の力　沖縄：奄美／八重山／逆流編』、一七三―四頁。

(29) Gómez-Peña, Guillermo, "Wacha esa border, son," *La Jornada Semanal*, n. 162 (Oct. 25, 1987), pp. 1-2. ここでアメリカの国名を「合衆国」ではなく「合州国」としたのは、ゴメス＝ペーニャの意識的な二重言語使用のなかで、これらがメキシコに重点をおいたスペイン語表現になっていることによる。

(30) 前掲インタヴュー、一一三頁。

(31) 現在、全国版で発売されているCDなどに収録された「ガンバッテヤンド」には、オリジナルでは歌われていたこの部分の詞は入っていない。ここでの引用は、藤田正（文）・大城弘明（写真）『沖縄　島唄紀行』小学館、二〇〇一年、八七頁、による。

ブラジルの琉球芸能と主体の構築
――演芸会・コンクール・パレード――

森　幸一

一　戦前の琉球芸能を巡る状況

ブラジルの琉球芸能[1]は現在、かつてないほどの活況を呈し、広がりをみせている。琉球芸能は一九〇八年、第一回沖縄移民三二五名とともにブラジルに渡り[2]、約一世紀にわたって連綿と実践されてきた。しかし、戦前期、琉球芸能は、同質的な沖縄系地域共同体＝植民地内において、新年祝賀会、天長節、入植記念日などのハレの日に行なわれた演芸会や植民地の成員の祝儀ごとの機会などに、〈サンシン弾き〉、〈芸能好き〉を中心にした宴会の中で行なわれてきたにすぎず、活発に行なわれていたわけではなかった。

その理由はまず第一に、戦前期の沖縄移民もまた、〈出稼ぎ〉であり、可能な限り多くの送金、可及的速やかな貯蓄を達成し、郷里に〈錦衣帰国〉を達成することを目標にしており、こうした状況において、彼等の行動は禁欲的節約主義に支配され、「芸能などにうつつをぬかしている余裕などなかった」のである。

琉球芸能が活発でなかった第二の理由は、戦前期の沖縄移民たちが強くもっていた〈日本人になる〉というポジションと関連している。戦前の在伯同胞社会において、沖縄移民たちのもつポジションは、植民地主義的状況におかれた当時の沖縄の沖縄人たちが析出した〈県人〉と同質的なもので、自らの中にある沖縄性・琉球性を前近代的なものと位置付け、それを払拭し、日本国民に同化していこうとするものであった。こうしたポジションは、ブラジルという国民国家のプリズムを通じての日本移民観（より正確には黄色人種観）や、ブラジルにおける多民族的状況、在伯同胞社会における日常的な相互接触や、天皇崇拝を中核とする遠隔地ナショナリズムの醸成などのファクターと鋭く交錯しながら強化されていくことになり、戦後、ブラジルの日系社会内で起こった勝ち負け抗争のなかで、沖縄移民の間に急進的な勝組を相対的に多く誕生させることに繋がっている。〈日本人となる〉というポジションは、自らのエスニック組織の名称を〈日本人会〉と名乗ることや、なにより天皇というシンボルを祀る様々な儀礼の実践、沖縄移民に対する不当な差別の撤廃要請などを通じて政治的対外的に表明されていた。こうした位相において、琉球／沖縄的なるモノである芸能もまた、払拭し否定すべきもの、あるいは少なくとも抑制すべきものと認識されていたのであった。

第三の理由としては、ブラジルのナショナリゼーション政策の一環として三〇年代からとられた外国人移民同化政策の存在であり、日本語使用や集会の禁止など、ブラジルで日本人（沖縄人）として生きることが強く規制されることになった。しかしながら、前述したとおり、戦前期においても、沖縄系地域共同体や家庭において、細々ながら琉球芸能は実践されてきたのであり、このことが戦後、琉球芸能を自らのエスニシティのシンボルとして選択することを可能としたのであった。

二 〈ウチナーンチュ〉という主体と琉球芸能／祖先崇拝

琉球芸能が沖縄系人のエスニシティのシンボルとして選択され、積極的な意味付けがなされ、〈固有の文化伝統〉としてその継承が模索されるようになるのは、七〇年代に入ってからのことだった。(3) この当時、戦前の沖縄移民たちの間では、第二次世界大戦終戦直後に析出されたブラジルへの永住という生活戦術によって、ある程度の社会的経済的な安定／上昇も達成し、スティグマを随伴しない新しいアイデンティティ＝〈ブラジルのウチナーンチュ〉

が明確なものとなり始めていた[4]。このアイデンティティの析出には、ブラジルへの永住や社会経済的な安定といった条件とともに、多くの研究者が指摘するように国家観が同化主義的なものから多文化主義的なものへ変質し、カウンターカルチャー運動と関連した少数マイノリティ間でのルーツ探しの運動が活発化していたこと、また、一九七二年の沖縄の日本復帰によるアメリカ一世からヤマト世への移行に伴って、象徴的現実的なレベルでの〈日本人性〉が回復したこと、復帰前後日本本土や海外の沖縄系人の間でアイデンティティの模索と関連して起こった、芸能を中心とする文化再活性化運動など、様々な条件も鋭く交錯していた。

〈ブラジルのウチナーンチュ〉というアイデンティティは、ブラジル在住性やナショナリティ、ヤマトゥ系日系人との人種的民族的な同起源性、琉球／沖縄のもつ歴史的地理的な特殊性などを観照しながら、ヤマトゥ系日系人やブラジル人との〈文化〉的同一化と差異化の弁証法的な交渉を通じて立ち上げられた、ハイブリッド性を特徴とする主体／アイデンティティであるが、その交渉の中核的文化要素として選択されたのが祖先崇拝と琉球芸能であった。これらの文化シンボルが選択されたのは決して偶然のことではなく、祖先崇拝にしろ、琉球芸能にしろ、沖縄文化のシステムを構成する要素のなかで、その中心にあって家族構造（関係）や人間関係、沖縄シャーマニズム、価値観、料理などをそこに誘導する磁場ともいえる文化要素であり、〈ウチナーンチュ〉という主体を構築する上で有効な、そして有利な〈文化〉であったことと関連しているだろう。

祖先崇拝とそれに誘導されるユタ・シャーマニズムは、主に家庭や個人というプライベートな領域（Casa）における〈ユタ〉と依頼者との対話の中で、日本本土の祖先祭祀／日本の新宗教、ブラジルの信仰体系――霊的憑依に対する信仰や奇跡信仰を中核とする聖人信仰＝民衆カトリシズムなど――と交渉しながら、一方において、父系系譜を遡及することで始祖や先祖、さらには琉球王国とのつながりの中に自らを定位させ、他方においては、ブラジルの霊的存在の影響をも受ける、個別的でハイブリッドな〈ブラジルのウチナーンチュ〉という主体／アイデンティティを構築してきている[5]。

祖先崇拝が個別的な〈ブラジルのウチナーンチュ〉という主体／アイデンティティの構築に関わっているのに対

して、琉球芸能は主として家庭を超えた公共的空間——舞台付きの会館や街路など——を舞台として、芸能領域におけるオリジンとしての沖縄、日本（本土系日系人）、ブラジルとの交渉／接触を通じて、それぞれの要素を流用し再配列するという営為によって、集合的なレベルでの（ブラジルの）ウチナーンチュというアイデンティティ／主体の構築に関わってきた。この交渉／接触の中核的な舞台（場）が〈演芸会〉、〈コンクール〉そして〈パレード〉という実践形式であった。本稿では、この三つの〈場〉において、いかなるかたちで集合的ウチナーンチュというアイデンティティ／主体が構築されてきたのかを概観していくことにしよう。

三　演芸会——共同性に基づく非本質主義的〈ウチナーンチュ〉の構築

琉球芸能が演じられる最もポピュラーなイベント＝場が演芸会である。[6] 演芸会は戦前、そして特に戦後になって、主に沖縄系地域共同体（戦前では植民地、戦後では沖縄県人会支部）が所有する〈舞台付きの会館〉において盛んに実施されてきた。[7] 演芸会が行われる機会としては、入植記念祭（戦後では支部創立記念日）、新年祝賀会、母の日、敬老会、子供の日、結婚披露宴、トシビーの祝いなどの祝儀ごとがあり、主催者も沖縄系地域エスニック組織、市町村人会、字人会などの同郷組織、沖縄系の同業者組織、門中など多岐にわたっている。つまり、沖縄系人が日常的に生きる様々な共同性に基づいて組織されたエスニック組織によって、年中行事、通過儀礼などの機会に実施されるのが演芸会であり、ブラジル国内に四〇ヶ所以上ある〈会館〉では、週末になると演芸会が開催され、沖縄系人はいずれかの会館で開催される演芸会に参加しているといっても過言ではない。

こうした演芸会という〈場〉において、いかなる集合的ウチナーンチュが構築されてきたのであろうか。結論的に言えば、演芸会という〈場〉においては、ブラジル国内の日系社会における沖縄系人と本土系（ヤマトゥ）日系人、そして地域社会や国家というレベルにおけるブラジルの〈芸能〉文化的要素を選択的に流用して配列しなおし、たのだといえるだろう。しかも、沖縄系人が日常生活の中で生きるさまざまな共同性に基づいて実施される演芸会における主体性／アイデンティティは、こうした多層的な共同性をも保証するかたちで構築されており、演芸会という〈場〉で構築されるウチナーンチュはそのハイブリッド性とともに、常に非本質主義的な性格をもつものであった。

沖縄系人が参加する〈演芸会〉は、沖縄系共同体内で行なわれる〈身内〉の演芸会と、日系社会において行なわれる演芸会とに大別することができ、沖縄系人たちはこの二つの演芸会に、〈ウチナーンチュ〉〈ニホンジン〉として参加してきた。日系社会における演芸会で、沖縄系人が〈琉球〉系の演題を演じることはほとんどなく、もっぱら〈ヤマトゥ〉系演題を演じてきた。現在においても、〈ゲスト〉として招待され出演する場合（最も多くの招待を受けるのは琉球國祭太鼓という集団演舞である）以外、〈琉球〉系演題を演じることはない。沖縄系人の持ってきた演芸会参加の二重性は、こうした非対称的な接触や交流を通じて、〈身内〉の、優れて沖縄系人だけによる演芸会の形式や演題に影響を与えてきたといえるだろう。

前述したように、〈身内〉の演芸会は沖縄系人たちが生きる多様な共同性に基づいて実施されており、演じられる演題や利用される言語やシンボルに差異が存在しているが、その一方で共通性も存在している。演芸会で演じられる芸能のタイプをみると、古典音楽、民謡、舞踊、琉球國祭太鼓（新エイサー）、演劇、空手などの〈琉球〉系の演題を中核にしながらも、そこに必ず歌謡カラオケ、日舞、童謡／唱歌などの〈ヤマトゥ〉系演題が含まれ、稀にはサンバという〈ブラジル〉系演題も演じられるという多文化的状況が見られる。多文化性は演芸会の司会者の用いる言語（日本語、沖縄方言、ブラジル語）、共食される料理などの中にも出現している。このような〈場〉として創造された演芸会の中で、沖縄系人たちは琉球独特の沖縄音階や律音階のメロディやリズム感、身体動作や表現（こねり手など）と同時に、日本（ヤマトゥ）やブラジルのメロディ／リズム感／身体表現などを同時に演じるハイブリッドな主体として構築され続けているのである。

ところで、琉球／日本／ブラジル系の演芸は無秩序に配列され演じられるわけではなく、祝儀ごとを中心に行なわれる演芸会のプログラムはパタン化されている。演芸会は必ずかぎやで風（御前風）で開演され、めでたい節、繁盛節、松竹梅といった定番の演題がそれに続き、最後はサンシンの早弾きと太鼓のリズムによるカチャーシーで締めくくられる、そしてこの定番の演題の間に、〈ヤマトゥ〉系や〈ブラジル〉系の演題が配列されるのが共通したパタンとなっている。このパタン化された進行形式は沖縄社会における演芸会の形式を流用したものであるが、ブラジルの沖縄系人は沖縄文化を準拠枠として、ヤマトゥ文化やブラジル文化を配列しつつ、沖縄系人に固有なかたちで、自らが生きる世界を整序し配列しているのである。

演芸会ではブラジル国内に存在する沖縄／日本／ブラジルが交渉し合って、統一的な〈ブラジルのウチナーンチュ〉が構築されているのではない。そこで構築されるのは、様々な共同性を生きる多層的なウチナーンチュという主体である。この共同性は、沖縄での出身シマ／市町村という同心円的な同郷性に基づくものや、ブラジルに形成された地域コミュニティ＝〈ブラジルのシマ〉という地域的共同性、さらには父系出自を共通にする門中的共同性、ボリビア移民という共通の体験に基づく共同性、同業者としての共同性など多様なものである。演芸会では、こうした共同性は、選択された様々な〈文化〉やシンボルなどを運用することによって保証され、新たに創造さえされている。例えば、同郷性に基づく演芸会の場合、出身シマの、みるく豊年祭や獅子舞といった民俗芸能を選択・流用したり、意図的にシマ社会での〈ひと〉の類別原理や屋号を用いて呼びかけたり[8]、さらにはシマ言葉を戦術的に使用したりと、さまざまな差異化の戦術を通じて、同郷性に基づく○○系ウチナーンチュが構築されていくのである。この意味において、演芸会という〈場〉において構築されるアイデンティティ／主体は、本質主義的な性格を持ち得ない多重的多層的なウチナーンチュであるといえるだろう。

四　コンクール――本質主義的ウチナーンチュの構築

演芸会が様々な共同性に基づきながら、ハイブリッド戦術によって多重的多層的ウチナーンチュを非本質主義的に構築していく〈場〉であるとすれば、ブラジルの沖縄系社会のヒエラルキー構造の頂点に立つ沖縄県人会本部が主催する〈コンクール〉という形式（あるいは場）は、ブラジル国内の他者ではなく、国境を越えた沖縄との交渉の中で、沖縄社会で行われるコンクール形式、つまり新人賞―優秀賞―最高賞という審査基準や課題演目までをほぼそのままのかたちで流用し、琉球芸能という文化を排他的に用いることによって、本質主義的に、統一的で日常接触性を超えた〈（ブラジルの）ウチナーンチュ〉という主体／アイデンティティを構築する営為あるいは〈場〉であるといえるだろう。

コンクール[9]は一九七四年、「一世の慰安と二世の情緒教育の一助として役立つ」という主旨から、沖縄協会主催の年中行事に組み込むことが決定され、同年二月に「第一回琉球古典音楽並びに民謡全伯大会」、同年一〇月に「第一回空手・舞踊競演大会」として開始され、八五年からは「民謡カラオケコンクール」が追加され、現在にいたっている。

もっぱら琉球芸能を演じるコンクールは、演芸会には存在しなかった競争原理を導入し、様々な共同性によって分節化していた形容詞付きの〈ウチナーンチュ〉というアイデンティティ／主体を、琉球芸能という領域での統合的権威構造のなかに組み入れ、本質主義的な〈ブラジルのウチナーンチュ〉という主体を創造する〈場〉として機能している。本質主義的な〈ウチナーンチュ〉の創造は次のような段階を経て行なわれている。コンクールへの参加資格をブラジルに在住する沖縄系人すべてに与え、主催者側が決定した琉球芸能の共通の演題を参加者に習わせ、コンクールでは会ったこともない沖縄系人たちに芸能を競わせる。コンクールの優勝者に対して、県人会本部が弟子養成資格を付与し、琉球芸能の裾野やコンクール参加者を増やしながら、コンクールの権威を浸透させていく。舞踊を除く琉球芸能部門の団体は、ブラジル国内の沖縄系集住地に支部を開設し、支部の指導者を選び、独自の指導体制（例えば教師・師範の地方支部への出張指導）を確立する。コンクールを通じて琉球芸能の指導者となった教師・師範らがブラジル琉球芸能協会を創設し（九〇年代初頭）、毎年、芸能団を組織して地域共同体を訪問し、琉球芸能の公演を行っている（後にこの活動は県人会の年中行事となる）。こうした一連の動きを通して、本質主義的な〈ウチナーンチュ〉（というアイデンティティや主体）が生成され、それがブラジルの沖縄系人に浸透していった。この結果、琉球芸能の実践や言説を通じて自／他をめぐる境界が明示化され、固定化されていった。

本質主義的な〈ウチナーンチュ〉の構築とその拡大には、八〇年代半ばに創刊されたエスニック・メディア『ウニタ・プレス』も重要な役割を果たしている。『ウニタ・ニュース』は毎月八千部発行されるポルトガル語と日本語の二ヶ国語メディアであるが、その紙面構成の特徴は、沖縄共同体内部での出来事やイベントの紹介に加えて、すべての号において琉球芸能と祖先崇拝という二つの〈文化〉を数頁費やして紹介してきている点にある。[10] こうした動きは、琉球芸能をめぐる言説を通じて、ブラジル内に本質主義的な〈ウチナーンチュ〉や沖縄系人の「想像の共同体」創造の一端を担っているといえるだろう。

コンクールは、グローバル化の進行した八〇年代半ばに、ブラジルの琉球芸能を巡るエスニックな構造を、〈本場〉沖縄の芸能組織に連結させ、新しい主体、即ち、トランスナショナルな〈ウチナーンチュ〉という主体を構築するという新たな役割を加えることになった。琉球舞踊部門では最高賞受賞者に対して、沖縄県人会の名において沖縄での研修推薦状が与えられ、受賞者が沖縄で特定の会派や流派で修練し、教師や師範になるルートが創設され、古典音楽、民謡部門も沖縄社会の組織の支部として組み込まれるなど、芸能構造のトランスナショナル化がコンクールの創設を契機にして起こっている。

全伯琉球芸能コンクール出現以降、様々なコンクール——一九八七年には〈琉装コンテスト〉（以前はミス・沖縄コンテスト、ブラジル沖縄文化センター）、一九九七年には〈青少年琉舞コンクール〉（その後紅白民謡歌合戦、民謡保存会）、東西民謡歌合戦（民謡協会）、ウチナーンチュタレント発掘大会（沖縄県人会本部）、二〇〇二年には〈ウチナーグチ・スピーチコンテスト・ウチナー芝居大会〉[11]（県人会本部）――が沖縄系エスニック団体によって創設されているが、これらのコンクールに共通するのはそのトランスナショナル性であり、いずれもが沖縄社会における同種のイベントやTV番組などにトランスナショナルに連結されている（琉装コンテスト優勝者は那覇祭りというイベントに参加、また民謡関連コンクール優勝者は沖縄のTV番組にゲスト出演するなど）。

近年、芸能を巡るトランスナショナルな動きは加速度的に増加し、濃密化してきている。ここ数年間だけでも林賢バンド、あしびなー歌舞団をはじめ、流派や会派の指導者[12]がブラジルを訪れ、また、ブラジルからも芸能研修や修行、TV番組や芸能イベントに出演するかたちで訪沖が盛んに行われ、二〇〇二年にはブラジル琉球舞踊団沖縄公演も県立劇場で実現されている。

こうしたグローバル化の結果、ブラジル／沖縄双方で、〈琉球芸能〉という共通の文化による実践や語り／言説などを通じて、本質主義的なトランスナショナルな〈ウチナーンチュ〉という主体・アイデンティティがかなり鮮明なかたちで立ち上げられてきている。

トランスナショナル性が顕わになるに従い、ブラジルにおける琉球芸能の実践は二つの方向に分岐してきている。ひとつの有力な方向は沖縄の琉球芸能との同質化・均質化の方向性である。琉球芸能の習得や実践を巡るトランスナショナルな構造の出現と展開は、本部―支部、流派／会派制度（家元制度）という構造にブラジルの琉球芸能を連結させることで、ブラジルの沖縄系の人々が持ってきた沖縄／沖縄の芸能に関する絶対的な価値付け、真正性の付与をさらに強化させ、沖縄の芸能水準に到達することを唯一の目標とするような方向性を鮮明にしてきている。もうひとつの方向性は、琉球芸能文化の枠を維持しながらのローカル化である。ローカル化の動きは民謡部門において、琉球民謡の音階やメロディに準拠しながら、そこに移民としての心情や郷愁を歌い上げたり、沖縄移民として共有する集合的記憶――事件、エピソードなど――を題材にした新民謡（エスニック民謡）の創作活動に代表される。[13]この代表的な創作者には与那嶺清吉や安慶名信夫など（いずれも故人）がおり、与那嶺には「サンパウロ小唄」「移民物語」「忘らら《わすらら》ん想い」「蘭ぬ花心」、安慶名には「二世」「イッペーの花」「混血（愛の子）」「黒人三郎小」「悲劇の移民船」「イタリリー・ジントヨー」「アンデスの母」などの作品がある。これらの作品はブラジルの沖縄系共同体内でのみ消費されるのではなく、CDやカセットテープとして沖縄でも同時発売されている(14)。

五　パレード——〈本質主義的なウチナーンチュ〉の他者への表示

パレードという琉球芸能の実践形式（場）がブラジルで出現するのは九〇年代に入ってからのことであった。この形式もブラジルの沖縄系人の〈発明〉によるものではなく、沖縄とのトランスナショナルな交渉を通じて、沖縄文化から流用されたものであった。パレードという形式あるいは〈場〉を通じて、どのような集合的〈ウチナーンチュ〉が構築されてきているのだろうか。コンクールとは異なり、パレードが、他者への提示を予定しているという点と関連して、より純化され体系化された琉球芸能として立ち上げられている点にその特徴があるといえるだろう。

パレードが他者に提示することを目的としていることと関連して、パレードは最初からエスニックな境界を越境した公共的空間——街路（Rua）——において実施されることになる。パレードという形式において琉球芸能がはじめてエスニックな空間を越境して実施されたのは、一九九三年「移民八五周年、県人会創立五五周年記念式典」の一環として、サンパウロ市のダウンタウンに位置する「日本人街」リベルダーデで行われた、〈前夜祭・沖縄の夕べ〉というイベントにおいてであった。この日、パレードが行われたリベルダーデ地区のメインストリート、ガルボン・ブエノ街は、観衆と参加者=演者との間に境界が設けられ、街路は沖縄系二世たちの〈ユイマール〉の精神に基づく徹夜の作業で、ディゴの花、琉球花笠、守礼の門、シーサー、太鼓やサンシン、龍、沖縄県旗、移民八五周年のシンボルマークなど〈沖縄〉を表象するシンボル群によって飾り付けられ、そこには〈想像の沖縄〉が出現していた。

〈前夜祭〉イベントの開会式では、県人会の二世リーダーたちによって作成された「沖縄移民に対する不当な差別[15]」を糾弾するパンフレットが観衆に配布された。リーダーたちは挨拶の中で、不当な差別があったものの、それに耐え、イチャレバ・チョーデー（行き会えば兄弟）、ユイマール（助け合い）などの沖縄的価値観や、琉球王国時代から培われてきた国際性や協調性（これらの特質は移民としての資質が優れていたことを説明するシンボルである）などを通じて、ブラジルのウチナーンチュたちは成功を収め、自らの〈固有〉文化をはぐくみ育ててきたといった言説を、日系人を中心とする観衆に向かって主張した。

開会式に続いてパレードが行われた。パレードは沖縄県人会会長、沖縄県人会地域五七支部の支部長、沖縄系政治家など、ブラジルの沖縄系社会のヒエラルキーの頂点にたつリーダーを先頭に、獅子舞、琉装行列、みるく豊年祭、空手演舞、新エイサー（琉球國祭太鼓）、クワイデサー、ヌチバチーといった集団演舞など約七百名の参加者によって五時間にわたって行われ、パレードの最後にはリベルダーデ広場で、サンシンの早弾きや太鼓のリズムに合わせてカチャーシーを乱舞して終了した。

このパレードの目的や意図は非常に明確である。そこには、沖縄人たちが受けた差別は〈人種〉〈民族〉的な差異ではなく、あくまで本土系日系人とは異なる習俗・言語などの〈文化〉を持っていたことに起因し、この〈文化〉的差異が近代性―前近代性、高―低という差別的序列的な二項対立構造の中に押し込められた結果生じたものであるという歴史認識が前提としてある。こうした歴史認識を背景にしながら、沖縄系人は〈被差別〉のシンボルであった〈文化〉＝琉球芸能を客体化を通じて選択的に流用、再配列し、本土系日系人に提示することで、歴史における不当な差別を糾弾し、〈日系社会〉の一員（日系性の象徴であるリベルダーデという空間においてイベントが実施されることで保証される）でありながら、〈ブラジルのウチナーンチュ〉としての境界を自ら設定し、〈ウチナーンチュ〉としての誇りや自信を表明したのである。パレード形式による琉球芸能は五年後にも同じ空間において反復されたが、このパレードには五年前には存在しなかった米国、ハワイ、アルゼンチン、ボリビア、ペルーなどディアスポラ的ウチナーンチュの代表が参加し、トランスナショナルなウチナーンチュという主体性が鮮明化された。

パレード形式による琉球芸能の実践は、こうした日本性を表象するエスニック空間のほか、バイロ（Bairro）と呼ばれる地域的行政区の創立記念日に行われるイベント、さらにはブラジルの国民文化であるカーニバルのディスフィーレ（Desfile）への参加[16]などの機会になされてきている。これらの機会はブラジル文化（の枠組）の中へ〈ウチナーンチュ〉として浸入することである。こうした浸入を通じて、地域社会の正規の構成メンバーとして、その発展に寄与してきた主体、あるいはブラジルの少数マイノリティとして生きる〈ウチナーンチュ〉の存在や、マイノリティ側からの文化多元主義に対する主張が表明されていく。そして浸入を通じて、本質主義的な〈ウチナーンチュ〉という主体性やアイデンティティも同時に確認、強化されていくのである。

〔注〕

（1）ブラジルにおける琉球芸能活動の歴史や組織化に関しては次の拙稿を参照。森幸一「ブラジルにおける琉球芸能活動と団体組織」、沖縄国際大学産業総合研究所編『産業総合研究調査報告書』第八号第Ⅳ編、二〇〇〇年、五七―七四頁。

（2）ブラジルの沖縄県移民の歴史に関しては、在伯沖縄県人会編『ブラジル沖縄移民九〇年史――笠戸丸から九〇年』（二〇〇〇年）に詳細な記述がある。

（3）こうした認識を強化するのに重要な役割を果たしたのは、五〇年代から来伯するようになった沖縄の芸能関係者とその活動（啓蒙、実践など）であった。特に一九五二年に来伯した音楽家山内成彬は、ブラジルに約二年間滞在し、沖縄系集団の地で古典音楽の発表会を行い、琉球古典音楽の普及に大きな役割を果たしている。

（4）ブラジルにおける沖縄系人のアイデンティティの変遷に関しては次の拙稿を参照。森幸一「ブラジルにおける沖縄系人のアイデンティティの変遷過程」、沖縄国際大学産業総合研究所編『産業総合研究調査報告書』第八号第Ⅳ編、二〇〇〇年、四三―五六頁。

（5）ブラジルにおけるユタの成巫過程やその呪術宗教世界、及び祖先崇拝に関しては次の拙稿を参照。森幸一「ブラジルにおける沖縄系日系人の祖先崇拝の実態と問題点に関する社会人類学的研究」、庭野平和財団編『平成一〇年度研究・活動助成報告集』二〇〇〇年、七―一八頁、「ブラジルにおける沖縄系シャーマン《ユタ》の成巫過程とその呪術宗教世界――特にエスニシティとの関連において」、柳田利夫編著『ラテンアメリカの日系人――国家とエスニシティ』二〇〇二年、慶應大学出版会、一五三―二一二頁。

(6)　細川周平によると、〈演芸会的なるもの〉は①舞台と客席が分離している②場所と日時とプログラムが予め決められている③プログラムは種々雑多なジャンルを含む④入場料は特定されず、各自の裁量に任される⑤出演者は無報酬である⑥競技はない、といった特徴をもっている。細川周平『サンバの国に演歌が流れる』一九九五年、中公新書。

(7)　演芸会という実践形式が盛んになるのは戦後のことであるが、これには沖縄で琉舞や芝居、古典音楽などを習得してきた戦後移民たちが多くいたこととも関連している。

(8)　例えば、小禄田原字人会では、二世の分家に対して、出身ヤー（イエ）と連続性をもった屋号をつけるとともに、ヒヌカン（火の神）を与えることを半ば義務づけている。字人会の集会では出席者は「〇〇門中の△（屋号）の何男腹の何男」というように呼称されている。

(9)　全伯琉球芸能コンクールには古典音楽（サンシン、箏曲）、舞踊、民謡、民謡カラオケの各部門がある。コンクールの主目的は琉球芸能の沖縄系二、三世への継承にあるが、古典音楽部門では毎年参加者が減少している。一方、民謡、舞踊、民謡カラオケ部門では出演者は増加傾向にある。沖縄系の青少年が舞踊以外のジャンルのコンクールに出場することはあまりないが、これは青少年間で琉球芸能が行われていないことを意味してはいない。彼等は主に琉球國祭太鼓という集団演舞の中核的メンバーとなっている。

(10)　メディアによる本質主義的なウチナーンチュの構築は『ウニタ・プレス』だけではなく、サンパウロ市で発行されている日本語新聞やブラジルの新聞（『ジュルナル・ダ・タルデ』紙の「日本移民九〇年特集号」など）によっても行われている。

(11)　このコンクールは第三回世界のウチナーンチュ大会での同種のイベントを流用したものである。演劇に関しては、六〇年代から七〇年代にかけて芝居好きの沖縄一世によって、協和座などの演劇集団が組織され活動が行われていたが、ウチナーグチを理解できる観衆の減少、役者の高齢化、資金不足などから八〇年代以降低迷していたが、近年、再び婦人会や地域共同体の中で復活の兆しがみられる。

(12)　これらの指導者がブラジルを訪問する主要な目的は、同じ流派、あるいは同じ団体の弟子の教師／師範免許伝達のためや、弟子の芸能生活〇〇年記念公演などへの出席のためである。

(13) 民謡以外に演劇や舞踊などでも、こうした営為が行われている。ブラジルにおける演劇で創作は少ないものの、「誉れの笠戸丸移民」「悲運の母」などがブラジルで創作されている。

(14) 与那嶺や安慶名のほかに、知名定男に見出され、沖縄でCDデビューした沖縄系三世グループに「トントンミー」がいる。このグループはブラジルを活動の拠点としながら、沖縄でも活動を行っている。

(15) ブラジルへの沖縄県移民はコーヒー耕地への定着が悪く、紛擾罷免を起こすとされ、一九一三年―一九一六年には契約移民渡航禁止措置の、また一九一九年―一九三四年にも実質的に契約移民渡航禁止措置ともいえる渡航制限措置の対象となった。

(16) 二〇〇二年、サンパウロ市の街路で行われたカーニバルのディスフィーレに沖縄系の人々が集団で参加し、琉装の女性がサンバを踊り、琉球國祭太鼓の若者達がサンバのリズムで集団演舞を披露し、大きな注目を浴びた。後者はハイブリッドな文化の創造の可能性を秘めているように思われ、今後の活動が注目される。なお、琉球國祭太鼓グループはリオのカーニバルへの侵入も計画している。

親子ラジオと島うた

髙嶋正晴

奄美と沖縄には、「親子ラジオ」というものがある。これは有線ラジオ放送の一種（共同聴取施設）で、巨大な高性能アンテナを備えた「親」ラジオで本土や沖縄からの放送電波をキャッチし、それを各戸に配置した「子」ラジオ・スピーカーへと有線で送信するというものである。したがって各家庭では、この「子」スピーカーを取り付ければ、ひとまずラジオが聞けるようになる。奄美・沖縄では、この親子ラジオが、トランジスタ・ラジオやテレビが広く普及するまで、ニュース報道の中継放送だけでなく、時報、船の出入港情報、台風などの気象情報、市町村の議会中継、行事連絡やその他の生活情報全般を提供し、まさに地元密着型のコミュニティ・メディアの中心として機能してきた。

親子ラジオは、一九五〇年代前半（昭和二〇年代後半）以来、当時はまだアメリカ軍政下にあった奄美大島（奄美群島は戦後八年間の行政分離期を経て、五三年のクリスマスに日本に復帰。二〇〇三年は復帰後五〇年にあたる）や喜界島、沖永良部島などの奄美群島、そして沖縄本島・宮古・八重山の沖縄全域で広まった。小説『死の棘』で知られ、奄美では図書館長をも務めた作家の島尾敏雄は、『名瀬だより』という五〇年代後半に連載していたエッセイの中で、「名瀬や古仁屋《こにゃ》の町には（多分それは次第に島々の他の場所にも普及して行くだろうが）『親子ラジオ』という聴取形式がはやっている、というより町のラジオのすべてはその親子ラジオだといっていい」と記しており（発表は『新日本文学』一九五七年八月。引用は『島尾敏雄全集』第一六巻、晶文社、一九八一年から）、親子ラジオが当時の島の生活に浸透しつつあったことが窺い知れる。実のところ、奄美・沖縄では、本土の情報からの隔絶が、孤島苦つまり離島ゆえの生活苦（沖縄でいう「島ちゃび」）の一つとして強く認識されていた。親子ラジオはそうした苦しみを緩和する重要な手段であった。

ここでは、親子ラジオが普及した歴史的経緯や背景、また、島の生活や島うた（民謡・新民謡）との関わりについて、奄美の事例などを中心に取り上げながら述べてみたいと思う。ちなみに、この種の有線放送は、日本では、戦前の一九三二年（昭和七）の茨城県水戸市での、逓信省と日本放送協会による共同聴取実験に始まる。戦後は、奄美や沖縄だけでなく、同じく電波受信状態がさほど良好ではなかった九州、東北、北海道の一部地域でも利用され、また、鹿児島などでは、同様に「親子ラジオ」と呼ばれ、親しまれた。

まずこの「親子ラジオ」という呼称についてであるが、そもそもいつ、どのようにして使われ始めたのかという経緯はよくわからない。戦後の沖縄で親子ラジオの大々的な利用を考案し、敷設したのはアメリカ軍政府であった。軍政府はこれを、「グループ・リスニング・システム」と呼んだが（当初、「聴取局」「聴音哨」などと訳された）、それはまさに「音の配給」であった。また軍政府内部では、「親子」ではなく「主人と奴隷」の関係になぞらえて、「マスター・スレイブ・システム」などとも呼んでいたという（宮城悦二郎『沖縄・戦後放送史』ひるぎ社、一九九四年）。ここに、アメリカ軍の支配者意識が垣間見られよう。

ともあれ、このような親子ラジオ敷設のアイデアは、戦後沖縄での住民向け無線ラジオ放送と深く関わっていた。つまり、前者は後者を普及させる手段の一つとして考案されたのである。沖縄での地元民向けのラジオ放送（ＡＫＡＲ＝琉球放送）は、四九年五月一六日午後二時に始められた（定時放送は翌年一月二一日から）。四七年に沖縄民政府文化部を中心に無線ラジオ局設置の計画が立案され、アメリカ軍がそれに対して積極的な協力と支援を約束した。ところが、劣悪な電力・電波事情と無線ラジオ受信機の入手難が、ラジオ放送の普及を妨げていた。この解決策として軍民政府が計画したのが、親子ラジオを利用しての奄美・沖縄の全琉球地域へのラジオ受信網の拡大であった。その計画では、中央局を沖縄本島に、そして結局は実現されなかったが、中継局を宮古島と奄美大島に設置するとした。郵政局はガリオア基金（GARIOA Fund：Government Appropriation for Relief in Occupied Areas Fund ＝占領地域救済基金で、アメリカの軍事予算の一部であった。これと併せて、経済復興を主眼とするエロア基金（EROA Fund：Economic Rehabilitation in Occupied Areas Fund）というのもあった）を元に、五一年四月から一年半をかけて、首里、糸満、佐敷、美里など沖縄全域の五三市町村に親子ラジオを設置し、各市町村に引き渡した。

このような軍政府の積極的関与の背景には実は、米ソ冷戦の開始とそれに伴なうアメリカの極東戦略の変化が大きく影を落としていた。この時期、四八年にトルーマン・ドクトリンによる対共産主義「封じ込め」戦略の開始、またアジアでは、四九年の中華人民共和国の成立、五〇年の朝鮮戦争の勃発など国際政治情勢が一気に緊迫化した。こうした事態を受けて、軍政府はラジオ放送を、アメリカの計画や戦略への住民の支持をとりつけるための広報宣伝対策の一環として位置づけたのであった。

ともあれ、こうして親子ラジオの敷設が進み、五五年時点の沖縄でのその局数は七〇局（本島四六、宮古一二、八重山一二）、加入戸数は一万八千余であった。また、このころのラジオ台数は推定九万五千台で、親子ラジオはうち八万六千台、九割を占めたという。最盛期とされる六〇年六月には一四七局（うち八五局は個人経営）、加入戸数八万四千余に達した。その後、トランジスタ・ラジオやテレビの普及に押され、七一年ごろには局数が三〇（公営一八）にまで減少したとのことである（数値は、宮城前掲書によった）。

民間の親子ラジオ放送は、軍民政府による敷設に先行して開局され、五〇年までには那覇に民間の放送局があった。石垣島の親子ラジオ関係者の一人は、ここでシステムやノウハウを学んで帰ったという。ともあれ、民間の親子ラジオ放送はほとんど、個人や家族、ないし小規模な会社組織で運営され、その創業時の経緯や事情は一様ではない。たとえば、奄美の名瀬市では、復帰前の五一年一〇月に、大洋無線（岡源八郎社長）が、軍政府の認可のもとで軍の払い下げ機材を利用して始めた。また、奄美の沖永良部島の知名《ちな》有線放送（大村隆二社長）は復帰後の五四年一一月の創業で、機材などは、米軍払い下げではなく、大村社長が私財を投じて本土から買い集めたという。

親子ラジオは、NHK放送や琉球放送など無線ラジオ放送の中継を主眼としつつも、そうしたニュース中継の合間に、生活情報一般や音楽などの番組を独自に放送していた。とりわけ民謡番組はどの地域でも当初からあったようで、人々に広く親しまれてきた。実に、親子ラジオは、レコードやTVなどと並んで、「島うた」の重要なメディアであった。

たとえば、作詞作曲、コメディアン、構成作家、文化論者、野村流古典の師範、レコード制作など、沖縄随一の多芸多才奇抜ぶりで知られる「てるりん」こと照屋林助は、五〇年代後半に「ワタブーショー」という民謡漫談ショーで一世を風靡したが、それは親子ラジオによるところが大きかった。ワタブーショーは本来、五八年に琉球放送が週一回一五分で一年間放送した番組だったが、その放送テープが八重山の親子ラジオで毎日、また番組終了後も繰り返し放送され、これが八重山での彼の人気を決定づけたという（ちなみに、高嶺剛監督の映画『ウンタマギルー』（八九年）では、このワタブーショーが物語の狂言回しとして取り入れられて再現されており、その独特の雰囲気が楽しめる）。

また、たとえば、「シマ（奄美大島）には、四六時中シマ歌を流す有線放送があり空気を柔らかくしていました」と、名瀬での生活を回想しつつ記すのは、島尾敏雄の息子で写真家・文筆家の島尾伸三である（島尾伸三「おとうさんと琉球旅行」『ユリイカ』一九九八年八月号）。名瀬では、親子ラジオの聴取者の多くが大島紬《つむぎ》の織り子さんたちであり、紬織り作業のかたわらに聴いていたという。先の文章からは、機《はた》織りの音に混じってラジオから島うたが流れる情景が鮮やかに思い浮かぶ。ちなみに、名瀬の親子ラジオは現在も放送を続けており、紬産業の斜陽と人口流出によって多少の減少があったとはいえ、今なお二千戸以上が加入しているとのことだ。

歴史の偶然なのだろうが、興味深いことに、奄美大島では、親子ラジオと戦後最初の島うたレコードが同時に登場した。五一年一一月六日付の地元紙『南海日日新聞』には、親子ラジオ放送局「設立披露」という大洋無線の広告と、島うたの「レコード大量入荷」という徳山商店の広告とが併せて掲載された。ちなみに、このレコードは、現在も神戸で活躍する上村《かんむら》藤枝《ふじえ》や、不世出の笠利唄者《うたしゃ》として名高い故・南《みなみ》政五郎《まさごろう》らが「朝花節」や「糸繰り節」など奄美民謡全二六曲を吹き込んだものである（現在では『戦後初のレコーディング しまうた復刻盤』というセントラル楽器発売のテープで聴くことができる）。そして、同月二四日付の同紙は「最近名瀬市内には親子ラジオが登場、島唄戦後版がジャンジャンかけられている」と報じた。こうして戦後初の、当時まだまだ高価であった島うたレコードが、親子ラジオを通じて人々に身近なものとなり、親しまれたのであった。

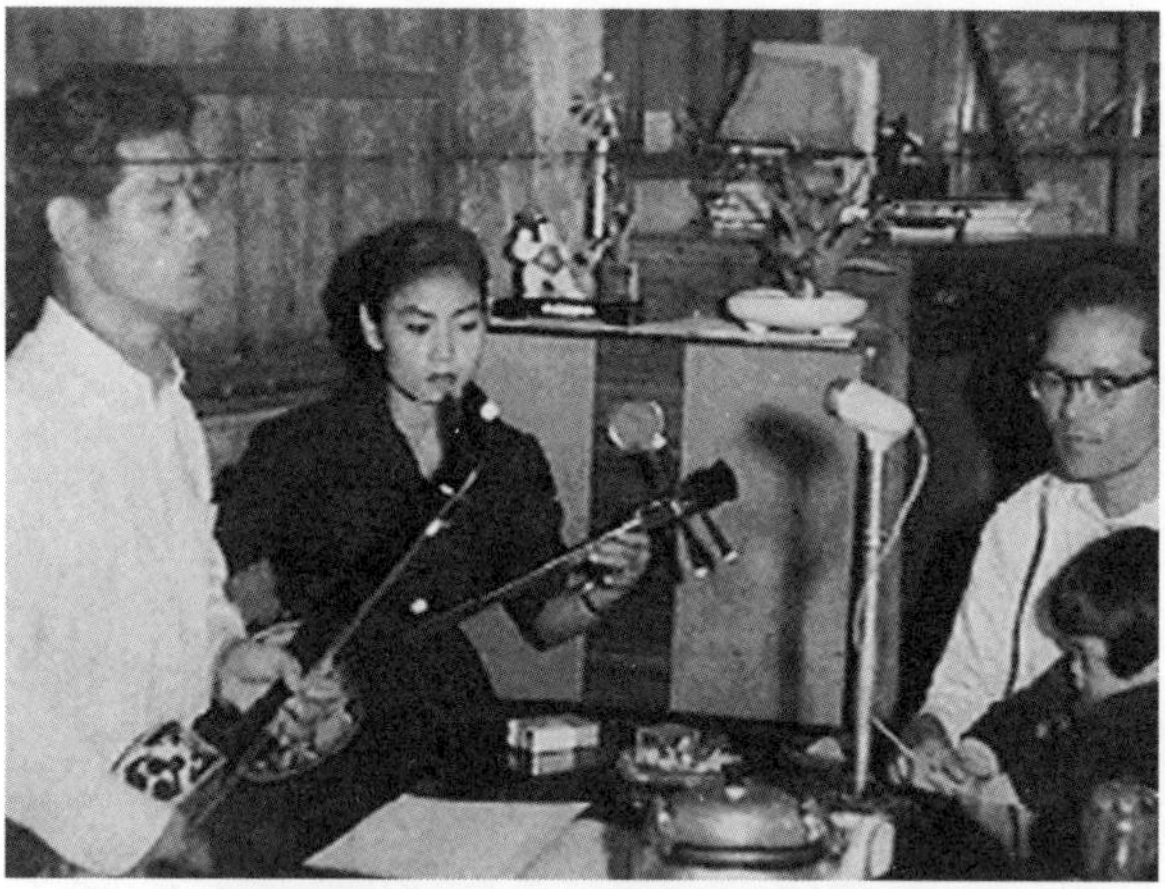

一九六〇年頃の親子ラジオ（沖縄県本部の「渡久地ラジオ」）**での島うた録音風景。唄者の故・嘉手苅林昌さん（左）と山里ユキさん。渡久地満氏提供**

大洋無線の関係者によれば、後年に「セントラル楽器」や「ニューグランド」といった奄美の地元レーベルがレコードやテープを多数製作するようになるまでは、唄者を訪ねて歌ってもらうなどして、島うたの音源を独自に採取して放送していたとのことである。沖縄やその他地域でもこうした事情は一般に共通していた。また、沖永良部島の知名有線放送の大村社長はさらに、そうして採取した音源を元にレコードまで制作した（彼は「与論小唄（十九の春）」の歌詞を精力的に採集していたことでも知られる）。

さて、ここで、奄美の大洋無線のものであるが、親子ラジオでの民謡関連番組の編成の実態を見てみよう。放送時間は、午前五時から午後一一時までの一八時間で、ラジオ体操などを除き、原則的には一時間単位の番組編成である。民謡関連の番組は、（奄美）大島民謡、新奄美民謡（「島育ち」などのいわゆる新民謡）、本土民謡、沖縄民謡の四種類。大島民謡の番組がこの中でもっとも放送時間が多く、毎日二番組（午前六―七時と午後二―三時）、月水金土日の各曜日には、さらに二番組が午後七時半から一〇時までの間に放送される。新奄美民謡は、週二番組、本土民謡と沖縄民謡は、各々週三番組となっている。ちなみに、土曜日は民謡番組がすべて聴ける日で、大島民謡が四番組、新奄美民謡が一番組、さらに沖縄民謡と本土民謡も各一番組ずつ放送される。

その他、興味深いのは、「島口《しまぐち》大会」なる番組である（週に三番組放送）。「島口」とは奄美の方言（「シマ・ユメタ」という）のことで、つまり方言で語られる小噺である（筆者も一度聞いたことがあるが、言葉が結局わからずじまいであった）。こうした番組は、奄美に限らず、その他の島や地域での方言教育にも利用されているという。また、標準語での朗読番組の放送もあったようだ。書物など活字一般が入手困難で、かつ数少ないような離島では、親子ラジオが、方言に限らず言葉を獲得する重要な手段だったのである。

親子ラジオは、朝から晩までの放送で島の生活リズムを刻み、また、島内外の情報伝達と島うたで孤島苦を和らげる、島の生活に不可欠のメディアであった。だが、六〇年代以降、ＴＶなどの先端的メディアの普及に押されて、現在では、奄美の名瀬市、本島の糸満市、宮古の池間島、八重山の石垣市や鳩間島など、一部で存続するのみである。だが、新しい動向もまた現れてきている。沖縄本島では、たとえば、九七年三月にコザの「FMちゃんぷら」、翌四月に糸満の「FMたまん」といったコミュニティFMが開局した。それらは、親子ラジオの拡大版・現代版で、親子ラジオと同じく地元密着型のコミュニティ・メディアの役割を担っている。これらコミュニティFMの放送には、地域の多様な経歴をもつ住民が参加し、そうした住民の目線から地域全体のさまざまな情報を発信・共有し、かつ生活のあり方や文化を考えていく重要なきっかけにもなっている。

コミュニティ・メディアとしての親子ラジオ（とコミュニティFM）のこれまでの、そして今後のあり方を考えるにあたっては、鶴見俊輔の次の文言を改めて思い起こしておくことが有益かもしれない。すなわち、「文化は何かによって、まきちらされているところのものである。まきちらされることなしに、各人のたましいの中に、自然にしっかりと育つものではない。〔中略〕文化が特別の所にあらかじめあって、次にそれが、まきちらされるのではない。文化は、実は、それがまきちらされる手続きを含めて、はじめて文化となるのだ。文化はまきちらされることによって文化となるのだ。その文化が、また新しくまきちらされる事によって、文化の更正と存続が行なわれるのだ」（鶴見俊輔「ラジオ文化」、『限界芸術論』ちくま学芸文庫、一九九九年所収）。

（付記）本稿は、神戸奄美研究会編『キョラ』第六号（二〇〇一年）に所収の拙稿「奄美民謡・新民謡のメディア化」の一部を元にした。本稿執筆に際して、とりわけ指宿邦彦氏、大村隆二氏、岡信一郎氏、前利潔氏、渡久地満氏のご協力とご助言を得た。記して感謝の意を表したい。

〈参考文献〉


太田雅子「地域とともに生きる親子ラジオで半世紀 譜久村健さん」、『コーラルウェイ』（日本トランスオーシャン航空機内誌）第七九号、二〇〇一年一月。

沖縄タイムス社編『沖縄の証言〈激動二五年誌〉上巻』一九七一年。

川平朝申『終戦後の沖縄文化行政史』月刊沖縄社、一九九七年。

杉山栄亮「有線放送」（『日本大百科全書』第二三巻、小学館、一九八八年）。

照屋林助『てるりん自伝』みすず書房、一九九八年。

間弘志「『しまうた復刻盤』を聴いて 二」『南海日日新聞』一九九五年四月一三日。

備瀬善勝「ビセカツ一代記」（DeMusik Inter. 編『音の力〈沖縄〉コザ沸騰編』インパクション出版、一九九八年）。

与儀千寿子「親子ラジオ」『琉球新報』一九九九年四月八日夕刊。

（無署名記事）「奄美ゆむぐち事典 第一〇五回 親子ラジオ」『南海日日新聞』一九九三年一一月三〇日。

（無署名記事）「新聞と並ぶ情報源に／有線ラジオ」『八重山毎日新聞』一九九九年一〇月三〇日。

Ⅳ　島々のプレゼンス

越境の前衛、林義巳と「復帰運動の歴史」

――歴史記述と過去のはばたき・きらめき・回生――

森　宣雄

ここ最近、また沖縄論が盛んだ。広い意味での文化論がやはりひとつの核をなしている。他方で沖縄をめぐる軍事―政治―経済そして社会の情況はいま厳しい。冷戦終結からここ一〇年間に変革が試みられた、その曖昧かつ露骨な失敗と圧迫の累積が、確実にその分だけ、あるいはそれ以上に先行的に加重させるかたちで、厳しさは強力に迫っている。そのことと沖縄文化論の盛況は、どう関わっているのだろう。この疑問は本稿執筆の背景を規定している情況認識である。

本稿の課題は、この情況ないし情況への認識―応答のなかに、歴史記述という迂回路をあけること、その作業においてこの現在を歴史化／未来化し、ゆるがすことである。

まず第二次大戦後奄美―沖縄の統一戦線に生きた労働運動活動家、林義巳《よしみ》（歴史上の人物としての言及では敬称は付さない。他の人物についても同じ）について、その足跡をたどる。資料は主に林義巳氏所蔵の奄美・沖縄非合法共産党関係資料と手記、そして一九七五年にミニコミ誌『道之島通信』の取材で録音され公表されることなく残されてきたインタビュー・テープによった(1)。またこの行論の過程で、戦後沖縄における奄美出身者差別について分析を途中はさむ。そのうえで最後に、そこから日本―沖縄―奄美の関係性についての歴史文化論のひとつのスタイル、鏡論の、それ自体の歴史的位置性を捉えだす営みを、つなげたい。

一　越境の前衛

林義巳は一九二九年四月、奄美大島北部の笠利村和野に生まれ、四四年六月、一五歳の時に満鉄大連鉄道工場技術員養成所に入所した。若年層もふくめた島外への労働力流出が顕著であった奄美諸島では、満鉄が実施した養成学校への入学者選抜試験の難関に応募して島外に生計手段と夢を求める者が少なくなかった。近代奄美の過酷な社会経済条件は出郷を必然とし、人びとは関西、兵庫県を中心とした日本本土や帝国の新たな膨張支配地域へと向かった。林の父、善武もまた一九一七年頃、鹿児島県立糖業試験場で第六回糖業伝習生として講習を受けた後、糖業帝国主義建設期の台湾へ渡った。

林の満州時代は日本帝国崩壊までの一年二ヵ月と、ソ連軍の南下から逃走しながら一月に大連を出港、二月に名瀬港に着くまでの半年間の引揚過程という、二年に満たない期間にすぎなかった。だが大連の「一大マンモス工場」群のなかで「はじめて日本帝国軍隊がわかりはじめた」抵抗と弾圧をめぐる諸々の経験、「生まれてはじめてストライキということばを耳にした」日々の記憶は、大戦後に成人となってからまもなくして踏みしめられていった林の足跡の出発点となった。それは林自身の直接的な「満州経験」だけから孤立的に規定されたのではなく、満州帰りの同郷の越境者たちが奄美で、また大戦後の越境先、沖縄本島で、ふたたび出会い相互に触発されるなかで起点として彫啄されていった交流と往還の産物でもあった。

奄美諸島は、大戦後しばらくおいて、四六年二月になって米軍占領下の「琉球」（沖縄、宮古、八重山諸島）に組み入れられ、日本本土から分離された。ちょうど林義巳たちが名瀬に引き揚げた時のことであった。戦前は鹿児島県に属していた奄美が「琉球」に組みこまれたのは、琉球王国の復興の装いで日本分離を正当化する米軍の沖縄統治の論理に、古琉球の版図（旧支配地）として奄美が巻きこまれたことと、地上戦としての沖縄戦の外部にあったとはいえ、奄美の独立混成第六四旅団が沖縄守備軍の第三二軍の指揮下に編制され統合されていたことが背景にあった。米軍版「琉球」は琉球王国の復古を想像したばかりでなく、南西諸島（琉球弧）を一体に軍事的に編制した日本軍の地政学的視座を相続したものだった(2)。

四八年一〇月、林は臨時北部南西諸島政庁（敗戦前の鹿児島県大島支庁）の財務部に就職した。この頃からマルクス・エンゲルスなどの共産主義文献を借用、回し読みし、「大連鉄道工場の同僚を中心に〝共産党〟つくりを進め」、五〇年五月、先に四七年四月に非合法下に設立されていた奄美共産党に合流するかたちで同党に入党した。二一歳の時のことである。奄美共産党が非合法の形態を取ったのは米軍政下においては共産党の結成が許される見こみがなかったためで、同党は秘密裏に日本共産党と連絡を取って活動を展開した。

入党から三カ月後、五〇年八月に奄美共産党の合法部隊と位置付けられた奄美大島社会民主党が結成されると、林はその中央委員のひとりになった。そして五一年一二月、四群島（奄美、沖縄、宮古、八重山）統一の琉球政府の発足に対応して、合法面の社民党は、沖縄本島における合法左派政党の沖縄人民党と合同し、琉球人民党の大島地方委員会となった。だが当初、旧沖縄人民党と、すなわち沖縄側の琉球人民党と、奄美共産党は組織的に結合したわけではなく、沖縄においては奄美共産党に対応する非合法地下組織はなかった。これは沖縄側の瀬長亀次郎琉球人民党書記長（戦前の共産党員）が、米軍政府からの弾圧を招く非合法共産党の結成に断固反対したからであった。

1944年，大連の林義巳（左）。応召した実兄（右，19歳）と面会した時の記念写真。兄は大連で死亡し，義巳は遺骨を持って戦後，名瀬に引き揚げた。（林義巳氏提供）

林は五二年三月、琉球人民党の中央常任委員として、同党大島地方委員会から同党本部・旧沖縄人民党本部に、専従の党活動家として派遣された。だがそれだけでなく、林は奄美共産党の中央委員として、非合法共産党を沖縄に建設するなどの任務を与えられてもいた。

林が沖縄に渡った五二年にはすでに朝鮮戦争前後の基地建設ブーム（五〇年～五三年前半）が峠を越え始め、沖縄本島で最底辺の労働条件のもとに置かれていた奄美、先島や離島からの出稼労働者は、劣悪な労働条件のもとでも働き口を得られず、路頭にあふれるまでになっていた。なぜ奄美で安定した職場をもち、党の幹部に入ったばかりの青年が、生活の保障のまったくない活動家として沖縄への越境に進んだのか。奄美の党で設定した任務が渡沖のきっかけとなったことは確かだとしても、それに応じる林の側にはまた別の論理があった。

奄美共産党が林に与えた任務は二つあった。第一に瀬長亀次郎らが非合法共産党の建設に反対しているのでこれを説得し共産党を結成すること、第二に沖縄の復帰運動の立ち遅れを「沖縄の同志ら」（＝奄美共産党沖縄細胞）と協力して克服し、「日の丸復帰運動」を強化すること。この任務は、伝達時に同時に示された「琉球人民党本部を中村安太郎の理論で指導すること」という指導部の基本方針に基づく決定だった。奄美共産党の最高指導者である中村は、五〇年から本格化した奄美の復帰運動を「日の丸」祖国復帰の民族運動で統一することを提唱した人物だった。

この方針に対し、林はもともと「奄美の日の丸をかかげる復帰運動っていうのは、こんなの何だっという姿勢で」「ブルジョワ民族運動じゃないか」と、反対意見をもっていた。そして「日の丸」復帰の大衆動員の一方で、奄美の党自体は「ＣＩＣ［米軍防諜部隊——引用者注］のいやがらせと、非合法主義、セクトで大衆の中に根をはれないでいた」。こうした「奄美共産党の革命路線の不明確、あいまいな組織原則と個人中心指導、左右の日和見思想、非合法主義は厳密に点検されなければならない」との思いを秘めて、林は渡沖した。そのため着任早々から、「中村安太郎の理論で指導する」という基本方針と第二の任務（日の丸復帰運動）は「非現実的であり、組織的にも、理論的にも誤ってい」るとして、「ためらうことなく放棄した」。

1953年12月25日，名瀬上空に飛来した日本本土各新聞社の報道機を，「日の丸」の旗を振って歓迎する名瀬市民（村山家国『奄美復帰史』南海日日新聞社，1971年刊より）

その代わりとして、第二の任務については、従来から沖縄人民党が推進してきた、土地問題を始めとする「沖縄の日常要求と結合した復帰運動」の方針を、渡沖後の琉球人民党本部での会議で討議したうえで、適切なものと認めてこれを受け入れた。だが第一の任務（非合法党建設）に関しては、ここに新たに第三の任務として基地労働者の組織化という課題をみずから設定することによって、それと結合させるかたちで、基地労働者の組織化とともに進む党建設へと自己の「任務」を再設定した(3)。

渡沖後の林のこうした活動の基盤となったのは、沖縄着任の二日後、三月二九日に早くも結成された奄美共産党沖縄細胞であった。この日、先に出稼のため渡沖していた奄美共産党員の泰重弘、安茂、白畑三蔵と林が参加して開かれた第一回細胞会議で細胞確立が決定され、林が細胞委員長に選任された。その後旧沖縄人民党で瀬長書記長に次ぐ理論派の幹部でありながら瀬長と対立し除名ないし離党にいたっていた上地栄、仲里誠吉をメンバーに加え、沖縄における共産党の結成と米軍基地周辺の労働者の組織化に取り組んだ。

ここには大きな危険が内包されていた。沖縄の人民党員から「敵対視」されていた元幹部から協力を得つつ、意見統一に至っていない非合法共産党建設と労働運動の組織化を、林らが独自に進めていくことは、「労働者階級の只一の合法政党である琉球人民党の統一と団結にヒビをいれること」になりかねない。だが沖縄細胞はこう結論した。「共産党否定論克服は話しあいでは進展しない」、むしろ当面の緊急課題である「労働者の闘いを組織すること」と「アメリカの朝鮮侵略戦争に一刻も早く打撃をあたえること」、これに積極的に取り組んでいく「大衆闘争の中でしか思想統一ははかれない」のだと。

この「思想統一の苦闘」に突破口を与えたのは、那覇の平和通における偶然の再会であった。五二年四月、林はそこで大連の養成所の同期生だった竹下登と出くわし、彼が清水建設の下請け、日本道路社に雇われ浦添村城間の飯場で米軍牧港発電所の工事に当たっていたことから、林は飯場に潜入し、労働者の組織化を始めるようになった。

沖縄人民党は四七年の結党時から労働者保護法の制定、組合結成の自由、罷業権・団体交渉権の確立、そして世界労働組合連盟との提携をその政策としてかかげ、五〇年五月発行の機関誌『人民文化』六号では松田真一「労働組合を作らう」などの労働運動関係の論稿を載せてもいた。だがそれを実際の行動にうつすとなれば、雇い主としての米軍事権力との直接的な対峙が避けられない。労働者の間に組合結成を説いても、「何か知らないが作つたら、それこそ、という危ぐが軍作業全般にしみ透つている」一方、沖縄人民党自身、目の前で大量の不当解雇が行なわれていることを知っていても、有効な手だてを講じえなかった[4]。非合法の党建設というリスクを負うことに踏みこむ展望をもてずにいたことの背景には、たしかにこの労働者階級の政党としての自己規定にも背理せざるをえない、軍事占領下の政党活動の限界が横たわっていた。

続々と建設が進む軍事基地を前にして、沖縄で労働運動を開始するということ、それは広大な基地を囲み、逆に住民を包囲する「立入禁止/OFF LIMITS」の境界を越える運動を前提としていた[5]。沖縄戦の戦闘過程からすでに始まり、その延長線上に確立していた軍事占領支配のうちに全く新たな政治、社会運動を創りだすことを、意味していた。

沖縄の人民党員たちは来沖した当初の林に、こう沖縄の現状を教え諭したという。「基地の中ではセパード犬が飼われ訓練されている。犬がほえるとアメリカ兵は目くらめつぽうに打ちまくる」「犬の住いは人間の建物など比較できない立派なものだ」、だから「晩に基地周辺を歩くときは気を付けるように」と。そのために林は特別の警戒心を払って、星ひとつない真っ暗な夜に、ススキのヤブの中を進み、「たれさがった二重の有刺鉄線」へたどりつくと合図の指笛を吹いた。迎えに現れた大連の同期生、竹下を見つけると、この鉄線の境界を越えていった。陽が闇をはらうと、中には想像を越えた軍作業現場の泥だらけの飢餓戦、米軍と日本資本、暴力団が結託した「収奪と支配」があった。

二　米軍政下「琉球」における在沖奄美出身者と「大島人」

ここで大戦後の奄美―沖縄の歴史を大きく規定した膨大な数の人の移動、往還の動きを伴った越境の人流の、政策的社会的な背景に目を転じてみたい。

敗戦後に奄美に戻った引揚者（戦時中の本土疎開からの引揚者も含む）は四六年末の時点で約五万人で、当時の奄美の人口二一万の四分の一を占めた[6]。この引揚者たちは、奄美共産党の結成をふくむ戦後初期の労働運動や各種社会運動の牽引役となったが、有効な引揚者対策が立てられないまま、膨張した人口はやがて沖縄への流出労働力となっていった。沖縄への大量の労働力流出は、四九年一〇月、中華人民共和国の成立とともに沖縄での恒久的基地建設が米本国政府において決定され、その基地建設にあたって低廉な「琉球人」労働力を優先雇用する方針が示されたことで堰を切られた。

すでに四九年四月の米軍放出食糧三倍値上政策の実施によって奄美経済は破綻に瀕していた。救済段階から「自立の段階」への移行を標榜した食糧値上決定は、沖縄のような軍作業や貿易による経済「自立」の方途ももたない奄美においては飢餓状態の拡大と深刻化しかもたらさなかった。上記の「琉球人」雇用方針は、食糧値上反対運動に全奄美が揺れるさなかに、恒久的な基地沖縄を構築する米軍新政策(「シーツ政策」四九年一〇月~五〇年七月)の一環として、一二月にシーツ軍政長官によって発表された。ここで言明された「ドルを稼ぐ機会をもつであろう」「琉球人請負者や労務者」は、沖縄においては「沖縄人」の意味に解され、そう報道されることが多かった。(7)だがこの「琉球人」、とりわけその「労務者」のうちには、沖縄本島以外の米軍政下琉球の労働者が含まれることが、米軍当局においては明らかに含意されていた。

五〇年一月二七日、米軍政府は琉球列島米国軍政本部布令第二号「海運規則」を発表した(三月一日施行)。同規則は「自由企業と列島貿易を促進するため全琉球を通じ海運に関する画一簡明なる規則を規定し実施する」ことを目的とし、先にだされていた琉球内四群島間の渡航を制限していた命令は、この海運規則の施行によって廃止されることになった。(8)

「海運規則」が施行された五〇年三月一日をもって、すでに前年の食糧値上げ政策以降始まっていた奄美から沖縄への労働力移動は、煩雑な渡航申請手続の歯止めをなくした。(9)これ以後毎月約千人が転出し、五三年一二月の奄美復帰前には、在沖奄美出身者は三万から五万、あるいは七万人にのぼったといわれる。七万人だとすると、奄美人の三~四人に一人が沖縄にいたという驚異的比率となる。人数がはっきりしないのは、奄美を管轄する官庁組織の変転と相まって、正確な統一的統計データが整えられておらず、またそれに対する厳密な検討もこれまで行なわれてこなかったためである。(10)以下に現住人口の推移を手がかりに検討を加えていこう。

戦時期の一九四四年二月の時点で一八万三〇〇〇人だった奄美の現住人口が大戦後の引揚以降、最大に達したのは四九年末調査の約二三万人(対四四年比で四万六〇〇〇人増)で、この四九年の時点ですでに一万人近くが沖縄に滞在していたといわれる。(11)在沖奄美出身者は群島間の渡航が自由になった五〇年から急増し、逆に奄美の現住人口は激減していった。五〇年末に二二万五〇〇〇、五一年末に二一万三〇〇〇、五二年末に二〇万五〇〇〇、そして一二月二五日に復帰が実現した五三年末の時点では一九万八〇〇〇にまで落ちこんでいた(対四九年比で三万人強の減)。日本本土への一般人の渡航が、軍事機密上の不安などを理由に制限されていたため、この減少分はほぼ沖縄への移住者に相当すると考えられる（また当時はベビーブームで自然増加率も高率）。それに符合するかのように、後の人口統計で大島支庁は復帰前の在沖奄美出身者を三万五〇〇〇人と推定している[12]。

しかしこの現住人口の増減から捕捉される移住者の動向は、本籍を奄美に残して住民登録を転出先に移した、正式の移住者たちのそれであって、短期間であったり不安定な滞在条件のもとにあった者たちによる、統計に反映されない人流がこの数字の外に相当数、確実にあった。むしろこちらの統計外滞在者の方が、基地周辺の工事現場から「歓楽街」、都市部に吸収された在沖奄美出身者の典型であった。

この時期の人口統計を見る場合に考慮すべき条件として、転出先の市町村で住民登録の手続きを取ることが、労務手帳の発行と配給食糧の受給に必要だったことがある。労務手帳がなければ正規の雇用先の大部分を占める軍政府関係の職場や軍の作業隊に勤めることはできない。転出証明を持参して正式の船便で渡航することが、沖縄での正規の就職のための必要条件だったのであり、このため統計から推定される三万五〇〇〇人という数字は、沖縄での正規の就労条件をクリアして滞在した者たちの数を推し量ったものと見るべきだろう。

しかし那覇市など沖縄側の市町村は、こうした正式の船便を利用した転入希望者に対しても、住宅難や治安を乱すなどの理由で転入を拒む姿勢を取っていた。五〇年六月には、こうした沖縄側の市町村から知事にいたる要望を受けて米軍政府さえもが、治安と風紀の維持のためとして沖縄から奄美出身者を追放する方針を表明し、物議をかもすこともあった。この五〇年半ばの時点ですでに在沖奄美人は「一般的には一万から二万程度の数であると見られては居るが実際には三万から以上」と推定されていた。那覇の街に「うようよといる」奄美出身者のほとんどは、行くあてのない無籍無職の「あふれ階級」だと見られていた[13]。

正規の統計に現れない滞在者が統計的データの倍いたというのは、前述した三万五〇〇〇人という推計に対して、一般の推測では最大で七万人といわれたことにも共通する。制度的感情的な障壁に加えて、住民登録や転入学のためには「法外な不正な手数料がくっついているという事実」が一般的だったことなどから、「大島出身者の多くは無籍者で配給も受けられず、同じ琉球に住みながら簡単に転入学もできないという不思議な状態」が、奄美の復帰にいたるまで続いたようである。警察に摘発されて新聞ダネとなっていた「大島人」青年男女は大抵「無籍者」だった[14]（当時の表現では住民票を移さない他群島移住者を「無籍者」と呼び、「転籍」とは住民票の転出入を意味した。本籍の転出入はほとんどない）。

これら「無籍者」のほとんどは、奄美復帰後五四年四月実施の琉球政府の臨時外国人登録を前に、滞在条件の不安定さのために追放処分を受けるのを覚悟して、追い立てられるように出航し、関西や京浜地方へ河岸を変えていった。また住民票を移していた正規の移住者であっても、公務員・軍労務者は復帰後に解雇されることが米軍政府・琉球政府から予告されていたので、大部分が外国人登録前に引き揚げたという。にもかかわらず、四月の臨時外国人登録を行なった奄美出身者の「残留組」は二万八〇〇〇人、未登録者をふくめればこの時点でも約三万人がいたと推測されている。このことから三万五〇〇〇人という復帰前の統計的推計が、いかに小さいか推し量ることができよう。復帰準備のために五三年八月に奄美の官民合同で結成された奄美大島復帰対策委員会は、在沖奄美出身者を約五万人として、その対策を日琉両政府と折衝しているが、「無籍者」をふくめた実態は七万人の方が近いのかもしれない。これにしても各時点の滞在者であって、沖縄—奄美間を往還した者の総数は計り知れない。名瀬市を除く奄美農村部では働き手となる男女がほとんどいなくなり、「老人と子供ばかり」という状況が現れたことは、多くの証言が語るところである[15]。

奄美人がこの時期大量に沖縄に流れこんだのは、米軍政下の経済政策がもたらした必然の帰結だった。敗戦にいたるまで、出稼の他、砂糖と紬《つむぎ》を主な移出産品として日本本土経済と一体化していた奄美にとって、日本との分離は生計の道を断たれたに等しかった。米軍政下琉球の復興資金など予算の多くは、基地建設の進む沖縄に注がれた。そのため奄美や離島、先島から沖縄へと職と食糧を求めて労働力移動が進行したが、従来は鹿児島県下にあって沖縄との結びつきが弱かった奄美出身者は、渡沖後のさまざまな社会的困難に直面せざるをえなかった。

その一端を在沖奄美出身者の送金と資金「流失」の問題を手がかりに、かいま見ていこう。まず一九五一年の一月から七月までに、沖縄から奄美へ郵便局の小口郵便為替を通して送金した金額は一七〇〇万円、逆方向の沖縄入金分七〇六万円と差し引きして約一千万円が流出した。宮古には八八万円、八重山には三七万円の流出である。奄美出身者は宮古出身者とともに沖縄社会で強く排斥された内なる余所者だったが、その宮古と比べても一桁違う。沖縄への出稼と送金に依存せざるをえない奄美の経済構造と窮状が反映されている。ところがこの送金データを報道した沖縄の新聞は、「大金が沖縄から流れ去つた」「大島人大いに稼いで故郷へ送金というところ」などと評している。この後の五二年三月からの一年間のデータを見ると、沖縄振出―奄美地区払い渡しの送金総額は七六四六万円、逆方向の七六五万円を引いて六八八一万円の流出で、これは奄美群島の五二年度徴税額六九三一万円に匹敵した。[16]

五〇年代初めの沖縄の恒久的基地建設を支えた底辺部に、奄美出身者を筆頭とする米軍政下琉球の周辺部の労働者がいたのだが、それらの労働者は「シーツ善政」によって与えられた「ドルを稼ぐ機会」を沖縄から横取りする存在であるかのように見なされた。仕事を選ばずに「粗衣粗食簡単なバラックの宿舎等に甘んじながら働いて得た金はひたすらに大島に送金することをこの上もない楽しみに」する勤務態度は、沖縄の者よりも使いやすいと、日本資本の土建業者の「評判が非常にいい」、その一方で「兎角沖縄人として大島人といえばパンパンか泥棒と一途に決めてカカる」一般の風潮が、新聞の論調、事件報道にも色濃く反映され、「何か事件があれば大島出身者ではないかと一応は疑をかけられる」のが、どこでも常識となっていた。[17]なりふり構わずひたすら底辺労働と送金に明け暮れる、雇用者の「評判」のよい沈黙の労働力、それと風紀・治安を乱す取締対象としての潜在的犯罪者集団。「大島人」（蔑称のニュアンスをもつ）に与えられたこの二つの顔は、一体となって出稼者たちの身体を締め上げた。

安く働こうというものがあるなら、それがナニ人であろうが一向に構わない、それが資本家の論理である。だが安く、よく働こうという者が、ある労働市場の包摂範囲における周縁部からの出郷者によって調達され、同時に、社会的地政学的に構成されたその身体の周縁性を「勤勉」性からの逸脱の標識として利用することによって、労働過程における強圧的な規律化が推進されてきたこと、これは他ならぬ近代日本社会における「沖縄人」という標識をめぐって、冨山一郎がつとに指摘してきた問題である。[18] 戦後沖縄の基地依存経済・社会が、米軍政下の「琉球」の拡がりのなかで構築されるただなかに、「大島人」がよき労働力として、また潜在的犯罪者として負ってきた役割、それはあたかも三〇年代大阪における「沖縄人」の像の再現である。前者における「大島人」に対する監視や恫喝のまなざしは、後者の「沖縄人」に対するさげすみと同種の、同じ構造の下の現象であって、〝被抑圧者である（あった）沖縄人がなぜ大島人を虐げるのか〟といった問いは意味がない。「被抑圧者」が受ける抑圧条件の一つは幾重にも錯綜する分断なのだ。いまここで問われるべきは、〈基地沖縄〉を建設し動かしつづける米軍政下琉球の労働市場の、この歴史の現場において、プロレタリア化された「大島人」に対する監視と恫喝、そして収奪の労働過程が何を、またどんな闘いを生みだしたか、である。そして林義巳は、このアメリカ帝国主義の軍事要塞における植民地主義的な労働規律の境界――アメリカ人―日本人―沖縄人―奄美人[19]――を越える越境の前衛として、労働戦線を切り開こうとする位置についていた。このことについては次節で述べよう。

さて米軍政下琉球における抑圧と収奪を支え、かつ分断する「大島人」をめぐるイデオロギー装置においては、地域実体としての「奄美」に対する偏見と抑圧が、この構造を外から実定的に支えた。そのため五三年八月、この周縁としての「奄美」を琉球から分離させる日本復帰が決定した後には、在沖奄美出身者に向けられた次のような行いも疑問視されえなかった。

復帰決定直後の喜びに湧く奄美のもようを伝える一方で、沖縄の新聞には、「沖縄在住の大島群島出身者も沖縄から大島へ帰還したらどうか」との建言や、復帰を揶揄する投稿寸評、「大島の復帰　パン助の補充を考えねばならぬゾ――基地経済」も載せられた。ちまたでは「奄美出身者は奄美に帰れ」との声が急速に広まり、沖縄市町村長会もこれを要望。こうした世論も背景にして、奄美側から琉球政府に要請された多方面にわたる引継業務などでの特別の配慮は大方却下され、逆に補助金や交付金の支給は停滞させられ、債権債務の整理取り立てが厳しく迫られた。依然琉球政府のもとにありながら切りすてられた格好の奄美の行財政は、一〇月以降は破産・マヒ状態に落ちこみ、窮乏化した暮らしに最後の追い討ちがかけられた。一日も早い復帰を求める「断食祈願郡民大会」が一二月にいたってまたもくり返された。そして在沖奄美出身者については、米軍政府・琉球政府がそれぞれ公務員・軍労務者の継続勤務は不可能と発表、解雇通達と離職勧告を発し、また沖縄に本籍を移すための厳しい条件（高収入など）も示され、さらには引き揚げる場合の所持金制限も当初予定の日本円一〇万円から七二〇〇円に大幅圧縮されていった。これらの措置は、つまるところ財産や既得権益をすべて捨てて出ていけというに等しかった[20]。

こうして奄美復帰後の沖縄社会における奄美出身者差別が始まった。奄美側では復帰対策委員会や名瀬市議会、奄美連合青年団から在大島沖縄県人会にいたるまで、在沖奄美出身者の居住権など公民としての基本的人権を擁護するよう要望書、議会決議、陳情書、署名簿を琉球政府に提出したが、効果はなかった。「琉球人」という共通項をなくした奄美出身者は、外国人として優遇措置を受ける「日本人」とも異なる「非琉球人」や「半永住者」（俗に「半日本人」という）とされ、税金だけ「琉球人」と同じ高税率で取られながら参政権がなく、土地取得も不可能、金融機関からの各種融資や日米の奨学金制度、各種の公的社会保障制度からも排除され、公務員にもなれなかった。煩雑な在留登録を二〜三年ごとに繰り返さなければならず、改善を申し立てれば琉球政府から強制送還を脅され、実際多くの奄美出身者が不安定な在留条件のもと、微罪で即時強制送還処分を受けた。そこには米軍政府による分断政策の規制があったばかりでなく、規則を運用する側の琉球政府においても、幹部職員が沖縄の失業者対策として「沖縄で悪いことをする奄美の連中は片っ端から強制送還する」と、新聞記者に放言するだけの自覚的差別意識があった。こうした制度的社会的差別と圧迫の結果、五四年に外国人登録を受けた二万八〇〇〇人の在沖奄美出身者は、一〇年ほどで半数に減り、七二年の沖縄の日本復帰によって、ようやく一万人余りが同じ「日本人」として制度的差別からの「解放」の祝いを迎えた[21]。

このいわゆる「沖縄の知られざる差別」についてはこれまで、意図的に黙殺されるか、それとも、ヤマト向けの「沖縄のこころ」の看板が隠蔽しようとする沖縄の排他的なシマ社会の暗部を照らしだそうとする真摯な告発において光を当てられるか、そのどちらかだった。しかし問題を「沖縄のこころ」の真正性をめぐるつばぜり合いに解消してしまってはいけない。戦後沖縄における奄美人差別は、沖縄のシマ社会に根ざした伝統的離島差別のひとつとも捉えられるが、それだけではない。この問題の本質は、米軍政下〈基地沖縄〉の構築過程において奄美諸島が従属的に編成、周縁化され、同時にその流出労働力が沖縄社会の軍事要塞化の「経済復興」における底辺労働力として収奪された、その抑圧構造の矛盾の表現形態として、シマ社会の排他性の「伝統」が拡大解釈され流用・縫合されたこと、まずここに出発点がある。この戦後沖縄の抑圧的発展の内部に構造化された「大島人」差別とその人間性の収奪・破壊、それが奄美復帰の移行期における野放しの集団的排斥行動の是認をへて、奄美復帰後には在沖奄美人差別として制度化され沖縄社会に常識化されていったのであった。事態はこの三段階のプロセスにおいて捉えられるべきである。日米同盟の、そして東アジアの冷戦構造の矛盾の集積地として、〈基地沖縄〉の社会に暴力と抑圧が集中し渦巻いていたからこそ、この抑圧基地の内部において「沖縄人」は「大島人」に対する収奪構造に加担する差別と抑圧の主体として編制された。「大島人」差別はシマ社会の民俗的暗部に神秘化されるべきではなく、戦後琉球・沖縄の歴史経験のひとつとして歴史化されるべきである。

この「大島人」の歴史は、後代において「台湾女《いなぐ》」「フィリピナー」「タイ人」などの歴史に接続し、沖縄の歴史の一部をなして現在にいたる。そしてこのような抑圧の総体において「沖縄の歴史的体験」を受け止め、問題化することによってこそ、その歴史経験は単一の被害者像に決して矮小化されることのない、その自己における他者（「他者」全般とはいわない）に開かれた地平と、たとえ瞬時であっても分断をくずかごに投げ入れる連帯のはばたきをかなたから聞き取る知覚器官を準備する。(22)

三　奄美・沖縄統一戦線

五二年五月、林義巳ら奄美共産党沖縄細胞は、装甲車さえ出動させた米軍の威嚇のなかに、沖縄側の人民党員とともに戦後沖縄で初めてのメーデーを実行し、労働者の組織化を拡げた。そして六月五日から、戦後沖縄初の大規

人・以下の差別
沖縄労務者ストの全容
要求26カ條の実相
賃銀は手取り五百円
六つの食器
スト組は結局クビ
安易な考えは禁物
沖縄労務戦線報告書

日本道路社争議を伝える名瀬市の『南海日日新聞』1952年6月19日

模労働争議、日本道路社ストライキが始まった。竹下登を闘争委員会責任者として全従業員一四三人（ほとんどが奄美出身者）が、数カ月も支払われない賃金の獲得、畳や食器、箸さえない飯場の待遇改善などを求めて、団交とデモ行進を行ない、八日からハンスト闘争に発展した。この争議がついに六月二六日、親会社の清水建設に対して待遇改善、未払賃金の支払いなどの要求をのませて勝利したこと、またこれが翌年に成立した労働三法の制定過程に決定的影響を及ぼしたことなど、沖縄戦後史におけるこの争議の歴史的意義はよく知られているのでここでは詳述しない。いま注目すべきは、これまで知られることのなかったこのストライキの同時代的状況布置である。

林義巳は七五年のインタビューに答えていう。

あの日本道路ストライキというのはそもそも、朝鮮への爆撃をどうストップさせるかというのが最終の、あのストライキの目標というのはこうだったんだから。飛行機をもう飛ばさんように叩き落としてよ、しようというのが、その目的で闘いをしてきたのが日本道路ストライキだからね。

自然発生的だとかね、経済的な要求だけじゃないんですよ。最終の目的は朝鮮戦争で、朝鮮をバーッと全部、毎日やっていて、沖縄でも必死ですよ。あの朝鮮

1952年６月，ハンスト中の日本道路社争議団（『沖縄大百科事典』下，沖縄タイムス社，1983年刊より）

戦争の爆撃を停止させるためにどうすると。どっかで原寸（釘）を打とうかと、細胞はその方針を持っているんだからね。

奄美共産党沖縄細胞および日本道路争議の闘争委員会は、こうした状況布置の「方針」のもと、六月八日、ハンスト決行を指示すると同時に、全基地内の労働者に対して団結と決起を呼びかけるビラを手分けして作り、基地内で、作業現場で広く手渡してまわった。ハンスト突入後の大々的な新聞報道も重なり、この呼びかけはすぐに反響を呼んだ。ある関係者の手記によると、まずシベリア帰りの奄美出身者が基地の各事業所ゲートで勤務する警備員の非番の同僚を動員し、二列縦隊で整然と行進して争議団の支援の挨拶に現れた。そして日本道路争議の決着後、米軍基地建設の各部門で、沖縄本島全域にわたって相継いで起こった基地関係労働者の争議がこれに続いた[23]。それらの争議はすでに奄美出身者の範囲を越えていた。

日本道路ストはこうした基地労働者の組織化の政治方針を実現に導く一方、非合法党建設をめぐる「思想統一の苦闘」を一気に突破する結果をもたらした。日本道路争議が決着した六月二六日、瀬長亀次郎はハンスト団を病院に移送した直後に、林に呼びかけて二人だけで会談した。二人は党の秘密の会合場所としてよく使われていた安里三叉路の食堂、味見屋の二階で落ち合い、瀬長はストや非合法党建設に消極的であったことに自己批判を行ない、ここで沖縄における非合法共産党の建設に踏み切ったとのこと

中村安太郎の琉球立法院議員当選祝いの記念写真。1952年８月の当選決定当日，瀬長亀次郎琉球人民党書記長を囲んで中村宅で写す。最前列左から１人目が林義巳，３人目が中村，４人目が瀬長。後ろに掲げられた旗は琉球人民党旗。緑の生地に星を白で染め抜いたもの。（林義巳氏提供）

である。この決定的な転換の場面については、これまで全く知られておらず、現在公開準備中の林義巳の手記と証言(24)によって初めて明らかになるものである。

ここに奄美・沖縄統一戦線の組織的運動が始まった。その真価が発揮された最初の試練は、五二年八月に行なわれた奄美の笠利での立法院議員再選挙であった。三月に行なわれた第一回立法院選挙で笠利村における不正投票が発覚したため、最下位当選の保守系議員と次点の人民党中村安太郎の二人だけの特例の決選投票が、笠利村だけで行なわれることになった。ところが当初奄美の党は中村安太郎の再出馬をあきらめ、選挙闘争を放棄する方針を決定していた。それを聞いた琉球人民党本部は、常任委員会の代表として林を大島地方委員会に派遣し説得に成功、労働運動の前進で盛り上がる沖縄側からの強力な支援に支えられて勝利がおさめられた。この選挙闘争は奄美の歴史において初めて権力の全面弾圧をはねのけて勝利した政治闘争であり、その勝利は沖縄・奄美の統一戦線の上に築かれたものであった(25)。

政治路線としての奄美・沖縄統一戦線は、人民党が立法院に那覇で瀬長、奄美で中村という二人を議員に擁することで、議会活動においても実現された。だがより実質的な統一戦線の推進は、在沖奄美出身者の党員と労働争議の指導者たちの主導による沖縄で初めての労働組合の統一センターの結成に求められる。五三年九月の労働三法公布とともに結成を迎えた全沖縄労働組合（全沖労。翌年に全沖縄労働組合協議会＝全沖労協と改称）である。林は全沖労結成の下準備を受けもった後、奄美・先島や離島出身者の基地関係労働者が多い沖縄本島中部地区に転じ、地域により密着した労働運動の組織化と党建設の推進に当たった。奄美もふくめた米軍政下琉球において、議会活動、土地問題、基地周辺の労働運動が一体となり、復帰要求と結合する反体制政治運動の態勢が、こうして作られようとしていた。

この時期、沖縄において活動を開始した非合法共産党は、奄美共産党の一部（沖縄細胞）でもなく、日本共産党の一部でもなかった。日本共産党との連絡や結合の手続が進むのは五三年八月からで、一一月に非合法地下組織として日本共産党沖縄県委員会の確立が決定された。林義巳は七五年のインタビューで語っている。五二年六月の結成から、日本共産党との組織的結合ないし承認にいたるまでの一年半の間、「いつのまにかもう共産党、共産党ということだけで、正式な名称はもう自然解消してしまったわけ。そういう時期もあったんです」。この地域／国家名を冠さない、ただの「共産党、共産党」は、米軍政下「琉球」における奄美・沖縄統一戦線の運動それ自体においてのみ成立していた。

五三年八月の奄美返還決定、一二月の返還実施、そして五四年夏から秋の沖縄人民党弾圧事件は、こうした奄美・沖縄統一戦線の進展に対する分断と弾圧を追求した施策であった（奄美の復帰で琉球人民党は党名を沖縄人民党に戻し、奄美共産党は日本共産党奄美地区委員会に解消した）。人民党事件は、いまは「外国人」となった奄美出身の人民党員、林義巳と畠義基に対して米軍政府が沖縄からの即時退島命令を発し、二人を匿ったとして、瀬長書記長以下五十数人の人民党関係者を逮捕投獄した事件である。この事件で追放命令を受けた林は、奄美・沖縄統一戦線のカナメの位置にあり、もう一人の畠は、日本道路争議のなかで非合法共産党に参加した全沖労協事務局長であり、一連の弾圧をへて全沖労協は活動の基盤を失った。

五四年八月二七日、沖縄南部潜行中の畠義基が逮捕され、九月一日には異例の早さで、懲役一年・刑期満了後強制送還の判決が軍事裁判所で下された。これ以上の沖縄潜伏は党への打撃を拡大させた。二日後、林義巳は国場幸太郎ら人民党員に見送られて羽地村（現名護市）真喜屋の奥武島対岸から小船を出した。夜の海を与論島に向かうのだ。またこいよ。この夜の羽地内海の一隅に響いた呼び声は警察や軍隊に聞き取られなかったろう。沖縄のいたるところに、林の写真を印刷した指名手配の貼り紙、等身大の立て看板が取り残された。[26]

社会の各方面におよぶ監視と弾圧の包囲網、米軍権力と日本資本、暴力団組織が結託した労働現場の管理支配体制、そして常態化した飢餓。これらのものと戦いながら、仲間たちとともに進んだ沖縄での生活は、それでもわずか二年半、まだ二五歳だった。本章で見た林の活動の足跡は沖縄・奄美の政治史において特記されるべき事柄だろう。だが特記することが切り取られた「政治史」の豊富化を意味するだけならば、それは拒まなければならない。この固有の価値をもつものとして切り取られうるものとなった歴史は、まさにそれ自体が諸々の個別の部門史、地域史、国史そして党史へと切り分けられ／統合されることに抗する運動だった。そしてこの抵抗の歴史は現場を遷しながら現在も続いているからである。

四　分断の党史と「復帰運動の歴史」

五四年一〇月、海のかなたの那覇で瀬長ら多数の人民党員が逮捕された。名瀬の林義巳は母が豚を売った代金を充てて上京、大阪、熊本、鹿児島を回って各地で人民党事件の実情報告を行ない、支援闘争を訴えた。だが具体的な支援闘争の拡がりは本土でも奄美でも組織化されることがなかったようである。

当時武装闘争方針と非合法主義の破綻で混迷を極めていた日本共産党は、やがて五五年七月の六全協における自己批判を迎えた。この党中央の過去の清算方針に合わせて、奄美においても戦後の党活動の歩みを総括する文書の提出を求められ、五六年四月頃、日本共産党奄美地区委員会「資料　戦后十年間における奄美の党の歩んだ道」（金沢資料40）が作成され、党中央委員会に提出された。

この五六年党史において初めて沖縄細胞の活動もふくめた奄美共産党史がまとめられ、次のように記述された。奄美共産党は「琉球人民党を合法舞台として活動する方針を立て」「人民党本部にオルグを派遣すると共に、沖縄に渡つた同志数名で党員グループをつくり」沖縄における諸々の運動全般を指導し、日本道路ストを「ついに勝利させたのである」と。五四年の初の党史総括文書では復帰直後で沖縄での活動状況がまだよく分かっていなかったせいか、沖縄での活動については基本的に奄美共産党メンバーの活動を記述する範囲にとどめられていた。五六年党史の叙述は五八年の党史総括文書でもそのまま踏襲され、さらに八四年に公刊された日本共産党奄美地区委員会の党史では、沖縄での活動に対する奄美の指導性の誇張は、いっそう強化された。琉球人民党結成後も奄美共産党が「唯一の真の階級政党として」人民党の運動方針、立法院などの議会活動、復帰運動の重要方針の決定、基地労働者の組織化などで「指導機関としての役割をはたした」[27]と。五六年が奄美の党史叙述の上で分岐点になったことが窺える。

林義巳は五六年党史の執筆を担当した幹部から党史の原稿を示され意見を求められた。彼こそが、党史のいう「指導機関」が琉球人民党本部に派遣した「オルグ」その人だったからである。原稿に対して林は奄美の「地域的なエゴ」であり「まったく事実に反する」と批判したが、総括文書は原稿のとおりに決定された[28]。この党史総括問題は単に過去の評価にとどまらない。これから米軍政下に残されている沖縄とどう連帯していくか、本土の日本共産党と沖縄人民党の間に立つ奄美の党の位置役割と展望をどう見いだしていくか、それがかかっていた。

林は党史論争の意見対立を指導部との間に抱えながらも、日雇労働者の全日本自由労働組合の名瀬細胞に所属する一党員、労働者として、またキビ作農家をまわる調査者として、奄美社会の諸矛盾に根を下ろして働いた。そして自身の行動できる範囲で、奄美と沖縄の連帯を追求しつづけた。六二年に沖縄人民党機関誌『人民』が発行許可を得て創刊されると、早速、自宅での同誌奄美支局設置を請け負った。これらの活動は大きな成果を顕彰される体のものではない。裏方の積み上げが実った例としては、人民党事件で投獄され失職した元豊見城村長の全沖農議長、又吉一郎と瀬長亀次郎の奄美訪問を、六七年に前後して視察の形で実現させたことがある。瀬長の訪奄は立法院笠利再選挙での応援演説以来一五年ぶりとなる。沖縄復帰運動の高揚にむけた奄美・沖縄統一戦線の再興は夢だった。だが奄美の党指導部は林のこうした営みを、奄美内部における党の選挙運動などの日常活動から外れた「反党」の行為と見なし、『人民』支局を奄美の党員が受けもつのは筋違い、鹿児島で行なうべきとし、さらには「人民奄美支局はスパイ活動」「分裂活動」をしているとの発言も、党内でくり返し現れるに及んだ。(29)

そうした日々のなか、名瀬の党幹部、吉田慶喜が地元紙『南海日日新聞』六五年一〇月二七日〜三〇日に論文「在沖奄美出身者　その法的地位」を発表した。在沖奄美出身者への制度的社会的差別の告発である。このことは後々まで林の記憶に残るできごととなった。

奄美出身者に対する構造的な差別と抑圧、それが、解決されねばならない沖縄の社会矛盾であることは間違いない。それは林自身が身をもって知るところであるはずだ。だが林は吉田の論稿に対して、後に手記のなかでこう書き記した。

　こうした観点に立てば沖縄県民も敵対者として向こうに回すことになる。しかし、復帰運動の歴史は、このような見方が誤りであることを実証している。(30)

吉田は数ある役職のなかでも、同年七月に日本共産党が主導して結成された沖縄返還運動の全国統一組織「沖縄・小笠原返還同盟全国理事　県本部副会長、名瀬支部長」の肩書きでこの論稿を寄稿した。そこでは返還同盟が在沖奄美出身者の不当な処遇問題を「重視し、資料を集め調査を進めてきた」成果の一部であることが冒頭で述べられており、吉田の論稿は、この新たな沖縄返還運動の全国的組織化における奄美の関与のあり方を示すものとしての意味をもった。

吉田は「事実を知れば知るほど奄美に生まれた者にとって我慢のならない屈辱的な差別と無権利状態であり、人道と人権的立場からも許せないということがわかった」として、問題解決に取り組む必要を訴えた。実際、翌六六年の四月二八日「沖縄デー」北緯二七度線上海上大会にむけて、返還同盟は在沖奄美出身者の不当処遇撤廃を要求する「請願署名四〇〇〇余名を組織した」(31)。こうした組織化の背景には、六五年八月に戦後初めて日本の首相・佐藤栄作が訪沖した際、在沖奄美連合会代表が善処方を直訴するなど、保守系の陳情ルートにこの処遇問題が乗せられてきたことに対抗しようとする、運動の論理があったかもしれない。その後この問題は、こうした保革双方からの働きかけで鹿児県知事からも関心を注がれ、六八年に参政権だけは与えられる部分的改善があった。

沖縄における奄美差別を告発すること、それ自体は正しく、また必要なことだ。だがこれを真に克服する途はどこに開いていけばいいのか、それがつかみだせないまま告発が分断を固定化させる関係に落ちこんでいくこと、それへの抗いが、林にとっての「復帰運動の歴史」であった。吉田の論稿は、米軍政府が「奄美の出身者を沖縄県民よりひどくみじめな状態に追いやることで占領支配を下からささえるテコとして利用」してきた分断統治策に原因があることを指摘しつつも、「沖縄の人々からもあらゆる犯罪をまきちらすやっかい者のようにみられた」ことを、「かなしい過去であるが、忘れ去るわけにはいかない」歴史として刻み、むしろ在沖奄美出身者こそが「日本人全体の不幸をもっとも集中してうけている」と規定する。そこには奄美と沖縄を結んだ「復帰運動の歴史」は何の痕跡も残しておらず、連帯はこの論稿で一言も言及、示唆されることがない。実際に何もなかったのではなく、抹消されているのだ。

吉田は奄美の党を代表する労働組合幹部、運動史家として、六四年、六六年と続けて奄美の復帰運動史を発表したのだが、そこに日本道路ストや笠利再選挙をめぐる奄美・沖縄統一戦線の運動は「記録されていない」、このこともまた林はみずからの手記に書きとめていた(32)。危機と衝突のなかに刻まれた統一戦線の記憶が記録において抹消される一方で、分断政策と断絶の結果だけが歴史として残される。それは連帯を否定して個別の独善に棲み分けることで作りだされる、分断の党史――それは（分断の）地域史や国史であってもよい――へとつながり、それと調和していた。

林における過去の記憶、経験に記された「復帰運動の歴史」、それは分断情況を内側から乗り越えて獲得された奄美・沖縄統一戦線、それ自体だった。そしてこれから進む時間において記されるべき「復帰運動の歴史」、それは日本―奄美―沖縄が分断情況を乗り越えて、内側から創りだす勝利とその歴史であるはずだった。だがその歴史は、過去において一度も記され見いだされたことがなく、いまもまたどこにも記されない。誰がこの歴史を書き、また創るのか。

七二年沖縄返還が決まり復帰が実現する直前、林は奄美の党指導部と決定的な対立にいたった。そして沖縄で統一戦線をともに担った指導者、瀬長亀次郎沖縄人民党委員長は、過去の非合法共産党建設、奄美・沖縄統一戦線の存在を一切覆い隠したまま、七三年にそうした奄美の党を鹿児島県委員会に収める日本共産党と「歴史的」な、「はじめて」の組織合同をはたし、全党の副委員長に迎えられた[33]。「こんなでたらめな話はあるもんかな」「歴史を否定するいまの日本共産党の宮本顕治にしても瀬長さんにしろ、なんで歴史を否定する、なーんでだろう」[34]。ここでいわれる「歴史を否定する」こと、それは科学的・歴史学的に正しいとされる歴史事実の否定（だけ）ではない。問いは、なぜ革命的連帯の歴史を否定するのか、なぜ歴史という名の革命――歴史の記述における再転回《レヴォルーション》――を否定するのか、であった。

林は対外的には頑とした沈黙を貫きつつ、自分自身で「復帰運動の歴史」、すなわちみずからの越境とインターナショナリズムの経験を書きとめねばならなかった。党の歴史（ないしその外部）を代理表象してその前に消え去るのでない、未包摂の運動の実在それ自体として。本稿がこれまで参照してきた林の手記はここから書きだされた。そして誰がこの「復帰運動の歴史」から、新たな連帯を新たな歴史として創りだしていくのか。林の手記とインタビュー発言は、その誰かのために残されている。

五　歴史の地表で困難と抗争に出会う現在を書くこと

では、いま何ができるか、何をなすべきか。残されたものは資料と物質的な様相をもった〃史実〃だけではない。単なる新史料、新事実の物質的発掘という次元にとどまらない問題の位相を見失わない姿勢が必要である。新事実の登場というスリリングな発掘冒険譚の周囲には、なぜこれまでその「新事実」が表に現れてこなかったかをめぐる、もう一面の、いわば旧い事実たちが、「新事実」の芯を厚く幾重にも覆い、織り上げているからである。史実という遺跡物をそれが埋もれていた地層と切り離して取りだしてしまってはいけない。この地層は現在という地表の、わたしたちの足場そのものであり、未来はこの上にしか築かれないからだ。

過去の埋もれた歴史や闘争の復権というべき、承認の政治が重要かつ必要なひとつのプロセスであることはいうまでもない。しかしこの承認の政治を推し進めるなかでも、そこに必然的に伴う、新事実の登場を従来の戦後史・現代史認識の豊富化という枠組みに回収させる方向の圧力は、注意深く一定限度までに抑えなければならない。いまさしあたり、膨大な沖縄・奄美非合法共産党関係資料を前にする時、「日本」あるいは「沖縄」の戦後史にも革命的伝統、闘いがあったという好奇的発掘を主として、付随的に、それを埋もれさせてきた権力、正史を指弾するという受け止め方がありうる。しかし現在から切断された過去の無理解（「知らなかった」ということ）についての没主体的反省＝なかばの免責を若干の前置きとして、「沖縄に学べ」式の第三世界ロマン主義的飛び付き、食い付きをくり返すことでは何の意味が、何の新しさがあるだろう。林義巳とその越境の戦線を埋もれさせてきたものは公式党史や党派の権力だけではないはずだ。それは、すべての言論や思考の領域が党によって押さえられてきたはずが全くないからであり、期せずしてそれと共犯的関係をとりもってきた情況／歴史認識が、そこに介在しているはずだからである。それはわたしたち自身の足場である。

林義巳と奄美の越境の戦線を埋もれさせてきたもの、そのひとつは関係性の認識上の切断をへた後に打ちだされる「沖縄に学べ」式の連帯論議だったのではないか。林義巳と奄美の越境の戦線が奄美の復帰後、そして沖縄の復帰運動の高揚のただ中で押しこめられていったところというのは、日本と沖縄の関係性を切断することによって生じる認識上の空白の境界領域――「奄美」――だったと考えられるからである。

沖縄追放後の林が統一戦線の継起的展開を追求していた五〇年代後半、たしかに日本本土では「忘れられた島」沖縄の再認識が進んでいった。そこには五六年の「島ぐるみ闘争」から、瀬長亀次郎の那覇市長当選・追放事件などへつながる米軍政下沖縄の政治的緊張、抗争の激化――その内部には奄美史の外部であり沖縄史からも外部とされる、林のいう「復帰運動の歴史」も痕跡を残している――が原動力としてあったはずだ。しかしその抗争の発現と再認識のなかから、やがて現れてきた有力な言説は、沖縄を日本の原罪や、真相（アメリカ帝国主義支配下にある）、あるいは文化的民俗的原像を照らしだす鏡として捉える、いわゆる鏡論の関係性論議であった。渡沖した東大総長、茅誠司の発言から「沖縄病」なることばが生まれたのは六〇年のことである[35]。

この年から多くの民俗／民族学調査団が毎年のように沖縄を調査地として訪れ、沖縄復帰にいたるまでのあいだ、「沖縄病」から「沖縄に惚れる」といった性主義的、植民地主義的な、一方通行的関係性を基盤とした言説が続々と産出されていった。こうした沖縄への病みつき、惚れつきが語られていったその時、日米協調による沖縄統治の再構築がなされるただなかの、米日沖のあいだの抗争が同時進行的に起こっていた。その抗争に直接的に対応することが求められている情況において、その関係性を切断する役割を鏡論の関係性認識は果たしていたのではないか。長期的な歴史的因縁や宿命論をもちだし、そこに問題の本質を遡らせることによって、現在的関係性を過去に固定化された歴史の起源や一方通行的関係性に封じこめる役割をはたしてきたということである。

どんなに「よく見える／映す」効能を称揚されても、鏡というのはその前に立つ者がみずからを映すためだけに役立てる道具であり、その「他者」は手段として一方通行的関係性に置かれ、統合され、無化される。鏡にできることは相手が気がむいた時に、その眼差しを反射させることであり、かりに鏡それ自体のあり方がなにか気になったとしても、鏡を外して手に取って見て、目の前にあるのは壁だ。この壁はまた、鏡がみずからを映しだすことができないままに、設定された「外部」に幽閉される、その牢獄の壁だ。

しかし鏡はなぜ必要なのか。なぜ苦しみと闘いの目の前にいて鏡——牢獄と鉄格子・覗き窓——を造る必要があるのか。それはすでにあるのだ。向き合った相手の瞳に瞬間に映り消える、みずからの姿‐を見つめる位置、の揺れあい結びあい、それはすでに始まりではないのか。[36]

ヤマトから沖縄へと注がれる南島イデオロギーや鏡論はまた、同じ構図のもとで沖縄から奄美へと長く再生産されもしてきた。八九年九月の『新沖縄文学』八一号「特集／奄美から見た沖縄」の「編集後記」はいう。「沖縄を奄美大島の鏡に映して見ました。当人が気づかなかった、あるいは忘れ去っていた「汚れた跡」がありました」。琉球共和国論議から琉球王権論、琉球弧の文化的同質性の論議にいたるまで、沖縄（好き）の知識人文化人によって、ヤマト・ウチナー対立の泥沼から逃れるために、「奄美」が、琉球（弧）の語りを担保するために好んで語られてきながら、他方で具体的な身の回りの戦後沖縄—奄美の関係性については、「沖縄の知られざる差別」という論点において暴露趣味的にしか取り上げられることがなかった。[37]沖縄のシマ社会の暗部を照らしだす、切り札としての鏡である。[38]

わたしたちは、はたして他者を道具化することによってしか、矛盾と対立のあらわれを、関係性に枠付けすることができないものなのか。おそらく、まったくそうではない。それは目の前にある抗争に立ち向かうために必要な何かをなくすなかで、取りつくろわれた関係性に他ならないはずだ。[39]

いま沖縄・奄美非合法共産党の歴史に向き合う機会を与えられているわたしたちは、その統一戦線の勝利と敗北をともに生みだし埋もれさせてきた抗争の関係性を甦らせ、向き合い直す機会を与えられ、それに直面してもいる。そこで必要なことは「沖縄に学べ」「奄美に学べ」ではない。「奄美」を第三項として構成しあらためて惚れつくこと、それによって「日本」／非「日本」＝「沖縄」[40]の史的領土を豊富化することでは決してないはずだ。「奄美」「沖縄」そして「日本」という認識上の他者のあいだを越境し、統一戦線と連帯の困難さ、そしてその困難のなかに潜むかけがえのない価値に出会うこと、それがまず、さしあたり必要なことがらだろう。

鏡を鏡たらしめているもの、外部を外部たらしめているもの、それはお前だ。鏡である外部、外部である鏡は連帯すべき同志などではなく、おのれ自身であり、そしてお前の敵はお前だ。鏡はたたき割られるべきであり、足もとに散らばるその破片の「乱反射」の向き合いの中に立ち、目の前の関係性の確かな抜き差しのなさを、重ねあわせて開きつづけるよりほかにない(41)。

いま何度目かの沖縄論の盛況を前にして、その中にあって、やはりこの盛況も大方が過去の盛況と、自覚的には無縁に、その時間を終えようとしている。だがこの本がしまいこまれる時、棚にはその指定席がすでにあるのではないか。その時――この論稿が紙背を食い破り、無毒化された本棚の一隅をざわめきや叫びで蘇らせることは、無理な望みだろうが、それでもやはり、書くしかない。この時間はわたしたちの――そしてきたるべき時を生む、現在なのだから。

(注)

(1)　『道之島通信』主宰松田清氏が保管していたインタビュー・テープ（一九七五年八月二六日、於林氏宅録音）は、森宣雄編『林義巳氏が語る琉球人民党の歴史的位置と沖縄・奄美統一戦線』（未公刊。以下「林インタビュー記録」と記す）にまとめた。加藤哲郎、国場幸太郎、鳥山淳の各氏とわたしが共同研究を進めている「沖縄・奄美非合法共産党文書」は、いくつかに大別できるが、林資料以外にここで関係するものに、金沢幸雄氏所蔵、沖縄・奄美非合法共産党文書（＝金沢資料）、松田清氏所蔵、奄美共産党関係資料（＝松田資料）がある。これらの資料は必要な諸々の整理作業をへた後に一般公開に進む計画だが、文書目録と、そのうちの党史関係文書の全文は、加藤哲郎「新たに発見された「沖縄・奄美非合法共産党文書」について」『大原社会問題研究所雑誌』二〇〇一年四―五月号で紹介されている。また国場幸太郎の解説と分析「「沖縄非合法共産党文書」研究案内ノート」『沖縄タイムス』二〇〇一年八月一四日―二五日も参照されたい。なお本稿はシンポジウム「占領下、沖縄・奄美の非合法抵抗運動について」（二〇〇一年一一月一七日、於専修大学）で発表した草稿に加筆したものである。

本稿の資料の中心をなす林手記は、林が運動の渦中にあった一九五一年から書きつけていたメモをもとに、七二年の沖縄復帰前後、七〇年代前半に集中的に書かれ、いまも断片的に書きつがれ加筆されている。足跡をたどるということは、つまり、理念的な意味での純粋な再現ではない、ということを確認する意義があるだろう。記述することによるズレとずらし、意味のはばたき・きらめき・回生、これらの生動は手記の中にも生成過程としていまもあり、過去に出逢いつながる。そして生成過程にある手記、過去の日付をもった諸資料、可能態として実現を待ちつづける過去の未完の諸事実／経験を前にして、わたしもまた、このテクストを織り上げていく。実証的手法を記述の方法的基礎として用いながら、歴史記述における力の生成のしくみを、未完の継続中の運動の継承のためにこのテクストに書き留め、その中に入る、あるいは招待状をそこにあて名なく折り込むことが作業目的である。物理的直線的な時間の流れを超えた歴史の展現に、ある舞台を開くために。足跡をたどるということは、この意味で、まだ見ぬどこにもない未来へむけて足跡を投げ付けようとすること、歩みだすことである。

この課題の遂行のための技術的な注記として記せば、本文の林の伝記的事実記述および引用は手記とインタビュー記録に拠っており、また二〇〇〇年四月以降の筆者と林氏との間のコミュニケーションで補足している。以下の注記では必要不可欠と思われる場合にのみ、参照した手記の件名を記す。なお手記を一部参照して沖縄滞在期の林義巳について言及した先行研究に、故人となった里原昭の『琉球弧奄美の戦後精神史』五月書房、一九九四年、第五章がある。

（2）「琉球弧の視点」を文化論として提起した島尾敏雄が、よくいわれる地理学上のことばからのヒント以前に、海上特攻隊の指揮官として配置された奄美から沖縄戦を見やる配備の中でこの視点を身体的に獲得していたことは、この「文化論」の歴史のいきさつとして押さえておく意味がある。

（3）林手記「渡沖」「奄美共産党沖縄細胞確立」による。なお松田清『奄美社会運動史』ＪＣＡ出版、一九七九年、一五八・一七〇頁は、「基地労働者の組織化」の任務を、奄美共産党から林に与えられた当初からの任務の内に入れている。中村安太郎『祖国への道』文理閣、八四年、三六三頁の回顧でも、五一年一〇月以降の奄美共産党の緊急対策方針の内に、軍事基地内に党細胞を確立して基地労働者を組織化する方向が、党の「第一義的任務」にあったと述べている。だがわたしが二〇〇一年に林氏に、手記の記述について再度確認したところでも、基地労働者の組織化の任務は党から示されず、奄美共産党沖縄細胞が独自に設定したものだと証言された。

（4）島袋嘉順「軍政下における沖縄の労務事情」、『世論週報』特集号日本復帰論、一九五一年七月、七一・八二頁。

（5）若林千代「「オフ・リミッツ」の島」、『現代思想』一九九九年三月号の、オフ・リミッツの杭の前に立ちつくす光景に沖縄の「戦後」の始まりを読み取る記述を参照。
（6）村山家国『奄美復帰史』南海日日新聞社、一九七一年、一二三―一二五頁。
（7）『うるま新報』一九四九年一二月四日「琉球の軍事施設に五八〇〇万弗支出　労務はすべて沖縄人を使用」、一二月一七日「ボ陸軍次官シーツ長官と会見　軍施設工事に沖縄人の協力望む」など参照。
（8）「海運規則」は沖縄朝日新聞社編『沖縄大観』日本通信社、一九五三年、四八七頁以下を参照。この資料は鳥山淳氏より提供を頂いた。同規則の施行によって廃止となった奄美の先行命令は、四八年六月一日付北部琉球軍政府命令第二〇号「北部南西諸島住民に告ぐ」（同日施行。臨時北部南西諸島政庁『公報』三七号、四八年六月一五日発行に掲載）で、この命令は「人の南西諸島出入を取締る」ために米軍政府当局の許可を得ないで奄美に出入りする者を検挙、処罰することを定めた。「海運規則」の施行による琉球内群島間の渡航制限の撤廃は、米軍政下「琉球」社会、とりわけ沖縄・奄美関係史において重大な意味をもったはずだが、これまでの研究で検討されることはなかった（ただし特記されるべき例外として吉田慶喜編『奄美の祖国復帰運動』奄美大島勤労者学習協会、六四年、八五頁は「軍政府も五〇年はじめから沖縄えは手続なく渡れるように布令をあらため群島政府は那覇に簡易宿泊所をつくって出稼に行く人達の便宜をはかり、積極的に沖縄出稼を奨励した」ことを記している）。従来の米軍政下「琉球」の歴史研究が奄美・沖縄・宮古・八重山で別個に検討される一方で、依然として沖縄本島中心史観が放置・承認されつづけてきた現状を反映した盲点であろう。しかし沖縄中心史観から離れ群島間の関係を検証することによってこそ、逆に沖縄本島のあり方、〈基地沖縄〉の社会史の重要な一面が内側から照らしだされるはずである。越境の歴史に照応した越境の歴史学が求められている。
なお正式に群島間移動を禁じた法令には他に、四九年七月施行「刑法並びに訴訟手続法典」二、二、一七があったが、「海運規則」は施行に伴う廃止法令として指示していない。法体系の全体的整合性は一部欠いていたのだが、五〇年九月施行「群島組織法」四、二が群島間の移動の自由を規定したことでこの不備も解決されたといえる。
（9）日本共産党奄美地区委員会著・刊『奄美の烽火　一九四七―一九五三　奄美共産党史』一九八四年、一〇二・一七二頁は「四九年一一月から奄美から沖縄への渡航申請手続きがいらなくなり、自由往来が出来るようにな」ったとするが、これは一〇月二九日付軍指令第二三号が「琉球人の日本旅行」を、大幅な制限付きで認可すると発表したことを混同したものだろう。
（10）近現代奄美の人口変動については、若林敬子「人口の変化」、松原治郎など編『奄美農村の構造と変動』御茶の水書房、一九八一年、仲村政文「奄美群島における人口の構造と動態」、『南日本文化』鹿児島短期大学南日本文化研究所、八二年があるが、戦中・米軍統治期については「当時の社会経済的諸条件に規定されて、特異な性格をもつもの」（仲村論文一八〇頁）として、補足的にしか検討が加えられていない。当該期の奄美の社会経済史全般のレベルアップが、この人口面の大変動を把握する上で欠かせない。復帰前の在沖奄美出身者数は多くの場合四万から五万と推測されているが、高安重正『沖縄奄美返還運動史』上、沖縄奄美史調査会、七五年、二七四頁は「一九五〇年初めにはその数四万人に達した」といい、中村喬次「沖縄のなかの奄美出身者の歴史」『新沖縄文学』四一号、七九年（中村『南島遡行』海風社、八四年所収）は、復帰前の時点で七万人と言われたという。

(11)「流れこむ一万の大島人　気をもむあま美人会」『うるま新報』一九四九年九月二七日。

(12)以上の人口調査データは次を参照。奄美大島日本復帰協議会『奄美群島と名瀬市の人口趨勢　食糧値上と対策』（一九五二年。鹿児島県立図書館奄美分館所蔵）。『昭和三八年度　奄美大島の概況』鹿児島県大島支庁、四一―四三頁。村山前掲『奄美復帰史』五三四頁。復帰後の奄美人口は五〇年代は二〇万人台を維持したが、六〇年代には本土への出稼で減少と過疎化が進み、現在は一三万人台。

(13)「大島から沖縄への流れ込み防止　知事から軍政府官へ具申」『うるま新報』一九五〇年六月一四日。肥後吉次「沖縄出稼人達の動向と今後」『旬報　奄美評論』同年四月中旬号。同「沖縄対策問題」同前誌同年六月下旬号。「社説　浮動労力を吸収せよ」『南海日日新聞』五〇年六月一日。本稿で参照する『奄美評論』『南海日日新聞』は、鳥山淳氏の調査結果より提供を頂いた。記して御協力に感謝する。

(14)財部つき枝「婦人の見た沖縄」『自由』一九五〇年八月号。「奄美郷友会設立の趣旨　並びに奄美出身者への呼びかけ」、奄美大島連合青年団代行機関誌『新青年』五二年一二月号。この在沖奄美出身者の郷友会の設立には林義巳ら奄美共産党沖縄細胞が深く関与した。

(15)以上は次の文献を参照。新崎盛暉『戦後沖縄史』日本評論社、一九七六年、三五九頁。琉球新報社編刊『郷友会』八〇年、三一〇頁。村山前掲『奄美復帰史』四八四―八六頁。崎田実芳「検証　奄美・復帰から復興へ　一二」『ルリカケス』二一号、奄美瑠璃懸巣之会、九八年。実島隆三「奄美返還の記録　公開外交文書から」同『あの日あの時』南海日日新聞社、九六年、二五三頁。吉田前掲『奄美の祖国復帰運動』八六頁。

(16)「南北琉球へ流れ去つた千百余万」『うるま新報』一九五一年八月二九日。「奄美大島の返還と琉球」『沖縄タイムス』五三年八月一一日。『改訂名瀬市誌』一巻、名瀬市役所、九六年、七二七頁。ここで挙げている通貨はすべてB円軍票（一ドル＝一二〇B円）。

(17)　前掲肥後「沖縄対策問題」三頁。喜久奎吾「沖縄に於ける大島青年の補導について」『南海日日新聞』一九五一年四月八日。「労務者第一陣近く出発」同前紙同年九月二八日。

(18)　冨山一郎『近代日本社会と「沖縄人」』日本経済評論社、一九九〇年、冨山「ユートピアの海」春日直樹編『オセアニア・オリエンタリズム』世界思想社、九九年など参照。冨山の前掲書は、資本主義社会において解体された個が「現場を共有できない分断された状況から、共感をつくり上げる道筋」と、そこにおける連帯の主体を構想した（三〇八頁）。そして解体と分断のなかで可能性をつむぎなおそうとするその営みは、「過去を問い直す主体」の沈黙への注視と対話において、（わたしたちの）過去を二重の遡行の渦巻きにおいて現在に開きつづける実践としての記述行為へと展開した、といえるだろうか（冨山「自著を語る」日本寄せ場学会『寄せ場』四号、現代書館、九一年、同「対抗と遡行」『思想』九六年八月号など参照）。本稿はこの展開の総体から多くの触発を得ている。変革の実践者であり、また「過去を問い直す主体」ともなった林義巳の足跡をたどるなかから、歴史の現場が現在に拡散し湧出する運動性を記述することを、わたしは試みている。

(19)　米軍政下沖縄ではアメリカ人、フィリピン人、日本本土人、沖縄人の順に賃金差別があったことはよく知られているが、実態としてはその下に奄美出身者が位置づけられていたと言われる。特に奄美出身者の労働条件を最底辺にしばる規定などはなかったが、出稼ぎであること、そして他の離島・先島出身者と比べても、郷里は全面的に困窮し、また沖縄本島社会に同郷会などの受入・扶助基盤がなかったことから、社会から孤立したまま雇用者の言いなりに過酷な待遇を受けることになった。また急激な労働人口の移動で際だって目立つ存在であったために、社会の反感と偏見を集中して受けることになった。こうした構造のなかで、一九五二年頃に初めて沖縄に現れた暴力団組織の源流は、密貿易に携わる奄美出身者から生まれたという説も流布するようになった。実際には、戦後間もなく始まった米軍部隊からの物資の横どり（「戦果を挙げる」と呼ばれた）と、その盗品物資を大量に売りさばいた「戦果アギヤー」とブローカーの活動から、沖縄の暴力団の組織化は始まったようである（大島幸夫『沖縄ヤクザ戦争』晩聲社、一九七八年参照）。社会の偏見と構造的窮乏・収奪に包囲された奄美出身者の一部は、この流れのなかで密貿易、闇市、人身売買、売買春のブローカーとして「沖縄ヤクザ」のメンバーになっていった。

(20)　沖縄県学生会編『祖国なき沖縄』日月社、一九五六年改訂版、一〇六頁。実島前掲『あの日あの時』二三八―五七頁。「奄美・沖縄間に感情のもつれ」『日本経済新聞』五三年八月二八日。『名瀬市議会五十年史』名瀬市議会、九七年、六二・七五・四七七頁。村山前掲『奄美復帰史』四九五・五〇一・五三四・五八七―八八頁。崎田前掲論文。また奄美・沖

縄関係史を概述したものとして森宣雄「コメント」『立命館言語文化研究』一三巻一号、二〇〇一年も参照。

(21) 前注に加えるに、市村彦二「沖縄の知られざる差別」『青い海』一九七二年春季号、四二頁。

(22) ここで結論部の記述に重なる議論を導いておく。

対ヤマトの「沖縄のこころ」の称揚における奄美差別の隠蔽については、新崎盛暉が前掲『戦後沖縄史』三六六頁における大田昌秀批判で指摘している。新崎は日本社会における／対する少数者の立場・独自性に徹することによって「沖縄の歴史的体験」が、単なる被害者意識にとどまらずに、根源的解放や連帯につながるとの当為や「願望」を語ってきた（新崎「湾岸戦争と沖縄」と同論文をめぐる共同討議『新沖縄文学』八八号、一九九一年参照）。だが「弱者敗者被支配者の歴史的体験」を「強者勝者支配者」のそれと切り離し対比させる歴史認識と差別構造論の設定には、素朴で直感的な民衆の歴史意識がもつ可能性に寄り添おうとする判断（『ウチナーンチュは何処へ　沖縄大論争』実践社、二〇〇〇年、七六頁）があるにしても、大きな限界と背中あわせになる問題性がある。新崎は沖縄の「弱者敗者被支配者の歴史的体験」が保証するであろう「認識における優位性」が、ヤマト化による「脱南入北」によって捨て去られてきたことを慨嘆するが、それでは復帰以前、ヤマト化以前の沖縄を平板な被支配者の平等の地平で神話化させる自己矛盾に接近する。もしも沖縄の歴史経験が「弱者敗者被支配者」の像に塗りこめられるならば、その「認識における優位性」は被害者意識の域を越えられない。かつて新崎は、沖縄戦の悲劇が語られる一方で「部落の寄合いなどで、何度となく、中国大陸で婦女子を犯したことをとくとくと語る」懐旧談が語られ続けてきたことを知って衝撃を受け、「沖縄戦の体験を、沖縄人民の一五年戦争の総体的な体験のなかに位置づける努力」の必要を訴えていた（新崎『沖縄・世替わりの渦の中で』毎日新聞社、一九七八年、二一七—一八頁）。この視点が見失われてしまっているというのは全く当たらないが、抑制的参考的に言及される範囲を越えて主題的に吟味し踏みこんでいく必要を、現在の情況は突き付けていると考える。彼自身が先鞭を付けた、奄美差別の問題を沖縄戦後史の歴史認識の根幹部に組み入れる営みを、本稿が継承発展させようとしていることも、同じこの情況認識に立ってのことである。

その情況とは第一に、大田昌秀の著作と発言に代表される一面的な被害者としての沖縄の歴史像・自己像の構成に同じく反発してきた者たち、高良倉吉や牧野浩隆などが、近現代沖縄をめぐる差別や被害（すなわち暴力）について理解と洞察を深化させることによって形骸化した認識を突破するのでなく、実のところその一面的被害者論の平板な認識を共有したまま、その表出を「情念」として退け、問題の根底にありつづけている苦しみや「痛み」を日本に対する「貢献」や「地域の財産」に読み替える断念を、「知性」という名の甘い水で呑みこもう／こませようとしていること、そして第二に、この高良らの「沖縄イニシアティブ」論の中核にある、国家に対する説得的「合理性」を追求して沖縄「独自のガバナンス」を獲得しようとする「論理」から、歴史意識の抹殺という暴力が引きだされるという本質的な事態に対する自覚的な批判と検証が賛否双方ともに成り立っていないこと、である。

重要な批判もだされているものの、外在的なレッテル貼りに牽引されて議論の背景と核心に踏みこみえていない点で、これまでの沖縄イニシアティブ批判はほぼ過去の達成と到達点の再確認にとどまっており新たな力を生みだしえていない。むしろ論敵の見やすい過誤と粗雑をやりこめるなかで、濃淡の差こそあれ、戦後沖縄の「伝統」護持の姿勢が立論にもぐりこまされ、巨悪を論破する必要の名の下に、沖縄「革新」（むろん歴史論を含む）に内在する形骸化や抑圧、自壊作用が免罪され放置されかねないところにこそ、この歴史論争の危機と限界は露呈している。文化（論）の政治性を批判するならば、その上澄みだけでなく、政治や権力に向かう人間の懊悩とその文化をも同時に対象化し、人間と政治のあり方にえぐりこんでいくべきである。それがもしあるとするならば知識人、歴史研究者の社会的役割であり、権力批判に向かうときに落ちこみやすい陥穽に敏感であるべきだ。論敵を矮小化することで情況認識を狭隘にし、また自己剔抉の契機をなくしていくという陥没が伝染・連鎖していく事態（これが権力のもっとも悪質な罠だろう）をこれ以上繰り返さないためにも、高良らにむけられた「現状追認」だという批判は、その真っ当さのためにこそ思想の問題において跳ね返ってこなければならない。

そのうえで言えば、「沖縄という個性」を「自由に、しかも主体的に発揮」させ、国内に「多元的なガバナンス」を確立させることがなければ「日本の国家にとっても大きな損失」だとする沖縄イニシアティブ（高良倉吉）の発想と論理は、明らかに初期の伊波普猷の多元的「大帝国」論と沖縄「個性」論の夢から来た、その現在形である。しかし伊波自身がすでに「この個性を表現すべき自分自身の言語を有つてゐない」と、ソテツ地獄をへて断念を記さねばならなかった。そして伊波は「地球上で帝国主義」に湮滅されつづける歴史意識の側にあらためて立とうとしながら、なおもその抗争の場に「個性」の花を開かせることを夢見、擱筆した（冨山一郎「帝国から」『現代思想』二〇〇〇年六月号、一〇八・一一一頁）。伊波、大田、高良を貫くものは「沖縄という個性」の夢だけでなく、夢が引きだされねばならない国家的抑圧／抗争の拡がり、継続中の「にが世」の経験、更新中の「沖縄の歴史的体験」だ。形骸化した「被害者意識」への批判は暴力批判論において遂行されなければならない。そして夢と抑圧を再度、相渉らせる場の浮揚を、本稿の記述行為（第五章）は希求する。以上は大城・高良・真栄城『沖縄イニシアティブ』ひるぎ社、二〇〇〇年、森宣雄「インタビュー・生き続ける植民地主義　構造的抑圧を変革する実践」『図書新聞』二〇〇一年一二月一五日など参照。

(23) 日本道路ストライキ以後頻発した労働争議の経過と態様について知るには、琉球政府労働局『資料琉球労働運動史』一九六二年を参照されたい。
(24) 林手記「一九五二年六月二六日」。林インタビュー記録。
(25) 林手記「笠利再選挙」「一九五二年八月」。林インタビュー記録。この笠利再選挙をめぐる奄美の党の動揺とその克服の経緯は、奄美共産党の党史類、あるいは中村安太郎など関係者の回顧文書などでも一切触れられていない。
(26) ここに書き入れた呼び声のことばは、林義巳が小舟の上で聞き取った声(林手記「人民党事件」参照。原文は「またこいよ!!」)であるが、わたしのテクストは形式上、引用句として括らず、我有化して記した。それがこの回生を求める声を記述するのにふさわしい。この場合、引用符は声の回生への希求を封じ込め、はばたきときらめきの空間を覆い閉ざしてしまうからだ。
(27) 「結成から現在まで 琉球における党の歩いて来た道」一九五四年一月一一日、金沢資料4。「沖縄・奄美大島における党建設とその活動」一九五八年七月一二日、松田資料18。前掲『奄美の烽火』一五五―五六頁。
(28) 林義巳氏所蔵、日本共産党奄美地区委員会『資料 戦后十年間における奄美の党の歩いた道』への林氏の書きこみ、および林インタビュー記録参照。
(29) 林手記「一九六三年九月」「一九六五年」および名瀬自労細胞・人民奄美支局長林義巳より地区常任委員会あて書状控え、一九六九年九月。
(30) この文章はもともと高安前掲『沖縄奄美返還運動史』上、三一一頁に記された、高安重正の吉田論文に対するコメントだったが、林はこの一文を吉田論文の長い引用に続けて手記「一九六五年一〇月二八日」に書き写した。高安は日本共産党本部で沖縄・奄美非合法共産党との連絡・指導を発足時から担当した党官僚だったが、沖縄復帰後に査問を受け七七年頃除名された。林はその査問のもようを七三年に訪奄した高安から聞き、七五年に自費出版された高安前掲書を配布して普及に努めた。そして林は高安の原則論を引用した。わたしはその引用の手記から、原典と異なるコンテクストの生動を感取し、本稿で重引している。「復帰運動の歴史」ということばは、解釈の封印のための特権化において死語と化しゆく、それと同時に、新たなコンテクスト/結ばれへむけて断片化、収集、差異化され、過去の可能性が実現/救済されるのを待つ〈未来の〉ことばとして重引されるのだ。
(31) 沖縄返還同盟奄美支部『奄美の祖国復帰と復興の現状』一九七〇年、一〇六頁。
(32) 吉田編前掲『奄美の祖国復帰運動』。沖縄小笠原返還同盟奄美支部編刊(吉田慶喜執筆)『日本人は日本に帰せ 奄美の祖国復帰運動の記録』一九六六年。林手記「一九六二年四月二六日（日本道路スト記録はない）」。

(33)「沖縄「返還」その日」『赤旗』日曜版、一九七二年五月二一日。日本共産党中央委員会『日本共産党の七十年』上、新日本出版社、一九九四年、四四七―四八頁。

(34) このことばは林インタビュー記録より。

(35) 鏡論の生成史の跡付けについては屋嘉比収「鏡からテクストへ　マレビトの戦後沖縄に関する言説の変容」『新沖縄文学』九四号、一九九二年を、また鏡の「幽閉」から「むこう側へ突きぬけ」ようとする営みにおいては仲里効「方位という鏡」『新沖縄文学』七九号、八九年（仲里『オキナワン・ビート』ボーダーインク、九二年所収）を先行する成果として参照した。

(36) この素朴な断言をなすについては、ハンナ・アレント（志水速雄訳）『人間の条件』ちくま学芸文庫、一九九四年における「出現の空間」としての公共性の議論を参照。なお、この「出現」は、存在者の真理の「輝く光のうちへの現出」として、瞬時の輝きにみちて飛翔してくる（梅木達郎『脱構築と公共性』松籟社、二〇〇二年、一一四―一五頁参照）。このはばたき・きらめきが、伝記としての歴史記述の「過去を見る眼」においてのみ「その人がだれであり、だれであったかということがわかる」（『人間の条件』三〇二・三六七頁）という認識と交差する地点において、本稿の伝記記述は（ヴァルター・ベンヤミンに関わって言われるような）歴史哲学の課題と重なりあっている。それは本稿がかかげるメイン／サブ・タイトルの節合のあり方でもある。

(37) 琉球弧の文化論的語りはこれまで奄美側ではほとんど呼応する者がなく無視されてきた。いまも沖縄論議の一部で評価される琉球共和国／共和社会憲法論は、沖縄のなかに「差別意識や差別構造」はないと断じて「奄美州」も含めた「全人民署名」を要求する横暴な（逆）ユートピアでもあった（新崎盛暉など編『沖縄自立への挑戦』社会思想社、一九八二年、一六一・一七二頁）。だが最近、沖縄・奄美「兄弟島」論や、とくに沖縄本島北部との密接なつながりを強調する議論が奄美経済界からだされるようになった。復帰以来延長されてきた奄美振興特別措置法の期限が切れる二〇〇三年以後の展望として、沖縄側が北部での基地押し付けの代価として政府に要求する沖縄振興新法に奄美も乗り合わせ、「沖縄・奄美経済自立新法」を推進させようとする文脈での戦略的発言である。それゆえに沖縄北部との親交／振興であり、「奄美・やんばる広域圏交流」の歴史に光が当てられる側面がある。他方、沖縄側にはかつての「三権（立法・行政・司法）をそなえた琉球政府時代」（！）を念頭に置くと明言して描かれる「琉球諸島自治政府構想」（これも「沖縄自立論」の一つ）に、奄美を「住民投票」で参加させて地方分権を推進させようとする目論見がある。この相互的利用主義をわらい、ロマン主義を唾棄することで関係性を片付けてしまうのでは断じてなく、歴史と現在への真摯な問いを深める共同作業こそがいまも求められている。連帯はその後で初めて思い起こすことができる。前利潔氏から提供頂いた次の資料を参照。前利潔「「琉球諸島自治政府構想」をめぐるシンポのこと」『南海日日新聞』一九九九年一月二八日。「琉球弧の再生　奄美―沖縄の連携を問う」『琉球新報』同年二月九日。「琉球諸島自治政府構想　吉元政矩元沖縄県副知事が名瀬で講演」『南日本新聞』同年二月一六日。前利「奄美のアイデンティティを考える」『沖縄タイムス』二〇〇〇年九月二八日。

（38）目取真俊「軍鶏」『魂込め』朝日新聞社、一九九九年において現れる、沖縄本島北部の暴力団元幹部の名前が、作者によって「里原」と名付けられ、戦後沖縄社会における在沖奄美出身者の〈影〉が作中に書きとめられていることは、現状において希有な例外に属するだろう。この意味でこの作品は歴史的衝撃性をもっていた。

（39）必要な何か、は予定調和的連帯論議やそのための歯を食いしばった根性論ではない。沖縄復帰を前にして、森崎和江は「私たちはなぜ労働と意識の結びつき方の異質さを認識しつつ異質さとの対立点を承認した型での弁証法的な統一体を持てないのだろう」との問いを記し、こう続ける。「沖縄民衆がアメリカ軍政下の諸労働に（そしてかつてやまとんちゅによる強要のもとで）自己を託さず、伝承された内在空間をくりかえし現実へと創造して力を集結させたことを、私たちは自分らへ向けられた殺傷のまなざしとして感じ得るだろうか。あのまなざしがそのまま、海を渡るイナゴの大群のようにおそう図を、私たちは精神風土に描き得るのか。例えば沖縄の復帰を、戦争中の殺人行為の摘発として、恐怖する本土民衆がいるだろうか」。そしていつか声と「対決」の噛みあう日がここに訪れる時まで「私のがくがくふるえている心が生きているようにと念ずる」（森崎『異族の原基』大和書房、一九七一年、一九二―一九六頁）。

（40）この等式はリュース・イリガライ（棚沢・小野・中嶋訳）『ひとつではない女の性』勁草書房、一九八七年、八九頁の記述を、守中高明『脱構築』岩波書店、九九年、三四頁が等式化した意味機構《エコノミー》「男／非‐男＝女」を参照のこと。

（41）書名および一書としての太田昌国『〈異世界・同時代〉乱反射』現代企画室、一九九六年、および太田「おまえの敵はおまえだ」同『日本ナショナリズム解体新書』現代企画室、二〇〇〇年を参照。ありうべき誤解に対する意味を兼ねて付言すれば、たたき割ることは放擲―廃棄ではない。乱反射のめまいと抜き差しのなさを同時に生みだす歴史のエクリチュールの「力の一撃」として記す／行なう。ジャック・デリダ（堅田研一訳）『法の力』法政大学出版局、一九九九年参照。

（付記）　本稿の脱稿から校了にいたるまでの間に、本稿のプロローグともいえる短文を別に記した。森宣雄「歴史の感受と語りにおける危機の到来」『岩波講座　近代日本の文化史』1巻付録「月報5」所収、岩波書店、二〇〇二年。こちらの短文では、過去の回生と歴史の再転回という本稿の主題のひとつについて、その固有のありさまと場面を、わたし自身の出来事としてひとつ提示した。本稿の成立を導いた林義巳、林京子、国場幸太郎、加藤一郎、金沢幸雄、松田清、鳥山淳、冨山一郎、崎山政毅、太田昌国、新崎盛暉、前利潔、西成彦の各氏に謝辞を記し、その出会いに感謝する。

奄美—〈島尾の棘〉を抜く

大橋愛由等

奄美はアポリアの地なのだろうか。

北は〈薩摩—鹿児島〉、南は〈琉球—沖縄〉という強烈な個性を持つ二つの政治・文化圏に挟撃され、時に激しく翻弄された歴史を持っている。さらに近代以降は、日本という近代国家体制の中に組み込まれ、「地方」(正確に言えば東京・大阪に対する〝辺境〟)としての地位を甘受していく。奄美はそうした状況の中でも、あえぎながらも誠実にアイデンティティを模索してきた。しかしその成果・実体は伴っているとは言い難い。自己を確認・検証するために常に他者という鏡像を必要とし、そこに映ったあくまで似姿でしかすぎない「自己」を実相と思いなしてきた経緯がある。鏡像というのは時に本人そのものを逆対象化し疎外する装置であることを、どれだけ自覚してきたのだろうか。

奄美は、半永久的にアイデンティティを模索しつづけ、漂流し続ける〈場所《トポス》〉なのだろうか。島尾敏雄が〈琉球弧〉〈ヤポネシア〉を発想した背景には、こうした自己同一性に裏付けられた「自信」をなかなか見いだすことの出来ない奄美と奄美人に関して、「日本のなかにおいて「奄美」を正当に位置づけることを通して、奄美の人たちにある種の励ましを送ろうとする姿勢」(1)(岡本恵徳)があったことはあきらかである。

私は奄美に対して、編集者として永年かかわってきた。また、阪神大震災の体験者として、神戸という街を総括してみたいと思い立ち、奄美という切り口で表現しようと友人四人で「神戸奄美研究会」を結成。その主な活動である『キョラ』というメディア発行を通じて、奄美について考えてきた。また奄美の地元紙・南海日々新聞に「神戸から」という連載コラムを執筆している。さらに、一九九六年から神戸のFMラジオ局（FMわぃわぃ）で島唄と文化を紹介する番組の制作とDJを担当していることから、ヤマトンチュながら、奄美にかかわる機会が多くなっている。こうした私の個人的心象風景を背景として、本稿では、奄美をどのように捉えていくべきかを、現在奄美で生起している言説を中心に紹介することで、考察していきたい。

本稿を進めるにあたっては、その具体的手法として、島尾敏雄について考えることを中心に進めることとしよう。「奄美にとって最大の他者[2]」（関根賢司）である島尾敏雄についての言説を捉えることによって、奄美が島尾をどのようにとらえ、そして消化していったのか、そして奄美（人）がいまどのようにアイデンティティを模索しているか、その一端を見ていく。

一

奄美にとって島尾敏雄とは一体なんだったのか。

この根元的な意味を問うイベントが二〇〇二年一月に奄美大島名瀬市において二つ行われた。ひとつは藤井令一著『島尾敏雄と奄美』の刊行に合わせて催された出版フォーラム。そして『キョラ』七号のための公開座談会[3]である。この二つのイベントに共通するテーマは、奄美において島尾敏雄を「検証」し「継承」していく方途を探ろうとするものである。奄美において島尾に関するイベントは過去数度行われたが、二つのイベントを主催した側の企画趣旨としては、奄美に依拠するイデオローグたちと共に現在の時点で島尾敏雄を解体し、そののちに批判的に継承していく言説を確立することだった。しかし、テーマの設定段階において、私と奄美側との間に緊張をはらんだやりとりがあったことを報告しなくてはならない。この「解体」の言葉について異議を申し立てたのは、奄美側でイベントの事務局を引き受けた森本眞一郎だった。彼は「解体はおかしい」というのである。では「〃再検証〃ではどうか」と問うたところ、「〃解体〃、〃再検証〃どころか、〃検証〃さえなされていない」との意見である。こうしたやりとりの後に、座談会のテーマは「検証」と決められた。

このような応答は、ある程度は予想していたものの、私にとってやはり意外であった。森本の「〃検証〃さえされていない」と言う背景には、奄美における重い現実があるものと思われた。果たして本当に島尾敏雄は、これまで奄美において「検証」されてこなかったのだろうか。確かに、島尾敏雄に関する言説は、琉球弧の沖縄からのみならず、ヤマトの文芸評論家からも多く刊行されているが、こと琉球弧に関しては、沖縄からの濃密な琉球弧論・ヤポネシア論に較べて、奄美発の島尾論は多くない。こうした雰囲気を代弁するかのように、『島尾敏雄と奄美』の「あとがき」で著者の藤井令一は次のように書いている。

振り返ってみますと、島尾さんに関わる論評は、日本全国から数知れず出されていますが、その青壮年期の二十年を住まわれて、創作活動を成されたこの日本の奄美からは、確かなものが一冊も出されていない、と言う口惜しさの様な思いが、強く心奥に感じられてなりません。

島尾敏雄という作家は、多くのテーマ、多くの〈場所〉から語ることの出来る多面的な表現者である。例えば、私の住む神戸からでも島尾論を展開することは可能だ。島尾の同級生（神戸小学校、神戸商業学校）がまだ何人か存命であることや、復員してからの数年間、神戸山手女子専門学校（現・神戸山手大学）、神戸外事専門学校（現・神戸市立外国語大学）で教鞭をとっていたことから、その教え子もいる。そして大平ミホと結婚して二人の子どもを設けたのもこの街だ。また、復員後に書かれたいくつかの短篇小説を元にした島尾文学論も可能である。「神戸の作家としての島尾敏雄」は存在する。しかしそれは島尾の全てではない。〈場所〉から島尾を語る場合、すべての〈場所〉からの島尾論は成り立ちうるが、その個別の論は島尾を語り尽くしてはいない。いや「全て」＝

全体像という言葉ほど、島尾と縁がない言葉はないだろう。あらゆる〈場所〉に「異和」を抱き続けてきた島尾である。彼が安堵した〈場所〉は、〝迷路〟であり〝夢〟の世界ではなかっただろうか。

ただ、島尾を受け入れた側に視点を移した時、〈場所〉によって温度差が存在していることは強調しておかなくてはならないだろう。すなわち、奄美における島尾受容の深さ、熱っぽさは、同じく島尾が関わった神戸や沖縄などと較べものにならないほどの温度差があるということである。つまり各〈場所〉の個の中に集積されている記憶と、奄美という〈場所〉そのものに刻されている集団的記憶の違いだともいえるのだろう（同時に、こうした熱さ故に、それこそが島尾に対する批評精神の欠けた片恋的なオマージュの温床となっているのだが）。

島尾文学は、その超現実的、前衛的な筆法や、小説否定の小説とか、夫婦の結びつきの根源を穿つ作風、死との精神的対峙の極限を抉る筆致などに重点が置かれ、研究論評されている。しかし、私はもっとより深く、その作品の生まれ出た風土や、根の部分にも視点を向けるべきだと思っている。

奄美大島という古い日本文化の根が生きていて、一つの新しい異文化圏を成すかに見える琉球弧の中の島に在ってこそ、初めて生まれ出た島尾文学に、いわゆるヤポネシアのしっぽで生まれた島尾文学（南島文学）に対する新しい視座の必須性を　痛感させられている。(4)

藤井令一は、島尾が奄美・琉球弧の風土の中に二〇年間かかわることによって、島尾文学の完成に大きく寄与したのだと考えている。島尾と奄美という〈場所〉とが、密接につながっていることを強調することで、島尾文学と奄美との紐帯は強く不可分の関係となっていることを言明する。こうしたことを背景として生みだされた島尾の文学作品は「南島文学」と言い得るものだと書く（なお、この「南島文学」についての考察は、後に展開することにしよう）。このような藤井の島尾受容のありようには、島尾が〈琉球弧〉〈ヤポネシア〉の発想に沖縄返還を目前にして次第に国家論的な要素を加味させていった傾向には同調することなく、ひたすら奄美と奄美人のアイデンティティを確立する意味で、大きな鏡像として重要視しようとしたことがうかがえる。奄美人がアイデンティティの確立を、島尾の存在や文学性に「託卵」することで育成しようとしていることが分かるのである。岡本恵徳は、こうした藤井の態度について以下のように分析する。

奄美在住の詩人藤井令一は、島に生きる人々の生の根拠を島の風土や歴史や文化のうちに求めようとする立場から、それらの島の独自なありようを鋭く指摘し続けた島尾について、たとえば、「島尾文学の原風景であり原郷である南島奄美」と位置づけ、それがどのように島尾文学のなかに「色濃くその陰影を添わせ続け」ているのかその様子を探ろうとさえしている。そういう藤井の島尾への切実な関心は、藤井自身の、自らのアイデンティティーの根拠を奄美という「島」に求めようとするところからくるのであり、島尾の「ヤポネシア論」がまさに、それに充分応えるものであったことを示しているのである。(5)

こうした自己のアイデンティティを確立するための島尾受容のありようは、他の奄美に依拠するイデオローグたちにも見いだすことが出来る。ただし次に紹介する二人は、藤井とは逆の、島尾を否定的に受容・対峙することで、自己と奄美との関係を模索していこうとする立場である。まず最初は前利潔《まえとし》を紹介しよう。前利は、沖永良部島に生まれ育ち、現在もこの島から、状況論を地元マスコミなどにむけて積極的に展開することによって、奄美にかぎらず琉球弧のなかにおいても若手イデオローグの一人として活躍、注目されている人物である。今回の〈出版フォーラム―座談会〉に出席する数日前に、彼が南海日日新聞に寄せた文の冒頭部分を引用してみよう。

いま島尾敏雄を語ることに、とまどいがある。……一つは僕のテーマは経済史であり、島尾敏雄の研究家ではないこと。もう一つは僕の島尾敏雄の読み方は、そのときどきの自分自身の問題意識とからめて、島尾の琉球弧論やヤポネシア論の言説を確認するという読み方であるからだ。だから僕自身の問題との関係で、島尾の言説を違った意味で理解することもあるというわけだ。[6]

一九六〇年生まれの前利にとって、島尾は身近な存在ではない。奄美人のアイデンティティの確立は、彼の中心的な思想テーマとなっているのだが、島尾に対しては一定の距離を取りつつ慎重に語ろうとする姿勢がうかがえる。同時に前利は、奄美のこれまでの島尾受容のありかたに対して批判する急先鋒の言論人なのである。

前利　はっきりいえば奄美側は島尾敏雄を主体化できなかったのではないか。沖縄は島尾敏雄の思想をベースに、新たに主体的な思想を展開したといえるが、奄美は、島尾敏雄そのものを消化できなかった。そのことを思い知らされたのが、鹿児島で開かれた同和教育研究会の報告の場。僕が奄美は島尾敏雄を主体化できなかったのではないかと発表すると、鹿児島出身で奄美高校に赴任している若い教師が会場から発言して、奄美に行けば島尾敏雄について奄美の人たちとたっぷり語れると思ったという。ところが、生徒はもちろん父兄も島尾敏雄を知らなかったというわけ。奄美には「島尾文学顕彰会」というのがあります。典型的に島尾敏雄を祭り上げようという発想。島尾敏雄という偉大な作家がいたというレベルで、島尾敏雄の思想や文学と対峙しようとしない。[7]

藤井令一は、島尾が奄美を離れた直後に、島尾の残した遺産である「奄美郷土研究会」、「県立図書館読書会」を継承・発展させ、「奄美文学史」等の編纂を奄美の人間によって成し遂げる必要性を訴えている。さらに「民俗学や文学の分野で研鑽苦闘している者も、その琉球弧奄美のモチーフに取り組む時、どうしてもヤポネシアの視野から逃れることは出来ないし、むしろ今から先は、島尾さんが指示し示唆したことを、原住民の手で確実に立証していかなければなるまい[8]」とする明確な問題意識を提示している。ところが、前利の視点からすると、〈ヤポネシア〉〈琉球弧〉の概念は島尾の離島後、奄美の内部で受肉化（＝主体化）されてこなかったし、「島尾文学顕彰会」の存在のように島尾をオマージュの対象とはするものの、批判的に検証するという実績を重ねてこなかったとみる。つまり前利はこうした島尾の遺産を継承し得なかった奄美そのものに対しても、問題提起をし続けるのである。

「奄美」という枠組みを相対化しようとしているのだ。つまり「奄美」という地域そのものを歴史的、政治的に解体しようとしている。

しかし〈琉球弧〉という概念は否定するものではない。この言葉が普及する前の奄美は、日本中央部にとっての「南西諸島」の一部であったり、鹿児島の南部という位置づけの「薩南諸島」という地理学用語で呼ばれていたが、奄美や沖縄の島々の連なりに座標軸の中心（＝主体）を移した言葉・概念ではとうていあり得なかったのだ。藤井は、〈琉球弧〉という概念を島尾が発想・提示したことで、奄美が日本の中で正当に位置づけられていることに大きく目を見開かされた世代であるのに対して、前利は、すでに琉球弧という概念は所与のものとして思想的に定着しており、その発想をもとに、沖縄では独自にオキネシア（三木健）、リュウキュウネシア（高良勉）といった、琉球弧や日本を相対化する思想が展開されたことを識っている世代であるという違いがあるのだ。さらに前利は、この沖縄と奄美の〈琉球弧〉受容の差異を単に識っているというだけでなく、奄美が思想的な深化を殆ど果たすことなく経緯していたことを看破し、それを許してきた奄美の知的状況に対して苛立ち、そして批判の矛先を向けるのである。

そしてもう一人の人物は、高橋一郎である。一九八一年に民俗学調査をするために、肩書きなしの在野研究者として奄美に住み込み、平家物語が奄美のシマ共同体にどのように伝承されているかを丹念に調べ上げ、『海原の平家伝承』『伝承のコスモロジー』という二書に結実させている。その容易に妥協しない姿勢は、奄美の中にあって時に「村八分ならぬ村十分の扱い」（高橋）を受けながらも、内部から奄美を批判・相対化しつづける表現活動を行っている。高橋の奄美における位置は、かつて沖縄のナイチャー（在沖ヤマトンチュ）として、沖縄を内部から批判し続けた関広延や関根賢司の立場を連想させる。その彼が今回の〈出版フォーラム〉において次のように発言している。

高橋　私は奄美に来てから島尾敏雄を読んでいない。島尾の言説に絡めとられたくないからだ。奄美に来る前は島尾を読んでいたが、奄美にきてからは自分で実感した言葉で語りたいとの思いが強く、あえて島尾は読まないことにしてきた。

奄美で島尾を読まないという発言にいくつかの反応があった。そのうち、後日に掲載された記事の中に「「島尾の作品を読んでいない」というパネリストがいた。そういう人をパネリストに選ぶこと自体疑問だが、皮肉にも島尾敏雄の風化が浮き彫りになるフォーラムとなった」[9]（南日本新聞、二〇〇二年一月三一日付）といった文章が登場する。しかしこの表現は間違っている。島尾を拒絶するという行為は、島尾の文学や思想を真正面から論ずることを怠ってきた奄美の知的状況に対して安易に参画しないという意思表示であるのだ。こうした意味で、高橋のとった態度は正鵠を得ているのではないか。また、高橋自身が、奄美にとって同じマレビトである島尾が紡ぎだした言説と同じ位相（土俵）に立つことを嫌った結果であるとも考えられる。

〈出版フォーラム〉は東京から知のマレビトとして川村湊をゲストとして呼び、川村に島尾についての講演を依頼、さらには奄美・沖縄から出席したパネリストと共にフォーラムにも参加してもらった。そもそもこのフォーラムの狙いは、奄美においての島尾の検証と読み直しである。ヤマトから著名な文芸評論家や大学の先生を招聘し、奄美で講演してそれでおしまいという一方通行的なベクトルの言説の流れを、単純再生産したくなかったのである。こうしたゲストの「語りっぱなし」ではなく、語られた奄美の側との言説の交換を企図したのがそもそもの趣旨であった。高橋はこの〈出版フォーラム〉における奄美側のコアの部分を用意した人物であるのだ。

高橋　奄美で島尾が検証されているいないの以前に、そもそも奄美では自前の言葉が奪われていった経緯があるのではないか。つまり誰かが奄美に来てしゃべると、その言葉に奄美の人はものの見事に去勢され、自分が考えたような錯覚に陥ってしまう。つまりは自分の言葉が奪われてしまう——その繰り返しがずっと行われてきたのではないか。

〈出版フォーラム〉では、川村湊の講演の後に、間弘志《はざま》による「島尾敏雄　来島のころ」と題する基調報告が行われ、島尾が奄美にやってきた一九五五年頃の奄美の文学状況についての実証的な報告がなされた。これは島尾が〈琉球弧〉〈ヤポネシア〉を発想した原風景を奄美の側から確認していこうとする試みである。高橋は「島尾を奄美にもう一度引き寄せて、奄美に島尾を立たせてみようと思い、間氏に基調報告を依頼した」と説明している。奄美（名瀬）という舞台の上にもう一度島尾を立たせる、引き寄せるというこうした知的行為は、注目に価するものであろう。奄美は常に〈異人―偉人〉を求めてきた。その〈異人―偉人〉は常に通りすがりのいずれは去っていく者であるので、常民であるシマンチュにとっては、「検証」や「主体化」の対象ではなく、「懐かしさ」や「顕彰」の対象でしかない。奄美においては、これからも島尾と違った〈異人―偉人〉の出現を求める民族心性は変わりなく続くであろう。

今回の〈出版フォーラム―座談会〉では、島尾を〈異人―偉人〉としてではなく、彼が奄美に生活者として住み続けたことで発想された〈琉球弧〉〈ヤポネシア〉を実証的に検証していこうとする試みであり、島尾を〈異人―偉人〉たらしめた奄美という〈場所〉に、もう一度ひきもどしてみせることであったはずだ。〈異人―偉人〉の存在やその文学・政治性に仮託して自らのアイデンティティを築こうとしてきた奄美（人）にあって、〈異人―偉人〉のペルソナを剝いでみせる今回の行為は、奄美（人）の主体化になにがしかの刺激を与えるものになるのかもしれない。

二

さて、これまで、奄美において、島尾への個人的追慕ではなく、彼が発想した〈琉球弧〉〈ヤポネシア〉の発想が、どうして奄美において、根付かず、また「検証」もされてこなかったのか、その現状を私なりにみてきたつもりだが、今回の〈出版フォーラム―座談会〉で交わされた意見交換の中で分かったことは、奄美（人）が島尾の仕事を継承してこなかった要因の一つとして、島尾自身の態度にもその因を求めることが出来るのではないかということである。つまり、島尾は奄美において、文学者・表現者として振る舞うことを意識的に避けていた様子がうかがえるのである。このことをあきらかにするために、まず島尾が書いた小文を引用してみよう。

毎日のつとめの行き帰りを私は歩いたりバスに乗ったりしている。三万人ほどの人口の小さな港町だが、町はずれから中心部のつとめ先までは歩けば二十分ほどもかかろうか。つとめのために毎日家を出かけて行く生活は、私にとってここ四年ばかりの経験だけれど、親の庇護をはなれたあともかなり長い期間そういうことのなかった私には、この生活はひとつのあこがれであった。だから毎日を朝方家を出かけ夕方もどってくるつとめ人の生活がはじまったとき、半面に煩瑣を感じながら、気持のはずんだたのしみが含まれていた。それは四年たった今でも変りはない。ただつとめ先での仕事のほかに家の中での小説の仕事があるために、家の外の仕事だけに割り切ることができないで気持が両端に走りだしそうないらだちを感じないでもないが、そのためにつとめをやめようとは思わない。かえって、時としてはつとめ先の仕事だけに頭を向けることができたらと思ってしまう(10)（「過ぎ行きの素顔」から）。

島尾にとっても毎日出勤していく先があること、それがすなわち生活の安定、ミホ夫人の精神の安定につながることを意味する。文学者としてではなく鹿児島県立図書館奄美分館長の行政マンとしての顔をもっぱら奄美に向けることを定めていた気配がある。島尾が分館長をしていた当時、南海日日新聞記者として島尾に接していた越間誠は、「文学者というより、地域の方向づけを客観的に観察して文章にしるし鼓舞していった面がある」と証言している。自分自身は一歩ひいて「奄美郷土研究会」や「県立図書館読書会」といった団体を育てることに自分の場を見つけていたのかもしれない。〈座談会〉の会場で意見を求められた画家の司修は、「良い絵の先生は、生徒に何も教えない先生だと言われている。島尾は島の人たちと文学を介在しての付き合いは故意に避けていたのではないか。むしろ背後に自分がたたずむことで、影響を与えていこうと考えていたのかも知れない」と語っている。

島尾敏雄を奄美において論じる際に、大きなキーパーソンとなっているのが、名瀬在住のミホ夫人である。島尾文学はミホ夫人抜きには成立しなかったことを考えると、島尾文学はいまだ継続されている、といっていいのではないか（それ故にこそ、奄美における島尾の記憶は生々しいかぎりではあるのだが）。ここ数年ミホ夫人は、自ら著することは多くないものの、映画「ドルチェ—優しく」（ソクーロフ監督、一九九九年）に出演したり、小川国男との対談、また島尾の日記を『新潮』[11]に発表するなど島尾文学の普及につとめ、地元の文芸サークルにこまめに出席するなどして、奄美においては存在感があり、いまだあまたの象徴性《シンボル》に満たされた人物である。また、日常生活では、一九八六年に他界した夫・敏雄に対する弔意を示しつづけるために、喪服で通すなど、「島尾文学の世界」に自ら企投していることが分かるのである。高橋は〈座談会〉の中でこう語っている。

高橋　いま奄美で島尾敏雄を検証するなんて無理です。皆さんご存じなはずです。だってまだ生きてますもの。この影響というのは非常に強いですよ。その中で何かを語るなんて絶対に出来ない。地元の新聞は、ヤマトからやってきた偉い文学者や大学の先生の島尾を論じる文章を掲載したりして、新しい言説、新しい神話を作りだしている。そのような中で検証するなんてことをしたら不届き至極（笑）。そういう雰囲気が奄美にあるのです。

歯に衣着せぬ言説を展開する高橋をして「だってまだ生きてますもの」と主語抜きに言わしめたのは、まぎれもなくミホ夫人のことである。ミホ夫人の手許にはまだマスコミ未発表の島尾の草稿が遺されていると思われる。吉本隆明にとって、島尾は「この人のものなら小学校の時の作文や日記から手紙からなにからなにまで読んでみたいというそういうふうに思わせる」[12]タイプの作家だそうである。私もこの意見に賛同したい。奄美にかかわる私としても、島尾の書き遺した文章を少しでも多く読んでみたいとの要求にかられるのである。

三

こうしたいくつかの島尾をめぐる奄美の環境を踏まえて、では現在の奄美でどのような知の活動が行われているかを、〈出版フォーラム―座談会〉で論じられた中から、三つの事項を抽出して考察してみることにしよう。ひとつは「南島文学」と「奄美文学」について。二つ目は〈琉球弧〉〈ヤポネシア〉と「奄美学」の相克、三つ目は村井紀から提起されたヤポネシア批判にどう応えるのかということである。

まずは、「南島文学」と「奄美文学」についての考察に入ろう。こうした文学のジャンル分けや名称について、文学の本質とどのようにかかわっているのか疑問だ、とする意見（越間誠）が〈出版フォーラム―座談会〉でなされたが、ここではテーマと外れるので触れないでおく。

「南島文学」についてであるが、藤井が、島尾の作品世界はそのまま「南島文学」と言い得るものだと強調している文章を、もう一度ここで引用してみよう。

島尾文学の全ては、奄美に生活してこそ書かれ、造り上げられたものだから、「出発は遂に訪れず」も、「死の棘」も、「夢の中での日常」も、「日の移ろい」も、「夢のかげを求めて」も、すべて奄美のシャドーから逃れることは出来ないし、島尾文学のすべての故郷としての奄美の存在が、絡みついているのを否めないのである。

それらの作品は、戦記もの、病妻もの、夢もの、日録もの、紀行ものの頂点として分析されるが、すべての分野に島尾さん独特の筆法で奄美の陰影が秘められ、或いは表出されるのを見逃せない。そこに島尾文学の故郷を見出すとともに、私は島尾文学を日本の南島文学として認識させられている。[13]

藤井は、奄美の文学の本質として、「詩歌にひたむく内実的な性情の豊かさと、小説や散文にかかわる資質や表現行為の乏しさ、という実に対照的な史実と現実」[14]があることを指摘している。つまりはこの意味で、奄美の風土と不可分な関係によって形成された島尾の作品世界は、奄美ではこれまで多く産出されてこなかった散文・小説の表現世界をあらたに展開し、次なる可能性を拓いてみせたものと認識しているのである。

藤井はまた、奄美において散文・小説が生まれづらかった原因の一つとして、シマユムタ（奄美語）の使用が、散文・小説作品に不向きであることをも指摘する。その意味で、シマユムタを有効に使った作品が島尾ミホの『海辺の生と死』の中に収録されていて、その内容と傾向を藤井は評価している。このように島尾敏雄・ミホの作品に仮託して、新しい奄美の散文文学＝「南島文学」が創出される萌芽を確認しようとしている。つまりは島尾文学の奄美における展開を、天与の招来物として歓迎し、これを機に奄美に新たな文学が生まれることを期待したのである。そして島尾もまた、実現はしなかったものの、奄美を題材にした小説を書こうとした経緯もあり、奄美には小説を書くための〝パン種〟は豊富にあると考えたようである。

「奄美文学」については、名瀬在住の間弘志《はざま》が定義した次の言葉を考察の素材とすることとしよう。

「奄美文学とは、奄美と奄美人を題材とした文学の意である。舞台が奄美以外でも、奄美の人が描かれていれば奄美の文学である。また奄美以外の人が描く奄美および奄美人の作品もまた奄美の文学と私は呼んでいる」[15]。――では果たして、「南島文学」と「奄美文学」の差異をどのように考えればいいのだろう。まず言い得ることは、島尾敏雄の影響の濃淡である。つまり藤井とともに名瀬で生まれ育った間ではあるが、世代の違いが島尾の作品世界に接する濃度の違いを際だたせていることは確かであろう。藤井が「〈南島〉文学」と「南島」という名辞を冠したのは、奄美の文学そして奄美そのものが、日本というフレームの中で位置づけられるべきだという希いが込められているのかもしれない。それは島尾が奄美と骨がらみの関わりから生み出されたものであるとの認識から出発していることは言うまでもないことである。

一方の間《はざま》は、「奄美ルネッサンス」と呼ばれる米軍統治下における奄美の文芸復興運動の研究や、劇団「熱風座」を率いた伊集田実の研究、名瀬市周辺で誕生した文学作品を紹介する評論「都市変容と文学世界——戦後名瀬を舞台にした小説群」など、いまある「奄美」が立ち上がった戦後—米軍占領時代を出発点として、ひたすら「奄美の文学」そのものを凝視することによって、奄美人が何を産みだし、何を語ろうとしたのかをつまびらかにしようとしている文学者であるのだ。間の文芸評論のパースペクティブが、琉球弧あるいはヤポネシア全体に展開し、評論が書かれる過程で、奄美の文学ならびに奄美をどのように位置づけようとするのか、藤井の「南島文学」をどのように解釈していくのか、今後も注目していかなくてはならない。現在の奄美は「南島文学」と「奄美文学」の解釈と評論が並立している複眼的な状況にあると言っていいだろう。

また〈座談会〉の席上、川村湊から「奄美文学はすでに解体されている。しかし解体されるべき奄美文学をまず立ち上げなくてはならない」といった、藤井、間とは違った視座からの提議があったことも記しておく。川村は、『キョラ』六号の目取真俊、前利潔と囲んだ座談会「溶解する記憶と記録の境界」の中でも「沖縄文学解体論」を唱えている。(16) それによると、風土性と密着した意味での「沖縄文学」や「北海道文学」あるいは「奄美文学」というのは、すでに解体しているという。藤井も間もまた、奄美という風土性に依拠した文芸評論を展開しているという意味では同根であり、川村の「奄美文学解体論」とは真っ向から対峙するものであろう。これから奄美側が川村に対してどのような言説を展開していくのかも注視していきたい。

次に、〈琉球弧〉〈ヤポネシア〉と「奄美学」の相克について筆をすすめることとしよう。この「奄美学」のテーマが話題にのぼったのは、〈出版フォーラム〉において、島尾を「検証」するために高橋が問題提起したテーマのひとつとしてであった。「奄美学」について今の時点で奄美（人）がどのように対応していくかは、島尾が奄美に遺した大きな（負の）遺産であるからだ。というのは、「奄美学」を提唱したのは山下欣一であるが、一九七五年に名瀬市で開かれた「奄美学シンポジウム」で、島尾は「奄美学」に対して否定的な見解を示している。以後、島尾の否定的態度がすべてではないだろうが、「奄美学」は「沖縄学」のように、体系的な学問大系になることなく推移してきた。

また、一九九三年に『奄美学の水脈《みお》』という、「奄美学」という名を冠した著作が刊行され、古今の奄美関係文献《テクスト》が紹介されている。序文（「はじめに」）を担当した山下欣一は、「奄美学」についての所見を述べる好機ではあったにもかかわらず、アカデミシャンとしての慎重さからか、終始「奄美研究」という表現を使いこそすれ「奄美学」という用語は一度も使用せず、提唱者である山下もこの「奄美学」という言葉と概念に対して一定の距離を置いていることが確認されるのである。

では、島尾と山下の相克とは一体何だったのだろう。シンポジウムを見聞した藤井は、次のように印象記として記述している。

民俗学者の山下欣一さんが強く提唱していた《奄美学》に関するシンポジュウムが、去年の秋名瀬市で開かれ「奄美の人が【奄美】を凝視し、いわゆるヤポネシアの世界、異文化を通して、自己を客体化した形で自己を規定していくといった作業を通してこそ、奄美文化の独自性を認識する可能性が生まれてくる」との結びの言葉で、《奄美学》があってもよいとの結論で終ったようだが、そのシンポジュウムで、島尾さんは「一つのプロセスとしては良いが、それが終点であっては困る」と、厳しい発言をしていた。……奄美をもっと学問的体系の中で糾明し、奄美独自のものを探り出し、よく知らなければならないとする山下欣一さんの民俗学的な見方と、自ら南島文学を築き上げたことによって、古い奄美人と同化してしまった島尾敏雄さんの、日本の歴史は奄美や琉球を抜きにしては考えられないとする、文学的歴史家的な見方は、外から内に向けられた目と、内からの感受で外へ向けられた目との違いであって、琉球弧を軸にして、ヤポネシアの在り方を捉える同一の流れの中にあるもの、と云えるのかも知れない。(17)

要領よくまとめられ、藤井独自の見解も挿入されて、シンポジウム会場での雰囲気も伝わってきそうである。もともと一九七〇年代に「奄美学」が提唱された背景には、復帰を前後しての「沖縄学」の隆盛があった。一方で「奄美学」が提唱されたのは、「奄美ほど文献が稀少で散逸した土地は少ない。奄美を知ろうとする人々にとって、このことが大きな悩みの一つであった(18)」とする山下の危機感で表されているように、研究者にとって、またシマンチュにとって、奄美を知るための文献資料の何がどこにあって、どのようなものがあるのかという基本的情報すら定かではないという深刻な現状があったことは確かである。

また、「沖縄学」が沖縄県内にいくつかある大学の研究者によって研究実績が重ねられている一方で、大学・研究機関のない奄美では、研究（者）を受け止める機関が不在であるとの絶対的な条件の違いがあった。いわば山下の〝民族意識〟の発露によって提唱された感のある「奄美学」ではあるが、高橋一郎にとっては「「沖縄学」がアカデミズム主導の「官学」の色彩が濃いのに較べて、「奄美学」は民間の学だと考えていた(19)」と語るように、「官学」では醸し出すことの出来ない自由な発想と構想力で進められていくべきものだという認識が生まれているのも事実である。そして、島尾の否定的表現にもかかわらず、シマンチュにとっての「奄美学」とは山下の〝民族意識〟と同調するところが多く、越間誠は「奄美学を構築できるかどうかは、奄美に住む人間にとって生きていく方向性を示すことであり、生きる価値の悦びを捜しだすことを意味するのではないか(20)」とまで言い切っている。

しかし、「奄美学」についていえば、島尾の突き刺した〝棘〟は、今も奥深く突き刺さったままであると思われる。島尾が「奄美学」に対して警戒の手を緩めなかったのは、その発想が〈琉球弧〉の発想の根源からずれてしまうからである。島尾は「沖縄学」という呼称についても疑義を持ち、「琉球学」という名称のほうがすっきりするのではないかと言っている。「奄美」や「沖縄」を個別に定立すること自体、〈琉球弧〉〈ヤポネシア〉の解体を意味するからだろう。さらに山下の「奄美学」というものが、シマンチュにとって郷土を考える受け皿になりうるのだという見解について、島尾は「「奄美学」というものを確立して、奄美人による郷土の追求ということですが、なにかこう教育しよう、啓蒙しようという意図が強い」[21]と述べている。島尾のこの態度は、彼が〈琉球弧〉〈ヤポネシア〉を発想した背景に、奄美人に対する応援の姿勢があったにもかかわらず、奄美人みずからの内発的な自己同一化作業に対しては、距離をとっているからだろうか。

島尾は、むしろ「奄美学」を定立するのであれば、「沖永良部学」とか「徳之島学」といったさらに個別の島単位の研究のありかたの方が好ましい、と語っている。こうした発言は皮肉なことに、現在の奄美の研究最前線では、「奄美学」という総体を確立できなかった分、〈琉球弧〉〈ヤポネシア〉を半ば解体する意味において現実化しようとしている。「琉球弧論の現在の関心は、琉球弧内部の違いや関連性を細かく見ていく方向にあります。島尾さんの時代には「ヤポネシア」の内部として見ていましたが、内部の位相、違い、関連をより見ていくように視線が移ってきていますね[22]」と語るのは奄美在住の歴史研究者・弓削政巳である。また前利潔も島尾に呼応するかのように〝沖永良部学〟というものを提唱している。それは「「沖永良部人だけのための沖永良部学」ではなく、沖永良部島という視点から「ひとつの奄美」「ひとつの沖縄」「ひとつの日本」という枠組みを越えて、アジアに向けて窓を開いていこうという意味である[23]」として、島尾とは違う位相で、琉球弧の島々を解き放とうとしているのである。高橋は「奄美学というのは琉球弧、ヤポネシア論の〝鬼っ子〟のような存在であった」と認め、両者はある意味で同根の発想から生まれ出たものであることが〈出版フォーラム―座談会〉で確認された。同時に「奄美学のシンポジウムで交わされた島尾と山下の緊迫したやりとりが、それ以降の奄美の動向を決定してしまった感がある。つまり奄美の人びとにとって構えが大きい問い立てと議論であったために、かえって人びとの思いがブラックホールに吸い取られてしまったような、そんな感じがしている」と、奄美と奄美学における〝島尾の棘〟が、四半世紀たった今も抜き去るに到っていないことに厳しい眼差しを向けているのだ。

さて、島尾が個別の「奄美」や「沖縄」をかたくなに拒絶し、〈琉球弧〉〈ヤポネシア〉に還元していこうとする態度は、〈琉球弧〉〈ヤポネシア〉が「日本」というフレームを前提とした発想であることが確認されるのである。つまり〈ヤポネシア〉は、「日本」という呼称の中に込められたこわばりを解き放つために発想されたはずであるが、「日本」そのものを否定するものではなかったということである。この意味で島尾の言説の中に〈ヤポネシアのコインの裏側である日本〉がほの見えてくるのである。ここに第三のテーマが登場する。村井紀のヤポネシア批判に、〈琉球弧〉〈ヤポネシア〉、そして奄美がどう応えていくかということである。

村井は、一九六一年に発想された〈ヤポネシア〉は、柳田國男―折口信夫―吉本隆明・谷川健一と連結する「南島イデオロギー」のひとつとして位置づけている。「ヤポネシアの根っこ」である奄美・沖縄は、「「日本の原郷」・「原日本」を意味するにすぎない」とする。さらに「日本のナショナリズムを「根っこ」から相対化するというその主張は、実際には柳田らの「大陸」文明に対する〝排他性〟をも共有するように、〝ナショナリズム〟そのものなのである」[24]と厳しい。こうしたヤポネシア批判は、奄美の側にも存在している。森本眞一郎は、「〈琉球弧・ヤポネシアのテーマは〉島尾敏雄の「日本の国体」や「天皇制」を回避した地平からは、夢のような、「相対化」しか像は結ばない。いわばそれを補完し、強化するイデオロギーとして機能している」[25]と断言するのである。

島尾にとって〈ヤポネシアのコインの裏側である日本〉は、特に「ヤポネシアの根っこ」である〈琉球弧〉でこそ強調されるべき事項であった。もともと島尾は「根っこ」ではなく「しっぽ」と発案したようだ。藤井は「私はその言葉から、琉球弧の島々が動物的に見えだし、爬虫類のしっぽのような、生命力に溢れた躍動を感じさせられたのだ」[26]と詩人的直観にいろどられた肯定的評価を下している。しかし島尾は、「しっぽ」と表現してしまっては「島の人たちに嫌な感じを与えてはと遠慮して根っこにしたのですよ」[27]と証言しているように、「島の人」つまり奄美の人たちに心配りしている。一九六一年といえば、奄美が日本に復帰（施政権返還）してから、八年しかたっていない。

「しっぽ」という言葉は、当時の奄美の人たちにとって、これほど傷つく言葉はなかっただろう。近世の薩摩による植民地支配が終わって後も、明治以降は鹿児島県の差別的な政策に永年忍従を強いられ、反鹿児島感情を蓄積しながらも、日本への同化を積極的にすすめてきた奄美（人）ではあったが、一九四六年に沖縄と共に米軍統治下となり、日本から分離されてしまう。米軍統治下では、一転して沖縄と同一の行政区にくくられることへの違和を奄美(人)はいだくようになる。そこで、一九五三年に奄美単独で日本復帰を果たすまで、高揚した復帰運動の最中に、シマンチュが日本復帰の正当性として〝錦の御旗〟として掲げたのは、戦前まで奄美は鹿児島県に属していたという〝事実〟であった。この時のシマンチュは、東京都や兵庫県、宮崎県に所属してはどうかとの少数意見を放ちながらも、現実として選択したのは、反鹿感情を圧殺しつつ「元・鹿児島県大島郡」に復帰するという結果であった。この心の屈折は、復帰運動の成果の自讃に隠れがちではあるが、奄美民族のトラウマになっているのではないだろうか。

「しっぽ」は「トカゲのしっぽ切り」を連想させる。もし奄美が「ヤポネシアのしっぽ」なら、またいつ日本からいとも簡単に「しっぽ切り」をされないとも限らない。復帰運動を担った世代のシマンチュや、ヤマトにおいて復帰運動に連帯していた奄美出身の古老たちほど「私は日本人です」と繰り返し強調する。こうしたシマンチュの心の動きを島尾がキャッチしないはずはないのである。そのゆえにこそ、奄美は日本の一部であることを常に確認したいシマンチュに向けて、島尾なりに発想したのが〈ヤポネシア〉ではなかったのだろうか。

奄美では、その〈ヤポネシア〉が批判されていることに対して、たじろいでいるというところが正直な受け止め方だろう。この心の動きは、奄美で島尾を「検証」する必要性を感じるのとは全く別チャンネルで稼働している情念であるように思われる。奄美（人）は常にアイデンティティに揺れている。島尾はその揺れを敏感に察知して、〈琉球弧〉〈ヤポネシア〉を奄美から発想することでシマンチュに「勇気」を与えてきた。しかし〈ヤポネシアのコインの裏側である日本〉という側面がある以上、〈ヤポネシア〉は日本の国体を「補完し、強化するイデオロギーとして機能」することによって、反対に奄美が日本の〝辺境〟でありつづける現状に対して、自ら加担することになってしまうのである。

奄美が日本の〝辺境〟であるということはどういうことなのか――それは、一九九七年に神戸市須磨区で起きた小学生連続殺傷事件の犯人とされている「少年A」の犯罪の猟奇性を、その両親の出身地である奄美の風土・民俗に求めるといった東京発の雑誌ジャーナリズムの言説が登場したそのひとつの事実をもってしても、充分に証明されるのである。(28) つまり〝辺境〟である奄美のことなら「書き放題」も許されるという差別パラダイムの底辺に位置することを甘受するということなのだ。

〈ヤポネシア〉の思想の有効性に疑問が持たれている今、奄美（人）は、自らの手で問い直し、再構築していかなくてはならないだろう。それともあるいは再び、自己確認の漂流の旅に出るのか、または、新たな〈異人―偉人〉の言説を待つのであろうか。

以上、これまで島尾敏雄の言説をめぐって、奄美は島尾をどのように捉えることでアイデンティティを模索しているのかを見てきた。奄美は二〇〇三年と二〇〇九年に大きな歴史の節目を迎えることになる。日本に復帰（施政権返還）して五〇周年の節目となる二〇〇三年は、復帰運動を推進しきた人たちにとっては祝賀の対象となるだろう。一方で、「奄美の復帰は時期尚早だった」と唱える前利潔の言説が、論戦の舞台にあがることが期待される。二〇〇九年は一六〇九年の琉球への薩摩侵攻以来、四〇〇年後にあたる。これを機に、一六〇九年を「奄美処分」の第一回目とする主張があり、薩摩―鹿児島に支配されてきた来し方を批判的に総括していこうとする、森本眞一郎を中心とした動きがある。しかし、これを鹿児島側が「奄美併合」を正統化する〝四〇〇年祭〟にまつりあげる可能性も否定しきれない。この二つの歴史的メルクマールを奄美がどのように主体化していくか、今後も注目していきたいと思っている。まだまだ奄美から目を離すことができないのである。

（注）

（1）岡本恵徳『「ヤポネシア論」の輪郭』序論、沖縄タイムス、一九九一年、一二頁。
（2）南海日日新聞社編『それぞれの奄美論・50』「顕ち現れる奄美」南方新社、二〇〇一年、三三頁。
（3）藤井令一『島尾敏雄と奄美』（まろうど社、二〇〇一年）の出版フォーラム「たむぃだむぃぬ島尾敏雄」は、二〇〇二年一月二〇日に名瀬市中央公民館で開催。川村湊が講演。間弘志が基調報告。続いて行われたフォーラムでは、川村、間以外に、高橋一郎、久万田晋、前利潔、越間誠が出席。『キョラ』七号の公開座談会「島尾敏雄は奄美にとって何だったのか」は、一月二一日に名瀬市中央公民館で開催。出席者は、川村、間、高橋、久万田、前利、越間に加えて親里清孝が参加。
（4）藤井前掲書、一一八頁。
（5）岡本前掲書、一八二頁。
（6）南海日日新聞、「僕の島尾敏雄の読み方」二〇〇二年一月一六日付。
（7）『キョラ』五号、対談「複眼の琉球弧」（出席＝前利、高良勉）、二〇〇〇年、一五頁。
（8）藤井前掲書、四六頁。
（9）南日本新聞「「島尾敏雄と奄美」出版フォーラム」（宮田俊行記者）
（10）島尾敏雄『私の文学遍歴』未来社、一九六六年、一一一頁。
（11）小川国男との対談「死を生きる」＝『新潮』二〇〇一年一〇月号。島尾の日記「『死の棘』日記」＝『新潮』二〇〇二年四月号。
（12）吉本隆明『吉本隆明全著作集9巻／作家論Ⅲ』勁草書房、一九七五年、二八一頁。
（13）藤井前掲書、一一七頁。
（14）藤井前掲書、一〇八頁。
（15）間弘志『それぞれの奄美論・50』「創作・評論・総合、戦後奄美の文学」、五三頁。
（16）『キョラ』五号、座談会「溶解する記憶と記録の境界」（出席＝川村湊、前利潔、目取真俊）、二〇〇一年、二四―二七頁。
また、川村は『キョラ』七号の〈座談会〉で、「奄美文学」について注目すべき発言を行っている。ひとつは「島尾敏雄はひとつ奄美文学を産み出している。それは島尾ミホさんです」。あるいは「奄美出身の作家・一色次郎、安達征一郎、また干刈あがたの文学をみていると、奄美文学は〝亡命者文学〟の要素があると云っていいのではないか。島尾文学もまたヤマトからの〝亡命者文学〟と言える」。

「島尾を検証することについては、まず解体すべきは、吉本隆明の島尾敏雄像ではないか」――こうした言説は編集者としても魅力的ではあるが、本稿はあくまでも、奄美発の言説を中心に紹介、考察することに主眼を置いたため、こうした川村のマレビトとしての「語り」の紹介はなるべく控えることとした。

(17)　藤井前掲書、三五―三六頁。
(18)　南海日日新聞社編『奄美学の水脈』ロマン書房、一九九三年、三頁。
(19)　〈出版フォーラム〉での発言から。
(20)　〈座談会〉での発言から。
(21)　島尾敏雄『ヤポネシア考』葦書房、一九七七年、二五五頁。
(22)　『ユリイカ』島尾敏雄特集（座談会「離島の不幸、離島の幸福、奄美の現在」の中での発言）、一九九八年八月号、青土社、二四六頁。
(23)　南海日日新聞「僕の島尾敏雄の読み方」二〇〇二年一月一六日付。
(24)　「反復する虚構―「日本民俗学」の現在」『越境する知（6）―知の植民地：越境する』東京大学出版会、二〇〇一年、九三頁。
(25)　筆者（大橋）あてに送られてきたメール文より、二〇〇〇年。
(26)　藤井前掲書、五四頁。
(27)　藤井前掲書、五四頁。
(28)　〝少年A〟の犯罪の猟奇性を、奄美の風土・民俗に求めた「ルポルタージュ」を『新潮45』に発表、後に『地獄の季節』という単行本にしたのは、高山文彦。これに対して「書かれた側」の奄美から反論したのが『キョラ』四号（一九九九年）の、前利潔「少年Aをめぐる言説――高山文彦の言説を中心に」。

二〇〇一年夏　沖縄

大空　博

この夏、沖縄を取材旅行した。沖縄は二〇〇〇年三月についで二度目の訪問である。沖縄サミット直前の現地事情を探るのが目的だった前年と同様に、那覇を起点にサミット会場となった名護・ブセナ岬へ行き、南部の「ひめゆりの塔」、「平和の礎」に足をのばした。この旅でひとつ違ったのは米軍基地の町コザ（現在、沖縄市）に立ち寄る時間の余裕があったことだ。沖縄初の芥川賞作家・大城立裕の『カクテル・パーティー』（一九六七年）を手がかりに、「基地と向かい合う沖縄のいま」を書けないか。そんな思いで二〇〇一年夏、私は沖縄の土を踏んでいた。

米兵三人の白骨体が沖縄北部の山岳地帯で五十五年ぶりに発見されたという、実は旧聞に属する話を私が初めて知ったのは、こんどの取材旅行中である。地元の人たちがガマと呼ぶ自然洞窟のなかで、遺体はほぼ完全な形をとどめ白骨化していた。「白骨体発見」というだけならそれほど驚くに当たらない。白骨が第二次世界大戦終戦時、地元女性に暴行を加え、日本人に報復殺害された兵士たちのものだという事実が話を大きくした。亜熱帯性のオオシダやガジュマルの木で覆われたガマは、山中沢沿いの急斜面に口をあけており、深さ一三メートル、幅五メートル、高さ一・五メートル、九七年夏の台風で巨木がへし折られ、奥までのぞけるようになっていた。これが発見のきっかけとなったが、地元民による沖縄県警への通報で米軍が動かなければ、遺体は今日まで放置されていたはずだ。

琉球大学法医学研究室の鑑定によると、黒人二体と白人一体で、いずれも二〇歳前後と推定された。米軍側から「第二次世界大戦に出征した全兵士の歯型をとっており、照合し身元確認したい」という要請に基づいての鑑定である。そのうちの一体は米軍の認識票を身につけていた。地元民の通報にいたるまでに五五年の歳月を要した背後には、関係者の複雑な思いが交錯していた。

第二次世界大戦最後の戦場になった沖縄に、米軍が艦砲射撃を開始したのが一九四五年三月二六日である。その日、米軍は慶良間諸島へ上陸、四月一日には沖縄本島中部に進行した。六月二三日には牛島満司令官、長勇参謀長が摩文仁で自決、日本軍沖縄守備隊は壊滅した。大田昌秀前沖縄県知事の著作『沖縄の決断』（朝日新聞社、二〇〇〇年二月刊）の巻末にある関連年表には「九月七日、日本軍、嘉手納で降伏文書に署名」と記されている。「大日本帝国」は四五年八月一五日、昭和天皇の玉音放送で終戦を迎え、九月二日、時の重光葵外相が米軍艦ミズリー号で正式の降伏文書に調印した。それが沖縄では「九月七日、嘉手納で降伏文書に署名」となっている。

米兵殺害事件は、沖縄守備隊が壊滅したあとの〝敗残兵狩り〟の時期に起きたと見られている。だが、そう断定はできない。現地には暴行を受けた女性が何人か生存し、「暴行があった」という証言は拾えてもそれがいつだったのか特定されず、「私が被害者」と名乗り出る女性は出ていない。人々の重く固い口が事件を半世紀のあいだ秘密にしてきた。

事件は現地で取材し米兵三人の白骨が発見された洞窟入り口の写真をそえ、遺体のその後を伝えた二人の新聞記者の特報により、白日のもとに曝されることになる。

第二次世界大戦で激しい地上戦が展開された沖縄本島の洞窟で白骨化した遺体三体が見つかり、終戦前後に行方不明となっていた米兵と確認されたため、今年に入って、五十五年ぶりに米国の遺族の元へ返還された。地元には女性に暴行した報復で日本人に殺され、洞穴に投げ込まれた米兵の話が伝わっている。（以下略）

（読売新聞西部本社版朝刊一面トップ。二〇〇〇年四月二六日付）

この記事を書いたのは田川憲一記者（当時の読売新聞西部本社那覇支局長）と東京本社社会部からサミットの応援取材で来ていた谷口透記者である。前年に沖縄を訪れたさい私は田川記者に会っているが、「事件」はまだ表ざたになっていなかった。その存在を教えてくれたのはサミット後に田川記者の後任として赴任した星子育生支局長であり、彼が提供してくれた三枚のコピー記事を読むことで、私は事件の概要を知った。田川記者（現在・鹿児島支局長）にも電話で詳しく話を聞いた。コピーの一枚はトップ記事の全文、二枚目は現地ルポの詳細である。これは社会面に掲載されていた。一面の記事には「暴行の報復で殺された」「伝承の洞窟に米兵三遺体」「沖縄　五五年ぶりに遺族へ返還」という見出しがつき、社会面には「〝戦争犠牲者〟に国境はない」「沖縄の心　慰霊へ動く」「半世紀の秘密　早く通報すべきだった」の大文字が紙面に躍っている。三枚目のコピーは特報記事が掲載された四月二六日、沖縄県警が地元駐在の新聞・テレビ記者を前に事実を初めて公式に認めた記事だった。そのなかで沖縄県警は「三人の身元については、今月（四月）十一日、沖縄の米海軍犯罪捜査局（ＮＣＩＳ）から県警刑事部に連絡があり、ハワイの米陸軍中央身元鑑定研究所の調査で、太平洋海兵軍艦隊司令部支援連隊第三十七海兵倉庫中隊所属の兵士と判明した」と言い、「戦争中の四五年、女性を暴行する目的で洞穴の近くの集落に来た米兵を（日本兵や住民が）銃殺、撲殺したという情報があるが、五十年以上経過し、時効も成立しており、事件としての扱いは考えていない」という方針を確認した。

読売新聞の見出しで明らかなように、田川記者らは終戦時に起きた米兵の暴行を非難、告発はしていない。五五年前に沖縄が体験し、いまも人々の心に傷を残す「記憶」を歴史に刻み沖縄の現実を直視する一助として記事を書いた。簡単な略図を頼りに米兵三人の遺体が放置された洞窟へたどりつくまで、樹林のなか、雑草木を踏み分けて歩いた。一面の見出しになった「伝承の洞窟」は、地元の公民館が編纂した地域史にある〝クロンボガマ伝説〟によるもので、そこに記された「米国の兵士（黒人）二人が婦人に暴行を加え、みかねた避難民の男たちが兵士を捕まえて殺し、洞穴に埋葬するという悲惨な事件もあったと聞いている」という記述を田川記者はメモ帳に写しとっている。

「サミットの連載記事に米兵向けの新聞『スターズ・アンド・ストライプス（星条旗）』の沖縄支局長デービッド・アレン氏を採り上げようと思いついたのがことのはじまりでした。沖縄のよき理解者としての彼の人柄、仕事ぶりを紹介することで、沖縄におけるアメリカのもう一つの顔を読者に知ってもらいたいと思っていました。あの事件について彼はすでに『スターズ・アンド・ストライプス』紙に記事を書いていました。この記事で私は事件の端緒をつかんだのです。しかし、現地に赴き生存者たちの話をつぶさに聞くまでは、記事にできないと思っていました。そのうちに米兵遺体の身元が判明しアメリカ本国に返還された事実が沖縄県警を取材した結果わかり、急遽、この話を生のニュースとして取り上げることになったのです」。

私の電話取材に田川記者は一年半前のことを、きのうの出来事のように熱い口調で語った。記事には事件の場所は書かれていない。当時のつらい「記憶」を克服できない現地の人々への配慮からである。私もそれを尊重し地名の明示は避けている。米軍に返還された遺体は星条旗でおおわれ、郷里に帰還した。郷里は「英雄」として彼らを迎えた。デービッド・アレン支局長はこの事実を知って、怒り、悲しんだ。

「米兵はベトナムでソンミ村の人たちを虐殺した。沖縄でも事件を起こしている。しかしアメリカ本国では、善良な息子や隣近所に住んでいた青年たちが、そんなことをするはずはないと信じきっている。現地と米本土とのギャップの大きさ。それが米市民の目を曇らせているのだ」。

一九六七年春、大岡昇平はフィリピンに旅し、帰途、沖縄に立ち寄ったさいにもらった雑誌「新沖縄文学」４号に掲載されていた大城立裕の『カクテル・パーティー』を飛行機のなかで読んでいる。そして四月、朝日新聞の文芸時評欄〈下〉（六七年四月二九日付）でこれを取り上げた。時評では、当時、邦訳が出たばかりのトルーマン・カポーティの『冷血』がメインテーマで、いいだ・もも、佐伯彰一の論文にもふれながら「記録的な作品を書く作者の内面的な必然性」に焦点がしぼられていた。『カクテル・パーティー』はそうした問題意識の延長線上にあったのだろう。大岡は時評の最後で『カクテル・パーティー』にふれ「事実によりかかりながら、たくみに文学的に処理した作品である。駐留米軍兵が下宿先の娘を強姦《ごうかん》した後、その娘に崖《がけ》から突落とされてけがをする。傷害を訴え出たのは米兵の方で、娘は軍事法廷に連行される。娘の方でも強姦を告訴しようとする。しかし米兵の方では民間の法廷に証人として出廷する義務はなくこの種の事件は、大抵敗訴になってしまうという。沖縄の特殊事情から発生した事件を扱っている」と書いた。

大岡昇平はさらに「被害者が逆に訴えられながら、それを防ぐ手段がない。不正義が、どう解釈されるかという点に、みち足りた現代日本の生活にはない緊張があるわけである」と指摘し「作品の大部分は論議に終始するのであるが、主題の切実さに繋《つな》がれて行くのである」「作者はやたらに悲憤慷慨《こうがい》しないで、事件に様々な角度から照明を当てようとしている。娘が現場検証で意外に落ち着いて状況を再現しようとする場面に、新しい世代の意識が暗示されている」と結んでいる。

文芸時評〈下〉のほぼ四分の一強のスペースをさいて、無名の新人作家の作品を論じること自体異例のことであった。『カクテル・パーティー』はその年の七月、芥川賞を受賞、大城立裕は沖縄最初の芥川賞作家となった。

私が訪れた二〇〇一年夏の沖縄は、六月に北谷《ちゃたん》町で起きた米軍兵士による女性暴行事件がまだ尾を引いていた。北谷町は、米海兵隊キャンプ端慶覧などがあり、普天間飛行場の宜野湾市とも隣接する基地の町だ。事件発生から四日目には沖縄県警が容疑者を割り出し逮捕状まで取りながら、日本側の米兵拘束権を制限した日米地位協定との関連で、身柄引き渡しまでにさらに四日を要した。地位協定見直しを求める地元の声に、小泉純一郎首相が「運用の改善で納得できるような解決がなされればいい」(朝日新聞七月七日朝刊)と現状維持を明らかにしたことで閉塞感が人びとのあいだに広がっていた。沖縄では前年、サミット開催を目前にして起きた米海兵隊上等兵による民家侵入、女子中学生への準強制わいせつ事件がある。これに沖縄全土を反米、反基地運動の渦に巻き込んだ一九九五年九月の少女暴行事件の記憶が重なる。私が大城立裕の『カクテル・パーティー』を素材にしながら「基地と向かい合う沖縄のいま」を書こうと考えたきっかけは、米兵による娘への「暴行」を扱った主題の重さに惹かれたからだ。ただ一つ不安があった。沖縄返還前の状況を題材にしたこの作品は一九六七年に書かれている。「返還前と今日の沖縄には、違いがありすぎるのでは」という思いだった。だが、『カクテル・パーティー』を読み直したとき、危惧は消えていた。

『カクテル・パーティー』には六人の主要な人物が登場する。英語が好きで、夜間の英会話塾に通っている高校生の娘。そして父親。父親がこの作品の語り部となり、〈前章〉は「私」、〈後章〉では「お前」の表記でストーリーを展開する。この親子が住む家の裏座敷を間借りしているのが米兵ロバート・ハリスだ。彼は裏座敷に女を住まわせ、週の半分は訪ねてきて泊まっている。その縁で、娘親子とは事件を起こすまで親しいつきあいだった。「私」には中国語研究グループで知りあったアメリカ人ミスター・ミラーと中国人の孫氏、それにN県出身者で、一流新聞の若い沖縄特派員小川氏といった友人がいる。

物語の舞台は日本への返還前の沖縄、「私」が基地のなかのミスター・ミラー宅を訪れるところからはじまる。ミスター・ミラーの招待で開かれたカクテル・パーティー招待客のなかには孫氏、小川氏がいた。作品の骨格を形成する「私」、ミスター・ミラー、孫氏には、それぞれの過去がある。ミスター・ミラーは話の後半に明らかにされるのだが、CIA（米中央情報局）に属する諜報員だ。孫氏は共産主義の中国から香港へ亡命し、そのあと沖縄にきている。三人いた子どものうち二人までが「中共の兵隊に殺されるのを目撃しながら逃げてきた」。妻と残る一人の子どもは大陸に残したままで、音信不通だという。「私」は若いとき沖縄から中国大陸にわたり、上海の東亜同文書院で中国語を学んでいた。

その日のパーティーには他にもミスター・ミラーの友人数人が招かれている。パーティーのなかばに幼児誘拐の騒ぎが持ち上がるが、幼児の父親ミスター・モーガンもそのなかの一人だった。

この作品を緊張感あふれるものにしている要素の一つに、劇作家でもある大城立裕の台詞まわしの妙がある。大岡昇平が〈時評〉で指摘した「作品の大部分は論議に終始するのであるが」というのがそれで、一見なごやかに過ぎる国際親善パーティーの仮面の下に隠された、登場人物のさまざまな思惑が、そこからにじみだしてくる。

「愉快な話ですか」私とおなじくらいの背丈の外人が寄ってきた。コールマン髭がよく似合う。と、そのわきへミスター・ミラーが、すうとやってきて、

「こちら、ミスター・モーガン。陸軍営繕部の技師ですぐ東隣りの家に住んでいます」

英語で言った。

「中国語でいわないのか」ミスター・モーガンがくすぐると、長身のミスター・ミラーは、コールマン髭をのぞきこむように小腰をかがめて、「紹介に陰謀がこめられていないことを証明するためにね」

「お会いできて幸せです。お話はかねてミスター・ミラーから」

ミスター・モーガンは、グラスを捧げた。私のグラスとかちあったとき、ホステスのミセス・ミラーが、料理を運んできて、

「七面鳥《ターキー》はいかが？」

黒いワンピースの大きな襟ぐりから、白い胸がひろく浮きあがっているのが、まぶしかった。が、いそがしく料理をひろっていると、

「あなたが沖縄で中国語をしゃべりあうグループを作っているということは、たしかにリアリティーがあります」

コールマン髭が、気取った言いかたをした。いよいよきたなと、私は思った。沖縄は、明治以前は中国の属領だった、という考えかたが、多くの日本人やアメリカ人にどれほど支配的であることか。――私がターキーを頬ばっているあいだに、ミスター・モーガンは小川氏をつかまえて切りこんでいた。

「あなたは日本の新聞人《プレスマン》だ。沖縄が日本に帰属するということについて、その必然があると考えますか」

「必然かどうか分かりませんが、必要性はあると判断しますね」

プレスマン小川氏は馴れたように動じなかった。

「なぜ？」

「いま行われているような占領体制を自然なものだと考えていないからです」

「それは分かる」コールマン髭はうなずいて、「それならば独立ということも考えられるわけだ」

「十九世紀の話を読みましたな。ある本に沖縄は十九世紀まで独立国だったと書いてある」

新聞人《プレスマン》は笑って、「ちょっと失礼」それからスタンドへ酒をつぎたしに行った。


一九五六年、サンフランシスコ講和条約によって日本国に独立が認められ、翌年四月二八日、講和条約と日米安保条約が発効したとき、琉球列島は「本土」から切り離され、アメリカの支配下に琉球政府を発足させることになる。パーティーの主催者ミスター・ミラーは「私」にとって占領者だ。だが、ミスター・ミラーに誘われ中国語研究グループの一員となったいきさつが、彼との関係を特別な間柄にしているのだと「私」は思い込んでいた。中国からの亡命者である孫氏と「私」の関係も微妙である。上海に住んでいたという孫氏の生活について問いただそうとしたときの彼の沈黙。その沈黙のなかに、「私」は彼の苦労を感じ取るのだ。パーティーでは、次のような会話も交わされる。


「終戦直後、私は上海郊外で軍需品搾取の通訳をしていた。相手の中国人将校たちはきわめてやさしく、私的な交際も和やかだった。そのころ、かれらの一人が私に聞いたのです。きみは琉球人ならわれわれと同じじゃないか。なぜ日本軍の通訳をしているのだ……」

コールマン髭が、どういう意味かしらないが大きくうなずき、ミスター・ミラーが微笑とともに孫氏を顧みた。孫氏は、あるかなきかというほどの微笑で、私を見つめていた。

「そう、あなた方の論理をもってすればそういう疑問がおこる。中国ではむかしから中国の領土だったということになっているからね。しかし、私たちは琉球が、もともと日本の領土だというふうに教育された。しょせん人間の観念は教育された通りのものだからね。どれが真理であるかは神だけが知っている……」

「ずるい、ずるい」ミスター・モーガンが大口をあけて笑い、「だがまあ、いいか。それが琉球人の歴史から得た、生きる知恵というやつか」

こんどは、私が笑った。笑ったあとで、すぐ眼を皿におとして、ハムと野菜サラダとゆで卵を、たてつづけに口に放り込んだ。これ以上ミスター・モーガンと同じ話題をつづけるのが面倒になったのだ。

会話は延々と続いた。日本の「オバステヤマ伝説」、沖縄の「間引き」が話題になる。沖縄「固有の文学」「琉球料理」が俎上に載せられる。神経にさわる話もでた。「郭沫若《クオモールオ》の『波』という小説のなかに、中日戦争のさなかに敵の――つまり日本の飛行機の爆音をきいた母親が、泣きわめくわが子の首を扼殺するというところがありますね」という小川氏の話をひきとって「私」は「沖縄にもありましたよ」「沖縄戦では、そういう事例はざらにあったということを私は聞いています。しかも……」とつづけようとして言いよどむ。「ときには日本兵がやったのだ」と言いたかったのだが、「ま、よしましょう。酒をのみながら、どうも戦争の話は」と話を切りあげた。ほんとうは戦争の話ではなく、その奥に「もう一つの核」があるのだと思いながら、このさいそこをさけてとおりたい気持ちがあったからである。

そうこうしているとき、ミスター・ミラーの声が談笑を断ち切った。ミスター・モーガンの三つになる坊やが行方不明になったのだ。夕食時になってももどらず、いまだに行方がわからない。カクテル・パーティーは中断され、出席者一同が探し回ることになった。「私」は孫氏と周辺の家を一軒一軒訪ね歩いた。そのとき不安がよぎる。大義名分があるとはいえ、沖縄人と中国人が連れ立って、アメリカ人の住宅を一軒一軒訪ねて回るのは、一抹の不安なしにやれるものではなかった。しかし応対に出たアメリカ人はみな親切であった。逆に孫氏が発した「最悪のばあいは誘拐されたということも考えられる」という一言が引っかかる。「誘拐?」「沖縄人の手にですか」と問い返すと、「かならずしも沖縄人とは限りますまい。不良外人というのもいるわけだから」と孫氏がなぐさめるように言った。しかし、「私」に生じたこだわりは消えなかった。

三つになる坊や探しはあっけない幕切れを迎えた。メイドが一日ひまをもらい実家に帰ったとき、主人に断らずに坊やを連れて行っていたという。「とんだ誘拐だ」と大笑いになった。「私」も大声で笑った。主人にだまって幼児を連れ里帰りしたというメイドの無分別への怒りより、彼女の底抜けの善人ぶりを、同じ沖縄人として声を張り上げて「謳歌」したい気持ちだった。「ついに沖縄人はアメリカ人の子供を誘拐なぞできませんでしたね」という孫氏の言葉に「そのとおり、だいたい考えられないことです」と答え、「私」は孫氏と明るく笑いながらミスター・ミラーの家へ戻ったのだった。

その蒸し暑い夜、たぶんお前がミスター・モーガンの幼い息子を探しあぐねて、家族部隊の金網の内側で孫氏の思い出話をきいていた時分に、M岬でお前の娘の身の上の事件はおこっていた。

『カクテル・パーティー』の〈後章〉は、このように語り出される。〈前章〉で娘の父親に用いられた「私」が、ここでは「お前」になっている。主人公の前に立ちふさがるアメリカという巨大な壁に向かい合う姿勢の変化――「怒り」を大城立裕は「お前」という突き放した形で表したかったのだろう。

一九六七年七月二一日、芥川賞受賞が決まったとき、大城は琉球政府通商産業局の通商課長であった。若いとき中国に渡り上海の東亜同文書院に学んでいる。小説の中の「私」と同様だ。受賞の日、大城にインタビューし「〝沖縄文学〟初の受賞」「宿命の哀しみ描く」という見出しのもと読売新聞の社会面に原稿を送った那覇特派員竹下修三記者は、大城立裕が文学にはいった動機を、「敗戦をめぐっての二度の挫折」にあると書いた。そのひとつは東亜同文書院の閉鎖、いまひとつは祖国喪失である。こうした挫折感の中から「何んとか生き抜く指標を文学に求めた」大城は、忙しい仕事のかたわら毎日一時間ずつ二〇年間〝沖縄〟を書きつづけてきたという。一九四七年、彼は戯曲『明雲』により作家としてデビューしている。

朝日新聞も七月二二日付朝刊の「人」の欄で「内面からの突き上げを表現したかった」という大城の言葉を紹介し、この内面からの突き上げを「受賞作『カクテル・パーティー』風にいえば、お前は沖縄住民の重荷を描け、この小さな島に生きる意味と資格をオノレに問え、というところだ」と書いた。


パーティーから微醺をおびて帰宅したとき、娘はすでに床に入っていた。玄関に迎えに出た妻の表情は硬く、娘が脱いだ高校の制服をさしだした。ところどころが汚れ破れていて、それだけで大きな事故が起きたことを、「お前」は理解した。「驚きと狼狽」が、矢つぎばやに襲ってきた。裏座敷を借りていたロバート・ハリスが娘を犯したという。娘は友達の家から帰る途中、町内にはいってから車のロバートに呼びとめられ、街で夕食をしたあと、M岬へ夕涼みに行く。そこで突然、不幸は起こった。「お前」がロバート告訴を決意したのは、事件から三日目の晩だった。最初、娘は告訴に強く反対したが、「自分の周囲に自分の手の届かない世界がいつまでも存在するということに到底耐えられない気がした」からである。

こうして『カクテル・パーティー』は、〈前章〉での登場人物たちのあいだで交わされるトゲのある会話のうちにも装われた国際親善の仮面を一挙にはぎとり、米軍占領下の沖縄の不条理を読者に突きつけていく。この小説の主人の前に立ちはだかっているのは、ただでさえ立証困難な強姦事件を裁判で、いかに勝ちとるかという難題だった。〈後章〉には、さらに意外な事実が仕組まれている。告訴を決断した翌日、一人の外人が二世の通訳をともなってやってきて娘を連行する。娘がM岬でロバートに犯されたあと、彼を崖から突き落とし大怪我をさせたというのが逮捕理由だった。娘がロバートに犯されたということは問題にされなかった。娘は米軍要員にたいする傷害の容疑で逮捕されたのだ。娘の行為は正当防衛という主張はまったく聞き入れられなかった。娘を連行した外人は、もし強姦の事実があれば、「別途に告訴すればいい」と示唆し、告訴は軍当局にすればいいのかという問いには「琉球政府の警察署にするのだ」といって娘を連行していった。

娘の傷害事件は軍で、強姦事件は琉球政府の警察でという、二つの事件がまったく別個の事件として取り扱われるという事態こそ、当時の沖縄が抱えていた不条理であった。告訴の手続きのため市の警察を訪れたさい、「お前」はさらに思いがけない事情を知らされる。琉球政府の裁判所には軍要員にたいして証人喚問の権限がないこと。被告人が正当防衛を主張したところで、ロバート・ハリスを証人として喚問しない限り、その立証は不可能だということだった。

「民の裁判所に喚問権がない？　では本人が自発的に証人に立つならばそれでよいのですか」

「自発的に立てばね」係官は少々驚いたような表情をした。そんなことはありえない、と言いたそうであった。

「勧告するのです。こちらから」

「誰が？　あなたが？」

「します、私のほうで何とか。そして、その裁判で正当防衛が立証されれば、軍の裁判で有罪判決になるのも望めるのではありませんか」

「いえ、軍の裁判はやはり別のものです。それに……」係官はあわれむような眼をした。

「正当防衛ではありませんね。おっしゃる通りですと、すでに行為は終わったあとの傷害ですから、正当防衛ではなく、情状酌量といっても別の情状になるわけです。……さっきじつはご説明を聞いたとき申しあげようとしたことなのですが」

係官の説明が、混乱したお前にはすこし理解しにくかった。相手の眼を一瞬間、淵のような深い暗さがよぎった。

芥川賞を受賞したとき「お前は沖縄住民の重荷を描け」と自らに言い聞かせた大城は、三〇年後の一九九七年に、「カクテル・パーティーの今日」という一文を沖縄発信の季刊誌「EDGE」(NO. 4 1997 Summer) に寄せている。

彼はそのなかで小説の主要モチーフとした「治外法権の問題性」に触れ、最近の沖縄の大学生や若い世代にはこの「問題性」が見えにくくなっている現実を認めながら、「表面的な『見える』『見えない』で作品の生命を論じてもらっては迷惑である」と書き、さらに「作者が作品に託した思いは『見えない底に、真実を見なければならない。それは底流の条件が変わらない限り、時いたればかならず息を吹き返すからである』ということなのだから」という心情を綴っている。彼にこの一文を書かせたのは、基地と向きあう人びとの心の変化だろう。大城の認識によれば、一九八〇年代のなかば、基地問題が影をひそめたときがあった。しかし、一九九五年以降はまた違ってきた。「日米地位協定というものが、形式的には治外法権を容認するものではないとしても、かなり容認に近いものとして理解されるようになり、それが今日のように慢性的な基地問題に育ってしまったからである」という。

この小説を書きはじめたとき大城の頭にあったのは、「治外法権下の国際親善の仮面」を読者に突きつけ、それをはぎ取ってみせることだった。仮面をはぎ取り克服するにはどうすればよいか。声高な「反米思想」では余りにも陳腐すぎる。〈後章〉のプロットを考えているうちに思いついたのは、かつての日本軍が中国で犯した罪を同じ日本軍の一員であった沖縄人がどう引き受けるかという問題であった。それを小説の主人公「お前」と孫氏との会話に織り込んだ。「カクテル・パーティーの今日」のなかで大城は「被害者は同時に加害者になりうる」という命題を思いついたことがこの作品の「独創」だとし、「加害者としての自分を裁く者のみが、被害者として抗議する資格がある」と言い切っている。

沖縄を訪れて実感できるのは、現地の人々の複雑な思いである。日米同盟を評価し、米軍基地の存在を認めた上で、沖縄を日本とアジア・太平洋を結ぶ知的な交流点にしようという琉球大学の高良倉吉教授らによる「沖縄イニシアチブ」論が、九八年一一月の知事選で大田昌秀氏を破り登場した稲嶺恵一知事を支えているのは間違いないが、知事自身が米兵の不祥事件が起こるたびに人々の「怒りのマグマ」が爆発しかねない危機意識を隠せない現実がある。それでいて「大田氏では現状打破はできない」という閉塞感が一方にあるのだ。

子どものころ「祖国復帰運動」というのがあった。平和憲法下の「祖国日本」に帰れば、米軍の圧制から抜け出せ、平和な沖縄が訪れると人々は願望し、集会やデモをくり返した。あれから四分の一世紀が過ぎた。今、「祖国」や「日本」に幻想を持っているウチナーンチュ（沖縄人）は、どれだけいるのだろうか。

（朝日新聞　九八年二月四日夕刊）

沖縄在住の芥川賞作家のひとり目取真俊が連載コラム「私的空間」で書いた「まぼろしの祖国」の一節である。彼は二日前のコラムでも「沖縄に降る雪は」と題した掌編のなかで「子供のころ、本土に対するイメージといえば、雪が降るところ、だった。当時は『祖国復帰運動』の真っ盛りで四月二十八日の前になると、ヤンバルのいなか道を赤旗をかかげた行進団が、辺戸岬に向かって通っていった。その同じ道を、米軍の戦車がガラガラ通って行ったりもしたのだが、政治のことなど分からない小学生の関心といえば、日本に復帰したら沖縄にも雪が降るか否か、ということだった。中には『復帰すると沖縄を引っ張って鹿児島にひっつけるから、絶対に降る』と断言する者もいた。いくら何でもそれは無理だろう、と思いながらも、いやひょっとすると……というような淡い願望を、サンタクロースがいないと知ったあとも持っていたような気がする。そして迎えた一九七二年五月十五日の『復帰の日』。六年生の教室から眺める外に降っていたのは、土砂降りの雨だった。あれから二十五年が過ぎて、沖縄に雪が降ることを真剣に話す子供たちはいなくなったのに、基地だけは今もそのままで、砲弾と厄介の種を降らしている」と書いている。

一九五二年四月二八日、サンフランシスコ講和条約が発効し、日本は独立を回復した。だがこの記念すべき日は、日米安全保障条約の発効と沖縄の日本からの分離を決定した日でもあった。独立後、日本本土の米軍基地は徐々に縮小されていったが、いまなお本土にも基地は存在する。沖縄の基地はそのまま残った。むしろ米軍の極東基地の拠点として比重を増し、七二年の「復帰」後もそれは変わらなかった。独立の代償として日本が払った「日米安保」と「日米地位協定」のツケを沖縄が集約的に背負っている。こうした状況への不満がマグマとなって機会あるごとに噴出してきたのが沖縄だ。二〇〇一年夏、私が人びとの表情に垣間見た「淵のような深い暗さ」こそ、表面には出にくい共通の「憤り」に違いなかった。「カクテル・パーティーの今日」で大城立裕が指摘した「見えない底に、真実を見なければならない。それは底流の条件が変わらない限り、時いたればかならず息を吹き返す」という確信にちかい思いを、人びとの表情に一瞬あらわれる「淵のような深い暗さ」のなかに私は見いだしたのである。

目取真俊は、一九九九年六月にも朝日新聞に「基地の町」コザをテーマに「街物語」を書いている。週に一本、それぞれ独立したストーリーで四回掲載されていた。「花」「公園」「猫」と題した最初の三本は、目取真俊のいわば身辺雑記の形をとっている。最終回の「希望」（六月二六日掲載）だけは違っていた。

六時のニュースのトップは、コザの市街地からさほど離れていない森の中で、行方不明になっていた米兵の幼児が死体で発見されたというものだった。食堂にいた数名の客と店員の目がテレビに釘づけになる。遺体には首を締められた跡があり、県警では殺人と死体遺棄で犯人の行方を追っている。

驚くべきは、「希望」に描かれたストーリーが食堂で数名の客と店員とともにテレビを見ている「犯人の目」を通して展開されていることだった。文中では犯人の性別、年齢、風貌などいっさい描かれていない。しかし、周囲の客の慌てぶりや取材記者の緊張した表情を見やる冷ややかな視線、そして「笑いをこらえてカレーライスを口に運ぶ」といった描写を通じて、このストーリーが犯人によって語られていることを読者にはっきりと理解させる。テレビには新聞社に届いた犯行声明の文面が写し出されている。「今オキナワに必要なのは、数千のデモでもなければ、数万人の集会でもなく、一人のアメリカ人の幼児の死なのだ」。ヘリから撮影された森とコザ市街の映像。そのあとに続く県知事や日米の高官のコメント。いたいけな幼児を狙った犯行への怒りと憎しみ。それらの映像を見ながら「笑いをこらえてカレーライスを口に運ぶ」犯人（男であることは推定できるので、以後、男と表記したい）の独白が次のような表現で続く。

　奴らは従順で腑抜けな沖縄人がこういう手（幼児殺害）を使うとは、考えたこともなかったのだ。反戦だの反基地だの言ったところで、せいぜいが集会を開き、お行儀のいいデモをやってお茶を濁すだけのおとなしい民族。左翼や過激派といったところで実害のないゲリラをやるのがせいぜいで、要人のテロや誘拐をやるわけでもなければ、銃で武装するわけでもない。軍用基地だの補助金だの基地がひり落とす糞のような金に群がる蛆虫のような沖縄人。平和を愛する癒しの島。反吐が出る。

　店を出てアパートに戻った男は、冷蔵庫のウーロン茶を飲み、机の前に座り封筒に新聞社の住所を書く。そして麦藁色の毛髪を封筒に入れる。幼児の毛髪だった。目取真俊は犯人の回想という形で幼児殺害の模様まで、新聞紙面に細かく書きこんだ。スーパーの駐車場に停まっていた車の後部座席に寝ていた三歳ぐらいの男の子。まだ二〇歳ぐらいの白人の女が何度も声をかけたが、子供は眠ったままなので、しまいには一人でカートを押しスーパーに入って行く。それを見届けた彼は、エアコンをつけアイドリングにしていた車に乗り込み、県道を一五分ほど北上し市営団地の北側にある森に入る。そこで泣き出した幼児を抱きすくめ、背後から首を締め上げた。「のどの奥で何かが潰れ、汚物が腕を汚す。子供の服で拭き、運転を再開」してアパートに戻った男はそこで、幼児の頭からむしり取ってきた毛髪を新聞社に送りつける封筒に入れたのだ。

　字数にして三千字足らずの超短編小説とも言える「街物語」＝「希望」に目取真俊が織り込もうとしたのは、大城が『カクテル・パーティー』のなかで描いた「淵のような深い暗さ」に通じる怒りであろう。幼児誘拐は『カクテル・パーティー』でも扱われ、主人に無断で実家に連れ帰っていたメイドが、父親のミスター・モーガンに告訴される〈後章〉において一躍事件の一つに発展するが、「希望」に描かれた幼児誘拐はそれとは全く異なった位相を読者に提示する。それにしても大城と目取真が幼児誘拐を共通して取り上げたのは、偶然の一致だろうか。私にはそうとは思えない。『カクテル・パーティー』から四二年後に書かれた「希望」に、二つの作品を結ぶ太い一本の糸が感じ取れるのだ。

「希望」には、この作品にふさわしいラジカルな結末が用意されていた。その夜、那覇まで出て封筒を投函した男は、帰途、宜野湾市の海浜公園に立ち寄った。脳裏をよぎるのは、「三名の米兵が少女を強姦した（九五年の）事件に、八万余の人が集まりながら何一つできなかった茶番」であり、それが「遠い昔のこと」のように彼には思えた。そして「あの日会場の隅で思ったことをやっと実行できた」「ある時突然、不安に怯え続けた小さな生物の体液が毒に変わるように、自分の行為はこの島にとって自然であり、必然なのだ」と確信する。広場の真ん中までくると、男はペットボトルの液体を上着やズボンにかけた。車から抜き取ったガソリンだ。目にしみるような強い匂いのなかで、百円ライターで火をつけた。「闇の中で燃え上がり、歩き、倒れた火に、走ってきた中学生のグループが歓声を上げ、煙を噴いている黒い塊を交互に蹴った」。「希望」はこのような文章で終わっている。

二〇〇一年夏――『ユリイカ』八月号（青土社）は、「〈沖縄〉から」を特集している。これには一九人の筆者が寄稿、この年の六月、東京外国語大学府中キャンパスで開催されたシンポジウム「沖縄―記憶と映像」（出席者・仲里効、港千尋、西谷修、上村忠男＝司会）の対話がそっくり収容されている。私は特集記事の中に作家・徐《ソ》京植《キョンシク》が書いた「『希望』について」という一文があることを仲里効氏に教えられ、さっそく京都・河原町の丸善に出かけ買い求め、むさぼるように読んだ。徐京植は目取真俊の「希望」と題する短い文章が「朝日新聞夕刊に掲載されて一、二週間たった頃、彼の勤める南の島の高校に一通の封書が届いた。消印は東京台東区のものだが、差出人の記入はなかった」という書き出しで、今日の日本の危険な状況を訴えていた。差出人のない手紙は、実は筆者の作り話なのだが、文面は「希望」のなかで「今オキナワに必要なのは、数千人のデモでもなければ、数万人の集会でもなく、一人のアメリカ人の幼児の死なのだ」と書かれていることに抗議するもので「これはテロの進め

（「奨め」の誤記＝徐京植が書き入れた注）ではないか。貴殿は教師として、このような暴力札賛（「礼賛」の誤記）が許されるとお考えか。国民の血税で高給を得ながら、偏向教育によって無責任に暴力を札賛することは国民が許さない。責任をとって辞職せよ」となっていた。

徐京植は、そのあとにも綿々と続く差出人無名の手紙の内容と、手紙の件で高校の校長に呼ばれる目取真俊の話を「想像」と「作り話」で紹介しながら、これらの話は「ここ数年、ヤマトで実際に起きていることを参考にしてシュミレーションしてみた」ものだといい、「実に鬱陶しい想像だが、あり得ないことではない。前門には右翼国家主義者と国家権力、後門には非暴力主義のお題目を唱え、現状を追認しながら自分個人の小さい良心を慰めているマジョリティ。制度化された巨大な暴力にさらされ続けているマイノリティは、現状がだらだら続いていくことに耐えられないのだ。『非暴力主義』もまた、場合によっては他人の後頭部を打ち砕くハンマーとして使えるのである。こう想像してみると、目取真俊がどんな緊張関係の中で書いているのかが少しは分かる」と書いている。そして「マジョリティのお茶の間に届けられる朝日新聞にこんな危険な想像に満ちた文章をねじ込むことに成功した者は、彼しかいない」といい、最後に「目取真俊の闘いは勝利するのだろうか」と問いかけている。徐京植に言わせれば目取真俊の闘いは、「沖縄の闘いそのものがそうであるように、絶望的である」。しかし、と断って彼は次のように続けるのだ。「ここで思い出しておこう。彼がこの作品に『希望』と名づけていることを」

二〇〇一年夏沖縄を訪れ、さまざまな人に会い、風景に接し、本を読み資料にあたりながら、私が最後にたどり着いたのが、徐京植の「『希望』について」だった。彼は「希望」の最後に描かれた悲惨な光景を「たまらない蒸し暑さ、ガソリンの刺激臭、ゆっくりと焼け焦げていく皮膚の匂い、声にならない叫び、蹴りつけてくる中学生の靴先に肋骨が折れる鈍い痛み」と読み、「『希望』は、いまこうした姿をしているのだ。絶望の極地を希望とよぶ目取真俊は、魯迅の正統な後継者かもしれない」と書く。その筆者の目もまた絶望の極地に「希望」を見出そうとしていて、強く胸を打たれたことを最後に記しておきたい。

この原稿を書き始めたころ、アメリカにたいする「同時多発テロ」（二〇〇一年九月一一日）事件は起きた。これを「新しい戦争」の始まりと叫ぶブッシュ米大統領と虚構にひとしい日米同盟を旗印にあわただしく対応に追われた日本政府の前に、沖縄は米軍基地としての不吉な相をあらわにし、あらためて私たちに存在の意味を問いかけてきた。

マルチニックから沖縄へ
——独立の新しい意味をめぐって——

西川長夫

一

カリビアンブルーと呼ばれる透明な海の青さ、砂糖黍《きび》やバナナやパイナップルが栽培され、熱帯樹が茂り、原色の鮮かな花に飾られて南北につらなる島のたたずまい。強い風と不意に訪れる激しい雨。岬にかかる大きな虹。カリブ海のアンティル諸島に位置するフランス海外県の一つであるマルチニックに着いて、最初に思ったのは地球の反対側にある沖縄のことであった。マルチニック島の面積は沖縄本島とほぼ同じだという。沖縄のように近代戦の戦場にはならなかったが、大航海時代以後、苛酷な運命にさらされ、長い植民地支配に苦しんだ美しい島。

一五〇二年、コロンブスの第四回目の航海で「発見」されたこの島の先住民族は、やがてヨーロッパからの侵略者や植民者たちによって殺戮・放逐され、そのあとにアフリカのさまざまな地域から狩り集められた黒人奴隷が送りこまれた。現在の住民は多数を占める奴隷の子孫か、一八四八年の奴隷解放以後に奴隷に代る低賃金労働者としてやってきたインド系と中国系の移民労働者たちの後裔、それにごく少数のベケと呼ばれる白人の農園経営者の一族と本土からの移住者たちである。市街や大学のキャンパスを歩いても出会うのは大部分が黒人や混血の人たちであった。新しい時代を予告する混淆的な文化とディアスポラ的アイデンティティの一つのモデルにされるクレオール性の背景には、そのような歴史的過程と現実がある。

まえまえから行きたいと思っていたマルチニックに行く決心がついたのは、当地のアンティーユ＝ギュイアーヌ大学で講義をするために滞在していた三浦信孝さんが熱心に誘ってくれたからだった。二〇〇二年三月六日の夕刻、パリ経由でフォール・ド・フランスの空港に着くと、車で迎えに来てくれた三浦さんは、長旅の疲れ（大阪―パリ十三時間、パリ―マルチニック八時間）と、三〇度近い島の熱気でまだぼんやりしている私にむかって、明日は九時半に市庁舎へ行ってエメ・セゼールに会い、午後は市の中心部を歩いて夜はベルナベさんのお宅に招待されています、と早速、翌日のスケジュールを言いわたした。

エメ・セゼールが最近になって市長職を辞したことは聞いていたが、すでに九〇歳に近い世界的な大詩人に会えるとは思っていなかったので、私は喜ぶ一方で当惑した。黒人の特性と文化「ネグリチュード」の最初の誇らかな提唱者、『帰郷ノート』と『植民地主義論』の著者であり、元セネガル大統領レオポルド・セダル・サンゴールと並んでおそらく最も世界的な名声を得ている黒人詩人＝政治家エメ・セゼール。戦後にフランス文学を学んだ私たちの世代は、まだアンドレ・ブルトンやサルトルの熱狂的な讃辞（「偉大なる黒人詩人」や「黒いオルフェ」）を記憶にとどめている。しかしながら、エメ・セゼールは同時に、一九四六年、第二次大戦直後のフランス議会で「海外県」化法を積極的に押し進めた提案者の一人であり（その結果、マルチニックの他にグアドループ、ギュイアーヌ、レユニオンが海外県となった）、「独立」ではなく「同化」を選んだマルチニックの首都の市長を半世紀以上にわたって勤めた政治家である。大衆の支持はあるものの、独立運動を進める人々にとってセゼールは許しがたい裏切者であった。フォール・ド・フランスのリセでセゼールから直接教えをうけたフランツ・ファノンやエドゥアール・グリッサンから、クレオール性を主張する次の世代に至るまで批判者は多い。『クレオール礼賛』（一九八九年、恒川邦夫による邦訳は一九九七年）の著者たち（ジャン・ベルナベ、パトリック・シャモワゾー、ラファエル・コンフィアン）はセゼールが自分たちの精神的な父であることを認めているが、クレオール性の主張は一種の父殺しの試みである。

城塞を思わせぬでもない近代的な新しい市庁舎の裏手に残された、瀟洒な小劇場のような旧市庁舎の二階に、エメ・セゼールの執務室が残されており、私たちはその大きな事務机を囲んで元市長の話をきくことになった。エメ・セゼールの第一印象は、伝説となった黒い肌の精悍さは残しているものの、どちらかと言えば、「パパ・エメ」と呼ばれるにふさわしい品のよい温厚で小柄な老人であった。テーブルの囲りには私たちの他に南米からの来訪者を含め二十人ほどの学生や教師が加わり、みなが自由に質問をしてそれにエメ・セゼールが答えるという形で対話が始まった。もちろんエメ・セゼールが話すのはクレオール語ではない。アンドレ・ブルトンが「今日ただひとりの白人も成しえないような仕方でフランス語を操る」と感嘆し、「生れ出ずる酸素のように美しい」と絶讃したあの格調高いフランス語である。

面白いと思ったのはセゼールの傍にセゼールを支えるようにして座ったベルナベの役割だ。クレオール語の綴り字と文法を確定し、文学部にクレオール言語文化学科を創設したこの言語学者は（ベルナベさんたちの尽力でクレオール語は最近、ブルトン語やコルシカ語などについで、ＣＡＰＥＳ（中等教育教授資格試験）の課目として認められた）、『クレオール礼賛』の著者の一人でもあり、一九九九年の一〇月に来日したときには立命館大学で「ネグリチュードからクレオール性へ――エメ・セゼールをめぐって」というタイトルの講演をしている（『立命館言語文化研究』二〇〇〇年一一月、一二巻三号所収）。彼は若い人たちの質問をエメ・セゼールにとりつぎ、エメ・セゼールの答えを時にコメントを加えてわかりやすく伝えている。まるで世代間の通訳をかってでているようであった。もちろんこれも感心するような見事なフランス語である。

もう一つ印象深かったのは、映画「マルチニックの少年」の女性監督ユーザン・パルシーがその場に突如現われて、私たちの対話を中断させ（あたかもそうした当然の特権をもっているかのように）、エメ・セゼールを少し離れたところに連れだして話を始めたことである。数年前にセゼールを主人公にしたドキュメンタリーを撮った女性監督は、次の企画の相談をしていたのかもしれない。サングラスをかけているので目の表情はわからないが、「マルチニックの少年」がもう二〇年近くも前の作品であることを考えると、彼女の若さは驚きであった。

「マルチニックの少年」は、当時ほとんど知られていなかった島の存在、島の歴史と住民の生活を世界に知らせた名画である。もっとも、ジョゼフ・ゾベルの自伝的な小説『黒人小屋通り』（一九七四年）をもとにしたこの映画には、際立った二つの側面がある。一つは解放奴隷である黒人たちの苦しい生活と独自な文化、まさしくネグリチュードに通じるもの。もう一つは植民地支配下の学校で優等生となり、奨学金を得てそうした苦しい生活からぬけ出してゆく貧しい黒人少年の出世物語。それは本土の文化への同化の物語でもある。フランス共和国の教育制度は、こうして植民地や地方の貧しい子どもの中から優秀な生徒を選抜してパリでエリート教育をほどこし、共和国の指導的な階層を作りだしていった。それは共和国の自由と平等の理念の実現であると同時に、植民地支配と国民統合の巧妙な方策でもある。「マルチニックの少年」の物語は一九三〇年代を背景にしているが、同時にサンゴールやセゼールの物語でもあり、ファノンやグリッサン、マリーズ・コンデやベルナベやコンフィアンや、その他旧植民地の知識人や文学者たちの物語でもあるだろう。

二

エメ・セゼールは二時間近くも質問に答えて話し、その後さらにサインを求める少女や若者たちの列に辛抱強く応じていた。会見のあいだ、声はいくぶん弱くなっているが、明晰な論理と言葉の力に衰えはみられない。話のなかで印象に残ったことをいくつか書き留めておきたいが、ここでは私の曖昧な記憶にたよるよりは、二〇〇一年九月一三日号の『エクスプレス』誌にのったインタビュー記事（アラン・ルイヨとピエール・ガンスによる）にもとづいてまとめておこう。私はこの記事のコピーをセゼールに会ったあとで三浦さんにもらったのであるが、その内容は多くの点で重なっている。その記事を読みながら私はふと、こうしてエメ・セゼールは長年にわたって、くりかえし同じ質問に同じように答えてきたのではなかったかと思った。二〇世紀の大部分を生き、しかも五〇年の市長在任はあまりに長い。

エメ・セゼールの話の中で記憶に残ったことの第一は、彼はもはや「ネグリチュード」という言葉は使わないが、いまも存在している人種差別と、とりわけアフリカの現状に強い関心をもち、悲しみと憤りを抱いていることであった。アフリカにおける奴隷売買や植民地支配の後遺症はいまなお深刻だ。私は謝罪や賠償を求めようとは思わないが（それは償いができるようなものではないのだから）、その歴史的現実を忘れることはできないし、忘れるべきではない。――『エクスプレス』誌のインタビューのなかでは、エメ・セゼールは人種差別《ラシスム》という言葉の厳密な使い方を求め、パレスチナ人に対するイスラエル国家の態度は人種差別というよりは、むしろナショナリズムと言うべきであり、最近のヨーロッパに顕著な外国人嫌い《クセノフォビー》は軽蔑《メプリ》（すなわち他者に対する恐怖）である、と述べている。

第二に文化の多様性とクレオール性にかんしては、私は複数の文化を身につけた人間であり、アフリカ文化と同様ヨーロッパ文化を信じ尊敬する。中国文化やインド文化についても同じだ。マルチニックには黒人のクレオールと白人のクレオールが存在し、したがってクレオール性は複数社会であるマルチニックの現実である。だがもしクレオール性の主張が父祖の地であるアフリカから距離をとる口実であれば賛成できない。――ここにはエメ・セゼールのクレオール性に対する複雑な立場が語られている。私はそれを聞きながら、ジャン・ベルナベが京都で述べた言葉を思い出していた。

「セゼールの最大のパラドックスは、我々が言うところの《クレオリテ》の意味を理解しようとしないことではないかと思います。クレオールの言語と文化を理解しようとしなかった。白人の支配による黒人、奴隷の子孫たちの精神的な疎外を最もよく分析したのはセゼールの生徒だったフランツ・ファノンの『黒い皮膚・白い仮面』ですが、この疎外、アリエネーションに対してセゼールは抗議、反逆の声を挙げた人です。彼はアイデンティティの根拠としてアフリカの起源に回帰することを無意識のうちに求めました。彼がクレオリテの「私生児性」を嫌うことが、クレオリテを否定する一つの説明になっていると思います。クレオリテはアフリカがヨーロッパの白人文明によって敗北したことの告白ではないかとセゼールは見ています。セゼールには父祖の土地アフリカへの信仰があります。系図への志向がとても強いのです」（三浦信孝訳、『立命館言語文化研究』一二巻三号、六—七頁。なおこの号にはジャン・ベルナベの講演のフランス語の原文も収められている）。

第三に、海外県化法とマルチニックの将来について。エメ・セゼールにとって植民地制度は支配と被支配の双方にとって「無責任の制度」であり、マルチニック人がそれから解放されるためには、自分たちの運命に責任をもたねばならない。解放への長い道程の第一段階が一八四八年の奴隷解放（ヨーロッパの奴隷廃止論者の力とともに奴隷自身の反乱が大きな役割を果したことをエメ・セゼールは強調する）であったとすれば、エメ・セゼール自身が大きな役割を果した海外県化法を第二段階に位置づけることができる。つまり「自由」の後に必要とされた「平等」（フランスのフランス人と同じ社会的諸権利、同じ賃金、等々）を獲得するための手段が海外県化であった。父祖の地であるアフリカや黒人のアイデンティティの問題を考えると海外県化に深い躊躇があったことはたしかであるが、何よりも大切なのは住民の生活である。——だが「平等」の反面は「同化」である。こうして「ネグリチュード」の詩人は、政治家としては共和国への「同化」の推進者となる。そしてこのパラドクスは、平等が進めば進むほど、黒人としてのアイデンティティの危機が深まるというもう一つのパラドクスを導くだろう。

私はエメ・セゼールの口からアイデンティティという言葉がくりかえし発せられるのを聞いて複雑な感慨にとらわれた。私たちはいまやアイデンティティ覚醒の時代に立ち合っているのだ、と言って、エメ・セゼールはコルシカ、ブルターニュ、バスクなどの地方の名をあげる。だが黒人とクレオールの国マルチニックにとってアイデンティティ問題は他とは異なる特別の意味をもっているはずである。またアイデンティティにかかわるもう一つの問題として、「独立」と「自治」の問題が浮上する。海外県化を選んだ以上、エメ・セゼールは「独立」ではなく「自治」に固執せざるをえない。フォール・ド・フランスの書店には、エメ・セゼールの跡をついで市長になったマルチニック進歩党（ＰＰＭ）の若い指導者セルジュ・レチミーの『自治論』が山積みにしてあった（なおこの本の序文と結論にはクレオール語の訳文が付けられている）。

第四に政治と詩の関係について。これも幾度となくくりかえされた質問だろう。エメ・セゼールは、市政と詩作は矛盾しない、いずれも創造的な行為であり、私を駆り立てているのは創造の意欲なのだから、と答えている。私はまた、私はフランス語を使ってはいるが、フランス語に仕えてはいない、という名文句を聞いたような気がするが、はたしてそう言いきれるものだろうか。フランス語とフランス共和国に対するセゼールの愛着は、私の想像をはるかに超えているのではないかと思う。それはフランス語の詩人としては当然のことだろう。だがこの当然の愛着は同時に政治的な意味をおびてくる。エメ・セゼールは、あなたはフランス語の未来について不安を感じないか、という『エクスプレス』誌の記者の問いに対して、次のように答えている。

「新しい言葉を創りだす必要がある。命名すべき新しい現実が存在しているのだから。われわれの言語を擁護するために闘わなければならない。フランス語圏は、連帯の一つのきずな、一つの要因でありうる。われわれはフランス語圏の国々のあいだに一つの利益共同体が形成されることに関心をもっている。こまやかな配慮が必要ではあるが。われわれは何か共通のもの、一つの文化、一つの歴史をもっている。……あなたは私がラブレーを読むことに無関心でいると思いますか。もちろん否だ。同様に、しばしばわれわれの理想でもあるさまざまな理想の名の下にわれわれマルチニック人が共有してきた不幸や勝利に対して、私は無感覚ではいられない」。

これは私にとって自分の目を疑わせるような言葉であった。もし沖縄の文学者や在日韓国人の文学者が、日本語の未来について同じような質問をうけたとしたら、そのときに寄せられるであろう回答を想像し、あらためてエメ・セゼールという存在について考えざるをえなかった。

最後に、マルチニックの若者たちへの助言。エメ・セゼールは私たちに対しても『エクスプレス』誌のインタビューと全く同じエピソードを語っている。ここでカントの名が出てきたのも私にとっては軽い驚きであった。

「リセ・ルイ＝ル＝グランの哲学教授の一人のことを思いだします。彼は私たちにカントの根本的な三つの設問を示しました。私は誰か。私は何を為すべきか。私は何を望むことができるのか。これは今なお有効な問いだと思う。私の答えは以下のとおりです。私は誰か。——マルチニックの一人の黒人だ。何を為すべきか。——その名にふさわしい人間として振舞うこと。何を望むことができるのか。——人間の発達、人類との連帯。そしてもしマルチニックの人々が未来において何か私の思い出を抱くとすれば、私はそれが、彼らを愛した、そして何よりも、彼らの共同体の一員であると感じていた、一人の人間の思い出であることを望みたい」。

三

それから一週間、三浦さんは車を運転して島の各地を案内してくれた。案内というよりはフィールドワークを混えたかなりハードな集中講義といった方がよいだろう。もっともマルチニックで最も快適な季節といわれる三月である。湿気は少なく気温は二五度から三〇度、さわやかな風に吹かれながら野外でのうまい食事や、時には紺碧の海に身を浸す快楽つきの集中講義ではあった。シェルシェール図書館、アンティーユ゠ギュイヤーヌ大学、海岸のエコミュゼ（民族博物館）、市場やスーパーマルシェ、ゴーギャン美術館、砂糖黍《きび》畑とラム酒製造所、バナナ園とパイナップル畑、今は高級ホテルとなった旧プランテーションと奴隷小屋、今は廃墟となった、ナポレオンの皇后ジョゼフィーヌの生家（小さな博物館がある――なおフォール・ド・フランス市中のサヴァンナ公園にあるジョゼフィーヌの石像はいぜんとして首を落とされ、赤いペンキがかけられたままになっていた）、激しい雨で途中から引きかえした北部の山中のドライブ、プレー山の噴火で壊滅した旧都サンピエール（今年はその百周年にあたる）、カントン・スイスと呼ばれる美しい谷間の風景、南のポワント・デュ・ブーからル・ディアマンへの道、珊瑚礁の間を泳ぐ魚の群、カリブ海とは異なり波の荒い大西洋、等々。運転のできない私がおそらく一年いても見られないものを一週間で見せてもらったのだから、三浦さんにはどれだけ感謝しても感謝し足りないが、私の体力の消耗もかなりのものであった（マルチニックに対する三浦さんの情熱と知識については、「国民国家と多文化社会」シリーズの一冊である『ラテンアメリカからの問いかけ』（人文書院刊）に収められている「マルチニック紀行」や『二〇世紀をいかに越えるか』（平凡社刊）に収められている「日本はクレオール性の零度か？」を参照されたい）。

マルチニック島の全貌が少しずつ明らかになってくるにつれて、私は沖縄を思いだすことがいっそう多くなった。気がつくといつも二つの島を重ねあわせて考えている。もちろん歴史的条件も地政学的位置も異なる二つの島を単純に比較することは無意味だろう。だが私のマルチニック理解には沖縄が必要であり、また沖縄を考えなおすためにはマルチニックから得るものがあるのではないか、というひそかな期待があったことは否定できない。

それにしてもマルチニックに着いて最初の朝にエメ・セゼールに会ったことの衝撃はやはり大きかった。マルチニックのどこに行っても誰と会っても、私の耳の奥にはエメ・セゼールの低い声が響いていた。独立《アンデパンダンス》か自治《オトノミー》か、アフリカを忘れないこと、黒人のアイデンティティかクレオール性か、自由・平等、そして「私はフランス語圏《フランコフォニー》という共同体の一員である」という言葉、等々。カリブ諸島の植民地主義からの回復と自立を図る形態は実にさまざまだ。沖縄のように米軍基地に苦しみつつも米州の一つになろうとする島、あるいはアメリカの鼻先で社会主義的な独立を誇示する島もある。フランス革命時代に独立を果たして、世界最初の黒人共和国をうちたてたハイチは、長く貧困と独裁者の圧政に苦しんできた。それに対し、グアドループやギュイアーヌなどとともにフランスの海外県となったマルチニックの住民は、本土なみの社会保障と最低賃金制を獲得し、おそらくカリブ海の島々のなかで最も高い生活水準を享受し、識字率も文化的水準も高い。そしてその結果、アイデンティティの危機をむかえている。

島で出会った何人かの老人の話を思いだす。その話にはいくつかの共通点があった。その一つは兵隊にとられてベトナムやアルジェリアで戦い、除隊して郵便局や役場などの公務員やあるいは警官になって停年を迎え、いまは悠悠自適の年金生活を送っている。彼らの自慢話は息子や娘のことであるが、その多くは島の学校を終えると同じように兵隊になるか、あるいは本土の大学に入り、本土で公務員や企業に就職して、島に帰らない場合が多いようである。順当に公務員生活を終えることのできた人は、手ごろな家を建てて家主になり、観光客や短期滞在者に貸して収入源にしている。私の借りた市内の別荘の家主は、その人の好い温和な表情からは想像もつかないが元警官であった。おそらく普段は彼自身が寝起きするのであろう一室には、若い娘の写真と、その娘から退職する父にあ

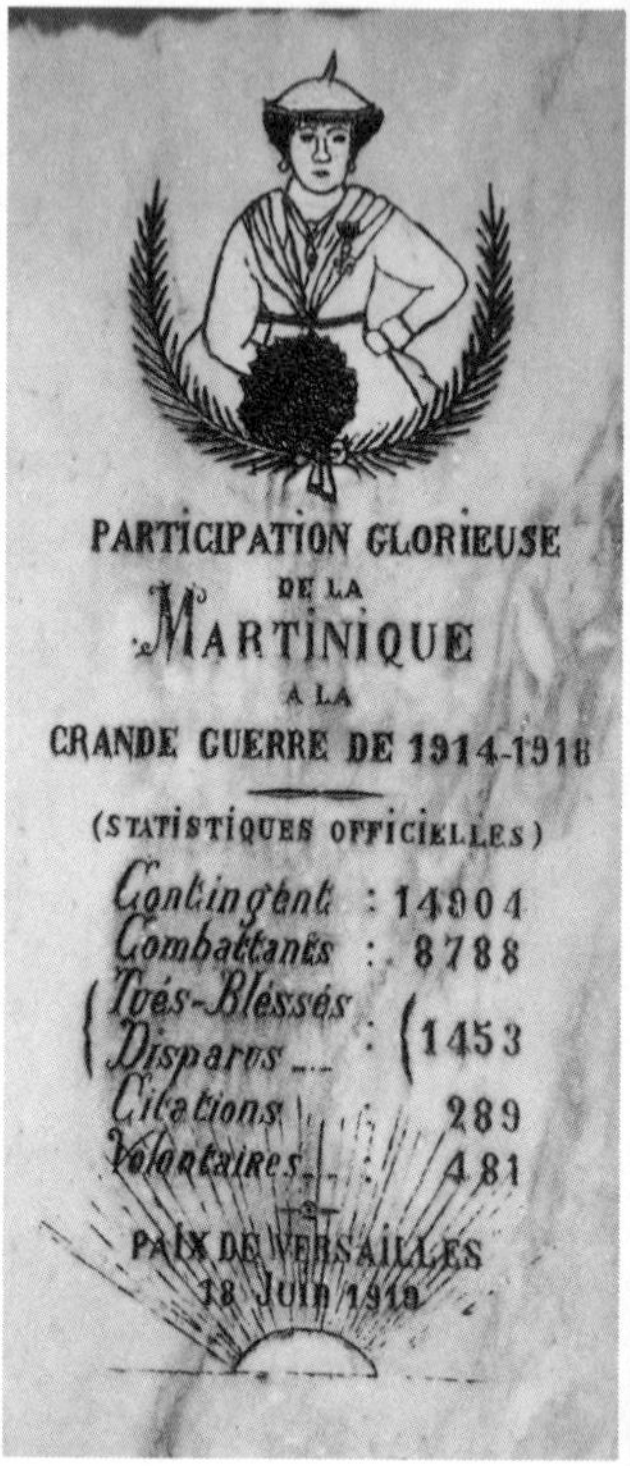

第一次大戦時のマルチニック兵死傷者の記念碑

てた感謝状が飾られていた。その文面は長い警察官という職業の労苦をねぎらうというよりはむしろ、新しい未来の計画に情熱をもって取り組み、さらに大きな生きる喜びを実現することを願うものであった。私は胸を打たれて思わずほろりとした。

だがこの幸福な家族の肖像に欺かれてはならないと思う。彼らの同僚や近親の多くがベトナムやアルジェリアやその他の戦場で戦死したり、あるいは傷病兵として帰郷をよぎなくされたはずである。彼らは幸運な生き残りであるが、一つの植民地で召集された兵隊たちが、独立を願う他の植民地で戦う悲惨を彼らはどう考えたのであろうか。いまマルチニックには沖縄のような他国の軍事基地はない。海外県化法によって彼らはその国の国民となり、自ら兵隊になってしまったのだから。だがそれは彼らにとって幸福なことであろうか。

そのことを改めて考えるきっかけとなったのは、島のほぼ中央にあるサン＝ジョゼフの町で第一次大戦の死傷者に捧げられた記念碑を見たことである。この記念碑には次のように記されていた。《一九一四―一九一八年の大戦におけるマルチニックの輝かしい参加。（公式の統計による数字）召集兵―一四九〇四、戦闘員―八七八八、重傷者と行方不明者―一四五三、表彰者―二八九、志願兵―四八一。ヴェルサイユの和平、一九一九年六月一八日。》そしてその裏面には六九名の戦死者の氏名が刻まれている。第二次大戦や植民地戦争における死者の氏名はどこに刻まれているのであろうか。アメリカの日系人部隊が「忠誠心」に燃え、より勇敢であった――したがってより多くの戦死者を出した――ように、マルチニックの兵士も「忠誠心」に燃え、勇敢であったのだろうか。

帰りの飛行機の中で私は大江健三郎の『沖縄ノート』（一九七〇年刊）を読み始めたが、途中で吐気をもよおして最後まで読み終えることができなかった。飛行機が乱気流に巻きこまれたこともあるが、大江が執拗に告発し続ける沖縄の悲惨と醜い日本人の姿に耐えきれなかったこともあるだろう。大江が告発する日本の政治家や知識人の感性や思考法、それにそれを告発する大江自身の感性や思考法。その幾分かをたしかに私は共有していることを認めなければならない。だがそれにしても同じ植民地主義を批判するのに『植民地主義論』と『沖縄ノート』には何というトーンの違いがあることか。

最近の数年間、エメ・セゼールの『植民地主義論』は、私の国民国家論やファシズム論、あるいは沖縄問題や、新しい植民地主義やその他の問題について、私の現在の思考を支え勇気づけてくれる秘密の参照文献であり、座右の書であった。九月十一日後のアメリカの反応を知ったときに、最初に浮んだのも『植民地主義論』の冒頭の文章である。

《自らの活動が生み出した諸問題を解決しえないことが明らかになった文明は衰退しつつある文明である。
自らの抱えるもっとも根本的な諸問題に目を塞ぐことを選ぶ文明は病に蝕まれた文明である。
自らの原則を策を弄して欺く文明は瀕死の文明である。》（『帰郷ノート・植民地主義論』平凡社刊）

名文とはこういう文章のことをいうのだろう。それに砂野幸稔氏の訳文は実に見事で素晴しいので、もう少し気ままな引用をお許し願いたい。

《植民地化がいかに植民地支配者を非文明化し、痴呆化／野獣化《アブリュティール》し、その品性を堕落させ、もろもろの隠された本能を、貪欲を、暴力を、人種的憎悪を、倫理的二面性を呼び覚ますか、まずそのことから検討しなければならないだろう。そしてヴェトナムでひとつの頭が切り落とされ、ひとつの目がえぐりとられ、フランスでそれが容認されるたびに、ひとりの少女が強姦され、フランスでそれが容認されるたびに、自らの重みに沈み込む文明はますます死の重みを加え、全般的な退化が進行し、壊疽が始まり、瘴気が拡っていくことを示さねばならないだろう。……

《そうだ、ヒトラーとナチズムのやり方は、臨床的かつ詳細に研究する価値がある。そして、優雅にして人道主義的かつ篤信家の二十世紀のブルジョワに教えてやるのだ。彼の中には、まだ自らの本性に気づいていないヒトラーがいる。彼にはヒトラーが宿っている。(…)彼がヒトラーを罵倒するのは筋が通らない。結局のところ、彼が赦さないのはヒトラーの犯した罪自体、つまり人間に対する罪、人間に対する辱めそれ自体ではなく、白人に対する辱めなのであり、それまでアルジェリアのアラブ人、インドの苦力《クーリー》、アフリカのニグロにしか使われなかった植民地主義的やり方をヨーロッパに適用したことなのである。……

《さらに先に進もう。私は、現在、西ヨーロッパの野蛮が信じられぬほど巨大なものになっていると考えていることを隠さない。確かにそれをはるかに凌ぐものがただひとつある。アメリカの野蛮である。……

《かつてブルジョワジーによって発明された価値のひとつは人間とヒューマニズムという価値であり――それがどうなるかをわれわれは見た――、もうひとつは国民《ナシオン》という価値である。

これはひとつの事実である。国民《ナシオン》とはブルジョア的現象である。……

まさしくそこなのだ。人間から目を逸らし、諸国民に目を転じると、私はここでもまた災禍が巨大であることを確認する。……》

『植民地主義論』が書かれた一九五〇年、エメ・セゼールは世界が非常によく見える場所にいたと思う。私たちももういちど当時のエメ・セゼールの場所にたちもどって世界を見直してみる必要があるのではないだろうか。そのとき沖縄は、エメ・セゼールの言う意味での植民地という特色をいっそうはっきりと示すにちがいない。それも二重の植民地、アメリカの植民地でありアメリカの植民地である日本の植民地でもある沖縄。

『植民地主義論』と『沖縄ノート』とのトーンの違いは、謝罪や補償をも拒否する告発者と、無限に悔い改めようとする者との違いでもある。『沖縄ノート』には「日本人として」という言葉が何十回となくくりかえし出てくる。また、とりわけ「日本が沖縄に属する」と題された第一章には、「日本人とはなにか、このような日本人でないところの日本人へと自分をかえることはできないか」という文章が実に十回ほどもくりかえされる。

その後にも度々姿を現わすこの文章は結局『沖縄ノート』全体のライトモチーフとも言うべきものであって、大江はこの本の最終ページをこの同じ言葉でしめくくるのである。「きみはなんのために沖縄に来るのか」というくりかえされる拒否の言葉にひるみながらなおも沖縄を訪れ、沖縄のあらゆる運動に立ち合い、沖縄を通じて自己の内なる日本人を変えようとする、大江健三郎の執念と勇気に私は感服する。だが大江が幾度悔い改め、幾度自己批判をくりかえしても、帰ってゆくところは結局、「日本人」なのだ。「日本が沖縄に属する」と言い、「このような日本人でない日本人になりたい」とくりかえすことは、結局は沖縄人に日本人であることを強いることになる。そのことに、大江はどれほど意識的なのであろうか。日本回帰に至る戦後民主主義。私は『沖縄ノート』が反日本人論の形をかりたウルトラ日本人論であることを知って愕然とした。

四

『沖縄ノート』の再読は、長いあいだ私が抱いていた、沖縄にかんする保守派と革新派の双方のさまざまな言説に対する私の違和感をあらためて思い起こさせたようである。「沖縄の心」とか「沖縄の魂」を見つけたとかいうような人類学的・日本文化論的発言。沖縄の本土化、本土の沖縄化という言葉の背後にある、それとは自覚されない植民地主義。あれほど蔑視と残忍な仕打ちをした後で島の住民に祖国復帰を呼びかけ、あれほどの仕打をうけた後で日の丸を立てて日本復帰を祝うことの不条理。旧植民地沖縄を反戦の聖地として（ちょうどアメリカが旧植民地真珠湾を祖国防衛の聖地に仕立てたように）、聖地巡礼を行なう進歩的知識人の自己満足とアリバイ作り。

九月十一日以後におけるアメリカのスローガンは「リメンバー・パールハーバー」であった。そしてテレビでは沖縄戦を思わせるアフガン戦争の映像が流されていた。重装備のアメリカ兵が、洞窟に隠れているアフガン兵を火炎放射器で追い出し、あるいは焼き殺す。沖縄の洞窟には日本兵だけでなく島の女や子供もいたのであるが。沖縄の人たちはそうして米軍の捕虜となったが、それ以前に日本軍にうけた仕打ちがより人道的であったわけではない。どちらの側も沖縄人をまっとうな人間として見ていなかったのは事実だろう。黒人が人間とみなされなかったように。

マルチニックからパリまでの距離は長い。私はいぜんとして吐気に悩まされながら、再びエメ・セゼールの、人間の尊厳とは何かを教えるようなあの黒い顔を思いうかべる。私の会ったエメ・セゼールはもはや『植民地主義論』のエメ・セゼールではなかった。だが彼の存在がいまなおマルチニックの人びとの尊厳を支えていることは確かだろう。そして私は、ジャン・ベルナベやその夜に集まってくれた、クレオール語への愛着で結ばれた人々の顔を思いうかべる。ベルナベは先に引用した文章に続いて次のように書いていた。

「セゼールの詩における苦悩の表現は、アフリカという起源から断絶されたアンティール人の苦悩を表しています。アフリカの言葉を失った人間たちの苦悩です。それをアフリカの言葉は使えないからフランス語で表現する。もちろん標準的なフランス語に暴力を加えることによって。シュールリアリズム的なテクニックを用いた言語の変革を伴ってフランス語で表現した。アンドレ・ブルトンはセゼールを「シュールレアリズム最大の詩人」と言いましたが、私の見方では、彼はシュールレアリストではない。白いヨーロッパの普遍的な文明を否定する上で、アフリカというものを想起しながら、苦しい詩的変革を彼は行おうとしました。

セゼールにとって、クレオール語は私生児的な存在であり、ちゃんとした表現手段がないための単なる代用物でしかないとして積極的に評価しなかった。しかし私はクレオール語は、我々を、あの忘れられたアフリカに結び付ける重要な絆であると思います。クレオール語の中にあるのはアフリカだけではありません。インド、中国があり、アメリカインディアンの記憶が我々の想像の中には残っている。植民者、支配者であったヨーロッパもクレオールの中には入り込んでいる。これを植民地主義の名のもとに無視することはできない。かき消すことはできない。我々はそれを引き受けなければいけない。すべての依ってきたる起源を同時に引き受けなければいけないと思います」[1]。

　クレオール性とは何かをきわめて明快に語ったこの文章は、心からの尊敬が深い理解につながり、深い理解が根底的な批判を生みだすことを示す一例だろう。肌の色や混血という事実を抹消できないように、旧植民地の住民は植民地の後遺症をまるごと受けとめて、そこから始めるしかないのである。ベルナベのこの言葉は、現在の沖縄においてこそより深く理解されるのではないだろうか。私はここでベルナベ、シャモワゾー、コンフィアンによるクレオール性宣言を引用するという誘惑に抗しきれない。恒川氏の解説によれば、このテクストは一九八八年、セーヌ＝サン＝ドニ県で移住労働者たちによって組織された、カリブ海フェスティヴァルで読みあげられたのだという。

「我々は我々がクレオールであることを宣言する。我々は「クレオール性」こそ我々の文化の絆《きずな》であり、我々のアンティル性の基礎を形成するべきものであると宣言する。「クレオール性」とはカリブ、ヨーロッパ、アフリカ、アジア、レヴァントなど「歴史」の轅《くびき》が同じ土地に集めた諸々の文化要素の相互交感的《アンテラクティフ》な、相互浸透的《トランスアクティフ》な集合体である。三世紀にわたって、こうした現象の影響下にあった島々と大陸の一部は、新しい人間性が打ちだされる真の鍛冶《かじ》場であった。そこでは、言語も、民族も、宗教も、習慣も、世界中から集まってきた人々の生き方も、突如として脱領土化され、新たな生を模索せざるを得ないような環境に移植されたのだ。我々のクレオール性は、したがって、このとてつもない混交《ミガン》から生まれたのである。人々がそれを言語的側面や一つの構成要素に限定するのは性急にすぎる。我々の文化的人格はこの世界の烙印をおされていると同時に、それを否定してきた幾多の証言を身に帯びている。我々は容認と拒絶の中で、すなわち、このうえなく複雑な両義性と親しくつきあいながら、いっさいの還元、純粋さ、貧困化の外で、不断の問題提起の中で鍛えられてきたのだ。我々の「歴史」は複数の歴史の糸で作られた組み紐である。我々はあらゆる言語、あらゆる言葉を味わってきた。この居心地の悪いマグマを恐れたために、我々はそれを神話的な彼岸（外の眼差し、アフリカ、ヨーロッパ、さらに今日では、インド、アメリカ）に固着し、歴史的な大文化《キュルチュール・ミレネール》の閉ざされた規範性の中に逃げ込もうと無益な努力をしてきたのだ。我々こそ諸文化の接触を予告し、出現しつつある近未来世界を先取りしていたのだということも知らずに。……」（恒川邦夫訳『クレオール礼賛』平凡社、一九九七年）

『クレオール礼賛』は、きわめて文学的なフランス語で書かれたクレオール文学の宣言文であるが、フランス本土で革新政権が誕生した一九八一年になってマルチニックの独立が最終的に放棄された（エメ・セゼールの第二の裏切り？）ことに対する反応という歴史的背景をもっており、きわめて政治的な文章であると言ってもよいだろう。クレオール語とクレオール文学の理念を政治的に読み解くと、そこにはフランス革命以来のフランス共和政の中央集権的伝統に対抗してきたアナーキズム的な伝統が浮びあがるように思えるのであるが、連名の三人の著者がそのことをどの程度意識しているのか私は知らない。マルクス＝エンゲルスの『共産党宣言』が資本主義社会の底辺にあるプロレタリアートの立場からの戦いと解放の宣言であるとすれば、「クレオール性」宣言は植民地支配の最大の犠牲者である黒人奴隷の後裔による世界の周辺からの戦いと解放の宣言といってよいだろう。

混淆性の主張は、開かれた文化と開かれた政治形態に呼応する。エドゥアール・グリッサンの言葉を借りれば、それは支配と征服につながる単一ルーツ型のアイデンティティではなく、共生と解放につながる関係性の複合的アイデンティティを意味することになるだろう。「独立」の願望を秘めた「クレオール性」の主張は、しかしながら「独立」の概念を変える。それはもはや、ルーツ型のアイデンティティをもつ中央集権的なもう一つの国民国家の形成ではありえないからである。

沖縄にクレオール主義に呼応するものが存在するのか、また存在するとしてそれがどのような形をとりうるかについて、私は十分な知識をもたず、それを論じる資格もない。沖縄在住のだれか十分な知識をもった人が、この問題について説得的な文章を書いてくれたらどんなに嬉しいだろう。私はまた沖縄における独立論のひろがりと動向について分析的に論じる能力も資格もない。ここではただひとつ川満信一氏による「琉球共和社会憲法C私(試)案」を引用して、この文章を閉じたいと思う。もっとも私はこの「私(試)案」のすべてに賛成というわけではない。例えば、私は琉球共和社会の象徴旗を「白一色に白ゆり一輪のデザインとする」ことには、「白ゆり」の象徴が日本近代社会で果してきた抑圧的な役割を考えて反対である。くりかえされる「慈悲」の言葉に心を引かれはするが、違和感をぬぐうことができない。また多くの条文が「……ならない」という禁止や命令の形で終っていることも気にかかる。もともと国家廃棄の宣言を、国家の基本法である憲法の形をかりて表明することは根本的な矛盾であろう。だが私はこの憲法(私)試案を最初に読んだときの驚きと感動を忘れることはできない。暗い空の一角に急に明かるい青空が開けた感じであった。

この憲法の前文の後段には次の一節がある。好戦的日本国民への愛想づかしだ。

「九死に一生を得て廃墟に立ったとき、われわれは戦争が国内の民を殺りくするからくりであることを知らされた。だが、米軍はその廃墟にまたしても巨大な軍事基地をつくった。われわれは非武装の抵抗を続け、そして、ひとしく国民的反省に立って「戦争放棄」「非戦、非軍備」を冒頭に掲げた「日本国憲法」と、それを遵守する国民に連帯を求め、最後の期待をかけた。結果は無残な裏切りとなって返ってきた。日本国民の反省はあまりにも底浅く、淡雪となって消えた。われわれはもうホトホトに愛想がつきた。好戦国日本よ、好戦的日本国民と権力者共よ、好むところの道を行くがよい。もはやわれわれは人類廃滅への無理心中の道行きをこれ以上共にはできない。」

また「基本理念」を述べる第一条と第二条には国家の廃絶と国家装置の撤廃が高らかにうたわれている。

「**第一章　基本理念**

第一条　われわれ琉球共和社会人民は、歴史的反省と悲願のうえにたって、人類発生史以来の権力集中機能による一切の悪業の根拠を止揚し、ここに国家を廃絶することを高らかに宣言する。この憲法が共和国社会人民に保障し、確定するのは万物に対する慈悲の原理に依り、互恵互助の制度を不断に創造する行為のみである。慈悲の原理を越え、逸脱する人民、および調整機関とその当職者等のいかなる権利も保障されない。
第二条　この憲法は法律を一切廃棄するための唯一の法である。したがって軍隊、警察、固定的な国家的管理機関、官僚体制、司法機関など権力を集中する組織体制は撤廃し、これをつくらない。共和社会人民は個々の心のうちの権力の芽を潰し、用心深くむしりとらねばならない。」

その他この憲法には、貧困の克服、直接民主主義の徹底、不戦や核の禁止、亡命者の受入れ、等々が記されているが、紙幅が限られているのですべてを引用することはできない。最後に、共和社会人民の資格にかんする条文を引いておこう。憲法の理念に賛同する者は、人種、民族、性別、国籍を問わず、だれもが資格を与えられる。

「**共和社会人民の資格**
第十一条　琉球共和社会の人民は、定められたセンター領域内の居住者に限らず、この憲法の基本理念に賛同し、遵守する意志のあるものは人種、民族、性別、国籍のいかんを問わず、その所在地において資格を認められる。ただし、琉球共和社会憲法を承認することをセンター領域内の連絡調整機関に報告し、署名紙を送付することを要する。」
（引用は、「沖縄独立の可能性をめぐる激論会」実行委員会編『激論・沖縄「独立」の可能性』紫翠会出版、一九九七年より）

アメリカの九月十一日の事件とそれに続く事態は、長く続いた「戦後」という時代の終りと、その戦後という時代が結局何であったかを私たちに教えてくれたと思う。(2) 戦後という時代の枠組の中で形作られた沖縄の反戦運動や日常の生活は、グローバル化と呼ばれる新しい植民地主義のなかで、根底から組みかえられなければならないだろう。無責任な発言であることを承知の上であえて言うのだが、私は沖縄の独立を支持したいと思う。だがその独立はもはや人種や民族や国家の独立ではありえない。エメ・セゼールの苦悩を受けつぎ、共有しつつ拒否し、それをクレオール性宣言として表現せざるをえなかったマルチニックの人々の苦しい、だが希望に満ちた選択を、遠い国の物語として聞きすてるには、地球はあまりにも狭くなってしまったと思う。

（注）

（1）　私はむしろこれに続く次の文章を引用すべきであったかもしれない。

「セゼールが、それに続く世代に果たした役割は決定的に重要な意味を持っています。私は一四歳の時、セゼールの『帰郷ノート』を初めて読みました。私の叔父が学校の教師でセゼールの生徒だった。一四歳という思春期の重要な年頃に、叔父の勧めで読み、本当に驚いた。存在の底から揺り動かされるような経験でした。一九六〇年、フランスに行ってからも自分自身の人間としての尊厳の根拠として、セゼールの詩をいつも心にとめ、読み返した思い出があります。セゼールを読まなかった友だちが抱え込んだ人種上の問題を、私は解決できた。人種的な差別による抑圧、そこから来る苦悩から内面の葛藤をいかに乗り越えていくかというドラマがセゼールの詩には見事に語られていると思います。しかし、我々にとって重要なのは、セゼールが問題の中心の一つとして据えた人種の問題だけではない。つまり人種的な発想は結局、社会の編成原理を祖先からの血の伝達による直線的な血統を柱にして構成される「アタビック」原理、祖先からの継承を中心とする考え方になる。「フィリアシオン」です。（エドゥアール・グリッサンが最も強く批判する考え方ですが）、セゼールは、「アタビスム」の考え方から抜け出ていなかったのではないか。クレオールは先祖から綿々と伝わってきた血の継承というフィリアシオンの原理をはっきり否定した社会です」。

（2）　この問題にかんしては拙著『戦争の世紀を越えて――グローバル化時代の国家・歴史・民族』（平凡社、二〇〇二年七月）の九月十一日にかんする序文「映像と記憶――九月十一日をめぐって」と「あとがき」を参照されたい。

ヘテロトピアの沖縄

新原道信

一　ヘテロトピアの試み

「複数の沖縄」を語るとはいかなる試みなのだろうか。「文化の複数性」や「社会の多様性と複雑性」という語りの中で、「南島」は、「辺境」「少数派」「異質性」「異物」といった形で「発見」され、保存液を注射された後、標本箱に入れられる。「発見」され分類の対象となることで、「庇護」され「承認」されると同時に、その実質は見落とされる。そしてこの「発見」の後も、境界線は繰り返し引かれ直され「再承認」されていく。たしかに、沖縄は、これまで何度となく「日本社会の中心的な問題をみるための参照点」として、観察者の世界観に応じて、様々な意味付与がなされてきた。「実際の沖縄とは別に『原日本』として見いだされる『南島』は、自己同一的な『日本』を作り出すための差異として措定され、馴致され、鋳型に流し込まれて見いだされている」、つまり、「『南島』は、同質的な『日本』を固定するための微妙な差異として、またもっともリスクの少ない、安全な『比較』対象として固定され」たのである。(1)

自らがこの「固定」化に加担することの危険を識りつつも、「妥協したのではないかという嫌疑をあらかじめ甘受した上で、知的権力に対して、妥協が語られるその場で、相手がもっとも聞きたがらないこと、おそらく最も予想外のこと、その場にもっともそぐわないことを語ることによって、知的権力の武器を逆手にとるべき(2)」なのだとしたら、そして「特定の地域の文化の現場について、経験的な問い」を発するべきなのだとしたら[3]、おまえは、何を、いつ、どこで、どのように、なぜするのかと、沖縄は問うであろう。

この問いかけへの「応答」の重みを受けとめつつ、境界をこえ動いていくものがその体験の内実をいかに表し出すかという問題を、サルデーニャ、沖縄、マカオ、済州島、サイパン、テニアン、ロタ、奄美、対馬、石垣、竹富、西表、南北大東島、周防大島などの島々（実際の島嶼社会であれ都市の〝内なる島々〟であれ）を訪ね歩く旅の途上で考えてきた。島を歩くことで身体に刻み込まれた記憶と体験は、いかなる形で表し出されるのか。気配を感じとり、察し、知覚したことがらを、その生命を殺さずに、動きのあるひとつのまとまりとして表し出そうと試み、何度も挫折してきた[4]。土地や人に深くかかわるほど、調査者である自己の認識と、寄寓者である自分の実感との間に、ズレやブレがひろがるのを感じてしまったからに他ならない。身体のなかに刻み込まれて、想念としてこころにうかぶ地中海の島と沖縄の風景を、その実質を表し出す言葉を、私はながらくもたなかった。むしろ、はじめは対象として語っていた相手をしだいに語れなくなり、調査をすることにもためらいが生じるようになった。ひとびとの中に埋め込まれつらねられている文化の複合性と複数性に出会い、私自身のものの見方の枠組みが流動化するのをうっすらと感じた。島々は、〝一様な多様性〟の枠の中に整理分類しようとするものを解体する力が潜む「反逆する対象」であった[5]。

沖縄、しかも「複数の沖縄」を語るというとき、その語り手には、「保存液を注射し標本箱に入れようとする」力と、「反逆する対象」の力との間に立ちつづけることが求められる。そこでは、内側へと折れ込んでいこうとする衝動と、縛りつけられた場所から外へと飛び出ていこうとする衝動とが重ね合わせられている。閉じる力と開く力だ。そしてこれは、別の側面から見れば、構造化する力に身をまかせて自らを構造の変数としていくことで安定したいとする力、その力にのみこまれつつも、その場にふさわしくない言葉や行動を少しずつおこしながら、流れを少しだけずらしつつ何かを〝練りあげていこうとする力〟とが、一個人の身体の中で混成している状態でもある。

この「どっちつかず」の状態を航海するということは、突然「飛躍」して真理（ときには「原初的」なるものや

「源基」としても語られる）に達する直観主義ではなく、「木登り男爵」のように木の上にいて時代の渦中に飛び込まないまま「観想」するのでもなく、その〝拘束された身体〟の内側からこすりあわせるようにして発せられた言葉の文脈／水脈に即して、ことがらが自己展開する力に耳をすまし、ことがらが語り出す瞬間に身を投げ出すということである。

〝ことがらが語り出す〟のを、きわめて個別的かつ主観的な観察者の皮膚感覚を串刺しにして、「刺青をする」ようにして書きとめるという、〝ねじれのある行為〟を試みたい。あることがらのかたわらにいて、あるときふと、分析しようという自分を諦めるか捨てるか、すこし肩の力が抜けているときに、はじめて自分の中に入って〝ことがらが語り出し〟てしまう。ある場所で生起してきた、あるいは生起しつつあることがらを語るということに対して、きわめて無力な存在として、ただかたわらにあることを受容した状態の中で、ゆっくりとわき上がってくる、あるいは聴こえてくると知覚されるような状態を、ここでは〝ことがらが語る〟と表現している。

〝ねじれのある行為〟だといったのは、対象を記述することの客観性と、個別的な心意現象を語ることとが、一見してみれば混交してみえるからであり、そのような叙述の方法がいかなる形で学問性を確保するのかという問題が内在しているという意味で、主観と客観、構造と主体のとらえかたに〝ねじれ〟が存在しているからだ(6)。

メタファーで言うなら、この試みは、対象として設定された他者を分析するという試みではなくて、いわば自分の身体の奥に眼があって、その眼から自分を含めた外部を見るという試みである。このような視線によるなら、自分を語っているのに他者が語られ、他者を語っているつもりがそこに自分があるという状態、他者と自分との間に相互浸透が起こっている状態をかろうじて書きとめるという試みなのである(7)。

〝ヘテロトピア〟という言葉がある。「それはユートピアのように非在の場所ではなくて、実在の場所である。実在の場所でありながら、ひとつの文化の内部に見いだすことのできるすべての場所を表象すると同時にそれらに異議申し立てをおこない、ときには転倒もしてしまうような異他なる反場所」、それが「ヘテロトピア(8)（heterotopia）」だ。ここでなされるのは、〝ヘテロトピアの沖縄〟という試みである。

それは、まったくの「統合」でも「分裂」でもなく、「どっちつかず」の状態で、おのおのがその中に投げこまれた状況のただなかにあって、暫定的な判断を自らしつづけるということ。そのためには、ここでの語りは conventional（会議の場で語られるような型どおりの言葉によって）でなく、klinikós[9]、ことがらのかたわらにあって、特定の状況に埋め込まれた個々人の身体の奥底で生じている喪失、変性、変質とそれに対する〝応答（response）〟のつらなり、そこからつむぎだされた断片的言葉によってなされる。複数の水脈、複数の文脈、複数の〝根（radice）〟のぶつかりあいを表し出そうとする試み、はじめからその有限性が予測される試みである。

二　二〇世紀を生きた島で

ここで語られるのは、動くひと（homines moventes）、島のひと（gens insularis）、痛む／傷む／悼むひと（homines patientes）、旅するひと（gentes itinerantes）、航海するひと（gentes navigantes）、歩くことができないかわりに空を飛ぼうとするひと（gentes volantes）、境界のひと（gens in cunfine）、境界領域を歩くひと（gens in cunfinem）の想念の断片である。それはまずなによりも、生という不治の病を生きるすべてのひとのメタファーとして表わし出されている。

その一　「外」からの「発見」

プロペラ機で約一時間、「本島」から三九〇㎞離れた海上にその島はある。珊瑚礁が隆起して出来た南と北の「兄弟島」。海底に屹立した摩天楼。島の周囲は断崖となっていて、島からこぎ出てすぐの波頭の下には、太平洋の深海がひろがっている。断崖の内側、環状地帯の防風林に守られた、ラグーンと呼ばれる盆地には、肥沃な土壌でよく整備された畑が広がっている。

それぞれが絶壁に囲まれた南北の島同士の交流は困難をきわめる。対岸の「兄弟島」に一度も上陸したことがないひとがいるほどだ。北の島には、北港、西港、江崎港の三つがあり風向きによって使い分けるのだが、荷役作業はすべてクレーンを使っておこなわれる。自動車、生活物資はもちろん、人もまたゴンドラに乗せられクレーンで運ばれる。

港についてひとしきり待つと、見渡す限りの海には、まったく見えなかったはずの漁船が集結し、海と陸を厳然と隔ててそそり立つ絶壁の近くに停泊する。大型のクレーンが動きだし、岸壁に近づいてきた一隻は、はるか頭上から降りてきたフックに、あらかじめ船に装備されていた太縄を結びあわせる。すると瞬く間に船は海上から離脱し、水滴をたらしつつ陸へと上昇する。漁師は船の縁に足をかけ、はるか眼下の港を見下ろし、海風にあおられ中空で揺れる船は、地上に待機したひとたちの助けで運搬用トレーラーに装着され、島の内陸部にある自宅の庭先へと船をもどす準備がこうして整った。船はつぎつぎと陸揚げされていく。

北の島には二〇隻ほどの漁船があるのだが、専業の漁師は少なく、ほとんどの場合は、サトウキビ栽培などの農業のかたわら漁にも出る。眼下に広がる豊饒の深海へと船を出すには、ひとかたならぬ労苦が必要とされる。しかしひとたびこの深い海に船を繰り出せば、そこでは良質のキハダマグロやサワラの漁が可能となる。

毎年、六月の第四日曜日に開催されるようになった南北対抗運動大会は、これほど近くにありつつも、行き来の困難をかかえた「兄弟島」の複雑な想いが埋め込まれている。そしてこの日をめどに、各地からひとびとは「帰還」するのだ。

この光景は「離島苦」、「サトウキビ生産の不安定さ」、「台風の対策や離島医療の困難」といった言葉で語られる。島は「閉ざされた空間（l'enclave）」として「発見」される。「閉鎖それ自体」であり、「接近の困難」さ、「とらわれの土地」である。

その二　「専門家」の視線による「庇護」と「承認」

この「兄弟島」で「研究大会」が開かれた。「島の振興や開発」をテーマとした集まりで、専門家たちが前に座り、住民はすべて後ろの席という配置が自然とできあがった。学会発表とさしてかわらぬスタイルでの報告、学会と同じ形での質疑応答がなされる。島の保健婦から質問が出たが、今回の研究の対象ではないという理由で解答がなされなかった。報告者たちは、それぞれが属している「業界」の作法（たとえばＯＨＰやスライドの使い方、レジュメの作成の仕方など）によって無意識の内に拘束されている。システマティックで専門的な語り方は、当人達の意図とかかわりなく、その場にいた多数の参加者を排除していく。「学際的」「領域横断的」な集まりであるはずのその場所で、むしろ専門家の多くは、「自分の城」に固執し、「確かな自分の足場」から出ることなく遠方より言葉をかわす。「わたしはあそこにもいった」「そこについてはこのことを知っている」、互いに速射砲のように、これまで集積してきた島についての知識をぶつけあい、あらたな情報の集積にやっきになる。

南の島の北港の近く、発破で掘り起こした石灰岩を使って深く切り開かれた港、この建設中の港の近くには風力発電の施設が作られた。北の島の魚市場、西港の近くには、燐鉱石貯蔵庫跡がいまも残る。鉱山は島の「開発」のメタファーでもある。そこにあるものを掘りつくし、ある日突然、見過ごされる。そしてあたかもなにも起こらなかったかのように、生起したことがらはふりかえられることなく、「あらたなレース」への参加が迫られる。たとえば、「グローバリゼーションの加速化と新海洋時代の到来から『忘れられた地域』と見なされていた世界の島々が、世界経済の交換過程のなかに急速に姿を現わしてきており、島地域のアイデンティティが貴い資産として注目されている。島地域は一方で、海洋を通じて開かれた世界へ出ていく貴重な機会を与えられている。しかし、もう一方で、その間搾取の対象として大陸に苦しめられてきた従属関係をいっそう深化させる危機を同時にもっている。このため、大陸的視角ではない、島の観点から島と大陸の共存と共栄へ向けての和解と平和、そして発展のための戦略を多地域的・学際的視野から検討する必要がある(10)」との声に後押しされる形で、「国際社会から取り残されないため」の「迅速な対応」を迫られる。

「振興」こそが「離島苦」克服の「手段」であり、いくつかの指標を前提としたうえで、それがどの程度達成されているのかを「専門家」たちが問う。たとえば、サトウキビ産業に将来がないのにもかかわらず方針転換をはかろうとしない「島民の意識の遅れ」について心からの心配をする。「離島振興に熱意をもっているのは行政職員の一部だけだ。島民の多くは、那覇に家を持っていて、老後は那覇で暮らしたいと考えている。この島はあくまで『出稼ぎ』の場所であって、死ぬべき『故郷』ではないと考えているはずだ」と。

「島の観点から」見るべきだと誰もが語る。しかし、島の側から見るということは、島の出身者であるか否かにかかわらず、大きな困難をともなっている。海岸近くに港が作られ、外界からヒトやモノがやってくる。港という陸と海との境界から外界を見た場合、外来者がやって来る海は既知のものであり、島の内陸部が未知のものとなる[11]。また外界から島を見た場合にも海岸から中へと分け行って内陸部を識ることはない。これに対して、島の内陸部から島および外界を見た場合、内陸部は既知であり、外界こそが未知の領域である。島嶼性を特徴付ける際の二つの視点のどちらに傾くかは、観察者が誰かにもよるがそれのみならず、島を見る際に何が支配的な見方であるかによっても変わる。すなわち、誰が自らの「自立性（autonomia）」によって島の側から世界を見るのか、それとも外界から、指標実現の対象として見られるのかという歴史的具体的力関係によって変わるのである[12]。

その三　アフリカマイマイの眼

一九〇〇年一月二三日に八丈島の玉置半右衛門の命を受けた二三人の開拓民がはじめてやって来てから一〇〇年、その内の四六年は植民地経営の歴史であった。戦争中にはこの島にも陸海軍あわせて一万人近い軍隊が駐屯していた。「本島から見れば歴史は浅い」のかもしれない。しかし、南の島の村長は、「一〇〇年の歴史しかないが」と前置きしつつ、先代たちの苦闘を語った。原生林を切り開き、土地を開墾し、風や火事とたたかい、精糖業者の支配をすりぬけ、肥沃な土壌を練り上げていった。「だから日本一の砂糖島をめざす」と。

木の幹にへばりつく大きなかたつむり（アフリカマイマイ）を多数発見しおどろいていると、首のあたりにひび割れのある初老の男性が、「戦後すぐはゆでて食べていたものさあ」と教えてくれた。二組の親戚が横浜にいる。自分は親の面倒を見るためにこの島に残った。首のひび割れは、長年にわたって強い日差しをあびサトウキビ栽培をして刻み込まれたものだ。

息子にサトウキビ畑をすべて譲り渡し、自分は別の作物を作ることを考えた。ひとつは、もともと田圃で栽培されてきたミズイモを畑で栽培すること。この島の地下水は塩分を含んでしまうのだが、幸運なことに自分の畑の地下水は水質がよく、この水のおかげで畑でミズイモを育てることが可能になった。そうすると成長も早く、沖縄本島のイモだと食べられない茎の部分も食べられる。妻と二人で一日かかって皮をむき、品物を売りに出すが三千円程度の儲けにしかならない。老人の楽しみなのでそれで十分だ。

もうひとつは、この島では卵の値段が高いので、鶏を百羽ほど飼って、産みたての卵を市価の半値くらいで契約をむすんでいるひとたちのところに届けている。とても好評で、「卵がいきわたらない」という声が大きくなったことから、鶏を百羽から二百五十羽にふやした。これも楽しみの範囲でやっている。

台風で船がよく欠航して物資が入ってこなくなったが、大人たちは、一本のタバコをながく吸ったり、アフリカマイマイを集めてきて油炒めをしたりして、生活をやりくりした。子供の目から見ると、大人はその状態をあたりまえのように受けとめていた。「苦」は中央から持ち込まれた比較によって「発見」されたのだ。

「離島苦」という言葉は、外からむけられた視線だ。「植民地支配」「植民地経営」「玉置一族による冷徹な植民地支配とそこからの解放」という物語で語られてきた線形の歴史の背後には、もっとゆったりとしてやわらかなひととひととの接触（contatto）があった。「玉置半右衛門は、自らの同胞である八丈島からやってきたひとたちに、沖縄の諸地域からやってきたひとびとをまた『仲間』として遇せよと繰り返し述べていた」「高等弁務官のキャラウェイは土地所有者の藤山一族とも膝詰めで交渉をしてくれた。だから顕彰碑を建てるのだ」という言い方の中には、実は「固有の歴史（の水脈）を持っている」という直感が潜在している。石灰質の水滴によって形成された「つらら状」の歴史。八丈島の出身者のみならず、沖縄県の五二の市町村の内四五の地域からこの島にやって来ている。この「兄弟島」にやって来て、さらにサイパン、テニアン、ロタなどの「南洋の島々」へとわたり、ふたたび「還って」きたものたちもいる。ここは複数の水脈、文脈、〝根（radice）〟がぶつかりあう複合社会でもある。つまり、外から「閉ざされた空間」として見られたものは、「開かれた空間」を内包している。あらゆる方向から接近することへの無限大の可能性、外界への開放、多元性、複合性、混合性をもったコミュナルでコミュニケーション可能な場を意味し、自らを証し立てる回路の多系性、多様な生活の可能性を意味している。

〝移動民（homines moventes）〟は、自然や人間とたたかい、よりそい、対話して生きてきた。その中で〝智（cumscientia）〟を練り上げた。専門家たちが対象として見ているつもりの、「閉ざされた島」の〝移動民（homines moventes）〟たちもまた、島の奥にある眼から、自分も含めた外界を見ているのだ。あたかもアフリカマイマイの眼で見るかのように。(13)

四　「南洋」群島で(14)

いま突然、日本社会に「外国人」が入ってきているのではない。この弧状列島から旅立ち、「外国人労働者」として海をこえ、中国大陸、シベリア、東南アジア、ハワイ、南米、北米、太平洋の島々へと足跡を残したひとびとがいる。世界の各地には、かれらが残した痕跡と、個々人の苦闘の歴史と体験が刻印されている。そしてまた、沖縄や日本列島の各地あるいはアンデス、アマゾン、南米の大地で暮らす人々の中には、「南洋」と呼ばれた島々に移り住み、そこに魂をのこしてきたものがいる。トーチカの残骸などを残すビーチには、今もなお果たされなかった想いが漂っているのだということを身体で識るひとびとがいる。「南洋」の地で「逝か」ざるを得なかったかけがえないひとの喪に服するために、毎年かの地へと「還る」ひとびとの、身体の奥底から言葉がほとばしりでる瞬間になぜか立ち会った。

いまは那覇空港になっている土地で生まれ育った。両親がサイパンにわたったが、自分はおじいおばあと沖縄に残り、学校を終えた後サイパンにわたった。サイパンでは内地出身の人を助けて新聞を発行していた。いつも夜遅くまで働いていた。山本五十六大将がニューギニアで戦死した時には『号外』を作ったことをおぼえている。米軍が上陸してきた後、家族によっては父親自ら家族の命を断って自害した一家もあった。しかし自分の父親はそういう選択をせず、「自分たちはもう体力がなくて逃げきれないが、おまえたちは逃げなさい」といってくれた。当時、小学校の一年生だった弟と一緒だった。それから一月は言葉にあらわせない体験をした。昼間は隠れて、夜中に米兵が通った後を辿って、食べ残しの食料を拾って食べた。死んだ人間が持っていた食料や水も盗って食べた。水は泥水を空き缶ですくって飲んだ。しかしそれらも夜中まで我慢しなければならなかった。隠れているひとたちは夜中に集まって共同炊事をしていたのだけれど、その場所を米軍につきとめられて急襲されたこともあった。もうだめかと思った時、すでに捕虜になっていた親戚が投降の説得へとやってきて、偶然出会った。実は両親達は米軍上陸後すぐに捕虜になっていたこと、そして親戚や知人もみんな元気で生きていることを知った。二日間だけ総攻撃をやめて知り合いの説得にやってきたのだ。そうでなければ投降するなど考えてもみなかった。実際に長兄や二人の妹はサイパンで命を失ったのだから。戦争体験は一人一人ちがう。本当にちがう。幸いなことに内臓は丈夫でまだまだ元気だ。だからできるだけ旅に出る。ラスベガスにもいったしロスアンジェルスのオリンピックにもいった。お金をためても使わなければしょうがない。妻は旅行が苦手で困る。それで「毎日、市内循環バスにのって練習しなさい」と言っている。サイパンへの慰霊はこれで六回目で今回は弟夫婦もいっしょに来た。生き残った。まだまだ元気で旅をしたい。

「ここには昔サトウキビ畑があったの」。沖縄慰霊碑からバンザイクリフにむかう途中で記憶がよみがえってきた。子供の頃サイパンにいたが、玉砕までの忌まわしい記憶を思い出したくなくて、去年はじめてこの合同慰霊祭に参加するまでは決してこの地を訪れないだろうと思っていた。六人家族の内の五人までが死んで自分だけが生き残ったのだから。沖縄にもどって長寿だった祖父は、島の北部のマッピで大きな農園を経営していて、サイパンに還りたいという気持ちを残しながら死んでいった。退職したことがひとつのきっかけとなって、残りの人生を考えるようになり、合同慰霊祭のしらせが妙に気になって、去年はじめてやってきた。ここに来ると、いままで心の底にしまっておいた記憶がよみがえってくる。忘れていたはずの地名などが浮かんでくる。町並みはまったく変わってしまったけれど、山野は変わらずそこに在る。沖縄にいるときは言葉にしなかった想いを、体験を共有できるであろうひとたちの前で言葉にすることができる。生きている間にあと何回これるか分からないけれど、きっとまたあの慰霊団のしらせが気になってやって来ることになるだろう。

八二歳、日本人とチャモロ族との間に生まれ、いまでもサイパンに住む。自分もまた、護衛船の機関士だった日本男性と結婚したが、夫の護衛船は沈められて未亡人となった。甥っこは三重県の神社で宮司をやっている。領事館を通じて軍人恩給をもらっている。

五人家族。父親は軍属でテニアンに残った。戦時中に家族四人で引き揚げる。横浜から汽車で鹿児島へ。鹿児島から船で沖縄へ。沖縄戦で捕虜になった。退職したのがきっかけで「生まれた島」を訪ねることにした。

小学校時代は台湾東岸の町で育つ。旧制中学校にはいるため祖父母のところへ。はじめて自分が沖縄人であることを意識した。台湾では台湾人と日本人という二つの集団に分けられていたため当時の同級生の故郷がどこかはいまだに分からないものが多い。

ロタ島の南部一帯の山道を、子供の頃いつも一人で歩いていた。日本軍が占拠して民間人を追い出した洞窟や、その近くにあった神社の跡、むかしのぼった洞窟への階段が、戦後になって重ね塗りされたこと等々、この土地に立つことで蘇ってくる記憶がある。山肌や壁に残る砲弾の跡も、日本軍の大砲跡近くの今はないバナナの林も、自分の眼には映っている。いまは展望台になっているクロスポイントにむかう途中の道沿いに、バスをとめてもらい、他のひとには見えない道を辿ってヤシの林の中に分け入り、むかし使っていた水の汲み上げポンプと井戸を発見した。ヤシの林の中に五五年も前の井戸が、水こそないもののほぼそのままの形で残っていた。ここはむかし私の家があったところだ。「ここだ‼」。

ことがらが語るようにして出てきた言葉。まさに言葉がほとばしり出る瞬間だった。絞り出すようにこすりあわせるように、しかし流れるように出てくる言葉。その瞬間に立ち会って鳥肌が立った。おそらく同じ人たちに、この島以外の場所で出会ったなら、これらの言葉に出会うことはなかっただろう。

いまから五〇〇年以上も前の大航海時代、ヨーロッパの船乗りたちはアフリカ西岸に「恐怖の岬」があると信じ、南への航海を望まなかった。しかしなぜか好奇心が生存本能を突き破り、「恐怖の岬」をこえ出るものがあらわれた。かれら十字架の航海者たちは、見知らぬ明日が待つ岬をこえて、マダガスカル、モザンビークと東アフリカ沿岸を北上し、インドのカリカットへ、さらにはマレー半島、マラッカ海峡をこえてマカオへと到着、ついには琉球王国、そして「ジパング」にもやってきたのである。何人もの人間が熱病に倒れ、ついに還らなかった。あるものは異境の「地の塩」となり、帰還したものたちはその旅の物語を語らぬまま土へと還った。しかしそこには移動するものの〝智〟があったのだ。そして島々は「恐怖の岬」をこえたものたちが集う場所であった。

ヨーロッパからの十字架の航海者であれ、チャモロのひとであれ、ヤポネシアのひとであれ、移動するものたちの身体には、様々な文化や政治的・社会的諸関係や経済などの交換・交感・交歓・交流・衝突の場に必要なコミュニケーション能力が根付いている。それは皮膚感覚、身体感覚の内奥でなされている他者との相互承認の営みである。本人たちはその存在を感じているので言葉にはしない。観察する研究者たちはそのような皮膚感覚をもたないために最初から見えていない。しかし明らかにこのコミュニケーション能力は存在してきた。そして徒手空拳で海をわたり境界をこえ、異郷の地での他者とのコミュニケーションを支えてきた。突然あらわれた「まれびと」たちを歓迎するという形で包み込み、また表面上は呑み込まれつつも、実は呑み込んできた。

「南洋」の島々を表面だけから見るならば文化的固有性はほとんど形をとどめていない。しかし「生活外形」や「言語芸術」のレヴェルよりも、さらに奥底で、構造に翻弄されつつも、外界の異物を取り込みつつ新たになにかを練り上げていく力を持っている。

「恐怖の岬」をこえるもののみがもつ〝智〟、これをなんとか言葉にしようとするなら、それは、ひっくりかえしたおもちゃ箱のように、あるいは「のみの市」や「がらくた市」のように、表現の技法など微塵も感じさせない言葉たちに、棲息場所を与えることになるだろう。こころの深淵、意識の闇のかたわらにあるものは、言葉が発せられる場所、あれもよいこれもよい、すべての道は正しいとされる場所、〝混沌のコスモス〟のなかから新たになにかが練り上げられる場所を必要としているはずだ。

五　ヘテロトピアの沖縄をオロオロ歩く

「具体的知識と想像力とは、互いに排除しあうものではない。ぼくの仕事は踊り歩く行列に似たところがある。立ちどまると、ぼくには何もわからなくなる。これがぼくの認識原理だ」とする作家エンツェンスベルガーは、ヨーロッパ統合を目前にひかえた一九八七年、『ヨーロッパ半島』という本を出版した。その副題に「七つの国でのさまざまな知覚」とあるように、彼は、スウェーデン、イタリア、ハンガリー、ポルトガル、ノルウェー、ポーランド、スペインという、通常のヨーロッパ観からすれば「辺境」さらには「欠けたる西欧」とされる諸地域を歩くというスタイルをとって、日常生活の中に脈打っている様々な「知覚」、すなわち〝記憶〟や〝経験〟として、沈殿し折り重なっているところの〝深層のヨーロッパ〟を描き出そうとした(15)。

「海のほとりのボヘミア」と題されたエピローグは、二〇〇六年の架空の物語として展開されている。二〇〇六年、アメリカ、日本、ヨーロッパという三つの極の間でなされた「グローバリゼーションをめぐる覇権争い」において、敗北を喫したヨーロッパは、「世界の田舎」と化している。スカンジナビアの寒村で「隠遁」生活を送る元EU総裁を訪ねたアメリカ人ジャーナリストは、その敗北が実はかちとられた敗北であり、「混沌そして不規則な断片（フラクタル）」こそが、ヨーロッパの生命だと言われる。ここには、混沌、動揺、統治不可能性にこそ希望を見出すという視覚がある。まさに風や木や草や岩によって組み立てられ、拘束され、限定されているところの場所、いくつもの「島々」がぶつかりあい、出会い、混交し、相互浸透するという場への勇気と希望である。すなわち、「現実的なヨーロッパ統合」について語るのでも、理念としての「ひとつのヨーロッパ」について語るのでもなく、〝かたよったトータリティ〟と〝不均衡なシンメトリィ〟をもって、散見する場となることへの試みを通じて、〝深層のヨーロッパ〟との連続性を保ちつつ、不断のメタモルフォーゼをつづけていくところの〝願望のヨーロッパ〟の実質の一端を表し出そうとしたのである。

私もまた、この「混沌そして不規則な断片（フラクタル）」にこそ、〝願望の沖縄〟、ヘテロトピアの沖縄を見いだす。それでは〝ヘテロトピアの沖縄〟とは、一体いかなるプロジェクトなのだろうか。〝願望〟を受けとめ、隙間のある言葉で、そっとふれる……。

（〝願望〟を受けとめ）

東京・深川で生まれ、一九四六年に済州島に「帰還」するも、四・三事件に遭遇し、親族で唯一の生き残りだった姉と二人で日本へと密航してたどりつき、村そのものの存在が「抹消」され、いまではただの野原や穴となってしまった場所に漂う想いを、なんとか次の世代に残そうと格闘し、酒を飲み、描き遺し、そして倒れた。

明治後半より一族のほとんどが中国大陸、朝鮮半島へとわたっていった。移民三世として朝鮮半島・全羅北道の港町群山《クンサン》で生まれ、幼少期・青年期を群山で過ごした。第二次大戦後、鹿児島、宮崎、大阪、東京を転々とした後、たまたま立ち寄った土地で恋愛、そのままとどまり、朝鮮半島に始まった生涯を、富士の雪解け水がたくわえられた半島で終えた。

いまこの社会を生きるものの多くが、記憶の奥にその痕跡をとどめることを放棄しつつある、ひとつの時代の重みを、身体に刻み、心に刺青をして、その傷の癒えぬままに、じっと耐え、果敢に「余生」を生きた個人がまたこの世から去っていった。

多くを語らずに死んでいった個人の生の軌跡と痕跡をうけとめ、果たされなかった想い、たたかいに敗れ、「汚れてしまった」試みに身を投げ出したひとびとの、「個人」(の「所属物」として「表象」されていたところの意図や意思、思考や思想や信条や「いきざま」)からはみ出たり、染み出したりしていた〝願望〟をうけとめ、すくいとることに意を注ぎたい。

たとえ、これらの試みの「創業者」たちと対立するようなことが起きたとしても、「創業者」たちをただ「消費」することなく、自分ならその魂をどう引き継ぎいかなる実践をするのかを表しだしたい。ある特定の日、特定の場所、特定の瞬間の、喧噪と汚濁の中にのみ立ち現れる静寂、生身の索漠の中の一瞬の晴れ間、流動の中にやすらぐところの、〝生の航海〟、その途上での、折々のスケッチとしての航海図を描く。ヘテロトピアへとつらなる〝願望〟をひきつぐ。

（隙間のある言葉で）[16]

隙間のある言葉。それは、「岩が鳴動する」というイメージとつらなるところのものだ。生起したことがらをふりかえり、言葉にすることの意味は、そこに残された目に見えるスクリプト（書かれたもの）にのみあるのではない。書かれたものの隙間からほのみえる、汚濁し混濁したままの〝根（radice）〟の構造や組成について語ること（定型としての真理の体系を叙述しつくすこととして理解されるような真理を究明すること）が究極の目的なのではない。そうではなくて、気配を察することにこそ隠されたプロジェクトが存在している。すなわち、ただそのありかについて、〝根〟はこのあたりに棲息しているということを記憶にとどめ、次の世代やその場を共有しなかった同伴者に、この体験を伝承するための、手がかりを残すことにある。手がかりの残し方はいろいろありうる。ある特定の状況においては、構造や組成について語るという形をとることもある。そこでの伝承は真偽がない交ぜになっている。「のみの市」の伝承。それは、山の奥にわけいって地中深くに〝根〟をはった「やまのいも」のありかを記憶し、後からまたその場所にたどり着くためのささやかな痕跡を山の道に残していくという智恵、山村に生きるものの智恵に類比されるような性質の〝智（cumscientia）〟のありかただ。

（そっとふれる）

構造や力や情動の結節点が濁流のようにおしよせる場に引き寄せられそこに立つものは、まさにその対極にあるようなもっとも深層の思考、源基と原思想と串刺しにされているところの〝根〟を必要とする。これは低音から高音までの音域がやたら広い歌手のようなものだ。現実の中で溶解され粉砕されていく恐怖に耐えうるためには、骨太な支えが必要になるというわけだ。音域があらかじめ狭かったのならば、「選択的盲目」によって保障された、ある程度「予測可能な現実」とその「現実」を明快に説明するに足る「理解可能な（intelligible, verstandlich）」理論でこと足りる。

しかし、ここで言語化しようとしているところの〝根〟は、実体としてどこかに鎮座しているのではない。流動し破砕され溶解させられつつあるその状況に応じて、その際に身体を貫く〝痛み〟に応じて、練り上げられるところのヘテロトピアである。それは、動いているものをつなぎとめて観察するという知のあり方からすれば、「不確か」「明晰でない」「主要な問題ではない」といった批判の対象ともなりうる。しかしながら、それは、自らがもっとも不確かに、根こそぎにされている(uprooted な)瞬間に、それでもなお、まさにその場で、自らを根付かせようと背筋に力をこめる時にこそ、現象する。逆説的な言い方だが、〝根〟はもっとも流動し、そっとふれるものなのである。(17)〝根(radice)〟は「実体」であるというよりも「主体」であり、「媒介されたもの」「否定性」としてのみ現象するのだ。

「根付かせる」という表現をとったが、これもまた、通常の理解からズレていて、ネジの「あそび」のようなブレがある。(18)通常の理解のありかたからするなら、「漂泊」しているか「定住」しているかの二分法であり、動いていた不確かなものが止まって根付いて確かになるという見方となる。しかし、流動の中でとらえられるべき〝根〟は、くりかえしくりかえし根付かせつづけることを常態とするものである。根付かせようという行為がもつ流動性は、その自らを固定化し壊死させる力によって否定され、その壊死の力は、動いていこうとする力によってまた否定される。

ヘテロトピアの沖縄は、〝応答(response)〟のつらなり、有限性を自覚しつつもそこへと〝あらかじめ身を投げ出す(progettare)〟ことへの勇気の中にある。そして流動性の中にやすらぐ(Flüssichkeit, in sich ruhe.)。

そしてその年……詩が訪れた　私を求め、私は知らない　冬か川か　どこから訪れ　どのように何時来たかも
彼は声でも言葉でも沈黙でもない　でも私が呼ばれた道から　夜の四方に伸びた枝から　突如他の人々から　猛火の中から　ひとりで家に戻る時訪れた　そこには顔は見えなかった　でも私は触れた(P・ネルーダ)

（付記）　求めていることがらの性質から、そしてこれまでの応答の積み重ねの中で、話しながら、描きながら、歩きながら、〝智（cumscientia）〟のセッションをしていくことの緊張と楽しみ（challenging & playing）の中で生きるようになった。homines moventes, gentes itinerantes, gentes navigantes, gens insularis... こうした言葉は、旅の中で出会ったひとたちに後押しされて、わき上がってきた。移動は社会的文化的島の境界をこえてあらたにそれを練り上げることでもある。移動することで、ゆっくりと、やわらかく、深く（lentius, suavius, profundius）、生きる。あるいは生の苦みを識る。この深み、**not skin deep** な生の歓喜と痛み／傷み／悼みを識るものを、homines patientes と呼びたい。

サルデーニャに根付いた〝移動民（homines moventes）〟である Alberto Merler は、いつもこうしたセッションの相手だった。二人の関係は、第三の土地への〝旅〟の中で、より強く形成されてきた。沖縄、サルデーニャ、横浜、ドイツ、コルシカ、スウェーデン、ブラジル、マカオ、リスボン、等々……。友はふつう同じ場所にいる。離れていて互いの土地を行き来する友はずっと少ない。さらに少ないのは、離れた土地にいて、ともに第三の土地へと向かう友だ。ここでのかかわりには、移動と定住がことなる形で組み合わさり、重なり合っている。そしてこのかかわりは、常にあらたな体験によって醸造され練り上げられていく。他の友とのセッションも、同じリズムでおこなわれた。

この身勝手なセッションに、懲りずになんどもつきあってくれた仲里効さんと能瀬孝二郎・裕子夫妻への恩義を忘れることはありません。南北大東島、西表のマングローブ林のほとり、上野英信への道へと誘ってくださり、いつもただ惜しみなく与えてくださる三木健さんと大城肇先生、ただ惜しみなく与えることの意味を教えてくださった新崎盛暉先生といまは亡き嘉手苅千鶴子先生に深く感謝いたします。またできればこの文章は、言葉が発せられる場に立ち会う機会を与えてくださった南洋群島慰霊団の方たちと、一九二六年に朝鮮で生まれ一九九九年四月に他界した父と同世代の方々にたむけたいと思います。

（注）

（1）　村井紀『南島イデオロギーの発生——柳田国男と植民地主義』福武書店、一九九二年、一四—一五頁。

（2）　Pierre Bourdieu, *Questions de Sociologie*, Editions de Minuit, Paris, 1980（田原音和監訳『社会学の社会学』藤原書店、一九九一年、九頁）

（3）　「特定の地域の文化の現場について、経験的な問いを発すること（誰が、何を、いつ、どこで、どのように、なぜ）であって、現場検証から一般原則を導き出す作業を避け、拒絶するのに、あえて理論家を気どる必要もない。私たちに必要なのは、背後に横たわる大きなプロセスや縦横のネットワークを分析し、自分がおこなったケース・スタディに意味づけをすることである。グロスバーグも言うように、私たちは、人と場所に応じて様々に異なるグローバリゼーションの構造と実態を語れなければならない。むろんだからといって、一部のマルクス主義者が懸念するように、グローバルに放射された地域個別主義に目を奪われて、全地球的な力やシステムを忘れてよいのではない。関係性は単純でない、と言っているのであって、それがどのように錯綜しているかを理解しなければならないのだ」(Meaghan Morris, "Globalisation and its Discontents", 1999.「グローバリゼーションとその不満」『世界』二〇〇一年四月号、二六六―二七八頁)。

モリスの立場は、構造が構造化されたりズレが生じたりする個々の状況や条件に関心をよせる故P・ブルデューとひびきあうものがある。

(4) Cf. 新原道信「沖縄を語るということ――地中海島嶼社会を語ることとの比較において」『沖縄文化研究』二三号、一九九七年、一三五―一七一頁。新原道信「そこに一本の木があって……サルデーニャのことがらが語る地域社会論のために」『現文研』専修大学現代文化研究会、No.74、一九九八年、六九―七七頁。新原道信「Over Sea Okinawans…それは境界をこえるものの謂である」川崎市文化財団『EGO-SITE　沖縄現代美術一九九八』一九九八年、四四―四七頁。

(5) 「悲惨」「停滞」「貧困」という外部からの言葉で表象されるサルデーニャの牧夫たちは、「たいへんでしょう」という人に対して、「うん、これでいいよ、べつに」と答え、自分が「放牧のために羊をつれて歩くときの小屋には、すももの木もある、ロウソクもある、水のタンクだってある、どうだすごいだろう」という。牧夫の身体感覚のもっとも近くにいた、この島の牧夫の末裔であった人類学者たちの皮膚感覚を思い出す。「本土の人士」にむけての標準イタリア語による著作のみならず、サルデーニャ語による詩や小説を島の人々にむけて描き続けた彼らは、目の前に生きている"人間"のすべてを、すぐに切り刻むことなく、ゆっくりと、やわらかく受けとめようとした。とりわけ、サルデーニャの文化人類学者M・ピラの代表作『対象の反逆』は、見られる側のサルデーニャ人もまた見ているのだという視角の転換を示唆してくれる。Cf. Michelangelo Pira, *La rivolta dell'oggetto. Antropologia della Sardgna*, Giuffré, Milano, 1978.

(6) このような生起したことがらの内なる声を聴くことのエピステモロジーは、新原道信『ホモ・モーベンス――旅する社会学』(窓社、一九九七年)の序章と終章において論じたのでここでは省略する。

(7) 「どっちつかず(betwixst and between)」という言葉、そして「身体の奥の眼から社会を見る」という視角の含意については、新原道信「THE BODY SILENT――身体の奥の眼から社会を見る」『現代思想』二六―一一、一九九八年、二四三―二五七頁。

（8）上村忠男『ヘテロトピアの思考』未来社、一九九六年、七―八頁。Cf. Gianni Vattimo, *La società trasparente* (*Nuova edizione accreaciuta*), Garsanti, Milano, 2000, pgg. 84-100.

（9）Cf. 新原道信「〃内なる異文化〃への臨床社会学――臨床の〃智〃を身につけた社会のオペレーターのために」野口裕二・大沼英昭編『臨床社会学の実践』有斐閣、二〇〇一年、二五五―二八四頁。

個々人の〃複合的身体（corpo composito）〃の内面、すなわち、意識されないがゆえに語られない、あるいはうっすらとは意識されてはいるのだが言語化するには至ってなくて語れない、不可視でなおかつ微視的な〃痛み〃とそれにむきあう〃智〃の生成に関して、個別科学は既存の分析装置によって「迅速」な「対処」と「説明」を試みるが、その「有効性」への確信は日々揺らぎつつある。他方で、体験と記憶の中で育まれてきた〃智〃は、その意義を十分かえりみられないままに、対象化・商品化の波の中で変質・変性させられてきた。このような時代状況にあって、都市・地域社会を生きる人々の、複数の「文化」、「言語」、「障害」、「病」などが錯綜する〃複合的身体〃の〃痛み〃に〃ふれる〃には、個々の科学（sciense…認識の対象を設定し既に確定したコードに沿って推論を展開する知のパターン）の接合にとどまらず、個々の科学そして都市・地域の内側に蓄積されてきた智恵との相互浸透に根ざした〃臨床（klinikós）の智（cumscientia）〃の再構築が必要とされている。

ここでの〃klinikós〃とは、「床に臨む」、自分であれ他者であれ病んでいたり、苦しんでいるもののかたわらにいる、ともにある、かたわらにあるということ、かたわらにあるのは、自分に近しい誰かでもあるし、あるいは自分の「病」とか「狂気」のかたわらにあるときもある。〃智〃とは、ラテン語の scientia（なにかについてしること）と cum（〜とともに）との複合体、すなわち複合的でかつ可変的な事実に対して、まさにその動きの中で変動にこたえていくような、動きのなかになんらかのまとまりをもった〃智〃のダイナミズムであり、〃智〃のセッションである。〃智〃のセッションとは、エネルギーの蕩尽、違和感、齟齬、衝突、自己の揺らぎ、等々を聴くことの場である。ひとつの目的に対する合理目的性、効率性という観点から考えるのなら、それぞれの責任の所在と守備範囲を明確にして、その範囲内での合理的な思考と役割行動を行うことが期待される。これに対して、何度も互いの体験と時間とエネルギーを重複させつつ、またつねに内部矛盾を意識化させふりかえりつつ、多方向にしかも複線的、複合的に、自己や他者へとはたらきかけていくことは、実践の〃智〃のレベルにおいてきわめて挑戦的な意味をもっている。このような試みは、瞬間的に、しかも動きの中においてしか成立せず、つねにメタモルフォーゼ（変成）していくことを運命としている。前者が統合／紛争モデルであるとするなら、後者は相互浸透、〃内なる異文化〃の動態とでもいうべきものである。痛みとともにある〃智〃、〃智〃のつらなり、水脈がまじわり、とどまり、流れ出す、〝想念〟のつらなりによるエピステモロジーである。しかも、身体の内側から発せられ、練り上げられる〝智〟のブリコラージュ（bricolage）である。

「こころならずのヨーロッパ中心主義」によって知的に形成されることを余儀なくされた「アジアの知識人の卵」は、ドイツ古典哲学、フランクフルト学派、アルチュセールなどの系譜で知を蓄積してきた。そこでの知の基本的な枠組みは〈理論と実践〉あるいは〈構造と実践〉であった。その後、この枠組みで世界を見ることでは感じ取れないもの、ふれられないもの、聴くことのできないもの、見ることのできないものに、いかにしてよりそうかということを考えるようになった。klinikósという観点から、これまでの思索の旅とそこで見ていた世界をすべて見直すといったいなにが現れるのだろうかと考えている。丸山真男と藤田省三が「異端」という観点を発見したように。

（10）二〇〇〇年一〇月に済州島で開催された国際シンポジウム「島と世界——挑戦と応戦 Island Cosmology：Challenges and Responses. Co-prosperity Between Islands and Continents：Challenges and Responses for their Cohabitation」の趣旨説明文より。

主催：済州大学校五研究所共同（経営経済研究所、観光産業研究所、東アジア研究所、島研究所、地域社会発展研究所。同シンポジウムでは、「島と大陸の共栄のための弁証法〜歴史からの解答」「国際観光と島社会〜大陸に抗するフロンティア」という二つの主題をめぐって、韓国（済州道、ソウル）、日本（大阪、横浜、鹿児島、沖縄）、イタリア（サルデーニャ）、台湾など四カ国の研究者が参加。日本・イタリア側からの報告者は、Alberto Merler、冨山一郎、高鮮徽、伊地知紀子、金迅野、新原道信であった。

（11）内陸の山村の多くは、交通網が整備されてきたとはいえ、およそ以下のような場所としてイメージされている。都市部からそこへと行こうとした場合、地中海特有の低潅木と岩がちの野がいくつも視界を通りすぎた後に、岩肌にしがみつくようにして集落が忽然と現れ、ひとたび町並みが見えても、いくつもの谷やつづらおりの道を越えなければならない。島の海岸部や都市部に住む人間にとって、もっとも心理的に遠い存在が内陸部である。

一九五〇年代まで内陸部に住むサルデーニャ人の多くは海を見ないで死んでいったという。こうしたメンタリティはおそらくサルデーニャの有史以来の異民族支配の歴史に由来していると考えられる。カルタゴ、ローマ帝国、ヴァンダル族、ゴート族、ビザンチン、法皇の干渉、ピサ、ジェノヴァ、サラセン、アラゴン、スペイン、オーストリア、サヴォイア家、統一イタリア……海と海岸部は常に侵略者のものであり、海からの侵入者にとってこの島は、交易の中継地点以上の意味を持ち得なかった。そして侵略者の侵入が困難な内陸部のみが、土着の島民のものであったのである。

外来者に対して、「サルデーニャの牧夫の伝統」を主張するのは、大学や高校の教師、ジャーナリストなどの知識人に多い。彼らの中には、「中世以来続いてきた」牧夫の生活様式と文化を、「連帯や共同性や反中央の原基」として神格化する者もおり、サルデーニャの歴史、サルデーニャ語に関する教育機会の保障についての関心は高いが、概して彼らは都市の生活者であり、実際の牧夫や農夫の日常生活についてはよく知らない場合も多い。この島の主要な都市であるカリアリとサッサリ（とりわけ後者）においては、代々、政治家や学者、医者や弁護士になるという家系を中心とした支配階級が存在していた。現在においても、都市部の中上層は、島の内陸部に関心を払うことは少なく、自らの子弟にはサルデーニャ語でなくイタリア語で教育を施し、本土の大学への進学を促す。彼らが内陸部を見る時の「眼」は、時としてサルデーニャを外から見るときのステレオ・タイプ（「美しい海と中世以来の生活を営む島民」、映画『パードレ・パドローネ』に出てきたような封建的な親子関係、いまでも残存する牧夫たちの復讐の文化、殺人事件、誘拐事件、等々）と重なる。つまり、サルデーニャの知識人によるサルデーニャ主義は、その他の地中海地方主義が、空間的にどこを意味するか、実体的根拠をどこに見いだすかという点に無頓着であったのと同様に、彼らが依拠しているはずの内陸部の生活の実態には関心を持ち得ていなかったのである。

(12)　私は、サルデーニャの社会学者 Alberto Merler と、島嶼社会論を練り上げるという試みをつづけてきた。*Cf.* Michinobu Niihara, *Un tentativo di ragionare sulla teoria dell'insularità. Considerazioni sociologiche sulle realtà della società composita e complessa: Sardegna e Giappone*, in "Quaderni bolotanesi", n. 18, 1992, pgg. 177-191.

(13)　一九二六年に生まれ、東南アジアの島々を歩き続けた鶴見良行が、「ナマコが海の底からあなたを見ているのよ」と言われたというエピソードを想起されたい。Cf. 鶴見良行『ナマコの眼』筑摩書房、一九九〇年；Michinobu Niihara, *Gli occhi dell'oloturia.* "*Mediterraneo insulare e Giappone*, in "Civiltà del Mare", anno V, n. 6, pgg. 13-16, 1995；Michinobu Niihara, *Un itinerario nel Mediterraneo per riscoprire il Giappone e i giapponesi, Isole a confronto: Giappone e Sardegna*, in "Quaderni bolotanesi", n. 20, 1994, pgg. 71-83.

(14)　「南洋」群島で生起したことがらを書きとめるという試みはすでに、以下の機会に重複しつつくりかえしおこなった。新原道信「生起したことがらを語るという営みのエピステモロジー」大阪大学『日本学報』No. 20, March 2001, pp. 79-87；新原道信「境界のこえかた――沖縄・大東島・南洋」立命館大学『言語文化研究』Vol. 13-1, may 2001, pp. 57-60；新原道信「『恐怖の岬』をこえて――サイパン、テニアン、ロタへの旅」『EDGE』No.九―一〇合併号、二〇〇〇年春、一六―一九頁。

(15) Hans Magnus Enzensberger, *Ach Europa! Wahrnehmungen aus Sieben Ländern mit einem Epilog aus dem Jahre 2006*, Suhrkamp Verlag, Frankfurt am Mein, 1987.（石黒英男他訳『ヨーロッパ半島』晶文社、一九八九年）

(16) たとえば、島尾敏雄の言葉の隙間を想起されたい。「目のまえでみるみるのたうちつつとけ去り行くあやしげなものの正体は、遂にとらえることは出来なくて、ほんのわずかでももとのかたちへひきもどそうとしてのはかない努力は、文脈の乱れた舌足らずの散文となってこのように残されることになったが、夢のあの権威ある縦横な深々とした魔の世界は、まるで別なひからびたものとなって文字に移しとどめられているに過ぎないのである」（島尾敏雄『記夢誌』の「あとがき」より）。

(17) サイードの言葉が想起される。「わたしはときおり自分は流れつづける一まとまりの潮流ではないかと感じることがある。堅固な固体としての自己という概念、多くの人々があれほど重要性をもたせているアイデンティティというものよりも、わたしはこちらのほうが好ましい」「それらは『離れて』いて、おそらくどこかずれているのだろうが、少なくともつねに動きつづけている」「時に合わせ、場所に合わせ、あらゆる類いの意外な組み合わせが変転していくというかたちを取りながら、必ずしも前進するわけではなく、ときには相互に反発しながら、ポリフォニックに、しかし中心となる主旋律は不在のままに。これは自由の一つのかたちである、とわたしは考えたい」（Edward W. Said, *Out of Place. A Memoir*, Alfred A. Knopf, New York, 1999＝中野真紀子訳『遠い場所の記憶　自伝』みすず書房、二〇〇一年、三四一頁）

(18) 二〇〇一年九月一二日にこの世を去った盟友 Alberto Melucci は、このズレとブレについての体感をもつ智者だった。ここでもまた、より未熟なものが、先に逝ってしまった智者の想念にどう耳をすますかという問題に私は直面している。Cf. 新原道信「聴くことの社会学のために——二〇〇〇年五月の「賭け（progetto）」の後に」『地域社会学会年報』Vol. 13、二〇〇一年、一—一九頁；Alberto Melucci, *The Playing Self*, Cambridge Univ. Press, 1996.

編集後記

本書は二〇〇〇年の六月から七月にかけて立命館大学国際言語文化研究所が主催した連続講座「複数の沖縄」をもとに、その講師およびコメンテーター、およびその後、編者の判断を通して、原稿依頼リストに追加した数名の中から、論文ないしはエッセイの形で寄せられたものを独自に編集・構成したものである（連続講座の模様については『立命館言語文化研究』13巻1号を参照されたい）。

執筆者の中には、沖縄在住経験の長い者もあれば、フィールドワークや資料収集で頻繁に沖縄に足を運んだ者もいる。沖縄体験は数週間にすぎない者も中には混じっている。その沖縄との物理的な関わり方はさまざまである。しかし、各論者に共通するのは、戦中から戦後、沖縄復帰後のこの六十余年のあいだに、それぞれの旅と移動を重ねてきたという来歴である。移住者として、引揚者として、留学生として、旅行者として、ジャーナリストとして、講師あるいは研究者として、作家・写真家として、日本列島とその近傍、あるいはヨーロッパ・アメリカ・アフリカ大陸など、世界各地を渡り歩いてきた人間が、いま沖縄を問題関心の一部に加えようとしてきた人間が、それぞれに文章を寄せ合うという格好で本書は完成した。

この「世界《グローブ》」を構成してきた資本と軍事力と労働力と商品と知性の移動プロセスに全人類とともに巻きこまれながら、ディアスポラ的な知性を内側から立ちあげようと試みてきた私たちが、「沖縄」を合言葉に文章を寄せ合うとき、結果として浮上した共通主題は「移動」であった。

在来者と外来者の出会いの場としての「沖縄」——環太平洋地域はもとより中南米にまでウチナンチューを排出してきた「沖縄」——そのウチナンチューが「異郷」において新しい隣接性を生きる中で新たに再浮上した「沖縄」。人の「移動」に注目しながら「沖縄」の過去をふりかえることで、私たちは結果として単一の「沖縄史」には帰属させることのむずかしい「複数性」に出会うことになった。

さらに、「複数の沖縄」と言うときの「複数性」は、私たちの誰一人としていまだわが物とはすることのできていない「民族文化」なるものの未定形をあらわす「複数性」でもある。それが未来において「日本文化」と名づけられるのか、「沖縄文化」と名づけられるのか、あるいは「人類の文化」と呼ばれるのかもまったく予知不能だ。その「複数性」である。

編　者

執筆者紹介

西　成　彦（にし・まさひこ）
一九五五年生まれ。日本、ワルシャワ（一九八一―一九八三と一九八八―一九八九）、サンパウロ（二〇〇二）で生活経験あり。沖縄へは家族旅行や集中講義で三度。現在、教員（立命館大学文学部）。主な著書に『ラフカディオ・ハーンの耳』『森のゲリラ　宮沢賢治』（以上、岩波書店）、『クレオール事始』（紀伊國屋書店）、共編著『二〇世紀をいかに越えるか』（平凡社）ほか。

原　毅　彦（はら・たけひこ）
一九五三年生まれ。日本、ボリビア（アンデス高地：一九八三、八五―八六、東部低地：九七、九八年）、ペルー（アマゾン：一九八三―八四年、アンデス高地：八七年）、ブラジル・コロンビア・ペルー国境地域（九三、九四、九五年）。島には三宅島に何カ月か。沖縄・奄美にも話をうかがいに。現在、教員（立命館大学国際関係学部）、東京探検隊隊長。共編著『ラテンアメリカからの問いかけ』（人文書院）、論文「遊び場」（『大田区史民俗編』）「都市・民俗・知識」（『都市民俗へのいざない』）、「社会生活」（『松本市史』）、「トリモチ考」（『信濃』四三―一）ほか。

中　村　尚　司（なかむら・ひさし）
一九三八年生まれ。アジア経済研究所勤務（一九六一―八四年）の後、現在龍谷大学経済学部教授。スリランカを中心に、地域経済論、エントロピー論、南アジア研究を進める。石垣島白保地区における空港建設反対運動に参加。主な著書：『地域自立の経済学第二版』（日本評論社）、『人びとのアジア』（岩波新書）、『豊かなアジア、貧しい日本』（学陽書房）、『スリランカ水利研究序説』（論創社）ほか。

石　原　俊（いしはら・しゅん）
一九七四年生まれ。調査経験として、沖縄（一九九六、一九九七、一九九八）、小笠原諸島（一九九九、二〇〇〇、二〇〇一、二〇〇二）など。現在、研修員（京都大学文学部）、非常勤教員（龍谷大学ほか）。専門は地域社会学、歴史社会学、島嶼社会論。著書に『小笠原学ことはじめ』（共著、南方新社）、論考に「軍事占領をめぐる知の重層的編成――沖縄における〈歴史の収奪〉」（『ソシオロジ』一三五号）、「〈移住者〉として生きるということ――小笠原諸島における一女性「ケテさん」をめぐる複数の歴史」（『日本学報』二〇号）ほか。

中　村　文　哉（なかむら・ぶんや）
一九六三年生まれ。立命館大学大学院社会学研究科博士後期課程修了（社会学博士）。山口県立大学社会福祉学部助教授。学生時代に「1フィート運動」やアニメ「かんから三線」の上映会に行き、ヤマトンチュである著者の先行者たちがウチナーンチュたちにしたことを認識。爾来、私にとって沖縄は「遠い場所」になったが、九五年春、海外移民の社会調査に参加。その時に偶然、愛楽園を訪れ、「沖縄社会におけるハンセン病問題」というテーマに出会う。今では沖縄行き＝愛楽園訪問が、私の「糧」になっている。『ソシオロジカル・クエスト』（共著、白菁社）、『東北の小さな町』（共著、恒星社厚生閣）、『現象学的社会学は何を問うのか』（共著、勁草書房）、『世紀の転換と社会学』（共著、法律文化社）他。

仲里　効（なかざと・いさお）

一九四七年生まれ。『ＥＤＧＥ』編集長。活字と映像（写真、映画）から沖縄の境界性、エッジとしての沖縄を試みる。『オキナワン・ビート』（ボーダーインク社）、『ラウンド・ボーダー』（ＡＰＯ）、『沖縄の記憶／日本の歴史』（共著、未来社）、映画『夢幻琉球　つる・ヘンリー』（共同脚本、高嶺剛監督）、映像展「丘の上のイエスタデイズ」等。

鈴木雅恵（すずき・まさえ）

京都生まれ。米国、カナダ、アイルランド等で生活経験あり。沖縄へは、一九九一年に那覇で通訳講座を担当して以来、年に二、三回のペースで演劇研究のために通っている。現在英語教員（京都産業大学）。主な論文に“The Rose and the Bamboo: Noda Hideki's *Sandaime Richaado*” Performing Shakespeare in Japan（Cambridge University Press）、「シェイクスピアとアジア」（大阪商業大学論集）、「*Silk Kimonos* について」（日本イエイツ協会論集）ほか。

片岡千賀之（かたおか・ちかし）

一九四五年生まれ。長崎大学水産学部教授。南西諸島・沖縄の漁業についてまとめたものとして、『日本における海洋民の総合研究』上・下（共著、九州大学出版会）がある。著書：『南洋の日本人漁業』（同文館）、『漁民―その社会と経済』（共著、北斗書房）、『漁業考現学―二一世紀への発信』（共著、農林統計協会）他。

仲程昌徳（なかほど・まさのり）

一九四三年生まれ。琉球大学法文学部国際言語文化学科教授。『山之口貘―詩とその軌跡』（法政大学出版局）、『沖縄の戦記』（朝日新聞社）、『沖縄近代詩史研究』（新泉社）、『沖縄の文学　一九二七年～一九四五年』（沖縄タイムス社）、『新青年たちの文学』（ニライ社）他。

星名宏修（ほしな・ひろのぶ）

一九六三年生まれ。琉球大学法文学部教員。専門は「大東亜戦争」期の台湾文学。一九九五年、沖縄で就職。その後、植民地台湾と沖縄の関係を、文学作品から読み解くことが新たな研究テーマとなった。『よみがえる台湾文学』（共著、東方書店）、『台湾の「大東亜戦争」』（共著、東京大学出版会）、『点亮台湾文学的火炬』（共著、台湾・春暉出版社）他。

淺野卓夫（あさの・たかお）

一九七五年生まれ。現在、サンパウロ人文科学研究所客員研究員。移民文化の調査研究に従事。二〇〇二年五月、文化人類学者の今福龍太が主宰する奄美自由大学に参加。奄美大島と加計呂麻島に学び、沖永良部島や沖縄本島にも滞在。翻訳にカレン・テイ・ヤマシタ「旅する声」（『私の探究』岩波書店所収）ほか。

東琢磨（ひがし・たくま）

一九六四年生まれ。広島で育ち東京へ。北中南米（一九九二—三年）、韓国東海岸（九四年）、アメリカ合衆国・カリブ海各地（九六年）、マイアミ（九八、九九年）。沖縄／琉球弧へは数度赴き、共編著『音の力　コザ沸騰編』、『音の力　奄美・八重山・逆流編』（インパクト出版会）に結晶。現在、フリーランスライター、東京外語大非常勤講師。『ラテン・ミュージックのポリティクス—複数の〈アメリカ〉から』音楽の友社、編著『カリブ／ラテンアメリカ—音の地図』（同社）、共編著『音の力—ストリートをとり戻せ』（インパクト出版会）、共編著「『シンコペーション—ラティーノ／カリビアンの文化実践』（エディマン／新宿書房）ほか。

崎山政毅（さきやま・まさき）

一九六一年生まれ。立命館大学文学部教員。ここ一〇年では、日本、中米諸国（一九九六—九七）、アメリカ合衆国（一九九五、九六、二〇〇一）等に滞在。沖縄には旅行他で五回。『サバルタンと歴史』（青土社）、『ファシズムの想像力』（共著、人文書院）、『歴史とは何か』（共著、河出書房新社）、フェルマン『声の回帰』（共訳、太田出版）ほか。

森幸一（もり・こういち）

一九五五年生まれ。一九八三年よりブラジル・サンパウロ市在住、現在はサンパウロと日本（沖縄）を往復しながら調査研究活動。沖縄へは調査やセミナーなどで四度。現在、研究所研究員（サンパウロ人文科学研究所）。主要論文として「ブラジルにおける沖縄系シャーマン《ユタ》の成巫過程とその呪術宗教世界」『ラテンアメリカの日系人』（慶応大学出版会）、「還流型移住としての《デカセギ》」『国際労働力移動のグローバル化』（法政大学出版会）、"Processo de 'Amarelamento' das Tradicionais religioes Brasileiras de Possessao-Mundo religioso de uma Okinawa" in *Estudos Japoneses* da Univ. de San Paulo など。また共著として『ブラジル沖縄県人移民史—笠戸丸から九〇年』（サンパウロ州印刷局）。

髙嶋正晴（たかしま・まさはる）

一九六九年生まれ。日本、アメリカ合衆国（一九九三—一九九四）で生活経験あり。沖縄本島、八重山諸島および奄美大島には、調査旅行や休暇旅行などで併せて六度。現在、立命館大学産業社会学部非常勤講師。著訳書：「国際政治経済学とグラムシアン・アプローチ」（『グローバル化の政治経済学』晃洋書房）、「経済のグローバル化と国家の変容」（『グローバリゼーションの現在』一藝社）、「グラムシアン・グローバリズムの意義について」(『季報 唯物論研究』第七七号)、「タビする奄美シマウタ」(『ユリイカ』第三四巻一〇号)、スメルサー『グローバル化時代の社会学』(共同監訳、晃洋書房)ほか。

森　宣雄(もり・よしお)

一九六八年生まれ。横浜で生まれ育ち、沖縄(一九九一—九五)、台湾(一九九五—九六)、大阪・京都で暮らしている。現在、日本学術振興会特別研究員。最近の沖縄歴史論としては「「琉球処分」とは何か—琉球併合と「沖縄処分」をつなぐ思想」(『沖縄を深く知る事典』日外アソシエーツ、二〇〇三年)、他に『台湾大地震　一九三五年中部大震災紀実』(共著、遠流出版公司、台北、一九九六年)、「東アジアのなかの沖縄の日本復帰運動」(『インパクション』一〇三号、一九九七年)、「琉球は「処分」されたか—近代琉球対外関係史の再考」(『歴史評論』六〇三号、二〇〇〇年)、『台湾/日本—連鎖するコロニアリズム』(インパクト出版会、二〇〇一年)など。

大橋愛由等(おおはし・あゆひと)

一九五五年神戸市生まれ。新聞社、出版社勤務を経て、一九九〇年に図書出版まろうど社を設立。沖縄・奄美関係の書籍を刊行する。また、阪神大震災を経験して後、「神戸奄美研究会」を友人と設立。会報誌『キョラ』を発行。神戸市長田区にある「FMわいわい」で、一九九六年から奄美の島唄と文化を紹介する番組の制作・DJを担当している。「ディアスポラの島唄」(『ユリイカ』三四巻一〇号)、『それぞれの奄美論』(南方新社)、『阪神大震災と出版』(共著、日本エディタースクール刊)、句集に『群赤の街』ほか。

大空　博(おおぞら・ひろし)

一九三七年生まれ。立命館大学国際関係学部教授。読売新聞東京本社に在籍三四年。その間、サイゴン、パリ、ロンドン特派員など歴任。『特派員の眼』(新潮社)、『フランスの新しい風』(共著、中央公論社)、ホースト・ファース『レクイエム』(集英社)、ミシェル・クロジエ『アメリカ病』(読売新聞社)、ベルナール・ゲッタ『ポーランドの夏』(共訳、新評論)他。

西川長夫(にしかわ・ながお)

一九三四年生まれ、四六年まで幼少期を朝鮮・満州ですごす。立命館大学国際関係学部教授。一九六七—六九年パリに留学。一九八四—八五年モントリオール大学客員教授。『戦争の世紀を越えて』(平凡社)、『国境の越え方』(筑摩書房、平凡社ライブラリー)、『国民国家論の射程』(柏書房)、『地球時代の民族=文化理論』(新曜社)、『フランスの解体?』(人文書院)、『アジアの多文化社会と国民国家』(編著、人文書院)ほか。

新原道信（にいはら・みちのぶ）

一九五九年生まれ。境界をこえ動いていくものがその体験の内実をいかに表し出すかという問題を、サルデーニャ、沖縄、マカオ、済州島、サイパン、テニアン、ロタ、奄美、対馬、石垣、竹富、西表、南北大東島、周防大島などの島々（実際の島嶼社会であれ都市の〝内なる島々〟であれ）を訪ね歩く旅の途上で考えてきた。大学も移動し横浜市立大学商学部から中央大学文学部へ。主な仕事は『ホモ・モーベンス――旅する社会学』（窓社）、『コミュニティとエスニシティ』（共著、勁草書房）、『臨床社会学の実践』（共著、有斐閣）、近刊に『聴くことの社会学』『痛みの臨床社会学』（ハーベスト社）。他。

複数の沖縄　ディアスポラから希望へ

二〇〇三年二月二〇日　初版第一刷印刷
二〇〇三年三月一日　初版第一刷発行

編者　西成彦
　　　原毅彦

著者　西成彦／中村尚司／石原俊／中村文哉
　　　仲里効／鈴木雅惠／原毅彦／片岡千賀之
　　　仲程昌徳／星名宏修／淺野卓夫／東琢磨
　　　崎山政毅／森幸一／髙嶋正晴／森宣雄
　　　大橋愛由等／大空博／西川長夫／新原道信

発行者　渡辺睦久
発行所　人文書院
〒612-8447 京都市伏見区竹田西内畑町九
電話〇七五（六〇三）一三四四　振替〇一〇〇〇・八・一一〇三

印刷　内外印刷株式会社
製本　坂井製本所

ISBN4-409-24067-6 C3036